아르튀르 랭보
타자성

李準五

서　문 박이문
소갯글 미셸뷔토르(Michel Butor)

푸른사상

Lee Joon-Oh

L'Autre de Rimbaud

*Préface de
Ynhui Park*

*Présentation de
Michel Butor*

LIBRAIRIE-GALERIE RACINE

이 도서의 국립중앙도서관 출판시도서목록(CIP)은
e-CIP 홈페이지(http://www.nl.go.kr/cip.php)에서 이용하실 수 있습니다.
(CIP제어번호 : CIP2008000867)

서 문

  한 예술작품 혹은 한 예술가의 작품들 전체의 의미나 가치가 그 예술가의 철학적 사유를 고려함이 없이는 이해되거나 측량될 수 없다는 것이 사실이라면, 그 못지않게 그 예술가의 창조적 사유에 대한 고려가 필요불가결함도 사실인바, 이는 예술작품이 진리와 영적 가치를 추구하면서 사유하는 한 인간이 정성스럽게 조합해내는 총체적 표현이라는 점에서 특히 그러하다.
  이 말은 한 예술작품의 의미를 해석하거나 가치를 결정하는 데 관계되는 철학적 사유의 부합성 정도가 다른 예술 작품들이나 혹은 예술가들에게서 일률적이지 않음을 의미하므로, 알다시피 예술의 기능은 철학이나, 종교나 이념의 기능과 같지 않아서, 문제되고 있는 그 부합성의 정도가 각 작품과 저마다의 작가에 따라 변하기 때문이다. 시작품이나 시인도 이 원칙에 예외가 될 수 없다. "견자적 존재 être voyant"이기를, 그리고 형이상학적 예견자이기를 원했던 어떤 시인의 작품들의 의미 해석에 있어 철학적 사유에 대한 고찰은 각별히 적절함을 보여준다. 바로 랭보의 경우다.

연구 저서 『아르튀르 랭보 타자성』의 목표는, 철학적 사유에 대한 이와 같은 전망을 통해, 랭보의 혼돈스러운 삶과 시창작 행위를 동시에, 일관된 방식으로 해석하고자 하는 것이다. 좀 더 구체적으로 말한다면 이 조망은 동양적인, 특히 브라만교적이며 불교적인 관점에 의한 것으로, 원초적이며, 일원론적인 그래서 분리가 불가능한, 조화롭고도 영원한 어떤 우주를 상정하는데, 이 연구의 저자에 따르면, 이러한 조망은, 랭보가 비록 동양 혈통에 속하지 않고 유대 기독교 문화에 의해 성장하였지만, 그의 영혼만은 근본적으로 동양인이라는 데서 비롯한다.

랭보와 그의 작품들에 대한 이와 같은 가설은 그의 형이상학적이고 궁극적인 정신적 개종, 정확하게 말하면 서구적 유대 기독교적 우주관으로부터 동양적인 우주관으로의 이행을 전제한다. 우리가 랭보 시학의 두 핵심 표현인, "견자"라는 용어와 Etre동사 3인칭 단수를 쓴 "나는 타자이다 Je est un autre"라는 명제를 이해하기 위해서는 오로지 랭보에게 고유하게 보이는 이 우주관으로의 개종을 조명함으로써만 가능할 것이다. "견자"라는 말이 진정하고도 궁극적인 우주관 발견에 대한 랭보 고유의 확신을 의미한다고 말할 수 있다면, "나는 타자이다"라는 말 속의 '나'는 그 개종 이전 서구 유대 기독교 전통에 머물러 있는 랭보를 지시하는 것으로 간주될 수 있으며, 반면 "타자"라는 말은 신비롭다고까지 말할 수 있을 그의 개종 이후 브라만 불교적인 동양 정신의 화신이 되는 어떤 랭보를 가리킨다고 할 수 있을 것이다.

이와 같이 서구적 정체성에서 동양적 정체성으로, 유대 기독교적 우주관에서 브라만 불교적 우주관으로의 개종을 지향하며 길을 가는 시인의 정신적 변모에 대한 전망을 통해, 『아르튀르 랭보 타자성』의 저자는, 사춘기부터 확연히 드러나는 그의 근원적 반항과, 모험 이상으로 위기의 연속 자체인 삶의 각 순간들 그리고 스물 한 살의 나이에 시를 버리는 기이한, 초월적 행태의 의미를 조명하고자 시도한다. 뿐만 아니라 저자는 시어들 중에서 가장 중요한 몇몇 키워드들의 가치체계를 설정하고, 언어사용에 있어 랭보 자신에게만 고유한 신비로운 특성들을 드러내며, 당대 시인들에 대한 그의 비판적 태도와 서구 문명의 의미에 대해서까지도 질문을 던지는데, 이 모든 모색들이 바로 그 조망 속에서 이루어진다.

시인의 반항적 기질은 사춘기부터 뚜렷하였는데, 그는 바깔로레아에 대한 흥미를 일찌감치 상실하고는, 벨기에로 가 베를렌느와 위기의 관계를 지속하였고, 결국 아프리카로 떠난다. 그런데, 이 모든 사실들은 그가 살고 있었던 서양의 정신적 사회적 질서에 대한 불안감이나 혐오의 다른 표현들인 동시에 또한 물질적이며 유한한 이 세상 너머 있을 어떤 다른 세상 즉 이상적이며, 순수한 절대의 어떤 세상을 향한 영적 갈망의 표현으로 해석된다.

랭보는 아리스토트 이후부터 "시의 구태의연함vieillerie poétique"과 단절하고, "시인들의 왕"으로 "진정한 신"으로까지 여겨졌던 보들레르마저 지나치게 인위적인 예술적 경지에 머물러 있거나 아니면 여전히 인간적 한계를 벗어나지 못한 채 지상의 세계에 남았다고 비판하였다. 랭보는 그의 정형시 형식조차 시답잖다고 언급한 바 있어, 그것은 아마도 "시인들의 왕"이 진정한 시인들이 갈구하는 예견적이며, 형이상학적이며 영적인 그래서 초자연적 감각을 지녀야 할 예견자가 되는 데 이르지 못했다고 그가 믿었기 때문일 것이다. 「지옥에서 보낸 한철 Une saison en enfer」이 랭보가 서구 사회의 한계들에 대한 비판 의식을 갖기 시작하였음을 증언하고 영적 절대에 도달하고자 하는 꿈을 실현하기 위하여 그것을 초월하려는 갈망을 표현한다면, 「착색판화집 Les Iluminations」은 랭보가 예견자로서 영적인 평온을 되찾을 수 있을 동양적 세계에 대한 시인 특유의 내면적 경험을 입증한다.

유명한 단장 "모든 감각들의 착란 déréglement de tous les sens"의 의미는 잘 계산된 정신적 전략의 하나로 해석될 수 있겠다. 이는 서구적인 합리적 사고방식과 단절하고 그 합리적 사고로는 접근이 불가능한 동양의 불교적우주관에 도달하기 위함이다. 랭보는 자신의 경력 초기에 사로잡혀 있었던 엄격하게 정해져 있는 전통적인 시 형식을 포기하면서 후기에 집중적으로 사용될 자유시 형식 즉 산문시 형식을 선택하는데, 이는 본질적으로 합리적이며, 분석적이고 그래서 분리 가능한 서구적 우주관으로부터 근본적으로 신비적이고, 일원적이며 그래서 분리 불가능한 동양의 브라만적 우주관으로의 전향과 일치한다. 『아르튀르 랭보 타자성』의 연구자가 가장 심오한 그리고 최고의 궁극적 진리로 제안하고 있는 형이상학적 우주관은 후자에 일치하는 것으로 보인다.

이와 같이 『아르튀르 랭보 타자성』은 충분히 설득력 있는 방식으로 랭보의 삶과 시작품들 두 가지가 함께 가지고 있는 의미를 형이상학적인 차원과 영적 차원에서 해석해내는 데 성공하면서 암암리에 시인의 작품들이 가지고 있는 가치와 위대함을 결정하는 데 도달한다.

그러나 문학비평의 기능이 우선 하나의 작품의 의미를 해석하고,

이어 전체 차원에서 한 작가의 작품전체들의 의미를 해석하며 그 다음에 그렇게 해석된 작품들의 가치를 정한다는 점에 있어서,『아르튀르 랭보 타자성』에 대한 세 가지 질문이 제시될 수 있다고 본다.

우선 첫째 질문은 두 개의 대전제들, 즉 유대 기독교적 우주관의 대안으로 제시되는 브라만 불교적 우주관의 궁극적 진리성과 다른 한 편으로는 전자에서 후자로 넘어가는 랭보의 영적 개종에 대한 추론의 근거와 관계된다. 첫 번째 대전제는 추론의 논리적 당위성 여부를 떠나 거시적 차원에서 한없는 논쟁을 불러일으킬 것이며, 두 번째 대전제는 그것이 텍스트들의 분석에 근거하여 이루어진 것인지, 그렇지 않으면 텍스트들의 외부에 있는, 말하자면 심리적 사실들이나, 사회적인 사실들로서의 어떤 실제 사실들이나 시인 개인의 실제 행동들에 근거하여서 이루어진 것인가 하는 질문과 마주하게 되고, 그것에 대한 대답을 요청 받을 것이다.

두 번째로 문제가 되는 것은, 언어학적 관점에서의 랭보의 글과 삶 그리고 랭보가 개종한 것으로 추정되는 브라만 불교적 우주관 사이에 있는 외견상의 어긋남이다. 모험과 혼돈으로 가득 찬 랭보의 삶과 그의 작품들에 사용된 문체의 '열렬한' 특성과 '상징 해석학적' 본능이 어떻게 해서 브라만 불교 우주관에 의해 지향되고 실천되는 마음의 '평온'이나 거기 내재하는 '투명한 단순함'과 조화를 이룰 수 있는지 우리들은 자문하게 된다.

마지막 질문은 한 예술가에게 있어서의 철학적 사유의 가치와 그가 실현한 예술작품들의 가치 사이에 있는 일반적인 관계에 대한 것이다. 브라만 불교적인 이상과 사유의 위대함과 심오함을 인정하기로 하자. 또한 랭보의 시작품들이 이와 같은 이상과 사유의 표현들이라고 인정하기로 하자. 하지만 그것들이 예술적 창조행위들의 가치의－지금 여기서는 물론 랭보의－위대함과 심오함을 판단하는 데 충분한 근거로서 간주될 수 있을 것인가?

위에서 제기한 몇 가지 질문들이, 독창적이며 견고한 이준오 교수의 연구 저작 『아르튀르 랭보 타자성』이 가지는 뛰어난 가치를 결코 훼손하지 않는다는 것은 두말할 필요도 없다. 기왕에 쓰여진 수많은 연구들을 넘어, 랭보의 삶과 시작품들에 대한 삼십 년 이상에 걸친 모색들과 성찰들의 열매로서, 이 새로운 연구는 전체 차원에서 랭보 연구를 더욱더 풍요롭게 개척하는 데 대단히 중요한 기여를 하게 될 것으로 믿어 의심치 않는다. 마지막으로, 이 연구의 가치가 한층 더 강조될 수 있다면, 그것이 공간적으로 시간적으로 랭보로부터 멀리 떨어져서, 프랑스 문화와 서구 세계로부터 멀리 떨어져 살고 있는 한국인에 의해 직접 프랑스어로 쓰여진 저작이라는 데 있다.

보스턴 시몬스 컬리지
명예 철학 교수 및 연세대 특별초빙교수
박 이 문

소갯글

극동에서 본 랭보

서양 사람들이 젊은 랭보가 극동에 대해 무엇을 알고 있었는지, 어떤 작품들이 랭보에게 극동에 대해 가르쳐 줄 수 있었는지, 그래서 그가 극동을 생각하게 한 대목들, 특히 일뤼미나씨옹의 대목들이 어떤 의미를 가질 수 있는 지를 밝히려고 노력한 수많은 연구들을 알고 있다. 특히, 시인이 우리에게 축소판 상상적 자서전들, 가상적 존재들을 말하는 세 가지 삶에 관한 것이다.

첫 번째는 동양사람, 유럽에 망명한 힌두교도인, 그의 노틸러스호의 캡틴 네모와 같은 사람을 상기시킨다. 우선 그의 사랑과 함께 빛나는 젊은 시절의 추억들.

 "1.
 오오, 신성한 나라[1]의 거대한 가로수 길들이여, 사원의 테라스들

---

[1] 인도가 아니라 자바섬인 듯함.

이여! 나에게 잠언서[2]를 설명해 준 바라문 승은 어떻게 되었는가? 그 당시 그 쪽의 늙은이들까지도 아직 내 눈에 보이고 있구나! 내 어깨에 놓인 전원과 후추투성이의 평야에 서 있는 우리들의 애무의 손을 그리고 큰 강을 향한 은(銀)과 태양의 시간들을 나는 되새긴다 — 주홍빛 비둘기 무리의 비상이 내 사고의 주변에서 울린다."

다음에 무한하게 돌아다니고 판단을 내린 서양 세계로의 망명

"여기 유배의 몸이 되어 나는 모든 문학 속의 극적인 걸작을 연출해야 할 한 장면을 소유해버렸다, 나는 당신들에게 미증유의 풍요로움을 보일지도 모른다. 나는 당신들이 찾아낸 보물[3]의 역사를 지켜본다.[4] 나의 예지는 혼돈만큼이나 경멸당한다.[5] 당신들을 기다리는 망연자실[6] 상태에 비해 나의 무(無)[7]란 대체 무엇일까?"

아르덴느의 전원을 답사한 '거친 평원'에서, 그의 모든 방황과 모험에도 불구하고, 두 번째 자서전 작가는 확실히 자신의 고향 유럽을 떠난 적이 없다.

"2.
나는 모든 선배들보다도 아주 다른 가치 있는 발견가[8]이다. 사랑의 열쇠 같은 것을 찾아낸 음악가[9]이기조차 하다. 현재 소박한 하늘

---

2 잠언서 : 솔로몬의 지혜의 서(書)
3 Trésors que vous trouvates : 열대의 태양과 풍토. 이교도의 신비 등, 동양에 대한 취미.
4 observer l'histoire des trésors : 랭보 자신이 이 역사적 흐름의 후예임을 천명한다. 단지 그 역사의 지속, 그 계속을 보면서.
5 시기적으로 자신이 시적 지위가 확보되지 않아 혼돈처럼 무시되고 있다. dédaigner동사는 가치판단을 개재시키지 않고 '무시하는 것'을 의미함. 상대방을 가지고 '경멸'하고 있다.
6 stupeur : 망연자실. 선배 시인들을 망연자실하게 빠뜨릴 확신이 있었기 때문에
7 'mon néant' : 시적 인생을 포기하고 동양적 예지를 실천하려고 했던 '나의 무'. 시적 표현을 완성시킨 것과 동시에 포기해버린 랭보는 자바에서 돌아와서, 1876년에 두 번째로 동양으로 가려 한다.
8 un inventeur : 〈모음들〉에서의 언어의 연금술과 〈견자의 시학〉을 발견한 발견가를 암시.

이 계속되는 시큼한 전원[10]의 신사인 나는 구걸[11]을 한 소년기와 시작(詩作) 학습생 시절[12]과 나막신을 신고 (파리에) 도착했을 때의 일을 되새기며 마음을 복돋아 보려고 한다. 여러 번의 논쟁과 대여섯 번이나 되는 독신생활, 몇 번의 결혼[13]과 그때마다 나의 완고한 머리는 동료들의 장단에 맞추는 것을 방해했다. 나는 내가 옛날에 즐겼던 멋진 유쾌함을 그리워하지 않는다. 이 시큼한 전원[14]의 소박한 하늘의 공기는 무척 강하게 견뎌내기 어려운 회의를 양육한다. 그러나 이 회의[15]는 이미 더 쓸모 없고, 더욱이 나는 새로운 어려움[16]에 몰두하므로 — 나는 심술궂은 광인(狂人)이 되기를 기다린다."

이것은 그가 문학에서 "성공"했었다면, 그가 여행을 하지 않았었다면, 랭보가 될 수 있었을 이미지를 약간 그리고 있다. 세 번째로 말하자면, 첫 번째 인물이 되는 용기를 가졌던 두 번째 인물이 동양인으로 변신한 것이라고 말할 수 있다.

"3.
12세 때 갇힌 다락방에서 나는 세계를 알고 인간희극에 삽화[17]를 넣었다. 어느 지하의 술 창고에서 역사를 배웠다. 북쪽의 어느 거리에서의 어느 밤의 축제[18]에서 옛날 화가들이 그린 모든 여자

---

9 un musicien : '사랑의 열쇠'를 찾아낸 작품 《착색판화집》을 암시. 《착색판화집》에서 '사랑의 열쇠'란 '미의 왕국'의 열쇠로, 즉 새로운 운율을 창시한 것.
10 une campagne aigre au ciel sobre : 어머니의 농장이 있는 로슈Roche인 듯함.
11 '신사'랭보가 방빌에게 〈파르나스〉지에 자신의 시를 게재해 줄 것을 '구걸'하였던 것과 파리 생활 중에 베를렌의 친구들에게 의식주를 부탁한 것을 말함.
12 시작(詩作) 학습생
13 파리서 동료 시인들과의 방탕한 생활.
14 cette aigre campagne : 〈시큼한 aigre〉는 〈감미로운 doux〉의 반대말
15 회의 : 인생에 대한 회의, 미에 대한 회의(콩트에서 우화적으로 묘사되고 있음), 시와 시적 인생에 대한 회의, 친구에 대한 회의 등이 그의 일생을 몰아 세운다(〈도시들〉을 참조할 것).
16 un trouble nouveau : 행동으로 현실에 뛰어드는 삶의 어려움.
17 "j'ai illustré la comédie humaine." 〈일곱 살의 시인 le poète de sept 문〉 그림일기를 쓰며 '일기장에 삽화를 넣으며' 소설을 썼다는 말을 기억할 것.
18 어느 밤의 축제 : 〈Bonne idée de matinée〉 〈무제 1872년 7월〉 〈도시들〉, 〈이별〉 등에서도 사용

들을 만났다. 파리의 어느 낡은 통로에서 고전학문을 배웠다. 동양(東洋) 전체에 둘러싸인 어느 장려한 주거(住居)[19]에서 나는 나의 장대한 저작[20]을 완성해[21]버리고 저명한 은둔생활을 했다. 나는 나의 피를 뒤섞였다.[22] 나에게는 다시 나의 의무가 맡겨져 있다. 이제 그런 일을 생각할 필요가 없다. 나는 정말 사후(死後)의 존재,[23] 사명은 없다."

모두 서로서로 아주 밀접하게 연결되어 있는 세 부류의 가능한 삶이다. 왜냐하면 세 번째 삶은 그가 지금까지 실제적으로 살아왔던 삶과 가장 근접한 두 번째 삶 축의 주변에 있는 첫 번째 삶의 반전이기 때문이다. 우리는 그가 여행을 선택할 것이라는 것을 알지만, 그가 으리으리한 저택에서 그의 장대한 작품을 완성하지 못할 것이라는 것도 안다.

어떤 범위에서 그가 동양 전체에 의해 둘러싸여 있다고 말할 수 있는가? 극동에 속해 있지 않고, 진정 극동에 대한 아무런 권위가 없는, 서양인은 그 자신이 갖고 있는 극동에 대한 생각에만 랭보의 텍스트를 대치시킬 수 있다. 이준오 교수 작업의 아주 큰 관심은 이번에 이 문제를 접근하는 사람이 바로 동양인이라는 것이고, 게다가 랭보의 텍스트가 그의 고유문화, 어린 시절, 꿈꾸었던 사생활에 어떻게 접근했는지를 우리에게 말해 줄 수 있는 아주 좋은 위치에 있는 동양인이란 것이다.

되고 있다. 이것은 '화려한 저녁놀이'의 치환이다.
19 '장려한 주거' : 집 = '배' 〈철야 Veillées〉, '장군의 집' 〈소년기〉
20 《〈착색판화집〉》을 일컬음.
21 "j'ai accompli" : '내 무한한 작품을 완성해버린' 은둔 생활을 했다는 시구로 보아 〈지옥에서 보낸 한철〉 후에 쓰여진 것으로 추측된다.
22 "나의 피를 뒤섞였다." : 마지막 시편 《착색판화집》을 정리하여 완성을 하는 것이 '나의 의무 Mon devoir'이다.
23 그는 시적으로 '사후의 존재'자다. 따라서 이제 아무런 임무도 '사명도 없다'고 결별의 말을 남긴다.

주어진 답변은 의심의 여지가 없다. 진정으로 바라문인이 젊은 시인에게 잠언을 설명했었던 것과 같은 것이다. 매우 많이 부족한 정보를 통해서, 그는 극동에서 전통적 교육을 함양시키는 어느 정도의 확실한 사실들을 알아냈다. 그의 지나친 조숙함, 아주 빨리 인정받은 그의 재능들, 몇몇 비극적 경험들이 그에게 서양세계에서 이 사실들을 덮고 있는 베일을 찢어버리는 것을 가능하게 했다. 한국정서는 랭보의 거울 속에 반영된다. 그러나 우리는 수많은 분파들과 함께 이 바라문인들에게서 생겨난 이 대단한 모든 정신세계인 인도, 중국 혹은 일본 정서에 관한 것일 수 있다는 것을 잘 알고 있다.

빼놓지 말아야 할 질문은 랭보 삶의 후기 부분에 대한 질문이다. 그가 실제로 "사랑의 열쇠 같은" 무언가를 발견했었더라면, 그가 실제로 다른 세상으로 가는 것, 현실적으로 "무덤의 저편"에 있기 위해서는, 예를 들어, 그가 Prins of Orange 또는 Wandering chief 에 관한 여행을 할 때 사라지는 것을 기대했을 텐데. 그러나 그는 살아남았고, 그의 인생 후기는 그가 15년 전에 죽기를 선호했을 것 같은 많은 논평가들에게 있어서는 일종의 수치스러운 일이라는 것을 안다.

그렇지만, 텍스트들의 무미건조함과 석학들의 능력향상에도 불구하고 이해하기 힘든 상업적 어휘의 어려움을 통해, 이 마지막 시기에 우리에게 온 텍스트들은 그가 썼던 가장 당혹스럽고 황당한 것들에 속한다. 우리들 중의 누가 그 텍스트들 없이 지내고 싶겠는가?

모리스 리에의 증언에 따르면, "정열적 상인"의 이 존재가 시적,

정신적 발견, 뚜렷한 일뤼미나씨옹에 대답일 수 있다는 것을 무엇으로 이해를 하냐는 것이다.

틀림없이 가장 힘들었던 출발, 떠난다는 결정이 완성된 것은 이 사실이 밝혀지면서이다. 여러 번에 걸쳐서 끊임없이 다시 시작했어야만 했다. 물론 그 출발은 완전히 결정적이지 않았으나 변신이 이루어지기 위해, 돌아온다는 것이 그에게 역시 결정적일 수 없도록 하기 위해서는 충분히 긴 출발이었다.

1885년 1월 15일, 그는 가족들에게 글을 썼다.

"저의 사진은 보내지 않습니다. 불필요한 비용은 일체 쓰고 싶지 않은 것입니다. 그리고 항상 초라한 옷차림을 하고 있습니다. 여기서는 얇은 목면밖에 입지 못합니다. 이곳에서 몇 해 산 사람은 유럽에서 겨울을 지내지 못하게 됩니다. 대번에 폐렴에 쓰러지게 될 테니까요. 제가 만일 돌아간다면 여름뿐입니다. 그리고 최소한 겨울만이라도 지중해 방면에 돌아갈 필요가 있습니다. 여하튼 저의 방랑벽이 전보다 가라앉아 있다고는 기대하지 마십시오. 그렇기는커녕 일과 먹기 위해 한 곳에 머무를 필요가 없고 마음대로 여행할 수 있는 신분이라도 되면, 두 달도 같은 장소에 머물러 있지는 않을 겁니다. 세계는 광대하고 여기저기에 굉장한 지방이 펼쳐져 있어, 천 명이 평생 걸어다니더라도 전부는 찾아가지 못할 것입니다. 그러나 빈곤 속에서 방랑을 계속하고 싶다고는 생각지 않습니다. 몇 천 프랑의 연금을 확보하고 자기 용돈을 뜯어 쓸 만한 자그마한 장사를 해서 검소하게 살며 두 세 곳 다른 곳에서 1년을 지낼 수 있으면 더 바랄 게 없을 텐데요. 그러나 항상 같은 장소에 사는 것은 저로서는 매우 불행한 일로 생각됩니다. 결국 제일 확실한 것은 인간은 가고 싶지 않은 곳에 가고, 하고 싶지 않은 일을 하며, 희망하고 있는 것과는 전혀 다른 식으로 살다가 죽어가며, 더구나 거기에 대한 보상은 아무것도 바랄 수 없다는 것이겠지요."

이것은 거의 "사명이 없다"는 것과 같은 것이다.

결정적 출발, 그를 이디오피아로 인도할 그 출발은 죽음의 등가어로서 경험되었다. 다른 곳으로의 이동은 그가 78년 11월 17일자 편지에서 그의 가족에게 이야기한 것처럼 고다르의 횡단에 의해 훌륭하게 연출되었다.

"넓이가 6미터 정도밖에 되지 않는 길은 그 오른쪽이 높이 2미터의 적설에 묻히고, 거기서 길 위에 끊임없이 높이 1미터의 눈의 장벽이 밀려옵니다. 그것을 부수어 주는 것은 무서운 눈보라의 폭풍뿐입니다. 우리는 거대한 것에 둘러싸여 있으면서 위에도 아래에도 둘레에도 그림자 하나 없는 것입니다. 길도 벼랑도 협곡도 하늘도 없습니다. 무릇 생각할 수 있는 대상이 되는 것, 손에 만져지는 것, 눈에 보이는 것, 혹은 보이지 않는 것으로는 그저 백색밖에 없습니다. 왜냐하면 산길 중앙일 듯 싶은 이 무서운 것에서 눈을 뗄 수도 없고, 거칠게 휘몰아치는 북풍에 얼굴을 들지도 못하고 속눈썹도 콧수염도 종유석(鐘乳石) 모양으로 얼고, 귀는 찢어지며, 목은 어리어리하고! 자기 자신이 그림자 같은 것이 되어 버리는데, 그 그림자가 없으며, 그리고 또 길인 듯 싶은 곳에 점점이 선 전주가 없으며 길손은 빵을 굽는 가마 속의 피에로나 마찬가지로 어찌 할 바를 모르게 될 것입니다."

이디오피아의 편지들은 이 "하얀 눈의 골칫거리"의 개념에 얼마나 많은 다양성을 가져 올 것인가! 일단 저 세상에서, 정말로 다른 쪽에서, 자기 자신이 그림자 자체인 사람은 "실제로 무덤의 저편"에 있는 것으로서 간주된다. 그것은 소생이다. 결정적인 돌출구를 찾으면서 여전히 이 땅을 떠나지 않는 유령이다. 마스크를 써야만 하는 거의 볼 수 없는 사람이다. 우리가 갖고 있는, 일그가 랭보에게 보낸 1888년 2월 19일자 취리히에서 보낸 첫 번째 편지에서, 일그는 랭보에게 이탈리아 원정을 유모스럽게 묘사한 것에 대해 감사하면서, 이 스위스 상인은 그에게 이렇게 선언한다.

> "짧은 여행에서 돌아온 나는 당신의 매우 다정한 2월 1일자 편지를 발견하고 서둘러 답장을 씁니다. 당신에게 확신하건대, 나는 편지 때문에 정말 즐거웠고, 당신의 끔찍할 정도로 엄격한 사람의 무서운 얼굴 뒤에는 모든 사람들이 당신을 부러워할 만한 유쾌한 성격이 숨겨져 있다는 것을 봅니다. 내가 당신의 명예를 더럽히는 것을 두려워하지 않았다면, 나는 몇몇 신문에 그 유명한 이탈리아 정복에 대한 대목을 보냈었을 텐데, 그리고 많은 다른 사람들을 웃게 만들었을 텐데."

거의 죽음의 얼굴 아래에 놀라울 만한 생명력이 있다. 그의 의무가 면제된 것은 아니다(죄의 사면의 의미에서 말이다). 그는 여전히 "자신의 피를 섞지 않았다"는 것이다. 자신의 생각대로 키우기 위해 그가 바라던 그 아들을 갖지 못했다. 우리를 위해, 그가 정말 "그의 장대한 작품"을 완성했다면, 그는 그 자신을 위해서는 그것을 아직도 완성하지 못했다는 것이다.

이를테면 그는 그의 죽음을 마땅히 받아야 한다. 그의 소생은 길게 봐서 자살이고, "연가의 종류"이외는 모든 다른 곳에서는 "인생에 대한 영원한 작별"이다.

아라르(Harar)의 50개의 회교사원 가운데, 한 상상의 바라문인의 제자는 영원히 가상의 벽을 횡단한다.

미쉘 뷔토르 (전 Sorbonne대 교수, 대표적 누보로망 작가 및 시인)

헌 사

　이 저서는 프랑스 파리 Librairie Galerie Racine 출판사에서 출판(2001. 3)한 『아르튀르 랭보 타자성 *L'Autre de Rimbaud*, 245쪽』을 수정 가필하지 않고 저자가 우리말로 옮긴 것이다.
　이 책 원서를 처음부터 끝까지 자세하게 읽어서, 「서문」을 써 주신 박이문(필명 Inhui Park) 선생님과, 「소갯글」을 써 주신 미쉘 뷔토르 박사께 이 지면을 빌어 감사드리며, 더욱이 필자의 60세 회갑 기념 헌사를 써 주신 프랑스 베르나르 위(B.Hue) 박사께, 그리고 안타깝게도 지금은 작고하신 피아니스트 마담 베르나르님께 드리고 싶다.

("A·랭보의 타자성" 한글 출판 기념 헌시)

랭보에게 보내는 헌시

랭보! 붉게 물든 바다 위의 太陽!
너는 쓰디쓴 심연의 바닥에 떨어졌구나!
너의 영혼은 고대의 신비를 삼키고,
지옥의 문에서 올페와 같은 신을 찾았다.

主에 의해 힘의 심장을 쪼아먹히는
견딜 수 없는 긴 여행의 고뇌 속에서
천재다운 자만과 교만으로
너는 공포의 길에서도 당당하구나.

반짝이는 千의 불빛들, 그처럼 순수한 불꽃,
새로 열리는 새벽의 大地를 비추는
하늘을 가르는 너, 오 찬란한 유성이여,

다시 암흑 속으로 사라진지 백여년, 네가 남긴 광채
거칠은 진로가 하늘을 向해 일어서는 구나
반항하는 아이, 순수한 성합이여!

머리말

동방의 빛이 온통 주위를 둘러싸는
나의 장엄한 거처에서 나는 나의 거대한 작품을 완성하고
나의 영광스런 은둔생활을 보냈다. — 랭보

랭보의 작품들은 다양하면서도 많은 연구의 대상이 되어 왔다. 그 연구의 하나하나가 한결같이 작품을 풍요롭게 하고 있다. 그렇지만 그 어린 시인이 지녔던 시적 영감의 원천인 철학적이고 종교적인 동양의 사상이 시인의 마음 속에 더욱 우세하게 자리를 차지하고 있었다는 점을 실질적으로 고찰한 연구들이 극히 드물다는 사실에 접하고서는 놀라움을 금할 수가 없다. 그렇다고 해서 세계사의 일부분인 동양의 커다란 사상에 대한 명료한 환기와 암시가 그의 작품 속에 부족한 것은 아니다. 그러한 환기와 암시는 그의 작품 처음부터 끝까지 부단히 되풀이되고 있으며, 그래서 장 리쉐 같은 일부 비평가들은 마침내 다음과 같이 생각했을 정도다.

"Il est proprement inconcevable que, devant des textes aussi explicites on en soit encore à se demander(ou feindre de se demander?) si Rimbaud n'a pas subi l'influence des doctrines de l'orient!"

"이토록 명확히 드러난 Texte들을 두고서도 랭보가 동양 교리들의 영향을 받지 않았을까 하고 아직도 스스로 의문을 품는다는 것 (또는 의문을 품는 척 한다는 것?)은 그야말로 언어도단이다."[24]

동양에 대해 글을 쓴 시인들, 철학가들, 작가들, 역사가들, 학자들, 모든 방면의 지식인들, 아카데미 회원들이 서구에 얼마나 많은가? 그렇지만 그들 중 과연 몇 사람이 이국적인 취향을 초월하여 동양의 정신적 풍요로움에 깃든 중요성을 랭보만큼 잘 이해했던가? 한 가지 사상 한 가지 철학 천 년의 역사를 지닌 텍스트들의 전통, 그 배후에 자리잡은 동양이야말로 진정한 동양이라는 점을 과연 몇 사람이나 이해했던가?

처녀시「감각 sensation」을 쓸 당시의 랭보는 어린애였으며 자신의 마지막 시「정령 Génie」를 썼을 당시의 랭보는 청년이었다. 그러나 그 짧은 기간이 저 조숙한 천재에게는 예술적으로나 철학적으로나 극도로 풍부한 시집 하나를 완성하기에 충분했던 것이다. 오늘까지도 16세~20세 청년이 신비적이고도 주옥같은 작품을 썼다는 사실은 많은 사람에 있어서 신화적인 기적에 속한다.

시들을 쓰기 위해 랭보가 문장의 구분과 전통적인 문법 규칙들에서 벗어난 하나의 시어를 고안해내야만 했다는 점은 주지의 사실이다. 그 시인은 또한 불어사전을 재편집하고자 했으며 모음과 자음 철자 형태와 그 순서를 개혁했음은 다음과 같이 확신하고 있다.

---

[24] Jean Richer : l'Alchimie du verbe de Rimbaud, Paris, Didier 1972.

"J'inventai la couleur des voyelles!…
A noir, E blanc, I rouge, O bleu, U vert.
Je réglai la forme et le mouvement de chaque consonne…"

"나는 모음들의 색채를 고안했다!…
A 검고, E 희고, I 붉고, O 푸른, U 초록.
자음 하나하나의 형태와 그 작용을 조정했다…"25

그의 작품에 있어서 시행은 일종의 마법적인 진술이며, 입에서 나온 말이 된다. 그런가 하면 알파벳 철자들은 표상문자들과 같은 가치를 지니고 있다. 단어들을 그 어원 étymologie에 결합시키고 또는 일부 언어기호들의 어형과 몇몇 인간 신체 부분의 형태를 결합함으로써 상호 관련된 이미지를 환기시키기도 한다. 그의 작품 어디에서나 일종의 심층적 공모, 신비한 친족관계가 형성됨으로써 그것들이 기표 signifiant와 기의 signifié를 통합하고 있다.

그런 식으로 수정된 단어들의 의미의 철자들의 구조에는 의미작용 signification들을 무한히 배가시켜 주는 배율기와도 같은 것들이 깃들어 있다. 실제적으로 다음과 같은 예의 묘사에 적합하게 쓰일 수 있는 것은 오로지 문체의 수단밖에 없다.

"J'écrivais des silences, des nuits, je notais l'inexplicable. Je fixais des vertiges."

"나는 침묵상태를 묘사했고 밤을 묘사했다. 형언할 수 없는 것도 기록했다. 현기증을 응시했다."26

---

25 Rimbaud : Une Saison en enfer Délire II "Alchimie du Verbe."
26 Ibidem.

여기에서 이미 랭보적 시의 독창성이 드러난다. 그 독창성은 자연 Nature 묘사에서도, 어떤 개인적 서정의 재현에서도 만족하지 못한다. 그것은 향기들, 소리들, 색채들, 그 모든 것을 압축하는 시구들은 "영혼을 위한 영혼 l'âme pour l'âme"에 속하며 사고를 고정시키며 또 생각에서 생각을 옮아 잡아 사고를 끌어낸다.

시인이 이제는 그 무엇인가를 찬송하는 사람이 아니다. 시인은 개인적 의견도 옹호해야 할 개인적 관심사들도 가늠해야 할 특이한 가치들도 지니지 않는다. 일종의 우주적 책임을 부과 받은 보편적인 한 인물에 불과한 것이다.

<그는 인간들이나 동물들에까지도 책임을 집니다.> 그래서 그는 마치 프로메테우스처럼 <그의 시대에 눈 뜨는 미지의 양(量)>을 보편적 영혼 속에서 결정하는 <실제로 불을 훔친 자 réellement voleur de feu>가 되는 것이다. 따라서 그의 사명은 근본적으로 교화 éducatrice하는 일이다. 인간 영혼에 계몽의 빛을 주입하여 그 영혼이 무감각 상태에서 벗어나고 일종의 총체적 개화 상태에 이를 수 있도록 하는 과업이 다름아닌 그의 소명이다.

그러한 랭보의 언어는 창조의 언어적 재생을 구축하고 있기에 성스러운 언어, 즉 세계에 권위를 행사하기 위해 발언되는 의식상의 말 la Parole rituelle에 대한 바라문교적인 개념에 상징적으로 아주 근사하다. 글 쓰는 차원에서 그리고 자신의 개인적 경험 그 너머로 랭보가 실제적으로 전달하고자 노력했던 것, 그것은 많은 정신문화에 힘입어 자신의 영혼을 궁극적 완성단계에까지 고양했던 모든 생체인 개인이 궁극적 완성에 이르고 그것과 동일시될 수 있어야만 하

는 보편적 생활의 지고한 현실 바로 그것이다.

나아가서 그러한 자기완성을 성취하기 위해 시인이 스스로 자신에게 부여했던 존엄한 생활체제는 동양의 금욕적이고 명상적 실천으로부터 명백히 직접적으로 차용된 것으로 보인다.

"La première étude de l'homme qui veut être poète est sa propre connaissance, entière. Il cherche son âme, il l'inspecte, il la tente, il l'apprend. Dès qu'il la sait, il la doit cultiver…

Le poète se fait voyant, par un long, immense et raisonné dérèglement de tous les sens. Toutes les formes d'amour, de souffrance, de folie ; il cherche en lui même, il épuise en lui tous les poisons, pour n'en garder que les quintessences. Ineffable torture où il a besoin de toute la foi, de toute la force sur humaine, où il devient entre tous le grand malade, le grand criminel, le grand maudit, et le suprême savant!… Puisqu'il a cultivé son âme déjà plus riche qu'aucun!"

"시인이 되기를 원하는 사람이 가장 먼저 해야 할 일은 우선 자기 자신을 완전히 깨닫는 일입니다. 그는 그의 영혼을 추구하며 그것을 검토하며 시련을 가하고 가르쳐 갑니다. 자신의 영혼을 알고 나서는 곧 그것을 가꾸어 가야만 합니다…

나는 감히 견자이어야 하며 의식적으로 견자가 되어야 한다고 말하겠습니다. 시인은 모든 감각의 오랜, 엄청난 그리고 추리해낸 착란에 의해서 자신을 의식적으로 견자로 만듭니다. 사랑과 고통, 광증의 모든 형태들이 다 그런 것입니다. 시인은 그 자신을 추구합니다. 자신 속에 모든 독소를 걸러내어 오직 그 정수quintessences만을 간직하려는 것입니다. 그의 모든 신앙과 초인적인 모든 그의 힘이 필요한 말할 수 없는 고역입니다. 거기에서 그는 가장 위대한 죄인 가운데 가장 위대한 범죄자, 가장 위대한 저주 받은 자가 되는 것입니다. 즉 그래서 최상의 현자가 되는 것입니다. 그렇게 되면 그가 미지의 세계에 도달하기 때문입니다. ―왜냐하면 그는 그의 영혼을 단련해서 가꾸었기 때문입니다. 이미 그 누구보다도 풍요해진 영혼들!"27

　이제 여기서 중요한 것은 자아의 환상을 철저히 물리치고 개체성을 구체화시키는 이기주의와 자기도취라는 감정을 극복하여, 사랑을 수단으로 보편적 성체배령에 도달하는 일이다.
　나중에 랭보는 "왜냐하면 나는 한 사람의 타자(他者)에 불과하니까…… 그 사실이 내겐 명약관화한 일이다. car je est un autre… cela m'est évident."라고 말하게 된다. '자아'라는 인상에 대해 그가 갖는 그러한 기이한 태도를 명료하게 이해하기 위해서는 "비아 An－âtman : sanscrite(非我)"에 최우선적인 중요성을 부여하는 불교 교리를 참조하지 않으면 안 된다. 그 교리에 의하면 고뇌를 낳는 것은 하나의 "아 Soi"를 허구적으로 만들어냄으로써 비롯된다. "아 le Moi"라는 것은, 하나의 개체적인 "아"가 존재한다는 확신은 귀속과 소유라는 생각을 필연적으로 불러일으킨다. 개인이 "나" 자신이랄지 "나의 것"이라는 표현을 사용하는 것은 이러한 물질적 재산 전반이 자신에게 "귀속되며", 이승의 이런 물건 또는 저런 몫이 "자기의 것들", 즉 "자기 자신"에 동일시된다는 점을 맹목적인 상태에서 결론짓기 위해서이다. "비아 An－âtman"라는 교의는 그러한 심리적 동화현상을 고발하고 있는 것이다. 그 교의는 경험적인 "자아"를 진정한 고려의 대상이 될 수 없는 하나의 환상으로 제기하며 금욕과 정신적 연마의 실천을 통해서 실제적인 "자아"를 추구하도록 격려한다. 물리적인 신체를 부정하지는 않으면서도 그러한 실체를 지극히

---

27 A.Rimbaud : Lettre du voyant à P.Demeny. 1871

피상적으로 판단하며, 유일하고 지고한 개인적 총체로서 "자아"라는 감정과 결부되는 것은 바로 그 실체이다. 인간존재의 그러한 국면은, 니르바나 Nirvana라는 한 가지 유일한 목적을 위해 양보되어진다.

우리가 보기에는 랭보의 정신적 탐색 또한 그와 동일한 관점에 자리잡고 있다. 스스로 "견자"가 된다는 것, 그것은 자신의 개체성을 초월하는 것이며 나타나는 그대로의 이승에 대한 환상을 떨궈버리는 일이며, 스스로 경험하는 그러한 "자아"라는 환상으로부터 벗어나는 일이다. 그것은 곧 "나는 한 사람의 타자에 불과하다"라는 확신을 획득하는 일이며 "온갖 인간적 소망을 그 정신 속에서 사라지도록 할 수 있는 경지에 이르는" 일이다.

우리는 「굶주림의 축제 les Fêtes de la Faim」와 「갈증의 희극 la Comédie de la soif」의 작품에 나타나 있는 금욕적인 유형에 이를 수 있다.

물질세계에 대한 그러한 부정적 태도는 서구가 헬레니즘 유산을 통해서 그러한 것을 알기 수백 년 이전에 이미 동양에서는 유포되어 있었다. 고대 또는 신비주의의 저서들을 읽으면서, 청년기 랭보가 동양의 각종 신비를 발견하게 된 것이 샤르르 빌르 도서관이 틀림없다. 그러한 문제에 심층적인 관심을 기울였던 롤랑 드 르네빌도 동일한 결론에 이른 바 있다. 랭보에게 끼쳤을지도 모를 각종 다양한 영향들에 대하여 언급하면서 그는 다음과 같이 기술하고 있다.

> "La littérature de la Grèce ancienne le fit accéder à la métaphysique de l'orient. Platon le conduisit à Pythagore, et de ce dernier il remonta jusqu'aux mystères orphiques que l'orient transmit à la grèce. C'est dans cette somme qu'il convient de chercher la conception de la personnalité

proposée par le poète…"

"고대 희랍문학이 랭보로 하여금 동양철학에 접하도록 해 주었다. 플라톤이 피타고라스로 그를 인도했고 피타고라스로부터 랭보는 동양이 희랍에 전수한 오르페우스 신비들에까지 거슬러 올라갔던 것이다. 그 시인에게서 제시된 인격 개념을 탐구하기 위해서는 바로 그러한 총체적 사실에 토대를 두는 것이 바람직하다."[28]

이 유명한 랭보 추종자로서는 랭보의 작품 전반에 동양사상에 대한 그 어떤 지식을 기본적인 원칙들 속에서 결부시키지 않는다면 랭보 작품의 이해가 빗나가고 말리라는 점은 의심할 여지가 없다는 것이다. 그래서 그는 다음과 같이 부연한다.

"…Il est non seulement possible, mais encore nécessaire d'étudier la position moniste que Rimbaud adopta à l'issue de ses méditations sur la sagesse de la Grèce antique, en se référant à la somme philosophique dans la courant de laquelle cette sagesse est située : Celle de l'extrême‒orient."[29]

"고대 희랍의 지혜에 대한 자신의 성찰 초기에 랭보가 취했던 일원론적 입장을, 그 지혜를 담고 있는 역사적 조류 내의 철학 전반을 참조하면서 연구하는 것이 가능한 일일뿐더러 나아가서는 필수불가결한 일이기조차 하다. 그것은 곧 극동지역의 지혜인 것이다."

정확히 랭보의 일원론monisme에 관련하여 그의 지적 내용이 베다교와 바라문교의 가르침을 너무도 자주 적용시키고 있기에 그것들

---

[28] Rolland de Renéville : Rimbaud le voyant. éd. Colomb 1946.
[29] Ibidem. "l'élaboration d'une méthode."

사이에 유사점들을 들춰내는 일을 간과할 수 없다.

동양에는 유·불·선과 같은 상당수의 종교적인 흐름들과 분파들이 존재한다. 그러면서도 그 대부분이, 몇 가지 기본 개념들 언저리에서 재결합하고 있으니 그 개념들 중에서 특별히 아트만-브라마, 삼사라, 카르마 그리고 니르바나를 검토해 보기로 하자.

아트만-브라마의[30] 교리는 인간 영혼이 숭고한 "혼"의 한 조각, 피창조물 안에 깃든 창조 법칙의 한 줄기 빛, 즉 불티라고 가르친다.

브라마는 보편적 "혼"이며 **아트만**은 모든 생체의 가장 내밀한 곳에 존재하며 그것을 저 중심 "혼"에 결합시키는 본원적이고 변하지 않는 "자아"를 지칭한다.

한편 **삼사라**samsara 또는 영혼의 화신incarnation이라는 교리는 존속기간 전반에 걸쳐 일련의 상태변화 과정을 통하여 일어나는 영혼의 윤회를 가르친다. 이러한 무한한 재생의 순환은 언제나 동양종교 사상에 깃든 가장 중요한 관념이었다. 그리하여 사람들은 이어지고 연결되는 인간의 이승생활과 모든 개체의 현상태를 고찰하기에 이르렀다. 그러한 입장은 아마 대개는 현상으로의 인간, 육체적이고 감각적인 개인의 자아개념을 단순한 환상과 같은 것으로 설명한다. 그리고 명상과 금욕과 정신수양의 힘을 빌어 그러한 환상의 환각적인 특성을 포착하기만 해도 초기단계에는 육체의 포로상태였던 영혼에게 구원의 계시에 접할 수 있는 자유를 물려준 채 그 환상은 사라지고 만다.

이렇게 볼 때 모든 생체는 때로는 상승차원으로 때로는 하강차원으로 하나의 동물적 육체로부터 신성한 형체로 나아가면서 연속적

---

[30] Le Bouddhisme, P.U.F. 9e éd. Paris 1979. p.18.

생활 사슬을 따라 변화한다. 그러한 재생과 변형의 사슬 전반에 자리잡은 그의 존재론적 역사로부터 소여된 어느 특정한 순간에 있어서의 각자의 상황은, "카르마 Karma"에 달려 있는 것이다. "인간이 행한 어떤 행동, 그것이야말로 그 인간의 미래 생활이다"라고 우파니샤드는 지적하고 있다. 이렇게 해서 "카르마"는 개인의 행위 내부에 깃들어 있으면서 연속적인 여러 생활들에 대한 각종 보상과 형벌을 단계적으로 부과하는 일종의 수여적인 "정의 Justice"로서 규정되는 것이다.

동양 종교 사상에 대한 언급은 이 정도로 그치고 이제 랭보에게 되돌아오기로 하자. 랭보는 "자아 personnalité"에 대한 개념을 어떻게 설명하고 있었던 것일까? 1871년 5월 자기 친구 드메니에게 보낸 유명한 그 편지 속에서, 자신의 방법과 목적과 신념을 설명하고 있으며 또한 그러한 질문에 대한 더할 나위 없는 명료한 답변을 제시해 주고 있다. 고전주의자들이건 낭만주의자들이건 자기보다 앞선 모든 작가들을 심판하면서 랭보는 다음과 같이 말하고 있는 것이다.

"Si les vieux imbéciles n'avaient pas trouvé du Moi que la signification fausse, nous n'aurions pas à baloyer des millions de squelettes qui, depuis un temps infini, ont accumulé les produits de leur intelligence borgnesse en s'en clamant les auteurs!"

"만약 늙은 천치들이 왜곡된 의미의 "자아 Moi"를 발견하지 못했던들 우리는 무한한 저 과거, 미래로 그들의 애꾸눈식 지성의 산물들을 쌓아 올리며, 스스로 작가들임을 주장하는 수백만의 해골들을 쓸어 치울 필요가 없었을 것입니다!"[31]

여기서 랭보는 "자아"의 비현실성을 철저히 비난하고 철학적이고 사회적인 "자아" 그리고 거기에서 우러나오는 개성과 단일성 d'unicité이라는 감정들을 순전한 지적 환상들 같은 것으로 간주한다. 그로서는 작가, 창조주, 시인, 그러한 사람이 결코 존재하지 않았다는 점에 일말의 의혹의 그림자도 없는 것이다. 소유와 개인적 지고성이라는 생각은 "자아 Moi"에 대한 그릇된 관념의 소산이다. "창조성 créativité"은 결코 분리된 인격적 창의성이나 능력들이 아니다. 그런데도 랭보는 "그토록 많은 이기주의자들이 스스로 창조자들이라고 자처하며, 그들의 지적 진보가 그들 자신들 덕분에 이루어졌노라고 자처하는 또 다른 사람들이 무한 무지기수다"라고 확신한다. 그러한 관점은 우리가 앞에서 언급했던 "비아 non-moi"라는 불교적 교리에 직접적으로 의지하는 것이다.

인간의 독창성은 개별적 인격에 속하는 사항이 아니라 브라마라는 명칭으로 알려져 있으며 랭보가 "보편적 지성 l'Intelligence universelle"이라고 부르는 우주적 독창성의 아주 미세한 부분에 불과하다. 보편적 지성에 대해 랭보는 다음과 같이 부연하고 있다.

> "L'intelligence universelle a toujours jeté ses idées naturellement ; Les hommes ramassaient une partie de ces fruits du cerveau : On agissait par, on en écrivait des livres : telle allait la marche…"

> "보편적 지성이 항상 그것의 관념들을 내던질 것은 당연한 일입니다. 사람들은 자기대로 지적 중심의 두뇌에서 나온 문장들의 일

---

31 Rimbaud : "Lettre du voyant à Demeny", le 15 Mai 1871 à Charleville

> 부를 주워 모았던 것입니다. 사람들은 그것에 의해 행동하였고 그것을 가지고 책들을 썼던 것입니다. 일은 그렇게 진행되어 온 것입니다."[32]

정신적인 가치들을 희생하여 합리적이고 물리적인 가치들이 번성함으로써 일어났던 세계 타락 이전의 그 옛날에 말이다.

따라서 랭보는 궁극적인 현실성을 지닌 한 가지 사항으로서의 "자아"를 부정하고 있다. 그리고 동시에 그러한 허구적 개념에서 발원한 모든 생각들을 배척하도록 우리를 부추긴다. "작가"요, "창조주"요, 특이하고 멸하지 않는 개체성이라는 의식들은, 불교나 브라만교 성전들과 똑같은 방식으로, 말하자면 단순한 환상 같은 것으로서 철저히 비난을 받는다.

결국 우리는 우리가 하나의 인격이라는 감정을 부인하기에 이르게 된다. 실제로 일단 "자아"에 대한 그릇된 인상이 사라지면서 그와 동시에 "하나의 인격"이라는 느낌도 사라지는 것이다. 왜냐하면 인격이 그 주위에서 형성되며 개발되는 내부적인 "자아 Soi", 즉 그 중심핵이 없다면 "인격"이 전재할 수 없을 것이기 때문이다.

그러한 식의 과정은, 원칙적으로 모든 생체들의 성체배령에 이르기보다 먼저 당연히 보편적 "사랑"이라는 만인분배 관념을 끌어들였다. 「태양과 육체 Soleil et Chair」가 그러한 사랑의 우주적 차원을 묘사해 주고 있다. 보편적 성체배령을 거행하는 것은 진실로 다름아닌 찬가인 것이다.

사실상 랭보는 서구를 부패한 세계로 간주하고 현대인을 전락한 존재로 본다. 그래서 그는 다음과 같이 말하는 것이다.

---

[32] Ibidem.

"Oui, l'homme est triste et laid, triste
sous le ciel vaste.
Il a des vêtements parcequ'il n'est plus,
chaste, parce qu'il a sali son fier buste
de dieu.
Et qu'il a rabougri comme une idole au feu,
Son corps olympien aux servitudes sales!"

"그렇다. 인간은 비참하고 추하며 광대한 하늘 아래서 비참하다.
인간은 이제는 더 이상 순결하지 않기에,
자신을 그 자랑스런 신의 흉상을 더럽혔기에
우상을 불에 내동댕이치듯
자신의 위엄 있는 육체를 더러운 노예상태에 처박고
말았기에, 옷들을 걸치고 있다."[33]

그러한 인간전락의 이유는 합리적이고 물질적인 철학들의 발전에 결부되어 있다. 이러한 과정에 처해서도 실제로는 인간의 "눈이 먼 채, 귀가 닫힌 채" 가고 있는데도 인간으로 하여금 "아, 이제 알 수 있다"라고 생각하게 만드는 것, 그것은 다름아닌 침범해 들어오는 과학지향주의이다. 랭보는 이성이 계시에 있어서 하나의 장애물이 된다고 생각한다. 이성은 "우리에게 무한한 것을 감추고 Elle nous cache l'infini" 진리에 대한 우리의 지식을 물리적 세계의 철저한 한계점에 가두어 버린다.

절대를 추구하는 그 시인으로서는 과학적 지식이 종국적으로 헛되고 불충분한 것으로 드러나는 것이다. 과학적 지식이 시인의 완성

---

[33] A.Rimbaud : "Soleil et Chair."

과 조화와 전체를 추구하며 맛보는, 갈증을 풀어 주기에는 어림도 없는 것이다.

> "Nous ne pouvons savoir! Nous sommes accablés
> D'un manteau d'ignorance et d'étroites chimères!
> Singes d'hommes tombés de la vulve des mères,
> Notre pâle raison nous cache l'infini!
> Nous voulons regarder : le Doute nous punit!
> le Doute, morne oiseau, nous frappe de son aile!…
> — Et l'horizon s'enfuit d'une fuite éternelle!…"

> "인간은 알 수 없을지니! 다만 무지의 망또와
> 편협한 공상에 짓눌려 있노니
> 여인들의 음부에서 떨어진 인간 원숭이들
> 우리의 창백한 이성은 우리들에게 무한을 숨기는구나!
> 보고 싶다! 그러면 회의는 우리를 벌주겠지!
> 회의, 그 음울한 새는 그 위 날개로 우리를 후려친다.
> — 그리고 지평선은 영원한 도주로 사라져 버린다!"[34]

바로 여기에서 합리주의를 초월하는 하나의 방법으로서 그리고 신비한 계시를 향한 상승으로서 <투시력>이 솟아난다.

기독교와 모든 이원론적 이론, 자아 ego와의 탈동일화 dèsidentification, 물질적 무관심, 데카르트 정신의 단념, 이것들이 필수 불가결한 조건들로서 불현듯 들어선다.

> "Afin que l'homme pût éclairer sa pauvre âme
> Et monter lentement, dans un immense amour

---
[34] Ibidem.

   De la prison terrestre à la beauté du jour"

  "인간이 그 비참한 영혼을 밝힐 수 있기 위해
  그리고 하나의 폭넓은 사랑 안에서 서서히
  이승의 감방으로부터 **태양(빛)의 아름다움**으로 올라가기 위해"[35]

 창조와 우주에 생명을 불어 넣는 유일한 중심 <영혼>의 존재, 그 둘의 통합이라는 동양적인 신념들을 랭보가 공유하고 있다는 것은 일말의 여지도 없다(하나하나의 인간영혼은 그 중심 영혼의 미세한 부분을 나타내니까).

 그러한 사실에 비추어 우리는 랭보의 <견자 voyant>라는 방법이 동양의 명상방법에 아주 밀접하게 관련되어 있음을 이해할 수 있다. <모든 감각의 오랜, 엄청난 그리고 추리해낸 착란 un long, immense et raisonné dérèglement de tous les sens>은 <고뇌와 사랑의 모든 형태>들의 고갈과 더불어 실제로 유교의 금욕주의자적 태도 또는 신비한 명상에 잠긴 요기Yogi의 태도를 아주 충실하게 재생하고 있다. 롤랑 드 르네빌이 다음과 같은 지적을 통해 입증하고 있듯이, 랭보의 시 전반은 그러한 태도로 뚜렷이 점철되어 있는 것이다.

  "Basée sur les apports de l'inconscient, sa poésie est toute chargée de rêve. L'effort qu'il accomplit pour retrouver la totalité de son esprit se produit à travers le dépassement systématique de sa conscience de veille."

 무의식의 소산에 토대를 두고서 랭보의 시는 온통 공상으로 점철되어 있다. 자신의 정신의 총체를 되찾고자 그가 기울이는 노력이

---

[35] Ibidem.

철야불면이라는 자신의 의식의 조직적인 극복을 통해 나타난다.36

<미지의 것 l'Inconnu>에 드달하기 위한 랭보의 그러한 <다이나믹한 상상력>은 가령 <계시>에 접하기 위해 불교도가 기울이는 노력과, 天人合一의 도교적 최종 목표와 동일한 것이다. 그래서 그가 도달하고자 원하는 정신적인 이상은 <젠> 상태의 완전무결한 충만함과 그 어떤 차이점도 겉으로는 나타나지 않는다.

정신분석적 입장에서 볼 때, 시인의 그 유명한 「모음들 voyelles」이라는 시에서 <공>과 <빛>의 이미지는 그러한 형이상학을 역력히 나타내 보이고 있다.

"A noir, E blanc, I rouge, U vert, O bleu : voyelles,
Je dirai quelque jour vos naissances latentes :
A, noir corset velu des mouches éclatantes
Qui bombinent autour des puanteurs cruelles,

Golfes d'ombre : …
…………
…………
—O l'Oméga, rayon violet de ses yeux"

"A 모음은 검은, E 모음은 흰, I 모음은 붉은, U 모음은 초록, O 모음은 푸른 : 모음들,
…………
…………
—오메가, 브라마의 눈의 보라빛 태양광선들!"37

---

36 Rolland de Renéville : Rimbaud voyant.

<A noir>는 <알파 α>, <시작>, <카오스 chaos>를, <O bleu>는 <끝 l'Oméga>, <궁극>, <행복한 나라>를 각각 상징하고 있다. <A noir>는 결국 총계적 의미로서의 <어둠>이요, <O bleu>는 <자유 Liberté>, <평화>, <구원 Rédemption>, <절대 absolu>의 영상을 유도하는 <무>의 공간상태이다. 이때 <무>를 의미하는 <O>는 현실을 부정하는 니체적 허무의 <공>이 아니라 존재의 진실이며 현상과 본질의 <참모습>을 나타내고 있다. 이는 롤랑 바르트의 사고의 진전에 있어서보다 훨씬 앞서서 이미 시인은 <형태>를 <공 le vide>이라고 생각하기에 이르렀다는 점을 보여주며 그 흐름에 <젠 ZEN>이 중요한 역할을 한 것을 알 수 있게 한다. 바르트의 의식 속에서도 <공>이 <선 ZEN>의 개념으로 이해되고 있음을 공감한다. 그러한 <O>의 공간 속에 충만한 태양빛, 즉 그것은 절대의 상태에 도달한 <보라빛 색채의 광선 l'Oméga rayon violet>을 의미하고 있다. <나는 알파요, 오메가요>라는 성서적 의미를 시인은 여기에서 동양의 예지에 적용시키고 있다. 그것을 상징하는 모음 <A>와 <O>의 절차는 앞에서 언급한 바와 같이 표상문자의 가치와 더불어 그 어원에 결합하고 <기표>와 <기의>를 통합함으로써 그와 관련된 이미지를 환기하고 있다. 위와 같이 <알파에서 오메가로> 이행되는 영혼의 여정을 불교에서는 물질적 이승의 어둠에서 충만된 빛 속으로의 역동적 상승을 하며 자유로운 해탈의 경지에 도달하는 궁극적 본질 추구로 본다. 이러한 방법이 <꿈의 전능함 그리고 무사무욕한 사고활동에 대한 믿음에 근거>를 두고 있음을

---

[37] Rimbaud : "Voyelles."

앙드레 브르통도 말하지 않았던가? 그러므로 궁극에는 실재적 <자아>, <절대적 자아 absolu moi>에 이르게 된다. 그것이 보랏빛 광선으로 충만한 <O l'Oméga>의 상태인 것이다. 그것은 태초의 <빛>과 <어둠>이, <낮>과 <밤>이 나누어지기 이전의 근원적 상태(근원=일원), 신 그 자체의 브라마의 세계에 도달하는 것이다. 이것은 또한 개인적 영혼이 보편적 영혼 속으로 용해하는 동양사상을 옹호하는 랭보적 <계시>인 것이다. 랭보는 <인간이 하늘에 속한다>라는 유교사상과 아트만의 교리가 그에게 무엇을 가르치고 있는지 알고 있다. 또한 그는 신성한 영혼의 미세한 부분이 모든 생체에 깃들여 존재한다는 사실을 알고 있다. 오로지 <계시>만이 그러한 실체적 <자아>를 인식하고 그것에 동일시될 수S'identifier 있도록 해준다.

「방랑자들 Vagabonds」이라는 제목이 붙은 시는 인간이 그러한 근원적 핵을 되찾으려는, 또는 그 자신이 말했듯이 <태양의 아들이라는 자신의 원초적 지위 son état primitive de fils du soleil>를 되찾으려는 시인의 의지에 담긴 열정을 내보여준다.

다름 아닌 바로 그러한 국면에서 육체가 고행과 체념과 명상의 힘을 빌어 극복해야만 하는 하나의 장애물 같은 것으로 나타나는 것이다. 각종 욕망과 정욕과 욕구라는 과중한 덩어리에 그렇게 짓눌려 있는 영혼의 <지상의 감옥>, 육체는 바로 그 감옥인 것이다. 그러나 일단 개인이 자신의 육체와 자신의 아욕(我慾)의 포로상태로부터 해방되는 데 성공하게 되면, 그 때 개인은 자신의 신성한 중대성을 내포하게 된다. 그리고 그것은 물론 랭보에게는

"l'idéal…
Tout le dieu qui vit sous son argile charnelle
Montera, montera, brûlera sous son front!"

"이상적인 것……
그의 육체적 흙(물질)을 쓰고 사는 모든 신은
그것의 이마 밑에 올라갈지니, 올라갈지니, 타오를지니!"38

바로 그것이다. 여기서 그의 모든 감각은 다음과 같은 의기양양한 감탄을 발하고 있다.

"O l'Homme a relevé sa tête libre et fière!
Et le rayon soudain de la beauté première.
Fait palpiter le dieu dans l'autel de la chair."

"오 인간은 자유스럽고 자랑스런 머리를 쳐들었나니!
그리고 첫 번째 미의 빛이 갑자기
육체의 제단 속에 신이 더듬거리도록 만들고 있다."39

「영원 l'Eternité」이란 시에서도 시인은 그와 동일한 행복감, 그 <신성한 정수>와 더불어 재회를 가리키는 그 동일한 환희의 폭발을 뚜렷이 표현하고 있다.

"Enfin, O bonheur, O raison, j'écartai du ciel
l'azur, qui est du noir, et je vécus, étincelle
d'or de la lumière nature

---

38 Rimbaud : "Soleil et Chair"
39 Ibidem.

Elle est retrouvée
Quoi? — l'Eternité
....

Ame sentinelle,
Murmurons l'aveu
de la nuit si nulle
....

Des communs élans
Là tu te dégages
Et voles selon…"

"마침내 오 행복이여, 오 이성이여, 나는 어둠이 있는 하늘로부터 저 창공을 떼어 놓았다. 그리고 자연의 빛이 한 줄기 황금빛처럼 나는 그렇게 살았노라.
영원은 되찾아졌소
무엇이라고, 다름아닌 영원을
....
파수꾼인 영혼이여,
그토록 허무한 밤의
희구를 속삭이자꾸나.
....
공동의 충동으로부터
거기에서 그대 벗어나고
그리하여…에 따라 날아오른다."[40]

밤과 어둠은 무지, 혼돈상태, 고뇌, 우리가 우리의 육체적 욕구를 지니고 있는 환상들, 그리고 그러한 욕구들의 만족에 대한 인간의 포로상태를 상징한다.

불교성전들은 존재 개체성의 물질을 구성하고 있는 모든 요소들

---

40 Rimbaud : "L'Eternité"

을 전문적으로는 <스칸다 Skanda>⁴¹라고 불리는 다섯 개의 집합체들로 재규합한다. 그것들은,
- 육체
- 지각과 감각
- 충동과 동요
- 감정과 표상
- 의식이나 의지나 인식행위다.

한 개인이 욕구할 수 있는 그 모든 것이 일종의 허구적인 <자아>가 중첩될 수 있는 그러한 <스칸다> 중의 하나에 따라서 정당화된다. 각종 탐욕, 개인적 본능들, 부 또는 권력에의 갈망, 그것들이 이러한 심리적 환상에 대한 믿음으로부터 발원하는 것이다. 상상력l'imagination의 산물인 개체성individualité은 믿음과 동시에 사라지고 만다. 그러한 일이 이루어지기 위해서는 그 다섯 가지 집합체들, 즉 서로 다른 그 집착 유형들을 극복하고 자아 내부에서 물리치면 그만인 것이다. 부처의 다음과 같은 계시는 바로 그러한 맥락에서 이해될 수 있다.

"Le Vérité demeure cachée pour celui qu'emplissent le désir et la haine."
"욕구와 증오를 가득 채우고 있는 자에겐 진리가 보이지 않는 법"

"C'est chose qui coûte de la peine, pleine de mystère, profonde, cachée à l'esprit grossier."
"그것은 고행을 통해 얻을 수 있으며, 신비로 가득 차고 심오하며

---
41 Skandha : "des 5 éléments constitutifs de l'existence" (Bouddhisme).

속된 정신에게는 보이지 않는 것."

"Il ne peut la voir, celui dont les terrestres désires enveloppent l'estprit des ténèbres."
"자신의 이승의 욕구들이 어둠의 정신을 둘러싸고 있는 그러한 자는 진리를 볼 수 없는 법."42

육체와 마찬가지로, 계시의 빛에 의해 사그라들 수 있는 거짓 외양에 불과하기에 <밤>은 <허무한> 것이라고 랭보는 말했다. 우리 내부에 깃들어 있으면서 개체성의 환상을 부추기는 것, 그것은 다름 아닌 어둠이다. 시적 각성, 그것은 일상생활의 <공동의 충동 des communs élans>들로부터 해탈할 수 있으며, <각종 육체적 정욕, 질투, 권력의지 등등>을 완전무결하게 물리칠 수 있는 경지에 다다르게 하는 데 있다. 오로지 한 가지 중요한 것이 있다면 계시의 <자연의 빛>이다. 되찾은 영원l'Eternité의 궁극적 가치, 즉 개체가 자신의 신성한 자아인 아트만을 만나고 동화되는 것만이 유일하게 중요하다.

자신의 육체와의 별거를 실현했고 자신 <나 Je>를 하나의 <타자 autre>로 천명했기에, 이제 랭보는 의기양양하게 다음과 같은 주장을 하게 된다.

"Je parvins à faire s'evanouir dans mon esprit toute l'espérance humaine. Sur toute joie pour l'étrangler, j'ai fait le bon sourd de la bête féroce."

---

42 le Bouddhisme : P.U.F. éd. Paris.

"나의 정신 속에서 모든 인간 욕망이 사라지도록 하는 데 드디어 나는 성공했다. 그 욕망을 저지한다는 온갖 기쁨을 두고서 나는 맹수가 흔히 하는 그 선의의 침묵을 지켰다."[43]

그리고 다른 작품에서도 시인의 <명상적 실천 Practiques méditatives> 규율들을 결론지음으로써 그것을 규명하고 있다.

"Sans me servir pour vivre de mon corps⋯
J'ai vécu partout."

"살기 위해 나의 육체를 사용하지 않고서도⋯
나는 도처에서 살았다."[44]

"Mes deux sous de raison sont finis!⋯
J'envoyais au diable les palmes des martyrs, les rayons de l'art, l'orgueil des inventeurs, l'ardeur des pillards ; Je retournais à l'Orient et à la sagesse première et éternelle."

"나의 값싼 이성은 끝장났노니!⋯
순교의 영예를 상징하는 종려가지들, 예술의 빛들, 발명가들의 오만함, 약탈자들의 열정, 그것들일랑 내동댕이쳐 버렸다. 나는 동양으로 그리고 원초적이고 영구한 지혜로 되돌아왔다."[45]

확연히 드러나 보이듯이 <미지의 세계 monde obscure>에 도달하기 위해 랭보는 불교도들의 양식을 따른 철저히 준엄한 생활, <자연스럽게 절제하며 가장 높은 수준의 도道승보다 더 무사무욕한 상

---

[43] Rimbaud : "Jadis."
[44] Rimbaud : "Mauvais Sang."
[45] Rimbaud, Une saison en enfer, "l'impossible."

태로 조국도 친구도 없다는 오만한 마음으로 전 생애를 걸쳐 대여 <정>을 편력하는 방랑의 생활을 실제로 이행하였다.

또한 랭보는 동양인들처럼 재생과 윤회라는 신비를 믿고 있었다. 신체적 죽음 이후 존속이라는 그러한 문제는 랭보를 상당기간 동안 사로잡았던 것으로 보인다. 그리하여 그가 내린 결론들은 그로 하여금 <최후의 심판>에 대한 교리적 생각들, 연옥 또는 천국, 신의 은총 또는 지옥의 형벌, 이런 것들로부터 상당한 정도 뒷걸음치게 만들고 있다. 랭보는 차라리 죽음 이후의 인간이 과연

> "Sombre-t-il dans l'océan profond
> Des Germes, des Foetus, des Embryons, au fond
> De l'immense creuset d'où la Mère-Nature le ressuscitera, vivante créature,
> Pour aimer dans la rose et croitre dans les blés?"

> "그는 깊은 대양에 잠기는 것일까
> 싹이 있고, 태아가 있고, 배태가 있는
> 자연이라는 어머니가 그를 살아 있는 피조물로
> 다시 소생시킬 그 거대한 심연 한가운데로,
> 장미 속에서 사랑하고 밀 속에서 자라나기 위해서?"[46]

하고 자문하는 것이다.

따라서 유기체적 생활의 소멸 그 다음에 인간 영혼이 비약하는 곳은 천상을 향해서가 아니다. 개인은 자연이라는 어머니가 그를 다시 소생시킬 그 거대한 심연 한복판으로 되돌아가는 것이다. 그러한 관점은 동양에서 <삼사라 Sâmsâra>라고 알려진 연속적인 <윤회>

---

[46] "les pauvre à l'église."

라는 교리와, 탄생과 소멸의 도교적 교리의 밀접한 유사점을 제시해 준다.

그러한 믿음은 고대의 **그노시스파**47 학설들 안에도 마찬가지로 존재하고 있었다. 동양철학들의 거대한 영향을 뚜렷이 표현하고 있는 것은 가령 **오르페우스파**48의 신비주의가 그렇다. **오르페우스파** 신비주의자들에게 있어서는 자그레우스 신을 뜯어 삼켰던 타이탄들의 재(灰)들로부터 인간들이 발원했다. 인간들의 발원처인 그 타이탄들처럼, 인간들도 정신적으로 불결한 상태로 죄를 진 채 그 원죄를 업고서 태어난다. 그러나 나머지 타이탄들에 뜯겨 삼켰던 저 신의 실체가 뒤섞여 있었듯이 모든 인간 내부에는 인간의 육체와 영혼 그 가장 깊은 곳에 묻힌 채로 신성한 존재의 한 미세한 조각이 여전히 존속하고 있다. 그래서 모든 인간은 근원적으로 한 육체 속에 갇힌 하나의 신인 것이다. 준엄한 규칙들과 수많은 금기사항들을 포함한 정화라는 하나의 의식에 힘입어 시한부적이고 소멸하기 마련인 국면들로부터 분리시킴으로써 그 신성한 본성을 인식했던 인간은 그러한 각종 시련의 끝에 가서 근원적인 신의 행복하기 그지없는 불멸성을 획득했던 것이다.

---

47 그리스어로 본래 〈지식〉을 의미하였으나 〈신약성경〉에 있어서는 신이나 그리스도에 대한 지식을 말한다. 물론 지적 논리적인 것이 아니라 신비적인 직관적으로 신의 계시를 체험했을 때의 상태를 말한다. 기독교의 진리를 gnosis로서 이해하려는 이단자들을 그노시스파라 한다. 그노시스주의는 종교를 형이상학적 인식보다 낮은 단계로 보고 비합리적인 방법으로 행해지는 민중의 형이상학이라 생각하고 신학을 철학에 해소시켜 기독교의 신성은 인정하나 예수의 인격을 망각하는 경향이 있다.(참고문헌 ; W.Bousset : Hauptyprobléme der Gnosis. 1997).

48 Orpheus교 : 희랍신화 orphiques에 나오는 시인 오르페우스가 신령의 계시로 제창하였다고 하는 고대 그리스의 미의 종교. BC67세기에 디오니소스 Dyonysos 숭배로부터 독립하여 동방의 여러 종교의 영향을 받아 올림포스 Olympos 국민종교와 대립하여 발전한 개인적 심령적 종교로서 BC6세기에는 그리이스 전역, 이탈리아 남부까지 퍼졌다. 이는 영육이원론으로 영혼이 육체로부터 해방되어 신과 합일된다고 한다. 그렇기 위해서는 계율을 엄수하고, 금욕하며 디오니소스의 제직에 참여해서 영혼을 정화해야 비로소 윤회의 업을 벗어나 영원히 행복하게 될 수 있다 한다. 이 교리는 후에 피타고라스 Pythagoras학파나 플라톤의 사상에 많은 영향을 미쳤다(참고서적 ; E.Rohde : Psyché.).

오르페우스 신비주의의 생활체제에 입문하지 않은 사람들은, 죽음 이후, 생명을 가진 무한한 형태들을 통해 부단한 <윤회>의 과정을 운명적으로 겪어야만 했다. 그러한 영구적인 재생의 순환을 중지시키기 위해서는 다른 신에 의지하지 않으면 안 되었다. 그 신이 바로 **디오니소스**였던 것이다. 디오니소스 신은 몇 가지 기본적인 의식(儀式)들과 생활과 행동상의 몇몇 규칙들을 통해 그 숭배자들을 구원하게 된다는 것이다. 그러한 규칙들을 엄격하게 지킨 자는 마지막 생애에 이르러 <윤회>의 순환에서 벗어나게 되며 그리하여 자그레우스 신과 더불어 성체배령에 들어간다는 것이다. 그렇게 하여 그는 영구한 지복을 누리게 될 것이었다. 왜냐하면 그가 거기에서 발원하였으며 인류 전체가 그 미세한 실체를 형성하고 있는 신의 섭정에 그가 다다를 수 있으며 또한 거기에 참여할 수 있기 때문이다. 이것은 <인간의 영혼은 불멸에 이르기까지 상승할 수 있다>는 플라톤의 사고과정과 유사하다 할 수 있겠다. 샤를르 빌르 도서관에서 행했던 자신의 독서과정에서 랭보가 오르페우스 신비주의에 대한 지식과 동양의 예지를 얻었을 수 있는 일이다. 더욱이 1852년에 일부 출간하였으며 1858년에 다시 출간된 고답파의 총수 격인 **르꽁트 드 릴**Leconte de lisle의 『고대시 *Poèmes Antiques*』의 전집을 읽었으리라고 우리는 확신을 가질 수 있다. 르꽁트 드 릴의 작품으로부터 랭보의 영향문제는 다음 기회로 돌리기로 하겠다.

시적 투시력의 신비주의적 발자취에 대해서는 랭보는 앞서 수많은 프랑스 시인들에 관심을 기울인 바 있었다. 랭보 자신도 드메니에게 보낸 편지 속에서 라마르틴이 <가끔 견자였으며>, 위고가 <잘 보았고>, 데오필 고티에, 르꽁트 드 릴, 데오돌 방빌이 <탁월

한 투시력을 지녔음>을 인정한 바 있다. 그리고 그의 친구 베를렌느, 그는 진정한 시인이라는 평을 받고 있다.

거의 모두가 다소간의 열정을 지니고서 다수적이고 연속적인 삶에 관한 교리를 가르쳤다. 그러나 그 누구도 랭보만큼 명료하고 확언적이며 자신의 신념에 자신을 갖지는 못했던 것으로 보인다.

"A chaque être, plusieurs autres vies me semblaient dûes, ce monsieur ne sait pas ce qu'il fait : Il est un ange. Cette famille est une nichée de chiens. Devant plusieurs hommes, je causai tout haut avec un moment d'une de leurs autres vies."

"생체 하나하나에 여러 가지 다른 삶들이 어떤 식으로든지 관련을 맺고 있는 것으로 생각된다. 그런데 그 사람은 자신이 행하는 것을 알지 못한다. 그는 천사인 것이다. 그 가족은 개들과 한 배의 사람들이다. 여러 사람들 앞에서 그들의 다른 삶들 중의 하나가 벌어진 순간을 곁들여 소리 높여 이야기했다."

"Si j'avais des antécédants à un point quelconque de l'Histoire de France!⋯

⋯Je me rappelle l'histoire de France⋯ J'aurais fait, manant, le voyage de terre sainte, j'ai dans la tête des routes dans les plaines souables, des vues de Byzance, des remparts de Solyme⋯ Je suis assis, lépreux, sur les pots casses et les orties, au pied d'un mur rongé par le soleil⋯ plus tard, reître, j'aurais bivaqué sous les nuits d'Allemagne.

Ah! encore, je danse le sabbat—dans une rouge clairière, avec des vieilles et des enfants⋯ Je n'en finirais pas de me revoir dans ce passé⋯ Quelle langue parlais—je? Qu'étais—je au siècle dernier ; Je ne retrouve qu'aujourd'hui⋯⋯"

"프랑스 역사의 어떤 한 시기에 내가 행적을 남겼더라면!…

나는 프랑스 역사를 회상해 본다. …나는 시골뜨기가 되어 성지 여행을 했었으며 내 머리 속에 수아브 지방의 평원에 있는 길들, 비잔틴의 경치들, **솔림** 성곽을 그리고 있다. …나는 문둥이가 되어 깨어진 단지들과 쐐기풀 위에 앉아 있다. 태양이 부식시킨 어느 담벼락 밑에… 그리고 조금 후에는 프랑스 용병이 되어 독일의 밤 하늘 아래 야영을 했으리라.

아! 그리고 다시 불그스름한 숲속 빈터에서 늙은이들과 아이들과 더불어 마녀들과도 같은 소란한 주연을 벌인다. …나는 그러한 과거 속에서 나를 다시 보는 일을 언제까지나 계속하리라.

나는 무슨 언어로 말했던가? 지난 세기에 난 무엇이었던가? 나는 단지 오늘밖에는 내 자신을 되찾을 수 없으니…"[49]

시인은 이 글 속에서 자신의 이전 삶의 몇 순간들, 몇 과정들을 다시 살고 있다. 변화에 변화를 거듭하면서 변모하고 자신의 육체의 욕구들에 굴복하고 있기 때문에 욕구만큼 한탄스러우며 또 비참한 다른 한 상태를 취하기 위해 어느 한 상태를 단념하면서 그는 자신의 재생 순환의 전개 속에서 자신을 다시 보고 있는 것이다. 사후의 길을 특징짓고 있는 무의식과 무분별을 드러내 보이기 위해 그리고 그의 새로운 시적 각성, <진리의 완전무결한 이해> 즉 <깨달음>을 추구하는 자신의 여정을 드러내 보이기 위해 랭보는 <나는 단지 오늘밖에는 내 자신을 되찾을 수 없다>고 뚜렷이 밝히고 있다. 그러한 신비적 탐색은, 이기주의적, 자기 도취적, 충동적, 본능적인 특성들로부터는 물론, 합리주의적이고 물질주의적인 특성들로부터도 개인에 있어서의 우월성을 엄격히 배척하고 있다.

다음 글은 시인의 이러한 성공을 축성하고 있다. 실제로 랭보는

---

[49] Rimbaud : Une Saison en Enfer, "Mauvais Sang."

<견자 voyant>가 되었던 것이다.

"Je ne suis pas prisonnier de ma raison…
Je veux la liberté dans ce salut…
les goûts frivoles m'on quitté…"

"나는 나의 이성의 포로가 아닐지니…
나는 그 구원 안에서 자유를 원한다.
덧없는 취향들일랑 이미 나를 떠났다…"[50]

"Les rages, les débauches, la folie dont je sais tous les élans et les désastres, tout mon fardeau est déposé.
Apprécisons sans vertige l'étendue de mon innocence."

"내가 그 모든 충동과 재난을 알고 있는 분노, 방탕, 광기.
그 모든 나의 짐이 벗겨졌다. 나의 천진함의 폭을 아무런 현기증 없이 가늠해 보기로 하자."[51]

그런 식으로 말하는 자는 분명 <자아>라는 개인적 관념을 초월했다. 그는 자아와 물질세계의 비실제를 이해했던 것이다. 그는 <풍요로움 속에서의 졸음이란 불가능하다는 사실>을 지극히 평정한 정신으로 알고 있다. 풍요로움이란 항상 극히 대중적인 것이다. 신성한 사랑 오로지 그것만이 과학의 열쇠들을 가져다준다.

랭보의 시는 진실로 베다교 시기부터 오늘까지 동양종교사상의

---

[50] Ibidem.
[51] Ibidem.

정수 그 자체를 이루었던 개념들과 확신들로 점철되어 있다. 그리고 우리가 랭보의 인격을 동양종교인의 그것에 결부시키는 것은, 금욕의 실천, 깨어 있는 공상, 정신수양 등등 그에게 있어서 시를 작성하는 데 조건들을 형성하고 있는 사항 때문만은 아니다. <견자>라는 그의 방법이 요가의 몇 가지 원칙들과 심오한 유사점들을 지니고 있음은 확실하다. 그러나 동양이 무엇보다도 우선 그의 모든 신비적 철학적 확신들의 근원이 되는 것처럼 보이는 랭보 자신의 많은 고백들에 의해 그러한 사실들이 강조되지 않았다면 위와 같은 사실들만으로는 우리의 이러한 관점을 입증하는 데 아마도 불충분할 것이다.

그의 탐색의 궁극적 목적은, 계시들Illuminations의 마지막 시인 「정령 Génie」 속에서는 자기 작품에 대한 일종의 결론을 기술하는 일이었다. 그러한 이상은 설령 그 단어가 전혀 사용되지 않았다 할지라도 보편적 영혼만으로 개인적 영혼을 용해함으로써 우러나오는 저 형언할 수 없는 <충만상태인> 니르바나 상태와 모든 점에 있어서 동일하다. 우리는 이미 「모음들 voyelles」에 대해 전기한 바와 같이 바로 그러한 여정 위에 동양의 종교적 철학적 교리들과의 접촉을 설정해야만 하는 것이다. 랭보에게 있어서 그 교리들은 일종의 진정한 계시였다.

랭보의 인격을 불교도, 도교신도, 또는 힌두교신자로 취급하자는 것이 우리의 의도는 아니다. 랭보의 삶의 한 시기 또는 다른 어느 시기에 그가 동양에 기원을 둔 어떤 종교사상에든지 개종했음을 주장하는 것도 아니다.

시인이 기독교로부터 뒷걸음질한 것은 어떠한 다른 종교에 심취하기 위해서가 아니라 한 가지 보편적 일원론monisme을 구상하고 전도하기 위해서였다. 어떤 의미에서 보면 바로 이와 같은 동양의 교리들이 랭보의 작품공간을 가로질러 나아가는 문을 열어 주는 열쇠를 건네주었던 것이다. 가택침입죄를 범하지 않고서 그 문 안에 들어가고자 하는 사람은 그 누구나 그러한 교리들을 통과해야만 하는 것이다.

■ 차례Contents

□ 서문(박이문) • 5
□ 소갯글(미쉘 뷔토르) • 11
□ 헌사/랭보에게 보내는 헌시 • 20
□ 머리말 • 22

서 론 • 59

Ⅰ. 빛과 어둠의 형이상학
  A. 빛과 선禪   • 77
    1. 감각적 세계의 어둠   • 86
    2. 반항과 신비주의 탐색   • 93
    3. 시인의 유일한 영적 자양분인 여명의 빛   • 98
    4. 비너스에서 동방東方으로   • 103

  B. "영겁, 그것은 바로 태양에 혼융된 바다"   • 113
    1. 태양의 깨어남   • 117
    2. 불빛과 그늘의 조화의 원칙인 불   • 121

Ⅱ. 랭보적 언어에 담긴 신비들   • 126
  A. 기술記述의 메커니즘   • 127
    1. 주술   • 127
    2. 신비술   • 141
    3. 연금술   • 144

■ 차례Contents

B. 시와 신비주의	• 151
1. "기억記憶"의 시와 음절 OM	• 155
2. 모음(voyelles)과 니르바나	• 179
Ⅲ. 동양의 정신적 아들	• 247
A. 상징주의와 예언적 경력	• 247
1. 랭보의 상징주의	• 248
2. 불교적 방법	• 257
3. 환상가의 예술	• 265
4. 시적 견술과 작품의 문제	• 273
B. "정령"과 브라마의 환영	• 276
1. 우주에 대한 현상과 서구적 접근들	• 278
2. "정령"의 상징체계	• 282
3. 랭보와 "정령"	• 288
4. 언어적 만다라	• 297
5. 우주적 영혼	• 299
Ⅳ. 결 론結論	• 306
1. 서구의 판단	• 307
2. 태양의 아들은 곧 동양의 영적 자손	• 311
3. 문제 제기	• 316
4. 해결	• 324

■ **차례**Contents

■ 부록 • 327

□ 헌사와 대담
   Ⅰ. Bernard Hue 박사의 헌사   • 329
   Ⅱ. 이브 본느프와(Yves Bonnefoy)와의 대담: 이준오   • 339

□ 논문
   Ⅲ. 영혼의 언어와 춤   • 355
    1. 저주받은 시인들에 있어서 神의 역할과 사탄의 역할 • 357
      — 베를렌느, 랭보, 보들레르
    2. 랭보의 詩 存在와 言語   • 377
      — 미학적 조망과 존재론적 성취
    3. 존재와 부재의 형이상학   • 410
      — 존재론적 성취에 대해(말라르메, 랭보, 이브 본느프와)

■ 생애와 발자취/Chronologie • 425
■ 참고문헌/BIBLIOGRAPHIE • 433
■ 찾아보기(인명 · 작품) • 443

아르튀르 랭보 타자성

서 론

　시인 랭보. 랭보는 그의 성(姓)이요, 아르튀르가 그의 이름이다. 그러나 랭보라는 말을 듣는 순간 우리 머리 속에 떠오르는 것, 그리하여 실제 인물을 뚜렷이 연상하도록 해 주는 것, 그것은 그의 이름인 아르튀르가 아니라 '見者'라는 단어다. 그리고 그러한 연상 작용이 너무나 자연스럽고 일반화되어 있어서, 그 시인에게서는 이름은 무시되고 흔히 이름이 갖는 부수적 의미가 姓에 담겨 있으며, 결국 '見者'야말로 그의 진짜 姓으로 자리잡고 있다고 할 수 있을 정도다. '아르튀르 랭보 Arthur Rimbaud'가 아니라 '랭보 見者 Rimbaud Le Voyant'. 그런 식의 명칭에 대해 비평계가 전통적으로 이구동성의 합의를 보아 왔다는 사실만으로 결국은 '랭보 見者'가 이제는 그 시인의 사실상의 이름이 되어 버린 셈이다.
　왜 그를 '見者'라고 부르는 것일까? 랭보가 예언자였기 때문일까? 그가 마법사, 신비주의자, 아니면 계시를 받은 사람이었기 때문일까? 도덕과 철학상의 차이 또는 불일치로 말미암아 그와 그의 동시대인들 간에 어떤 엄청난 간격이라도 있었던 것일까? 어떤 사람들은 일종의 신성화라고 해석하고 또 다른 사람들은 단순한 별명으로 받아들이는 그의 제 2의 세례명으로 불러 마땅할 정도로 랭보가 그의 동시대인들에 비교하여 뚜렷한 차이점을 지니고 있었다면, 그의 시와 그의 신념 속에 과연 어떤 유별난 것이 있어서 그 점을 뒷받침해주고 있을까?

위의 모든 질문에 대한 몇 가지 대답이 이 논문을 통해 제시될 것이려니와, 우리의 연구는 동양의 전통과 종교와 철학을 결부시켜 일치성 또는 영향력, 부분적 괴리 또는 개입의 측면에 큰 비중을 둘 것이요, 랭보 시대의 서구에 알려지고 입에 오르내렸던 정도의 동양전통, 종교, 철학에 대한 지식과 소문의 수준이, 때로는 단순한 이국에의 호기심에서 극도로 열정으로 치닫는가 하면 때로는 멸시에서 철저한 배척으로 나아가기도 함으로써, 어쩔 수 없이 수많은 상반된 반응들을 자아냈으리라는 측면에서 접근할 것이다.

서구에 있어서 동양은 오늘날도 여전히 무궁무진한 의문의 초점이요 부단한 논의의 대상이다. 레이몽 슈와브는 동양을 그 복합적인 유동성을 중심으로 다음과 같이 파악한 바 있다.

> "pas un mot peut-être ne fut, autant que celui d'orient, chargé de valeurs sentimentales, passionnelles même : selon les esprits, les phases même d'une pensée, il évoque fascination, répulsion, effroi ; associé aux images les plus diverses, à chaque fois la portion de terre qu'il couvre augmente ou diminue, change de faune et d'âme, pour donner raison à la prédilection à l'antipathie, à la peur."[52]

---

[52] Raymond Schwab : La Renaissance Orientale(동양의 부흥), Paris, Payot, 1950, p.12

"'동양'이란 단어만큼 감정적이고 심지어는 육감적이기까지 한 의미들을 담고 있는 단어는 아마 없었을 것이다. 기질에 따라 나아가서는 그때그때의 기분에 따라 '동양'이란 단어가 때로는 매혹으로 때로는 혐오감으로 때로는 공포로 떠오르기 때문이다. '동양'이란 단어는 극도로 다양한 이마쥬들과 결합되어 떠오름으로써, 지구촌 중에서 그 단어에 해당하는 부분이 늘기도 하고 줄기도 하며 그곳의 동물群과 사람 또한 시시각각 다르게 생각되어서, 결국은 때로는 편애하고 때로는 혐오하며 때로는 두려워하는 것이 당연한 것처럼 여겨질 정도인 것이다."

'동양'이란 단어의 출현은 로마제국에까지 거슬러 올라 고찰해볼 수 있을 것인데, 사실 고대 그리이스로부터 많은 유산을 물려받아 풍요를 누린 로마제국은 서력기원이 시작되기 훨씬 이전에 유럽을 일종의 수수께끼였던 아시아에 대립시켰던 것이다. 비르질리우스가 당시에 벌써 동쪽(오로라) 민족들을 거론했으며, "이집트가 동양의 강국이다"[53]라는 말을 하기도 했다. 그러한 구분이 이후 몇 세기에 걸쳐 확고히 형성되어, 한편으로는 유태·그리스도교 문명에 다름 아닌 서구 문화와 다른 한편으로는 인도 문명에 다름 아닌 동양 문화 간에 철저한 장벽이 구축될 정도가 되었다. 차후 많은 사람들에게 있어서 그러한 분리 상태가 어쩔 수 없는 단절이요 치유 불가능한 결별처럼 인식되기도 했다. 이제 '동양'이 "서구의 他人"이요,[54] "서구를 제외한 세계 만방의 산물들에 하나하나 맞춰볼 수 있는 만능 열쇠요",[55] 유럽 이외의 "모든 나라들을 지칭할 수 있는 하나의 개념"[56]이 된 것이다.

---

[53] Enéide, Virgil의 서사시 VIII, 686.
[54] Raymond Schwab, Ibidem.
[55] Ibidem.

특히 19세기의 일이지만 동양에게, 좀 더 정확히 말해서 인도 즉 "인류의 설립자"인 인도라는 나라에게 서구가 진 빚의 진정한 의미와 그 중요성에 대해 많은 논의가 있었다. 그러한 질문들이 야기했던 반응들과 의견들은 지금도 여전히 증가하고 있기도 하다. 우리와 거의 시대를 같이 하는 폴 끌로델이 1952년에 다음과 같이 천명하지 않았던가.

> "J'ai très peu de goût pour les philosophies de l'orient et ne vois pas l'enrichissement qu'elles sont capables de nous apporter"[57]
>
> "나로서는 동양의 제반 철학에 대해 별다른 취향을 갖고 있지 않으며 동양 철학들이 우리 서구에 전하여 기여할 수 있을 만한 풍요로움 또한 찾아볼 수 없다."

시인이며 외교관이었던 그가 그런 식의 주장을 할 당시 동양의 제반 문화가 빈약하고 별다른 흥미를 끌지 못하는 것처럼 보였다고 한다면, 다음 인용문에서 여실히 드러나다시피 Daniel Halévy는 한술 더 떠서 유럽 문화의 진보와 통일성에 동양 문화가 위험스럽다는 판단을 내리기까지 한 바 있다.

> "Si nous voulons travailler à restaurer quelque culture, quelque harmonie européenne, méfions-nous des Asiatiques"[58]

---

[56] Ibidem.
[57] Revue de littérature comparée(비교문학지), 1956. David(Jean) : Orient et intelligence dans les letters françaises de la première après-guerre(제 1차대전 후 프랑스 문학에서의 동양과 지식), p.519(note 5).
[58] Massis(H) : 'A propos de Robindranath Tagore 타고르論', "Défense de l'occident 서구옹호", p.279.

"어떤 문화, 유럽적인 어떤 조화를 구축하고자 노력하고 싶다면 우리로서는 아시아인들을 경계해야만 한다."

그렇지만 이후 단지 몇 년의 간격을 두고 많은 사람들이 동양적 가치들과 이마쥬들을 찬양하고 고양하며 바로 그것들에서 새로운 영감과 새로운 신념을 발견하게 되니, 위고, 보들레르, 라마르틴 같은 낭만주의 작가들이 그렇고, 르콩트 드 릴, 쟝 라오르 같은 파르나스 시인들이 그러하며, 베를렌, 랭보 같은 상징주의 작가들이 또 그렇고, 쇼펜하우어 같은 철학자들이 또 그러하다. 그와 같은 현상에서 동양이 지닌 파라독스를 찾아볼 수 있거니와, 그것은 수상쩍은 단어인 동시에 마력적인 단어요, 때로는 혐오당하고 때로는 숭상되며, 일부 사람들에게는 창조력의 원천적 자극으로 인식되는가 하면 다른 사람들에게는 모든 에너지가 꺼져버린 무기력한 상태로 인식되는 것이다. 동양을 두고 일각에서는 그 밑바닥에 깔린 염세주의를 비난하는 반면, 또 다른 일각에서는 불교의 형이상학적 관점들과 영적 이상을 찬양하는 것이다.

그리고 바로 그 때문에 우리로서는 본론에 들어가기에 앞서 지리-문화적 해석들을 정확히 해 둠으로써 모든 애매성을 제거하는 것이 바람직하다고 생각한다. 우리의 연구 과정에서 '동양'이라는 개념이 늘상 동원될 것이고 그러다 보면 지리-문화적 해석 작업이 수반되지 않을 수 없기 때문이다. 바로 그러한 측면에서 다음과 같은 Bernard Hue의 구분을 인용하고 넘어가기로 한다.

"D'une manière schématique et approximative, on peut dire d'emblée que l'Orient… correspond à l'ensemble des régions désignées communément par les noms de Moyen-orient et d'Extrême-orient. Dans ce vaste ensemble dominent trois pays : l'Inde, la Chine, le Japon… Mais ces noms recouvrent aussi bien le Tibet que l'Indochine et la Corée. En fait (on) les emploie moins avec une valeur géographique que pour évoquer trois grandes civilisations qui ont respectivement pour centre l'Inde, la Chine et le Japon"[59]

"도식적이고 근사치적인 방식으로 접근한다면 일반적으로 '중동' 과 '극동'으로 불리우는 지역들 전부에 해당하는 것이 (…) '동양'이라고 금방 말할 수 있을 것이다. 그 광대한 지역 전반에 인도, 중국, 일본이라는 (…) 세 나라가 주된 지배력을 행사하고 있다. 그렇지만 거기에는 인도차이나와 한국뿐만 아니라 티베트까지 포함된다. 사실상 그 세 나라 이름들이 오르내리는 것은 지리적 가치에 의거해서 라기보다는 각각 인도, 중국, 일본을 중심권으로 형성된 3대 문명을 상기시키기 위해서다."

일반적인 방식을 따르자면 '동양'이라는 단어는 인종, 국가 또는 문명 구분 없이 아시아 대륙 그 전체를 가리킨다. 그렇지만 우리의 연구에 설정된 몇 가지 한계로 말미암아 그 광대한 전체로부터 근동 지역은 제외될 것이다. 실제로는 중동, 극동 또는 근동 지역 중에서 어느 곳을 부각시키느냐에 따라, 힌두스탄 문명, 중국 문명, 이슬람 문명이라는 3대문명이 각 지역에 결부되어 떠오르기 마련이다. 그렇지만 르네 게농René Guénon의 경우 이슬람 문명에 언급하면서 다음과 같은 정확한 설명을 제시한 바 있고, 그의 설명이 우리의 입장에 합리적인 토대를 제공해 주기도 한다. 그는 다음과 같이 말했다.

---

[59] Bernard Hue : Littératures et Arts de l'Orient dans l'oeuvre de Claudel(클로델 작품 안의 동양 문학과 예술. Thèse présentée devant l'Université de Haute-Bretagne), p.17.

"à bien des égards, devrait plutôt être regardée comme intermédiaire entre l'orient et l'occident (…) beaucoup de ses caractères la rapprochant même surtout de ce que fut la civilisation occidentale du Moyen Age."⁶⁰

"(근동은) 여러 가지 측면에서 볼 때 차라리 동양과 서양 간의 중간 지역으로 간주되어야 할 것이다. (…). 근동 지역의 많은 특성들이 특히 중세 서구 문명의 양상과 유사하기까지 하다.

한편 랭보 또한 다음과 같이 주장하지 않았던가? "동양을 생각하고 원초적이며 '불멸의' 지혜를" 생각할 때면 그의 안중에 "코란의 저 어설픈 지혜가 함께 떠오르는 일은" 결코 없었노라고 말이다.[61]

따라서 우리가 연구 과정에서 설정한 한계는 임의적인 편애의 결과가 아니라 사회-문화적 배경을 되살린 충실한 선택의 결과이며, 본질적인 국면에서만 그 배경을 뚜렷이 한다면 바로 중국과 일본과 그리고 특히 인도가 거기에 해당하는 것이다. 사실상 '인도'라는 그 단어 하나만 가지고서도 우리는 근본적으로 동양 전체를 떠올리기 마련이다. 인도는 한 국가라기보다는 한 민족이요, 또 한 민족이라기보다는 한 문명이며, 나아가서는 한 문명이라기보다는 훨씬 더 하나의 종교에 가깝다. 그것은 사실 문학과 철학, 儀式들과 학문들, 신앙들과 사회구조들 등등 만사가 뒤엉켜 공존하고 만사가 착잡하게 얽혀 있는 하나의 종교인 것이다. 궁극적으로 중요한 점이—특히 중국, 일본, 한국, 티베트, 베트남, 타일랜드, 캄보디아, 몽고, 라오스, 실론, 버마를 포함한—아시아 전역에 걸친 그 종교의 역사적 발전이

---

60 op. cit., p.18(René Guénon, <u>La crise du monde moderne 근세의 위기</u>, Paris, Gallimard, 1946, p.39).
61 「Une Saison en enfer,」 <u>L'Impossible</u> "지옥의 계절" 안의 '불가능'

라기보다는 그 종교의 본질 그 자체라는 사실에 착안한다면, 그것은 또한 개괄적인 안목 아래 간략하게 살펴보는 것이 바람직한 하나의 종교이다.

동양 종교들을 공부하는 데는 두 가지 방법이 있을 수 있으니, 그것들을 모아 온전한 하나로 고찰하는 방법이 있는가 하면, 각 시기와 종교에 입각하여 宗派들과 경향들이 병존하는 상태로 고찰하는 방법이 있다. 그런데 후자의 방법은 박학한 지식을 요구하는 기술이라는 목적 이외의 다른 목적을 성취할 수 없다. 그리고 대체적으로 볼 때 宗派들이 하나의 공통 원천으로부터 모든 것을 길어옴으로써 시대에 따라 자꾸 반복되었음이 명백한 이상, 우리의 연구에 관련해서는 각 종파의 세부 사항들은 어느 정도 무시하고 그 종파들이 동일한 하나의 총체를 형성하고 있는 것처럼 그 본질만을 해명하는 쪽이 더 유리할 것이라고 판단했다.

베다교 종파들에서 중국과 한국에 유포된 불교 종파들과 탄트라 경전을 중심으로 한 힌두교에 이르기까지 모든 세기에 걸친 인도 사상의 結晶에 極點역할을 한 주된 신앙들을 두 세 가지 들 수 있을 것이다. 아트만-브라만(Atman-brahman) 또는 개별 영혼과 우주 영혼의 동일시가 그 중 하나요, 삼사라(Samsara) 또는 영혼의 윤회설이 다른 하나요, 삼사라 원리의 필수적 보완 사항으로 나중에 대두된 카르마(Karma) 원리가 또 다른 하나다.

아트만-브라만이 지니는 우선적인 의미는 희생의 행위에 수반되는 일종의 呪術이라는 뜻이다. 그것은 희생자에게 신성성을 부여함을 목적으로 하는 상투적 표현 방식인 것이다. 그렇게 하여 브라만이 자율적인 권능을 얻게 될 것이며 마침내는 신들을 섬기는 것이 아니라 신들을 부리는 능력을 갖추게 된다. 우파니샤드(Upanishad)들 속에서는 브라만이 모든 한계와 모든 결정으로부터 벗어나는 심적이고 우주적이며 보편적이고 무한한 권능으로서 찬양되고 있다.

한편 아트만은 모든 피조물의 가장 내밀한 곳에 자리잡고 있으면서 그것을 보편자에 연결시켜 주는 본원적 자아를 가리키는 형이상학적 개념이다. 아트만은 심리학에서 외부 세계와 마주하여 어떤 자율성을 지닌 것으로 인식하여 쓰고 있는 용어인 개인적 의식에 해당하지 않는다. 아트만은 창조의 공동원천에 공감할 수 있도록 해 주는 영혼인 것이다. 그것은 모든 생체들, 모든 사물들, 모든 피조물들이 공동으로 지니고 있는 바로 그것이다. 결국 아트만은 모든 개체의 최심층부에 존재하며, 다음 글에 엿보이듯이 브라만이 그 가장 큰 불기로 나타나는 불씨인 것이다.

"Voici la vérité : de même que d'un feu ardent sortent par milliers des étincelles pareilles à lui, d'être qui retournent en lui."[62]

"진리는 바로 다음과 같다. 타오르는 하나의 불씨로부터 그것에 유사한 불씨들이 수 천 개씩 발산되는 것과 마찬가지로, 부동의 한 존재로부터 결국은 그것으로 되돌아가는 모든 종류의 존재들이 태동하는 것이다."

아트만과 브라만의 식별이야말로 진정한 의미에서 동양적 신비의 핵심 개념을 이루고 있다. 한편으로는 우주가 하나의 영적인 규모를 띠어 보편적 영혼이 삶의 모든 국면들과 그 모든 표현들에 자리잡

---

[62] Henri Arvon : Le Bouddhisme 불교, coll. Que sais-je? P.U.F. 9ème édition, 1979. p.18.

고 있으며, 또 다른 한편으로는 모든 피조물, 모든 생체가 한 가지 우주적 가치를 획득하는 것이다. 결국 삼라만상이 그 우주적 대양을 이루는 한 방울의 물이거나 한 줄기 강물이 되는 바, 그 대양으로 모든 영혼들이 사라지고 바로 그 대양이야말로 우파니샤드들 속에서 규정된 그대로의 브라만에 다름 아닌 것이다.

"En vérité, le principe dont tous les êtres naissent, dont ils vivent une fois nés, où ils rentrent quand ils meurent, tu dois chercher à le connaître : c'est le Brahman" (…) l'âme des créatures est une, mais elle est présente dans chaque créature ; à la fois unité et pluralité comme la lune qui se reflète dans les eaux"[63]

"실로 모든 생체들이 태동하는 데 원리로 작용하며 일단 태동한 그 모든 생체들이 살아가는 데 원리로 작용하며 그 모든 생체들이, 결국 죽어 되돌아가는 처소가 되는 원리가 있으니, 그대는 바로 그것을 깨닫도록 노력하여야만 한다. 그것이 바로 브라만이다(…). 피조물들의 영혼은 단 하나이되 그것이 모든 피조물 속에 존재하고 있으니, 도처의 물 속에 비치는 달처럼 그것은 하나인 동시에 여럿이니라."

브라만은 우주 영혼의 품 안으로 되돌아간다는 확신을 소지하고 있으니, tat twan asi("그대가 그것이니라")라는 문장이 나타내는 바가 바로 그 확신이다. '견자'가 된 이후의 아르튀르 랭보는 그와 똑 같은 생각 아래 "Je est un autre 나는 하나의 他者다"라고 말하게 된다.

고행, 경배, 무사무욕이야말로 인간이 브라만이라는 성스러운 경지에 도달할 수 있도록 유일한 수단들이 되었다. 스스로 견자가 되

---

[63] Ibidem.

기 위해서 "사랑과 고통과 광기의 모든 형태들을 두루 편력했으며 그 결과 미지의 것에 도달했노라."[64]고 주장하는 랭보에 있어서는, 그러한 태도가 일종의 강박관념과도 같은 것이 되어 있었음을 다시 한 번 상기할 필요가 있다.

한편 세속의 영혼에게는 접근 불가능한 브라만적 신비 사상과는 반대로, 영혼의 윤회 원리에 다름 아닌 삼사라는, 종교적이든 사회적이든 모든 위계적 배려와는 무관하게 인도 사상 전반을 장악했다. 삼사라라는 개념을 Guénon이 정의한 그대로 소개하면 다음과 같다.

> "Une série indefinite de changements d'états d'un être, chaque état ayant ses conditions caractéristiques propres et constituant pour l'être un cycle d'existences qu'il ne peut parcourir qu'une fois, et l'existence terrestre ou même généralement corporelle ne représentant qu'un état particulier parmi une infinité d'autres."[65]
>
> "(그것은) 한 생체의 무한정한 일련의 상태 변화로서, 상태 하나하나가 각기 고유의 특정 조건들을 지니면서 생체에게 그것이 단한 번만 거칠 수 있을 뿐인 존재 순환 과정 하나를 형성해 주며, 지상의 또는 일반적으로 육체적인 존재는 무한한 다른 상태들 중에서 특이한 한 상태를 나타내고 있을 뿐이기에 그렇다."

"사르Sar"는 흐른다는 뜻이다. 따라서 삼사라(samsara)는 영혼의 무한한 윤회, 즉 영혼의 윤회가 거듭되는 "우주적 흐름 l'écoulement universel"이다. 그러한 부단한 순환적 거듭남이야말로 모든 시기에

---

64 A.Adam : Oeuvres completes de Rimbaud, Pléiade 1972, p.251. Lettre de Rimbaud à Paul Demeny le 15 mai 1871(Paul Demeny에게 보낸 1871. 5. 15일자 편지)
65 Henri Arvon, op.cit., p.19.

걸쳐 동양 사상을 지배해 왔다. 그리고 그러한 부단한 연쇄에 사로잡혀 모든 영혼이 해방을 열망하는 것이다. 신비주의에 힘입어 그 환각적 성격을 포착하기만 해도 금방 사라지고 마는 하나의 단순한 환영(마야 mâyâ)에 다름 아니라고 현상적 인간을 인식하는 태도 또한 바로 그러한 해방의 탐구에 관련하여 이해할 수 있다.

그렇다면 인간은 도대체 왜 그러한 연속적 거듭남의 지옥이라는 벌을 받고 있으며, 구원의 길을 제공해 주는 수단들은 과연 무엇인가? 카르마 원리는 그와 같은 두 가지 의문에 답을 제시한다. 우선 카르마란 무엇인지를 살펴보기로 하자.

"Dans les Védas, le karma exprime surtout l'acte sacrificatoire, dans les Brâhmanas et les Upanishads karma est l'action dans la mesure où celle-ci a une portée transcendante. Le karma ressemble pour ainsi dire à un caillou qu'on jette dans l'eau et dont l'effet se fait surtout sentir par les circles concentriques de vagues qui entourent le point de chute."[66]

"베다(바라문고 성전) 안에서 카르마는 특히 희생 행위를 나타내며, 브라마나와 우파니샤드 속에서는 카르마가 선험적 능력이라는 정도에서의 행동이다. 달리 표현하자면 카르마는 물 속에 내던진 조약돌, 그리하여 그 효과가 추락점 주변의 물결이 이루는 동심원들을 통해 특히 우리에게 느껴지는 조약돌에 흡사하다."

상승의 순서이든 하강의 순서이든 한 동물 형체에서 한 신성한 형체에 이르는 연쇄적 존재의 축을 따라서 모든 생체는 변모해 나아간다. 그러한 거듭남과 탈바꿈의 연쇄선상의 어느 특정 순간에 모든 개체의 상황이 그것의 카르마에 의존한다. 그리고 그러한 상황은

---

[66] H.Arvon, op.cit., p.20.

우리의 전생에 걸쳐 우리가 했던 행위들의 결과다. 그리스도교랄지 이슬람교 같은 일신교에서는 인간 행동들을 다루는 형벌들과 보상들이 하나의 유일한 생애에 집약되어 이루어진다. 그런데 동양 사상에서는 일종의 配分的인 正義에 의거하여, 그리고 연속적인 일련의 생애에 근거하여, 형벌과 보상이 일정 간격으로 계속되는 것이다. 그래서 우파니샤드는 명시하기를 "인간이 이런저런 행동을 하면 그의 내생이 이러저러하게 된다."[67]고 한다.

니르바나(Nirvana)라는 개념, 그리고 불교 신앙에 의해 도입되었으며 19세기에는 동양적 부흥에 유리하게 작용하면서 유럽에서의 상상력에 엄청난 영향력을 행사했던 비폭력 신앙에 다름 아닌 아힘사(ahimsa)라는 개념 등등은 위에서 우리가 살펴보았던 전체적인 개념들에 결부시켜 언급할 수 있을 것이다. 르콩트 드 릴의 시와 쇼펜하우어의 철학서(특히 "의자와 표상으로서의 세계"라는 제목의 쇼펜하우어 저서)야말로 아마도 당대 동양의 영향을 담은 가장 중요한 경우들에 해당할 것이니, 거기서는 범신론, 영혼 윤회설, 업보, 병적인 염세주의, 신화와 우주론 같은 일반적 논지들이 낭만주의 시기 이후 줄곧 서구 문학에 스며들고 있다.

그리고 우리의 연구 과정에서 ─우리가 보기에─ 그리스도교적 신비철학가라기보다는 동양적 신비주의자에 더욱 가까운 아르튀르 랭보의 시작품 대부분을 해석하고 설명하고자 시도하면서 우리가 기준으로 삼을 것 또한 위와 같은 전체적인 개념들이다. 나중에 로맹 롤랑과 더불어 다음과 같이 말하게 될 사람들, 랭보는 그 사람들 편에 가담하는 입장을 취한다.

---

[67] Ibidem.

"Nous sommes un certain nombre en Europe à qui ne suffit plus la civilisation d'Europe. Des fils insatisfaits de l'Esprit d'occident, qui se trouvent à l'étroit dans la vieille maison, et qui, sans méconnaître la finesse, l'éclat, l'énergie d'une pensée qui conquit et domina le monde pendant plus de deux mille ans, ont dû faire malgré eux l'aveu de ses insuffisances et son orgueil borné. Nous sommes quelques uns qui regardons vers l'Asie"[68]

"이제는 유럽 문명만으로 만족할 수 없는 유럽 내의 일부 사람들이 바로 우리들이다. 서구 정신에 불만족해 하는 자식들, 낡은 집 안에 옹색하게 갇혀 있다고 느끼는 자식들, 2천 여 년 동안 세계를 정복하고 지배한 사상의 섬세함과 찬란함과 위력을 무시하지는 않으면서도 어쩔 수 없이 그 미비점과 섣부른 자만심을 솔직히 고백하지 않을 수 없었던 자식들이 바로 우리들이다. 우리들은 아시아를 향해 눈을 돌리는 몇몇 사람들인 것이다."

정확히 말해서 "원초적 조국"이요 "원초적이고 불멸의 지혜"라고[69] 불리우는 그러한 아시아, 오르페우스처럼 동양적 형상들로 상당 정도 윤색된 신화지를 지닌 고대 그리이스-로마에 대한 독서를 통해 랭보가 발견하게 되는 것이 바로 그러한 아시아다. 랭보에게 미쳤던 영향의 다양한 원천들에 대해 언급하면서 롤랑 드 르네빌이 내세우는 다음과 같은 주장 속에서도 그러한 사실이 여실히 입증되고 있다.

---

[68] Romain Roland, dans sa préface à la Danse de Civa, d'Ananda Coomaraswâmy '시바의 춤' 서문. Rieder, 1922.
[69] A.Adam : Oeuvres complètes, Une saison en enfer 전집, 지옥에서의 한 철 : "L'impossible 불가능한 것", p.113.

"La littérature de la Grèce ancienne le (Rimbaud) fit accéder à la métaphysique de l'orient. Platon le conduisit à Pythagore, et de ce dernier il remonta jusqu'aux mystères orphiques que l'orient transmit à la Grèce."70

"고대 그리이스 문학이 랭보로 하여금 동양의 형이상학에 접하도록 해 주었다. 플라톤이 그를 피타고라스로 인도했으며, 피타고라스로부터 그는 결국 동양이 그리이스에 전해 오르페우스 신비들에까지 거슬러 올라갔던 것이다."

나아가서 마치 우리의 연구 방향을 제시해 주기라도 하는 듯이 르네빌이 다음과 같은 결론을 내리고 있다.

"C'est dans cette somme qu'il convient de chercher la conception de la personnalité proposée par le poète."71

"그 시인에게서 제시된 인격이라는 개념은 바로 그러한 전체적 맥락 속에서 찾는 것이 바람직하다."

우리가 행하는 연구의 목적은 이렇게 하여 뚜렷이 규정된 셈이다. 다음과 같은 이유에서 많은 비평가들로부터 신비주의적이요 연금술적이며 불가사의한 시라는 평을 자주 받고 있거니와, 동양에서 유래하여 랭보의 시 안에 자리잡고 있는 사상, 신념, 신앙, 철학의 대체적인 골격을 파악해 보고자 하는 것이 본 장에서 우리의 주된 작업

---

70 Rolland de Renéville. <u>Rimbaud le voyant,</u> "l'élaboration d'une méthode." Paris 1947, p.40. 견자 랭보, 한 방법론 구상.
71 Ibidem
Le cheminement des voyelles et le couronnement de génie 참조. 모음들의 발전 과정과 천재성의 완성

으로 부각되는 것이다.

사실상 랭보는 Demeny에게 보낸 자신의 편지 속에서 뚜렷이 천명했던 한 방법에 입각하여 대부분의 시를 구상했다. 금욕, 자아 부인, 정신 수양, 자기 희생, 계시, 니르바나를 포함하여 브라만적 관념들로부터 불교 사상에 다다름으로써 그 방법은 동양적 원리들로 온통 물들어 있다.

그러한 점이 결국 우연한 일치의 문제인가 아니면 영향력의 문제인가? 가톨릭교를 버리고 그 젊은 시인이 동양 전통에 어떤 식으로 귀의했다고 말할 수 있을 것인가? 아니면 우리가 단순히 어떤 독창적 창조, 즉 그 심오한 내면 구조로 말미암아 그 어떤 사상적 연관성도 찾아낼 수 없는 하나의 작품과 대면해 있는 것에 불과한 것인가?

우리의 연구 과정 전반에 걸쳐 우리로서는 바로 그와 같은 질문들에 가능한 한 정확한 대답을 제시하고자 노력할 것이다.

> "La lumière du soleil qui illumine tout ce monde, ce qui est dans la lune et dans le feu, cette Lumière, sache qu'elle vient de Moi."
> (Bhagavad Gita)

> "온 세계를 비치는 태양의 빛, 달 속에 있고 불 속에 있는 빛, 그 빛이 다름 아닌 '나'로부터 나옴을 알라."

동양이 해돋는 쪽이라고 불리우든 동쪽이라고 불리우든 우선적으로 그것이 환기시키는 것은 하나의 관념, 즉 빛이라는 관념이다. 가령 프리메이슨단 내부에서는 초보적 전수 과정이 이뤄지는 장소에

다가 상징적으로 그런 명칭을 붙이고 있다 그러한 점에 입각해 볼 때, 빛이라는 근본 개념의 의미와 적용 범위 문제를 해결하고 나서 랭보의 작품에 접근하는 편이 바람직하다.

Ⅰ. 빛과 어둠의 형이상학

　랭보 시 안의 많은 대목들이 빛과 색채들이 일차적으로 중요한 의미를 띠고 있는 일종의 내면적 풍경화를 늘상 형성하고 있다. 많은 시행들에 섬광이며 불티며 태양빛들이 담겨 있는가 하면 빨강 또는 초록 등등으로 색채들이 서로 대조를 이루면서 다양한 채색 현상이 깃들어 있는 것이다.
　자신에게서 일상생활의 굴레를 떨쳐버리기 위해 온갖 형태의 고통에 대항하는 그를 그토록 비통하고 비장한 방식으로 내세우는 시들 속에서, 랭보가 말하는 빛의 양상은 시적 에너지에 해당하는 것이니, 바로 그것이야말로 빛의 본질적인 의미다. "미지의 세계를 창조하기 위해 자아에게 본능을 부여하고 있는 찬란한 빛"을 통해서, 우리들은 불교 신앙 전반에 걸쳐 쓰이고 있는 개념 그대로의 '禪'의 세계에 유사한 한 세계를 인식하고자 하는 것이 궁극적으로 랭보의 솔직한 야심임을 알 수 있다. 빛과 어둠을 대응시키는 대조 관계가 그러한 관념들에다가 일상적인 뜻으로 그것들이 취하는 그 이상의 심오하고 미묘한 의미 한 가지를 덧붙여 준다.

A. 빛과 선禪

고전주의 극작가 쟝 라신느에 있어서는, 빛을 추구하는 주인공 페드르가 의식의 세계, 이성의 세계를 상징하고 있다. 그리고 고답파 시인 르콩트 드 릴이 자신의 시에서 빨간색과 하얀색, 피와 북극의 눈을 대립시킨 어떤 그림의 특징들을 발전시킨 적이 있다는 점 또한 잘 알려져 있다. 반대로, 보들레르에게서는 빛이 인간 고뇌를 나타내는 일이 아주 빈번하니, 그것은 빛을 밤과 어둠과 암흑과 불행에 대립시킨 위고의 경우 그것이 신의 한 속성에 상응하고 일반적으로는 신 그 자체와 동일시된다는 점과 대조를 이룬다.

랭보는 그 모든 해석들로부터 벗어난다. 랭보의 시는 새로운 가치들을 부여함으로써 빛이라는 단어를 팽창시킴과 동시에, 형이상학적이고 미학적이거나 종교적인 모든 맥락을 추방하여 그 단어를 인식한다. 그 결과, 분석적인 측면에서만 단순히 대립적인 二分法을 파고들거나, 일반적으로 빛과 어둠이라는 두 용어가 마치 규칙처럼 대두되는 시적 대립 관계만을 파고들었다가는, 랭보 고유의 인식에 담긴 독창성을 엿볼 수 없게 되고 말 것이다. 랭보에게 있어서 빛과 어둠이라는 두 개념은 철두철미하게 대립하는 것이 아니라 단계적이고 영적인 가치들을 담고 있다. 요컨대 랭보 작품에서의 빛은 동양사상에서의 禪과 동의어인 것이다.

빛은 진리의 완벽한 이해에 상응한다. 그것은 세계에 처한 생체의 한 상태, 즉 존재하는 한 방식이요 세계를 지각하는 한 방식이다. 빛은 내면적 완성을 통해 이루어지는 어떤 정신 수양의 궁극적 결과인 것이다.

랭보의 빛과 동양의 禪 사이에 존재하는 것, 이제 우리가 규정하고 뚜렷이 규명해야 하는 것이 바로 그러한 유사성 아니 그러한 同義性을 지닌 단어들이요 시구들이다. 우리의 분석 작업을 명료히 하기 위해서는 지금 바로 특히 "빛・어둠"이라는 단계적 대립쌍과 "빨강・초록" 식의 색채 간의 병치쌍을 고찰하는 것이 바람직하다.

"빛·어둠"이라는 대립쌍의 환시가 랭보 작품 안에서 "무"에서 "진리"로의 그리고 "죽음"에서 "불멸"로의 상승이라는 이행 과정을 나타낸다는 기억을 우리는 갖고 있다.[72] 그러한 관점은 우주 그리고 개별 영혼의 지상 변모라는 브라만적 관념과 어느 정도 상통한다.

따라서 어둠은 신비주의적 한 행로의 출발점을 상징하는데, 그 행로의 궁극적인 종착점이 바로 빛이다. 육체적 욕구들과 불가해한 신비들이 지배하는 어떤 개인적 행위라는 성격을 띤 모든 영혼의 시초적 상태가 어둠이다. 이 단계에 처해 있는 개체는 자신의 각종 본능과 욕구의 굴레에 갇혀 그러한 예속 상태만으로도 고통을 당한다. 여기서 육신과 감각과 감정은[73] 개체를 짓누르는 온갖 육중한 쇠사

---

[72] 世界의 文學(민음사) 1984. 가을호 졸고 『랭보의 동양적 형이상학』 참조.
[73] 부처님 말씀에 의하면 인간은 다섯 가지 집성체들 또는 스칸다(scanda)로 이루어져 있는데, 그것들이 어울려 인간 감금 상태의 제반 요소들을 형성한다. 그 다섯 가지 집성체들 또는 스칸다는 다음과 같다.
   1) 육신
   2) 제반 감정
   3) 제반 지각
   4) 제반 자극과 흥분
   5) 제반 의식 행위
개체가 소유하고 있는 모든 것과 개체가 연연해 하는 모든 것이 바로 여기에 기원하며 바로 여기에서 이해된다. 위의 다섯 가지 집성체들에 결부된 한 "자아"라는 일시적 생각으로부터 소위 개체성이라는 믿음이 생겨나는 것이다. "나는 그것을 가지고 있다.", "이런저런 것이 나의 것이다." 등등의 표현에 나타나는 소유 관념과 "나는 그것이다.", "나는 그것에 있다" 등등의 표현에 엿보이는 존재 관념을 통해 그러한 믿음이 나타나기도 한다. 그런데 순전히 상상의 소치에 지나지 않는 그러한 믿음이 꺼지는 순간 개체성은 사라진다. 그리고 니르바나에 도달할 수 있게 해 주는 것이 바로 그러한 믿음의 중단

슬들의 표본들이며 바로 그것들이 개체를 자신의 육신 안에 가두고 있다.

> "La vie humaine qui s'entoure de la réalité du somber profond marche continuellement en douleurs et désirs"[74]

> "깊은 어둠이라는 현실에 둘러싸인 인간 생애는 온갖 고통과 욕구로 끊임없이 지속된다."

Rajneesh는 나중에 위와 같은 말을 한다.

그러한 현실에 익숙해져 있거나 갇혀 있는 인간들은 그 현실 밖의 것은 아예 생각할 수도 없다. 어둠이 그들의 조건이자 동시에 그들의 상태인 것이다. Saint Dilopa의 「Chanson de Mahamudra 마하무드라의 노래」를 해석하면서 Rajneesh는 우리에게 "어둠은 수면과 죽음과 무지의 상태와 같다"라고 말한다. 한편 랭보로서는 어둠을 자신의 시 안에서 네 가지 다른 주제로 연관시켜 은유적으로 다룬다.

첫째로, "어둠은" 불멸의 세계에 속하지 않으며 거기에서 아무런 자리도 차지하지 못하고 있는 모든 것, 가상이거나 환상인 그 모든 것, 조건의 제약 아래 놓여있으며 일시적인 모든 것, 어둠은 그것들을 가리킨다.[75] 그것은 아무것도 구별되지 않는 심연이요 한 줄기 미세한 빛마저도 존재하지 않는 심연이다.

이다.
[74] Bhagawan shrée Rajneesh : Saint Dilopa가 썼던 "Chanson de Mahamudra"에 주석을 붙인 생존 학자.
[75] 불교 사상은 고뇌를 존재의 본질적 사항으로 규정한다. 영적 구원에 관련되지 않은 사색이란 그 모두가 헛된 망상으로 받아들여진다. 바로 그런 생각으로부터 붓다는 죽기 이전에 다음과 같은 마지막 계율을 남겼던 것이다. "조건의 제약 아래 존재하는 모든 것은 일시적인 것에 불과하다. 서둘러 영적 구원의 길에 전력하라!"

"J'étais dans une chambre sans lumières…"[76]

"나는 빛이라곤 없는 한 방 안에 있었네…"

고독과 동시에 절망을 그리고 고뇌와 동시에 방황을 표현하기 위해 랭보가 나중에 위와 같은 말을 하게 된다.

빛이 솟아나는 바로 그 순간 어둠이 해체되니, 하나가 다른 하나를 내쫓기 마련인 것이다. 빛이 존재한다는 것은 곧 어둠의 소멸을 암시한다. 빛은 유동적인 것, 그래서 그것은 정신이 그 완성의 극점에 도달함에 따라 강렬한 강도로 증가한다. 반대로 어둠은 불변의 상태다. 바로 그 결과 개체는 자신 내면에서 빛을 창조할 수 있되 어둠을 창조할 수 없는 것이니, 그 당연한 이유인즉 그것이야말로 영혼의 시초적 상태이기 때문이다. 랭보의 초기 시에 속하는 <고아들의 새해 선물 Les étrennes des Orphelins>은 "방이 그림자로 가득차고"라는 문장으로 시작되는데, 여기서 '그림자'는 암흑의 동의어요 어둠의 동의어다. 그 문맥에서는 '그림자'라는 단어가 온갖 인간 고뇌를 상징하고 있는 것이다. 나아가서 그것은 지옥, 얼어붙은 겨울, 초상, 죽음 이후의 수면 등등은 물론 오열, 번뇌, 분노, 우울을 환기시킨다. 그러한 환기 사항들은 다음 시행들에서도 뚜렷이 나타나고 있다.

(i) "or les petits enfants, sous le rideau flottant, parlent bas comme on

---

[76] A.Adam : <u>Oeuvres complètes de Rimbaud</u> 랭보 전집, Pléiade, p.160-161, "Les Déserts de l'Amour 사랑의 사막."

　　　　　fait dans une nuit obscure
　　(ⅱ) …puis, la chambre est glacée
　　(ⅲ) Epars autour des lits, des vêtements de deuil.
　　(ⅳ) J'étais dans une chambre très somber…."

　　(ⅰ) "그런데 어린 아이들은, 칠흑 같은 밤에 흔히 그러듯, 나풀거리
　　　　는 커튼 아래서 나지막이 소곤거리네
　　(ⅱ) …그러다가 방이 얼어붙고
　　(ⅲ) 침대들 주위에는 상복들이 흩어져 있네.
　　(ⅳ) 나는 아주 어두운 한 방 안에 있었네…."

　둘째로, '어둠'은 무지, 달리 말해서 완벽한 진리의 몰이해, 나아가서는 진리의 불완전하거나 부분적인 이해를 의미한다. 여기서는 인간 노력의 숭고한 목표가 신의 은총을 획득하는 것이 아니라, 신비주의적 지식의 획득이요 랭보의 표현을 그대로 빌자면 "견자"로의 개체의 탈바꿈이다. 그러한 일에 있어서는 그리스도교적 윤리가 일말의 유용성도 발휘할 수 없을 것처럼 보인다. 바로 그 때문에 자신의 최초 반항 상태에서 랭보는 그 그리스도교적 윤리를 송두리째 팽개치고 계시를 향한 길을 다른 곳에서 찾고자 했던 것이다. 인간 영혼을 옭아매고 있으며 인간 영혼으로 하여금 지상의 불행과 고뇌에서 벗어나지 못하게 만드는 암흑, 그리스도교 교리가 그러한 암흑을 해체하는 데 아무런 효율적 수단도 지니고 있지 않음이 확실한 것으로 받아들여졌던 것이다. 기도가 헛된 행위가 되어 버리고 막판에 가서는 우스꽝스러운 행위가 되어 버린다. 결국 그림자들과 음악에 흠뻑 잠긴 채, 냉담하고 침묵으로 일관할 뿐인 하나님에게 "교회의 가련한 사람들 <Les pauvres à l'église>"은 피곤을 삭이면서 순진

한 개인적 요청들을 늘어놓고 있을 따름긴 것이다.

"Et tous bavant la foi mendiante et stupide / Récitant leur complainte infinie à Jésus qui rêve en haut, jauni par le vitrail livide / Loin des maigres mauvais et des méchants pansus."

"그리고 모두들 구걸스럽고 아둔한 신앙에 사로잡혀 예수에게 자신들의 하소연을 끝도 없이 늘어놓네, 말라빠진 악인들과 배부른 심술쟁이들과는 멀리 동떨어져 있는, 우유빛 유리창 빛으로 노랗게 된 채 저 위에서 꿈에 잠긴 예수에게."

신자들의 그러한 저주스런 수동성이 랭보를 괴롭혔고 그 괴로움이 극에 다다라 마침내는 다음과 같은 말로 예수를 힐책하기에 이르게 된다.

"Christ, ô Christ, éternel voleur des énergies : c'est à cette lâche passivité qu'aboutit ton amour!"

"그리스도여, 오 그리스도여, 모든 에너지들을 앗아간 영원한 도둑이여 : 당신의 사랑이 가져다 준 것은 바로 저 비굴한 수동성일 따름이오!"

따라서 랭보는 아주 일찍 그리스도교의 정통 사상과의 결별을 선언하고 자신의 태도를 뚜렷이 밝혔던 셈이다. 어떤 벽에 서투르게 갈겨 쓴 "신에게 죽음을 Mort à Dieu"라는 문장이야말로 돌이킬 수 없는 한 형벌의 중지를 뜻한다. 이미 어린 시절에 가족과 학교에서 부과하는 각종 제약들을 더 이상 참을 수 없게 된 랭보, 그래서 선생들이며 사제들이며 상인들이며 사회 제도들을 동정심으로 가득 찬 환멸의 눈으로 보았던 그로서는 순수와 절대와 자유라는 강렬한 욕구를 그런 식으로 나타냈던 것이요, 그의 초기 파리 도피 행각들은 바로 그러한 욕구의 표출이었던 것이다. 신비술, 마법, 강신술, 요술 같은 *秘敎的*인 주제들에 대해 샤를르빌르 시립 도서관에서 그가 행했던 독서들을 통해, 랭보는 그러한 욕구에 화답해 주는 메아리를 지각하게 된다. 다른 한편으로는, 플라톤과 루크레티우스 같은 철학자들을 중재자로 삼아 고대 그리이스 철학 서적들을 빈번히 대함으로써, 그것들이 유포하고 있었던 동양사상을 랭보가 발견하게 되기도 한다. 감각적인 것으로부터의 초탈, 물리적 숫자는 그 환각적 반영에 지나지 않는 순수 관념에까지 접근하려는 노력에 현혹된 나머지 그 시인이 자기 자신의 기질에 따라 절대의 진정한 성격을 규정하기에 이른다. 결국 그러한 정의는 지식의 숭고한 형태가 되고 개체 안에 내재한 신성한 영혼의 한 부분이 되는 사랑을 통한 모든 생체들 간의 우주적 융합이요 무한한 합일에 해당한다.

"O l'Homme a relevé sa tête libre et fière!
Et le rayon soudain de la beauté première
Fait palpiter le Dieu dans l'autel de la chair!
Heureux du bien présent, pâle du mal souffert
l'Homme veut tout sonder, et savoir, la pensée,
La cavale longtemps, si longtemps oppressée
S'élance de son front! Elle saura pourquoi!
Qu'elle bondisse libre et l'homme aura la foi!
Le grand ciel est ouvert! Les mystères sont morts
Devant l'homme debout, qui croise ses bras forts
Dans l'immense splendeur de la riche Nature!

Il chante et le bois chante, et le fleuve murmure
Un chant plein de bonheur qui monte vers le jour!
—C'est la Rédemption! C'est l'Amour C'est l'Amour!"[77]

"오 인간이 그 자유롭고 당당한 머리를 쳐들었네!
그리고 최초의 미를 띤 난데없는 숫광이
신으로 하여금 육신의 제단 안에 꿈틀거리게 만드네!
목전의 행복에 기꺼워하고 모진 불행에 절망하던
한 인간이 만사를 살피고 사상을 알고자 하노니, 오래도록
그토록 오래도록 억눌려 있던 암말이
그의 면전에 솟구쳐 오르네! 그 암달은 까닭을 알리라!
그대여 자유롭게 뛰어오르라. 그러면 그 인간은 신념을 갖게 되리!
널따란 하늘이 열렸도다! 풍요로운 자연의 무한한 눈부심
그 속에서, 억센 두 팔로 팔짱을 낀 채, 우뚝 선 인간
앞에서는 온갖 신비들도 사멸했어라!
그가 노래하도다 ―숲도 노래하고 강도 흥얼거리네
행복을 가득 싣고 태양을 향해 오르는 노래를!
―이제 구원이어라! 사랑이어라! 사랑이어라!"

여기서 랭보는 <相應 Correspondances> 출간 당시 보들레르가 지녔던 것과 동일한 시선을 우주에 투사하고 있다.

그는 창조의 통일성을 확신하고 나아가서 시인의 기능이 외면상으로는 상반되는 사실들과 생체들과 현상들을 온갖 상응을 통해서 결합시키는 그러한 통일성을 드러내 보이는 작업이라는 신념을 갖는다. 그리고 그러한 새로운 확신들로부터 자신을 얻은 그가 가톨릭 사상에 일종의 무지 상태가 있음을 깨닫게 되고 서구가, 인간과 신간의 영구적인 이원성을 철저히 신봉하면서 그러한 무지 상태에 갇

---

[77] Ibidem, "Soleil et Chair 태양과 육신."

혀 있음을 알게 된다.

랭보의 형이상학 형성을 둘러싸고 있는 근본 생각은 다음과 같다. 우주의 외관상의 다양성이 어떤 심오한 통일성을 감추고 있으며 그러한 통일성은 사랑이라는 유일한 방법에 의해서만이 접근 가능한 것이라는 생각이다. 존재의 진리이며 생체들 간의 화해와 일치의 적소가 되는 것이 바로 사랑이다. 오로지 사랑만이 사회생활에서 인간성을 박탈해 버리는 이기주의와 아둔함을 극복해낼 수 있는 길이다. 그는 다른 의미의 그런 사랑을 비천하고 일시적인 것으로 생각하고 있는 것이다.

"Je n'aime pas les femmes : l'amour est à réinventer, on le sait. Elles ne peuvent plus que vouloir une position assurée. La position gagnée, coeur et beauté sont mis de côté : il ne reste que froid dédain, l'aliment du mariage aujourd'hui!"

"나는 여인들을 좋아하지 않네 : 사랑은 다시 고안해내야만 함을 모두들 알고 있지. 이제 여인들은 오로지 안주할 자리만을 원하지. 일단 그런 자리만 차지하면 심성이고 아름다움이고는 뒷전이라네 : 오늘날 남은 것은 냉담한 멸시 뿐, 바로 그것이 결혼의 양식이라나!"

따라서 우주적 차원에서 격상시키고 되찾아야 할 것으로 부각된 그러한 사랑의 씨앗을 시인은 다름 아닌 자기 자신의 내부에서 찾고자 하게 된다. 그 씨앗은 발레리가 "시적 본능"[78]이라고 불렀던 바로 그것이요, 또는 플라톤이 인식했던[79] 그대로의 인간과 신 간의

---

78 "우주는 우리 정신의 내부 구조 안에 그 심오한 균형 상태가 자리잡고 있다고 볼 수 있는 한 국면을 바탕으로 형성되어 있다. 시적 본능은 우리를 맹목적으로 그러한 진리로 유도해야만 한다"(Valéry : Au sujet d'Euréka).
79 "(…) 신의 사상이 모든 사상의 근본이듯이, 신의 사랑이 모든 사랑의 근본이다" (플라톤).

결합선에 다름 아니다. 그리고 우리로서는 그러한 관념들이 어느 정도로 생체에 대한 동양적 개념에 근사한 것인지를 알고 있다. 방법상의 몇 가지 차이들을 제외한다면 랭보의 그러한 의중은 브라만의 지위에 오르려는 개체의 의중과 같은 것이요, 또는 불교 승려가 되고자 하는 속인의 의중에 다름 아니다. 진정한 현자요 유일한 시인이 있다면 그것은 계시를 받은 사람이다. 오로지 그 사람만이 우주의 심오한 진리에 접했던 것이고, 창조의 통일성을 이해했던 것이요, 이기주의와 개인주의에 우리를 가두고 있는 물리적 세계라는 망상에서 깨어 있으며, 오로지 그 사람만이 베다교 의식에 따르는 희생을 통해서, 불교의 금욕과 형이상학적 사색을 통해서, 랭보에게 있어서의 사랑을 통해서, 그러한 통일성에의 귀의를 실현하는 일 이외의 다른 이상을 갖지 않는 유일한 사람이다. 근본에 있어서는 아무런 차이도 없으며 형식에 있어서도 미세한 차이가 있을 뿐인 것이다. 그리고 랭보가 그러한 통일성에의 귀의에 내세우는 수단이 중국과 한국의 禪 개념과 많은 점에서 일치점을 지니고 있다.[80]

1. 감각적 세계의 어둠

랭보가 「지옥에서의 한 철」에서 "한 영혼과 한 육신 안에서 진리를 포착하는 것이 자신에게 가능하리라"[81]고 쓴 바 있으며, 나아가서 "그대의 모든 욕구와 그대의 이기심과 모든 大罪와 더불어 죽음

(R.Renéville이 '견자 랭보', p.106에 인용한 내용).
[80] ZEN(禪) : 중국어에서 유래한 한국어로 산스크리트에서는 dyana로 불리우며 명상을 의미한다. 이 단어는 13세기에 중국과 티베트에서 유래하여 한국을 거쳐 일본까지 건너간 한국의 불교 宗派의 명칭이다. 한편 이 宗派는 명상과 더불어 미의 추구에도 깊은 관심을 지닌다.
[81] A.Adam : Oeuvres complètes de Rimbaud 랭보 전집, Pléiade, 1972, p.117, "Adieu고별".

에 임하라"[82]는 태도를 독자에게 제안한 바 있음은 알려진 일이다. 결국 랭보가 추구하는 진리는 그리스도교적 신성과 은총과 아무런 관련도 없는 것이다. 그 진리는 오히려 소위 '無我'(팔리어로는 an atta, 산스크리트어로는 an âtman)라는 개념[83]에 각별한 가치를 부여하는 불교적 구원의 원리와 묘한 유사성들을 지니고 있다. 그 원리에 의하면 고뇌를 낳는 것은 다름 아닌 한 '자아'의 가상적 창조다. 자아는 순전한 상상의 소산이며 아무런 현실성도 지니고 있지 않다. 그런데 그 '자아'라는 확신 때문에 불가피하게 귀속과 소유의 관념이 야기된다. 개체는 '자아'와 '내 것'이라는 등의 표현들을 쓰면서, 이런저런 물질적 재산들이 자기에게 '귀속되며' 세계의 이런저런 부분이 '자기 것' 즉 '자기 자신'이라고 맹목적인 결론을 내리고 있는 것이다. 아나타의 원리는 그러한 식의 동일시를 철저히 배격한다. 그리고 경험적 자아를 고찰의 여지가 없는 일종의 환상으로 돌리면서 실제적인 자아의 추구를 권유한다. 그렇다고 물리적 육신의 존재나 절대적인 생명적 욕구들을 부인하는 것은 아니다. 단지 인간 생체의 그러한 국면이 단념되는 것이요 아니면 차라리 니르바나라는 유일한 목표에 종속되는 한 도구에 불과한 것으로 처리되는 것이다. 인간이 진실로 행복할 수 있는 것은 오로지 여전히 살아 있는 채이면서도 이제는 이 세상에 속하지 않게 되는 때문이라는 역설적인 신념이 바로 여기에서 그 온전한 의미를 띤다. 랭보를 그 자신의 전체적인 야망에 결부시켜 이해하기 위해서는 바로 그러한 관점 속에서 그의 영적 탐색을 파악해야만 한다. 이제 육신이 하나의 연장에

---

[82] Ibidem, p.93.
[83] 영국 철학자 흄은 심정 과정들과 별개인 실체로서의 자아(ègo)라는 존재를 부인한다. 그러한 태도는 아나타(an-atta) 원리와 무관하지 않다.

불과하며, 사유마저도 이제는 진리에 도달하기 위한 한 수단에 불과한 것이다.

> "Le poète se fait voyant, par un long immense et raisonné dérèglement de tous les sens. Toutes les formes d'amour, de souffrance, de folie, il cherche en lui—même, il épuise en lui tous les poisons, pour n'en garder que les quintessences. Ineffable torture où il devient entre tous le grand malade, le grand criminel, le grand maudit, et le suprême savant!—car il arrive à l'inconnu!"[84]

> "그 시인은 모든 감각들을 무한히 그리고 이성적으로 착란하는 기나긴 과정을 통해 스스로 견자가 된다. 이제는 그는 모든 형태의 사랑과 고뇌와 광기를 자기 자신에게서 찾으며, 자기에게서 모든 독을 씻어내어 정수들만을 간직한다. 그것은 이루 형언할 수 없는 고문으로, 거기서는 랭보가 모든 신앙과 온갖 초인간적 힘을 필요로 하며, 또 거기에서 랭보는 무엇보다도 극심한 병자, 극악한 죄인, 저주받은 악마가 된다 ―그리고 지고한 현학자가 되는 것이니, 마침내 그가 미지의 것에 도달하기 때문이다!"

개체가 스스로의 모르모트가 되어 버린다면, 이제 육신은 그 정밀한 연구가 영혼에 어떤 지고한 지식을 전해 주는 고통스러운 경험들의 대상에 불과할 뿐이라는 말인가? '견자'가 된다는 것은 곧 자신의 개체성을 초월하는 일이요, 보이는 그대로의 세계와 스스로 느껴지는 '자아'라는 환상으로부터 벗어나는 일이다. 결국 "스스로 견자가 되는 시인"은 세계와 세계에 속하는 개성을 포함한 모든 것을 기꺼이 체념하는 시인인 것이다. 랭보가 취하는 방법과 신앙생활에

---

[84] A.Adam : <u>Oeuvres complètes de Rimbaud</u>, Pléiade, 1972. "Lettre du voyant" Demeny, le 15 mai 1871 (Demeny에게 보낸 "견자의 편지", 1871. 5. 15.).

의 참여라는 불교적 절대 조건들 사이에 차이점들이 있을 수 있지 않느냐는 의문이 제기될 수 있다. 그런데 그 배경에 있어서는 무척 큰 거리가 있음에도 불구하고 그러한 차이점들을 분간해내기가 매우 힘들다. 그리고 그 둘 간의 배경상의 거리에도 불구하고 랭보가 '견자'라고 수식하여 부르는 시인의 이마쥬가 브라만 또는 불교 승려의 이마쥬와 무척 근사하다. 다소간의 준엄성과 다소간의 인내성으로 그 정도에 있어서 차이를 보이며 실천되는 것이지만 어쨌든 금욕과 사색의 국면에서 그 둘이 완전무결하게 합치되고 있는 것이다.

물리적 세계에 대한 그런 식의 부정적 태도는, 그리이스-로마 전통과 철학이 물려주었던 문화유산을 통해 서구가 동양을 인식하기 몇 백 년 전에 이미, 동양에서는 널리 유포되어 있었다. 그리고 그러한 태도는 삶의 의미와 인간에 대한 형이상학적 정의라는 미묘한 문제에 뚜렷이 결부되고 있다. 인간이 지상의 피조물이라고 생각하는 사람들로서는 사회적 영속과 진보를 확보해야 한다는 의무를 스스로 걸머진다. 반대로, 인간 생체의 신성함을 확신하는 사람들에게는 지상에서의 인간의 전락에 앞서 있었던 완벽 상태를 되찾는다는 것이야말로 유일한 이상이 될 것이다. 자아의 부정, 보편적 사랑, 삶으로부터 물질적 국면을 떼어내는 일이야말로 둘째 경우에 있어서는 구원의 유일한 수단들인 것이다. 현대 사회는 첫째 관심에 유리하게 작용한다. 아르튀르 랭보로서는 자신이 탁월한 시적 태도로 규정한 첫째 관점을 격찬하여 받아들인다.

위의 입장들 중에서 어느 하나를 정당화하기 위해 논란을 거듭하려 든다면 무용한 일일 것이다. 그리고 우리 연구 또한 그 점에는 관심을 두지 않는다. 랭보로서는 종교적 관점들과 사회 유형들이라는 협소한 굴레를 벗어나, 이 세계 너머에서 **완전한 행복(이성적 선 bien idéal)**을 추구하고자 했다. 무엇보다도 먼저 우리의 관심을 끈 것은 바로 그러한 랭보의 사상의 독창성이다. 따라서 우리가 행하는 분석에 주된 지침이 되는 것은 그의 논법 또는 사상 형성 과정에 담긴 객관성이 아니다. 그것은 차라리 동양 철학들과의 제반 접촉이라는 점에서 볼 때 그의 작품이 갖는 창작력이요 풍요로움이다.

결국 랭보 스스로 설정했으며 그가 모든 진실된 시적 구상을 발휘하여 성취하고자 했던 목표는 "미지의 것에" 다다르는 일이요 "숭고한 진리의 빛"에 이르는 길이다. 그는 다음과 같이 쓰고 있다. "그렇지만 —지상의 철 따라 죽어가는 사람들에게서는 멀리 떨어진— 숭고한 진리의 빛을 발견하고자 나선 이상, 하나의 영원한 태양 같은 것 아쉬워할 것 뭐람."[85]

여기에서 "숭고한 진리의 빛"이 불멸이라는 개념을 끌어들인다. 그것은 죽음, 장래, 불안정, 분노, 요컨대 어떤 방식으로든 어둠을 환기시키는 그 모든 것이 제거된 한 適所인 것이다. 그러나 그러한 적소에 도달할 수 있는 사람은 랭보 같은 사람, 즉 우리가 "단식 축제들"과 "갈증의 희극"을 실제로 벌임으로써 접할 수 있는 식의 경험들을 통해 "자신의 마음으로부터 온갖 인간적 욕구가 사라지도록" 할 수 있는 사람뿐이다. 그런데 바로 이 단계에서 정확히 해 두어야 할 것은, 불멸이라는 개념이 여기서는 기독교 신앙에서 취하는 의미를 지니고 있지 않다는 점이다. 기독교의 경우에는 개체성의 지속이

---

[85] A.Adam : Oeuvres complètes de Rimbaud 랭보 전집, Pléiade, 1972, p.115, "Adieu 고별"

중요하게 자리잡는다. 즉 동일한 사람이 영겁이라는 지속에 걸맞는 자신의 장수를 누리게 되리라는 것이다. 한편 불교의 경우에는 불멸이 그와 같은 식의 삶, 즉 개인주의, 개인적 이해, 무지, 불안정, 고뇌로 뒤범벅이 된 삶과 정반대의 것이다. 이 세계는 곧 죽음의 세계다. 그와 대조적으로 불멸이란 부처님의 표현 그대로 "不死"의 適所다. 이미 계시에 도달한 영혼에게만이 열려 있는 適所인 것이다. 따라서 그 말은 개체성을 영구화하고자 하는 욕구가 아니라 그러한 개체성 너머로의 상승이다. 랭보가 바로 그러한 이상에 비추어 자신을 성찰하는 것이지, "그리스도의 섭리에도, 그리스도의 표상들인 주님들의 섭리에도" 자신을 비추어 보지 않는다는 점은 확실하다.

가령 Saint-Bhagwan Shree Rajneesh가 주석을 단 「마하무드라 송가」[86] 안에서, 니르바나 상태에 도달한 인도의 Saint-Tilopa(기원전 988~1068)가 이 세계를 과연 어떻게 설명했던가?

> "C'est que la haine n'existe pas en réalité,
> C'est rien que le manque de l'Amour.
> C'est que la colère n'existe pas en réalité,
> C'est rien que le manque de l'Amitié.

---

[86] "마하무드라 Mahamudra" : 완벽한 진리에 도달하려는 깨달음의 의지의 서열상 세 번째의 영적 단계 중에서 마지막 단계를 가리킴.
  첫 번째 단계 즉 아함카(Ahamka)는 이기주의, 자아주의, 자기 도취의 굴레에 갇힌 영혼의 상태를 지칭함.
  아스미타(Asmita)에 해당하는 두 번째 단계에서는 개체성의 징표인 '자아'가 대부분 사라지나 여전히 존속하고 있음.
  마지막인 세 번째 단계가 아트만(또는 마하무드라) 상태로서 여기서는 인격이라는 관념이 완전히 극복됨.
  "마하 Maha"는 인간과 우주 간의 일치 상태를 의미하며, 그 주된 특징은 주체와 객관성이라는 관념의 소멸이다.
  "무드라 Mudra"는 남성 에너지와 여성 에너지 간의 결합 상태다.
  석지현, 홍신자 : "마하무드라 송가", 일지사, 서울, 1981. 11월(한국어에서 불어로 옮긴(이준오) 부분), pp.56~96.

C'est que l'ignorance n'existe pas en réalité,
C'est rien que le manque de compréhension de la vérité.
C'est que le sexe n'existe pas en réalité,
C'est rien que le manque de "Bramacharya"[87]

"실제로 증오가 없기에 사랑의 결핍이 문제되지 않고
실제로 분노가 없기에
우정의 결핍이 문제되지 않고
실제로 무지가 없기에
진리에 대한 이해의 결핍이 문제되지 않고
실제로 性(sexe)이 존재하지 않기에
"브라마샤리아 Bramacharya"의 결핍 또한 문제되지 않네."

사실 계시에 도달한다는 오로지 그 사실로 말미암아, 생체가 뚜렷이 지니고 있는 물리적이고 정감적이며 지적인 온갖 사항들이 용해되어 버리고 흐트러져 버린다. 바로 거기에서 종교와 신비주의 간의 중대한 차이가 나타나는 것이다. 기독교는 어둠이며 밤이며 불행을 물리쳐 그것들이 인간들 속에서 사라지도록 한다는 목적을 지닌 전반적인 규칙이 되고 있다. 그와 대조적으로 랭보의 "투시력 Voyance"은 "진리의 완벽한 이해"를 통해 즉 계시를 수단으로 인간 영혼으로부터 모든 암흑 상태를 단번에 결정적으로 말소해 버리기를 바란다. 이렇게 볼 때 가톨릭 사상은 랭보가 실천할 진실한 종교에 다름 아닌 "투시력"에 맞선 침식 작용을 통해 하나의 종교처럼 모습을 드러낸다. 롤랑 드 르네빌이 바로 그러한 사실을 다음과 같이 확신한 것으로 입증하게 된다.

---

[87] "브라마샤리아 Bramacharya" : 남성 에너지와 여성 에너지의 합심 노력을 통해 성인의 영혼이 획득하는 신의 지위. Ibidem. P.104.

"Basée sur les apports de l'inconscient, sa poésie est toute chargée de rêve. L'effort qu'il accomplit pour retrouver la totalité de son esprit se produit à travers le dépassement systématique de sa conscience de veille"88

"무의식에서 우러나온 지반들 위에 형성된 그의 시는 온통 꿈으로 차 있다. 자기 정신의 총체를 되찾고자 그가 기울이는 노력이 자신의 깨어 있는 의식을 조직적으로 초월함으로써 이루어지는 것이다."

"미지의 것"에 도달하려는 랭보의 그러한 노력은 니르바나에 이르고자 불교도가 행하는 것과 동일하다. 그리고 그가 열망하는 견자 상태 또한 브라만의 숭고한 의지와 표면적으로는 다를 게 없다.

2. 반항과 신비주의 탐색

랭보가 반항했던 것은 그가 고뇌하고 있었기 때문이다. 랭보는 말한다. "나는 고뇌하는 자이며 반항했던 자이다"라고. 그의 노정은 고뇌에서 시작하여 "투시력"에 도달하고자 하는 것, 즉 방금 인용한 고백으로부터 소위 "나는 한 타자이다"라는 유명한 공리에 도달하는 것이다. "고뇌하는 자"인 시초적인 "나"로부터 벗어난 시인이 이제 "한 타인"이 되어 해방 즉 계시에 이르는 것이다.

그러한 여정은 붓다 자신의[89] 신비주의적 편력을 우리에게 상기시

---

88 Rolland de Renéville, <u>Rimbaud le voyant 견자 랭보</u> La Colombe, Paris, 1947, p.101.
89 부처는 잠깬 자, 계시에 다다른 자를 뜻한다. 그는 석가 부족의 슈드호다나 왕과 마하마야 왕비의 아들, 그의 가족이 히말라야 산맥의 인도 쪽 사면에 자리잡은 카필라바츄라는 소규모 부족국가를 지배하고 있었다. 출생 당시 그의 이름은 싯타르타. 한 노인과 한 병자와 시체와 탁발승을 목격함으로써

I. 빛과 어둠의 형이상학   93

킨다. 한편 반항이란 어떤 식으로든 우리에게 상처를 주는 억압과 불쾌감에 처하여 다소간의 격렬함과 다소간의 분노로 나타나는 일종의 거부 또는 부정이 아니라면 그 무엇이겠는가? 반항은 일반적으로 그 결과가 행위로 나타나는 일종의 반응이다. 우리의 논문에서 좀 더 나중에 확인되는 바이지만 바로 그런 이유 때문에 랭보의 시는 언어의 차원에서 낭만적 서정미를 토로하는 것이 아니라, 그 궁극적 목표가 "미지의 것"의 발견인 정신적 활동 즉 심리적이고 형이상학적인 의중을 토로하는 것이다. 따라서 고뇌에 대한 반항이 랭보의 시적 위기의 출발점으로서 나타나는 것이니, 바로 다음과 같은 순간에 그렇다.

> "…l'homme est triste et laid, triste sous le ciel"[90]

> "…인간은 가련하고 추하다. 하늘 아래서 가련하다."

인간이 왜 "가련하고 추하게" 보이느냐는 질문에 랭보는 다음과 같이 보완하여 답변한다.

> "Nous ne pouvons savoir! Nous sommes accablés
> D'un manteau d'ignorance et d'étroites chimères!
> Singes d'hommes tombés de la vulve des mères,

인간 고뇌의 현장을 처음으로 포착하게 된 것이 그의 청년기였다. 이후 그는 고뇌에 맞선 구원의 길을 추구하는 이외의 아무런 관심도 갖지 않게 된다. 그러다가 어떤 중에게서 느낀 마음의 평온 덕분에 그러한 길을 엿볼 수 있게 되고, 그는 스스로 중 즉 탁발승이 되기로 작정하여 스물 아홉 살에 왕자로서 삶을 포기한다. 금욕, 단식, 고행, 브라만교의 가르침, 명상으로 7년을 보낸 후에 비로소 그는 계시 즉 우주적 고뇌와 그 고뇌의 근원과 그 고뇌를 공무화시킬 수 있는 방도 등등 네 가지 신성한 진리들의 인식에 이른다.

[90] Ibidem, "Soleil et Chair 태양과 육신."

Notre pâle raison[91] nous cache l'infini!
Nous voulons regarder : le Doute nous punit!
le Doute, morne oiseau, nous frappe de son aile!⋯
—Et l'horizon s'enfuit d'une fuite éternelle!⋯"[92]

"우리는 알 도리 없지! 무지와 옹색한 망상들의
외투에 묻혀 우리는 시달리고 있지 않는가?
어머니들의 性器에서 떨어진 우리 인간 원숭이들에게
우리의 저 창백한 理性은 무한한 것을 감추고 있는 걸!
우리는 직시하고자 하나, 우리에게 의혹은 곧 형벌이라네!
의혹은 암울한 새처럼 날개로 우리를 휘갈기네!⋯
—그리고 지평선은 영겁의 도주인 양 사라져 버리네!⋯"

시인을 짓누르는 문제들은 따라서 시인 개인의 문제들이 아니라 모든 인간들이 포괄하는 주제들인 것이다. 그가 고찰하고 판단하는 것은 사회 전반, 그것도 그 제도들, 기능, 상태와 결부시켜 사회 전반을 고찰하고 판단하고 있는 것이다. 랭보에 의하면 이성이야말로 인간 전락의 원인 그 자체다. 바로 그 이성이 "우리에게 무한한 것을 감추고", 우리가 계시에 도달하는 데 장애가 된다. 나아가서 우리 마음 속에 어떤 지식이라는 환상을 만들어 내고 그리하여 우주의 진실한 현실에 대한 절대적인 무지 속에 개체를 가두는 것 또한 바로 그 이성이다.

"⋯Maintenant⋯ Je sais choses"[93]

---

91 그것은 1차 세계대전 직후 초현실주의 작가들이 기치를 들고 반항하게 되는 서구 문명의 주된 특징인 "데카르트적" 동일한 이성의 원칙들과 규범들과 대립된다. 그들에 있어서도 또한 꿈이며 광기가 논리적, 미학적, 윤리적, 종교적인 온갖 규칙에서 해방된 순수사고의 탐색 수단들이 된다. 그리고 바로 그 결과로 "自動記述"의 실천 방안이 논의되었던 것이다.
92 A.Adam : Oeuvres complètes de Rimbaud, "Soleil et Chair 태양과 육신."

Ⅰ. 빛과 어둠의 형이상학 95

"…이제…나는 모든 사물들을 인식하게 됐다."(致知格物)

　따라서 랭보에게 있어서는 이성적 사고가 천시되는 반면에 시와 반항이 밀접하게 결합된다. 자기 자신의 의식 내면에서 불교적 의미의 빛에 도달하는[94]데 있어 깨어 있는 상태의 꿈이 시인의 본질적인 전호나 수단이 되는 것이다. 잠깸과 무의식의 결합하는 그러한 상태는 인도에서 "마야 Mâyâ"라는 단어로 쓰인다. 한편 시인이 희망하는 정신적 태도인 꾸준한 탐색의 형태는 "Nâna-dassana"(내면적 이해, 지혜를 통한 이해)[95] 또는 "dhyana"(평정, 고착적 명상을 통해 완성된 정신상태)와도 동일시될 수 있을 것이다. 여기서는 생과 사의 경계가 곧 존재하지 않게 되고 만다. 이전의 태어남과 이후의 죽음에 동일시되는 것이다. 이제는 존재 또는 비존재가 아무런 문제도 되지 않는다. 이제 정신이 지향하는 것은 모든 동력들의 계시요, 진실로 존재하는 것이며, 달리 말해서 우주적 삶 즉 "미지의 것"이다. 랭보 자신이 Demeny에게 1871년 5월 15일자로 보낸 <견자의 편지> 안에서 뚜렷이 밝혔던, 그런 유형의 경험들을 성공적으로 수행해야겠다는 의지를 지니고서, 랭보가 소위 정신작용 측정(psychométrie)에 열정적인 관심을 보였다는 것은 알려진 사실이다.

　　"la première étude de l'homme qui veut être poète est sa propre

---

[93] Ibidem.
[94] 빛에 대해 부처님이 말한 다음 말씀을 음미해 보자. 우리가 보기에는 거기에 담긴 의미가 랭보의 생각과 일치하기 때문이다.
"진리의 완전한 깨우침, 그 본질은 빛과 동일하다."
[95] Walpola Rahula : <u>L'enseignement du Buddha</u>, 부처의 가르침, Seuil, Paris, 1961, p.185.

connaissance, entière. Il cherche son âme, il l'inspecte, il l'apprend. Dès qu'il la sait, il la doit cultiver⋯ Il s'agit de faire l'âme monstrueuse⋯ Je dis qu'il faut être voyant, se faire voyant.

　Le poète se fait voyant, par un long, immense et raisonné dérèglement de tous les sens⋯ Il cherche en lui-même, il épuise en lui tous les poisons, pour n'en garder que les quintessences"[96]

　"시인이 되고자 하는 자의 우선적인 공부는 자기 자신에 대한 온전한 앎이요. 그런 자는 자신의 영혼을 찾고 탐색하며 이해하는 것이오. 자신의 영혼을 알게 되면 곧장 그것을 연마해야만 하오⋯ 요는 영혼을 유령 같은 것으로 만들어야 하는 것이니(⋯), 견자가 되어야 하고 스스로를 견자로 만들어야 한다는 말이오.
　시인은 모든 감각을 이성적으로 혼합하는 장기간의 엄청난 노력을 통해서 스스로 견자가 됩니다⋯ 그는 자신 내부에서 탐색하며 자신 내부에서 탐색하며 자신 내부에서 모든 독들을 고갈시키고, 그리하여 그것들 중에서 정수들만을 간직하는 것이요."

　위에 인용한 부분만으로도 빛이라는 이마쥬들의 본질적 가치가 뚜렷이 이해된다. 그러한 꾸준한 탐색, 자신이 유일한 합법적 욕구 대상이라고 내세운 바 있는 빛에의 그러한 극도의 열망, 바로 그 속에서 우리는 랭보의 독창성 전반을 엿보게 된다. 음주하고 "여인의 복부를 탐색하는" 것 이외의 아무런 욕구도 알지 못하는, "매독환자이며 광인이며 왕이며 변덕쟁이며 腹話術者인" 파리 난봉꾼들에게 보내는 그 가혹한 질책에 담긴 의미가 바로 그것이다.

　"Buvez! Quand la lumière arrive intense et folle, fouillant à vos côtés

---

[96] A.Adam : <u>Oeuvres complètes de Rimbaud</u>, Gallimard, 1972, p.251. "<u>Lettre du Voyant</u>"

les luxes ruisselants, vous n'allez pas baver, sans geste, sans parole, dans vos verres, les yeux perdus aux lointains blancs?"[97]

"마시게들! 그대들 곁에서 번득이는 물기의 사치품들을 탐색하며 빛이 강렬하게 그리고 미친 듯이 다가오는 때, 그대들은 그대들의 술잔에 침을 흘리지 않을 것인가, 몸짓도 없이 말도 없이 저 머나먼 흰 부분들에 정신을 빼앗긴 채 말일세?"

3. 시인의 유일한 영적 자양분인 여명의 빛

랭보 정신에 있어서는 투시력을 획득하고자 조직적으로 마련된 전반적인 경험에 필수적인 우선적 조건들이 바로 감각적 자기 희생이요 육신상의 물리적 욕구들이라는 굴레로부터의 초탈이기에 그렇다. 여기에서 물리적 세계의 성격들과 빛의 형이상학적 차원 간에 일종의 대립적 관계가 설정된다. 감각적 현실이 원천이요 본질로 통하고자 바라는 어떤 반영이요 어떤 투명성으로서 지칭된다. 동양인 같으면 여기에서 브라마(Brama)를 들먹일 것이다.

따라서 빛이 양식이 되며 음료수가 되는 바, 그것은 단식과 체념과 꿈으로 일관된 한 새로운 형태와 삶에 단호히 뛰어든 그 시인에게 보상으로 약속된 신비로운 양식이요 음료수인 것이다.

쇼펜하우어 또한 온갖 인간 고뇌의 근원에 도사리고 있는 것은 살고자 하는 바람이라고 생각한다. 그리고 인간 존재가 "죽음 그 내부에서마저도 무한의 지복"[98]에 도달할 수 있기 위해서는 그러한

---

[97] A.Adam : <u>Oeuvres complètes de Rimbaud</u>, pléiade, 1976, "<u>l'orgie parisienne 파리의 大酒宴</u>"
[98] Schopenhauer : "<u>Le monde comme volonté et comme representation 의지와 표상으로서의 세계</u>"에서 Henri Arvon이 인용(Le Bouddhisme, PUF, 1951, 9e édit., 1979, Paris, p.119).

"바람"99의 "사려 깊은 공무화"라는100 수단밖에 없다고 생각한다. 그러한 관점이 불교 사상과 갖는 유사성은 단순한 우연의 일치만은 아니다.

"의지와 표상으로서의 세계" 안에서 쇼펜하우어는 추구해야 할 영적 노정의 귀범으로서 부처의 도정을 내세우고 있는 것이다. 나아가서 그는 —자신이 바라건대— 서구 철학에는 물론 과학에도 또한 "어떤 혁신적 변화"를101 이끌어 올 인도 사상에 자기 스스로 크게 빚을 지고 있노라고 고백하기도 한다. 그리고 우리가 알고 있다시피, 쇼펜하우어는 수많은 제자들을 거느렸으며 그의 철학은 Richard Wagner와 같은 사람에게서는 열광적인 숭상을 그리고 니체 같은 경우에는 극렬한 반대 입장을 불러 일으켰다. "여명" 안에서 랭보는 다음과 같이 쓰고 있다.

"J'ai embrassé l'aube d'été
(…)
Alors je levai un à un les voiles…
Au réveil il était midi."

"나는 여름날의 여명을 껴안았네.
(…)
그리고서 하나하나 너울을 벗겼네…
잠을 깨보니 정오였네."

이 시는 계시에 이르는 점진적 변화 과정을 재현해 보이고 있다.

---

99 Ibidem.
100 Ibidem.
101 Ibidem.

시인과 시인이 도처에서 추구하며 마침내는 그 자체로부터 해방되는 빛, 그 둘 사이에 일종의 순정이 도사리고 있다.

"그 형언할 수 없는 시각"인 여명은 랭보 시의 본질적 순간이다. 쟝-피에르 리샤르는 "그것이야말로 더 할 나위 없는 랭보적 시각"이라고 말한다.

> "…l'heure du commencement absolue, de la naissance. Rimbaud se lève en même temps que le soleil… Et dans ce creux temporel… nommé aube, se produisent soudain une explosion de force et de pensée, <u>une brusque giclée d'existence</u>… Moment vertigineux et puissamment ambigu où quelque chose se détruit (…), pour que quelque chose d'autre se produise…
>
> Ainsi se réalise, sous sa forme la plus spontanée, la plus merveilleusement immédiate, ce dégagement des sens et des objets vers lequel <u>toute l'ascèse rimbaldienne</u>"[102]

> "…절대적 시작의 시각이요 탄생의 시각. 랭보는 태양과 동시에 일어난다… 그리고 여명이라 불리우는 바로 그 시간적 空洞 속에서 불현듯 힘과 사고의 폭발이 이루어지고 존재의 갑작스런 분출이 이루어진다. 그것은 무엇인가 다른 것이 생성되도록 무엇인가가 파괴되는 (…) 어지럽고 극도로 모호한 순간이다…
>
> 바로 그렇게 하여, 랭보의 전반적 금욕이 지향하는 감각들과 대상들로부터의 그 해방이 가장 자발적인 형태를 띠고 또 가장 경이롭게도 즉각적인 형태 아래 실현된다."

따라서 여명은 "사고의 전격적인 출현"[103]의 바로 그 순간이요,

---

[102] Jean-Pierre Richard : "Poésie et profondeur 시와 심오함", Éd. du Seuil, Paris, 1955, (coll points), pp.189~190.
[103] Ibidem, p.189.

변형의 순간이요, 일단 "모든 감각들의 이성적인 혼합이라는 길고 엄청난 노정"을 통해 일상적 단조로움에 잠기게 되며 시인이 다시 이루고자 원하는 그 "초탈"[104]의 순간이다. 그에 못지 않게 인상적인 또 다른 제목 즉 「착색판화집 Illuminations」 안에 삽입된, 그 <여명>이라는 제목이 지닌 중요성이 이제 여기에서 이해된다. 이 시는 그 자체만으로도 빛의 상징체계를 거의 전체적으로 재현해 보이고 있는 것이다.

　여명이라는 단어는 아침 한 시각의 미묘하고 진기한 찬란함인 일출만을 가리키는 것이 아니다. 그 단어는 태양이 잠깨어 일어나는 方位 基點 즉 해 뜨는 쪽, 동방을 가리키기도 하는 것이다. 여기서 두 가지 관념이 태동한다. 방향 또는 차라리 방향설정이라는 관념이 그 하나요, 편력해야 할 거리 즉 움직임이라는 관념이 그 다른 하나다. 여명이 빛만을 환기시키는 것은 아니다. 그것은 세계의 한 지역, 한 나라, 한 대륙 그리고 그곳을 향한 어떤 여행 또한 환기시킨다. 그리하여 투시력, 그리고 인간의 "온갖 극렬한 광기들"과 우리 내면에 떠도는 온갖 고뇌를 완화시킬 수 있는 유일한 것인 신비한 지혜의 원천으로 불리우는 일출의 나라들을 향한 영적 여행, 그 투시력과 영적 여행 간에 한 관계가 형성된다. 「착색판화집」에 실린 여러 시들 안에 그런 식의 연상관계들이 나타나고 있는 것이다. "海景 Marine" 안에는 다음과 같은 귀절이 엿보인다.

　　　"les courants de la lande.
　　　Et les ornières du reflux.

---

[104] Ibidem, p.190.

Filent circulairement vers l'est."

"광야의 기류들과
썰물 자국들이
동쪽을 향해 원을 그리며 달린다."

즉, "그 모퉁이가 빛의 소용돌이들에 부딪히는 부두"를 향해 달리는 것이다. 그리고 <삶 Ⅲ> 안에서는, "동방 전체가 둘러싼 장엄한 거처 안에서"[105] 우리에게 모습을 드러내는 것이 다름 아닌 "해변 묘지"의 랭보 같은 사람, 즉 "그를 앞섰던 모든 사람들과는 아주 다른 방식으로 가치를 지닌 한 창조자"이다. 바로 거기에서 즉 그 "유명한 퇴각"에서 시인은 "사랑의 열쇠와도 같은 그 무엇인가를 발견했노라"고 주장한다. 그리고 우리로서는 랭보의 시 안에서 사랑이라는 단어가 어떤 중요성을 띠고 있는지 알고 있다. 가장 큰 인간 고뇌들의 원인이 바로, 사랑의 결핍이요 개별적 영혼이 갇혀 있는 암흑 상태의 원인 또한 사랑의 결핍이다. 비너스[106]를 내세워 그녀로 하여금 "인간"에게 "성스러운 구원"을 내려 주도록 하면서 랭보는 다음과 같이 말한다.

"Tu surgiras, jetant sur le vaste univers
L'Amour infini dans un infini sourire!
Le monde vibrera comme une immense lyre
―Le monde a soif d'amour : tu viendras l'apaiser.
(…)"

---

[105] Ibidem : dans "Illuminations", "Vies III"
[106] Dans "la mythologie gréco-romaine 그리이스-로마신화", Vénus est la déesse de l'amour 비너스는 사랑의 신.

"그대는 솟아날지니, 광대한 우주 너머로
무한의 미소 띠며 무한의 사랑 던져올리며!
어마어마한 칠현금인양 세계는 진동하리
크나큰 입맞춤에 전율하면서
―세계가 사랑에 갈증을 품고 있으니, 그대 다가와 세계를 어루
만지소서
(…)"

4. 비너스에서 동방東方으로

태양에 근원하는 빛이든 숭고한 기원 또는 시적 기원을 지닌 빛이든 모든 형태의 빛이 사랑과 동의어 관계에 있다. 사랑이야말로 랭보가 철저한 신앙으로 받드는 절대자인 것이다. <태양과 육신> 안에서 사랑이라는 개념이 시적 정의를 통해 때로는 신과 때로는 신의 최상급인 소위 Dieu와 동일시된다. 온갖 비유들을 송두리째 섭렵한 그 관념이 이제는 시인의 상상력마저도 고갈시켰다는 느낌이 드는 바, 사랑이 시적 작업의 정상이 되고 동시에 그 목표가 된다.

"le soleil, le foyer de tendresse et de vie,
Verse l'amour brûlant à la terre ravie,
(…) ……………………………on sent
que la terre est nubile et déborde de sang :
Que son immense sein, soulevé par une âme
Est d'amour comme Dieu…
(…)
Je regretted les temps de l'antique jeunesse,
Dieu qui mordait d'amour l'écorce des rameaux
où le soleil…

··· baisant mollement le clair syrinx, sa lèvre
Modulait sous le ciel le grand hymne d'mour
où les arbres muets, berçant l'oiseau qui chante,
la terre berçant l'homme, et tout l'océan bleu
Et tous les animaux aimaient, aimaient en Dieu!
···Mais l'Amour, voilà la grande Foi!
oh! Si l'homme puisait encore à ta mamelle,
grande mère des dieux et des hommes···
Je crois en toi! Je crois en toi! Divine mère,
··· Vénus, c'est en toi que je crois!"[107]

"자애와 생명의 온상인 태양이
황홀한 대지에 불타는 사랑을 쏟고,
(···) ·····················우리는 느끼네
대지가 혼기에 다다라 피로 들끓는 것을 :
한 영혼으로 부푼 그 풍만한 가슴이
사랑의 소치라는 것을···
(···)
난 고대의 청춘 시절들이 그리워라,
신은 사랑에 겨워 잔가지 껍질을 깨물고,
그때 태양은···
···청명한 피리에 부드럽게 입맞추며, 그 입술은
기나긴 사랑의 찬가를 하늘 아래 읊조리고
그때 나무들은 노래하는 새를 소리 없이 어르고
대지는 인간을 어르고, 푸른 대양 전체가 그리고
온갖 동물들 모두가 사랑했지, 신의 품에서 사랑했지!
···그러나 사랑, 그것이야말로 위대한 신앙이었네!
오! 인간이 아직 그대의 젖가슴을 마셨다면,
신들과 인간들의 위대한 어머니 그대의···
나에겐 그대가 신앙일세! 나에겐 그대가 신앙일세! 위대한 어머니여,

---

107 Ibidem : "Soleil et Chair 태양과 육신."

…비너스, 그대야말로 나의 신앙일세!"

그러한 신앙 공표에 담긴 반복적인 성격이 그 주제의 근본적 중요성을 잘 입증하고 있다.

브라만교와 불교 철학에서는 우주적 영혼 내부에서의 일반적 결합이라는 확신이 원칙상 만장일치된 합의로 느껴진 어떤 공감으로, 즉 우주적 사랑으로 통하기로 되어 있다. 자신의 이웃에게 취해야 할 그러한 태도가 사회적 자비와 연민을 설법하는 부처님의 다음 말씀에 명료하게 드러난다.

> "Si les êtres, ô religieux, connaissent le fruit des aumônes, le fruit et les résultats de la distribution des aumônes, comme j'en connais moi-même le fruit et les résultats : certainement, fussent-ils réduits actuellement à leur plus petite, à leur dernière bouchée de nourriture, ils ne la mangeraient pas sans en avoir donné, sans en avoir distribué quleque chose"[108]

> "오 신도들이여, 인간들이 동냥의 성과를, 보시의 성과와 결과들을 내 자신이 알고 있듯이 그렇게 알아주기를, 바라노니, 만약 그들에게 실제로 남은 것이 그들의 식량 한 톨이요 마지막 한 모금에 불과하다면, 그 중 얼마 간을 주지 않고서는 나눠주지 않고서는 그것을 먹지 않을 것이 확실하니라."

이렇게 랭보가 인식하는 그대로의 사랑 즉 우주적 차원으로 고양되고 확장된 사랑이 랭보의 시와 동양 사상 간의 또 다른 합류점을

---

[108] Burnouf. "Introduction à l'Histoire du Bouddihisme indien, p.90. cité par Gladys falshaw. "Leconte de Lisle et l'Inde", H.F.U.F. 135/212/1 pp.23~26. Thèse Doctorat.

이루고 있다.

"Qu'a-t-on fait du brahmane qui m'expliqua les proverbes? D'alors, de là-bas… Je me souviens des heures d'argent et soleil…"[109]

"나에게 격언들을 설명해 주었던 브라만을 사람들은 어떻게 취급했던가? 당시에 대해서, 그곳에 대해서… 은빛과 태양의 시간들이 지금도 내 기억에 남아 있네…"

향수에 젖어 "사원의 발코니들에 다름 아닌, 성스러운 나라의 광대한 거리들을"[110] 꿈꾸면서 랭보는 이같이 소리친다. 「착색판화집」의 주인공에게 있어서는, 결국 빛을 향해 인도하는 유일한 길이 존재할 뿐이요, 그 길은 동방으로 통하는 길인 것이다.[111] 이렇게 되면 <海景 Marine> 또는 <움직임 Mouvement> 같은 이동의 싯귀들 안에서 엿보이는 여행의 본질과 시인의 목적지를 두고 자문해볼 필요가 없어진다. 배가 지닌 은유적 의미를 통해 우리는 별다른 어려움 없이 투시력이라는 신화의 시적 전환을 깨달을 수 있고 신비주의적 지식의 바다들과 대하들을 항해하고 있는 랭보의 이마쥬를 인식할 수 있기 때문이다. 그는 틀림없이 "전대미문의 빛들을" 향해 나아가는 "바다회오리에 둘러싸인 저 항해자들" 중의 한 사람이요,

"…conquérants du monde
cherchant la fortune chimique
personnelle : "

---

[109] "Illuminations" : "Vies".
[110] Ibidem.
[111] Ibidem.

"개인적인
화학적 재물을 찾는 (저)
세계의 정복자들" 중의 한 사람이요,

그들과 더불어

"…emmènent l'éducation
Des races, des classes et des bêtes,
sur ce vaisseau. Repos et vertige
A la lumière diluvienne,
Aux terribles soirs d'étude"112

"대홍수처럼 쏟아 내리는 빛에
학문을 하는 무시무시한 밤들에
안주하여, 현기증을 느끼며,
그 배 위에 종족들과 계급들과
동물들에 대한 교육을 실어 가는…"

사람이다.

이렇게 랭보에게서는 동양이 온갖 빛의 사상들을 끌어당기고 전파하는 磁力을 지닌 適所다. 동양은 시인이 그곳을 향해 자신의 영적 순례를 기획하는 상상의 나라인 것이다. 자신의 육신의 온갖 제약과 그를 둘러 싼 사회적 '밤'의 온갖 제약으로부터 자신의 마음을 해방시킬 수 있기 위해서는 그가 구원을 청해야만 하는 "성스러운 나라"인 것이다. 왜냐하면 마침 붓다처럼 랭보도

---

112 "Illuminations" : "Mouvement."

> "…éclairer sa pauvre âme
> Et monter lentement, dans un immense amour,
> De la prison terrestre à la beauté du jour"[113]

> "자신의 가련한 영혼을 밝게 비추고자 하며
> 어떤 거대한 사랑에 안겨, 지상의 감옥으로부터
> 태양의 아름다움으로 서서히 올라가기를"

원하는 자이기 때문이다.

따라서 우리들로서는 "모든 감각들의 이성적 혼합이라는 장기간의 엄청난 노정"에 다름 아닌 랭보의 시적 방법이 내면적인 타향벽 같은 기질만을 표출하거나 단순한 내면적 성찰을 겨냥하고 있다는 섣부른 판단을 내려서는 안 될 것이다. 그의 목표는 자신에 대한 자각 아래 다음과 같은 놀라운 사실에 접하는 일이기 때문이다.

> "O l'Homme a relevé sa tête libre et fière!
> Et le rayon soudain de la beauté première
> Fait palpiter le dieu dans l'autel de la chair"[114]

> "오 인간이 그 자유롭고 당당한 머리를 쳐들었네!
> 그리고 최초의 아름다움을 띤 난데없는 섬광이
> 신으로 하여금 육신의 제단 안에 꿈틀거리게 만드네!"

위에서 드러난 식의 묘한 자각이야말로 예술적 창조에 전주곡 구

---

[113] Ibidem : "Soleil et Chair II 태양과 육신."
[114] 랭보의 신앙은 기독교적 열성과는 다르다. 이 구절에 깃든 감정은 시각, 心像, 투시력에 결부되어 있다. "그 인간은 볼 수 있는가? 그는 '난 믿는다'라고 말할 수 있는가?"("태양과 육신 III"). 요컨대 心像이 신앙에 앞선다. '난 믿는다'라고 말할 자격이 있는 사람은 이미 '볼 수' 있었던 자뿐인 것이다.

실을 한다. 랭보적 탐색은 성찰의 국면이 농후하며 어떤 신비주의적 지식의 획득을 겨냥한다. "육신의 제단 안에서" 잠들어 있던 "신"이 잠을 깨는 바로 그 순간,

"l'Homme veut tout sonder, et savoir! La pensée,
...
s'élance de son front! Elle saura pour quoi!...
Qu'elle bondisse libre, et l'Homme aura la Foi!"

"한 인간이 만사를 살피고 사상을 알고자 하노니,
...
그의 면전에 솟구쳐 오르네! (그 암말은) 까닭을 알리라!
그대여 자유롭게 뛰어오르라!, 그러면 그 인간은 신념을 갖게 되리!"

이 부분이 바로 그 신비주의적 지식이 과연 무엇으로 이루어진 것인지를 생각해 볼 단계다. 그 지식은 어떤 유형의 질문들에 답변들을 제시해 주는 것인가? 최소한의 범신론적 억양을 지니고서 그리고 우주적 영혼115 즉 브라만이라는 동양적 관념을 상기시키는 느낌들을 풍기면서, 위 시의 다음 부분이 우리에게 답을 제시해 준다. 그리고 그러한 질문들 중의 하나는 육신의 물리적 죽음 이후의 생

---

115 그러한 의식 자각이 브라만교 원리와 묘한 유사성을 띠고 있음을 알 수 있는 바, 브라만교 원리가 거대한 신성한 불의 불티 하나씩이 모든 생체에 자리잡고 있다고 보는 점에서 그렇고, 그 불티와의 결합을 통해서 개체가 창조주의 품으로 되돌아오며 그럼으로써 개체의 연속적 부활이라는 순환이 끝난다고 보는 점에서 그렇다. 여기서 Saint-Tipola의 '마하무드라 성가'의 다음 구절을 떠올리게 되는데, 이 구절 또한 모든 개별 영혼들이 궁극적으로 우주적 영혼의 품으로 되돌아온다는 점을 피할 수 없는 숙명으로 제시하고 있다.
"이 밤의 무한한 암흑도
떠오르는
태양을 무한정 가릴 수는 없으며,
길고 고된 윤회 기간들 또한
심성의 심층에서 빛나는 빛줄기를
결정적으로 꺼 버릴 수는 없다네"

존에 관련되는 것이다. 따라서 "마지막 심판"이랄지 연옥 또는 천국, 은총 또는 천벌 같은 그리스도교적 사상으로부터 랭보는 먼 거리를 취하는 것으로 보인다. 그는 오히려 죽음 이후의 인간에 대해 다음과 같이 자문한다.

"…Sombre−t−il dans l'océan profond
Des Germes, des Foetus, des Embryons, au fond
de l'immense creuset d'où la Mère−Nature
le ressuscitera, vivante créature,
pour aimer dans la rose et croître dans les blés?…"[116]

"그는 새싹들과 胎兒들과 씨앗들의
대양 심층부로 침몰하는 것인가,
살아있는 피조물, 어머니인 자연이 거기에서 그를 끌어내 소생시켜
장미꽃 속에서 사랑을 나누고 밀알 속에서 자라날
그 거대한 심연의 밑바닥에서?…"

따라서 유기적 생명의 소멸 이후 인간 영혼이 지향하여 일어나는 곳은 하늘 방향이 아니다. 생체는 "어머니인 자연이 그를 끌어내 소생시키게 될 그 거대한 심연의 밑바닥"으로 되돌아가는 것이다. 그러한 관점은 기이하게도 삼사라[117] 즉 연속적인 윤회 원리를 상기시

---

[116] Ibidem : "Soleil et Chair III 태양과 육신."
[117] (서문 참조)
　　불교승 Nâgasena가 규정하는 삼사라의 숙명성을 소개하면 다음과 같다.
　　"생체는 이 지상에 태어나 이 지상에서 죽는다. 여기서 죽은 그 생체는 다른 곳에서 재생하며 또 거기서 죽는다… 바로 그 과정이 삼사라다."
　　그는 다음과 같은 비교를 통해 부연 설명한다.
　　"한 현인이 망고 열매 하나를 먹고 그 씨를 심으며, 그 씨로부터 망고 나무 한 그루가 자라나 열매들을 맺는다. 한 인간이 그 열매들 중 하나를 먹고 그 씨를 심으며 거기에서 망고 나무 한 그루가 자라난다… 그러한 연속 과정의 출발점은 알 수 없다. 그 점은 삼사라에 있어서도 마찬가지다."
　　(Henri Arvon : 'Le Bouddhisme', PUF, 1951, 9ème éd. 1979, coll. Que sais−je,

킨다. 한편 랭보가 "어머니인 자연 Mère-Nature"라고 부르는 것이 단순히 우리 감각에 지각되는 그대로의 물리적 세계가 아니라는 점 또한 분명히 해 두어야 한다. 그것은 차라리 랭보 자신이 부여하고 있는 것처럼 일종의 "심연 creuset"이다. 달리 말하자면 존재의 "무한한 번식력" 즉 존재의 원리 그 자체요, -동양에서 브라마라는 명칭으로 불리우는- 존재의 본질 그 자체인 것이다.

지각 가능한 외부 현상들 전체에 해당하는 자연은 오히려 빛의 적대자로 나타난다. 그러한 자연은 아주 빈번히 시인의 '밤' 즉 관능의 여인과 존재상의 고뇌를 뜻한다.

"사랑의 사막" 안에는 다음과 같은 구절이 있다.

"J'étais dans une chambre sans lumière
…et je la vis dans mon lit… sans lumière
Et, dans ma faiblesse indicible… je me
traînai avec elle parmi les tapis, sans
lumière!
La lampe de la famille rougissait…
… Alors, la femme disparut."[118]

"난 빛 없는 한 방 안에 있었네
…그리고 빛 없는 내 침실 안에서… 그녀를 보았네.
하여 무어라 말할 수 없는 무력한 상태로… 난 그녀와 더불어
빛 없는 양탄자 사이를 기었네!
집 안 전등이 낯을 붉히고 있었지…
…그러자 그 여인은 사라지고."

p.20).
[118] A.Adam : Ibidem, "Déserts de l'amour."

I. 빛과 어둠의 형이상학 111

여기서 전등 불빛이 곧 악몽을 물리치는 시적 예지를 나타낸다. "밤샘"과 동의어로 쓰일 때의 랭보의 밤은 수동적인 무기력 상태, 기다림, 긴장된 기대감과도 같은 어떤 분위기를 자아낸다. 랭보의 밤은 "파수꾼의 영혼 âme sentinelle"[119] 즉 망을 보며 밤을 새우는 영혼과도 같은 이마쥬를 불러일으키는 것이다. 그러한 태도가 랭보에게서는 그에게 고유한 창조적 부동성과 상응한다. 세심한 주의와 경계를 하면서, 시인은 자신이 <꽁뜨> 안에서 망을 보고 있는 것과도 같은 비가시적인 자신의 '천재성'과의 신비로운 만남을 기대한다. <꽁뜨>[120] 안에는 왕자와 그의 천재성 간의 사랑의 만남이 다음과 같이 표현되어 있다. "어느 날 저녁 그는 의기양양하게 말을 달리고 있었다. 한 천재가 나타났다(…) 왕자와 천재가 근원적인 건강 상태 안에서 소멸하니(…) 이제 왕자가 천재였고 천재가 왕자였다."[121] 시적 각성과 기다림, 빛의 탄생의 기다림, 바로 그 기다림이 랭보의 밤샘인 것이다. "그것은 투명한 휴식일 뿐, 열정도 아니요 지루함도 아니라네."[122]

대조적으로 암흑과 어둠은 창조적 불모 상태, 지적 침체 상태, 시적 무기력함을 상징한다. 사실상의 그의 자아이며, 시적 자질을 절단 당하고 창조적 기관들을 절단 당했으며, "두 눈을 패인", 랭보의 그 "가련한 형제"의 형상이 바로 그렇다. 투시력의 경험에 있어서는 상징적인 시각 상실이야말로 치명적인 불행의 요인임이 뚜렷이 드러난다. "랭보가 정신상의 진지함을 총동원하여 태양의 아들이라는

---

[119] A.Adam : Oeuvres complètes de Rimbaud, pléiade, 1972, p.79, "L'Eternité".
[120] Ibidem, p.125, "conte" dans 「Illuminations.」
[121] Ibidem, p.138, "Veillées Ⅰ".
[122] '서문' 참조

그 원초적 상태로 복귀시켜야겠다고 다짐한 저 가련한 형제의 "눈 멈"이야말로 어쨌든 궁극적으로는 그 형제에게는 시적 불모 상태의 형벌을 부과하고 이 어둠 속에서 수동적으로 방황하게 만들고 있는 것이다. 그 형제의 "어리석으리만큼 우수 어린 몽상을 부르짖는(…) 그 썩은 입"이 비극적인 초상화에 공포와 정신적 나약성의 뉘앙스를 덧붙여 준다. 그것은 마치 두 눈의 실명이 자동적으로 어떤 지적 불구 상태를 초래한 것처럼 보이는 것이다.

밤에 벌어지는 그러한 무모한 방황, 암흑 속의 방랑이라는 그 천벌, 랭보는 그것을 두려워하고 있는 바, 그러한 랭보의 두려운 마음은 무한한 윤회의 부단한 과정을 두려워하는 인도 사상과 동일한 양상으로 나타난다.

B. "영겁, 그것은 바로 태양에 혼융된 바다"

그렇지만 우리로서는 그늘과 빛의 대립적 적대관계에 근거하여 생체의 그 두 가지 국면이 상호 배척 상태로 나타나고 있다는 섣부른 결론을 내려서는 안될 것이다. 오히려 그와 반대로 그 두 국면이 아무런 상충 없는 하나의 일관된 체계를 이루고 있기 때문이다. 영혼의 원초적 상태에서는 세계의 물리적, 감각적 양상들에 의지가 예속되어 있는데, 그러한 특징을 띤 영혼의 원초적 상태에 상응하는 것이 바로 어둠이다. 한편 빛은 종국적인 단계에 이르러서는 계시에 다름 아닌 신비로운 변모의 한 과정을 상징한다. 요컨대 어둠과 빛은 시적 순간과 상황에 따라 때로는 하나가 때로는 다른 하나가 승리를 거두는, 대등한 힘으로 벌이는 일 대 일의 결투에 참여한 두 가지 적대적인 개념들이 아니다. 랭보의 시는 낭만주의적 전형에 따른다면 서정시가 아니다. 랭보의 시는 일종의 반항으로부터 나온 것이며, 한 가지 이상에 온통 사로잡힌 정신상의 위기를 통한 자기 추구 형태로 나타난다. 그것은 시초적 완벽성의 추구로 이어지는 영혼의 영구적인 긴장 상태인 것이다. 쟝 피에르 리샤르는 그래서 "줄기찬 변화의 시 une poésie du devenir"라고[123] 말하기도 한다. 랭보의 시는 베를렌느나 위고에서처럼 그리고 심지어는 보들레르에서처럼 악에 대항한 선의 투쟁을 연출하지는 않는다.

랭보의 시는 오히려 영원한 암흑과 다투는 미광을 보여준다.

랭보, 그는 태양과 결합하기 위해 그가 갇혀 있는 밤으로부터 탈출하고자 하는 반딧벌레와 같은 것이다. 물질 세계 저편에 있는 세계의 다른 쪽으로부터 자유로워지고자 하는 반딧벌레와 같다. 우리가 오랜 전통을 생각하는 데 익숙해져 있는 것처럼 이러한 관점에서 어둠과 빛의 병렬은 신에 대항하는 사탄의 무의식적 투쟁을 생기게 하지는 않을 것이다. 랭보의 시는 오히려 욕망을 "최초의 미"[124]라 할 수 있는 천국의 원초적 빛의 향수에 젖어 날뛰는 젊은 "악마"로 덮고 있다.

과거에 대한 그러한 향수와 집념이 여러 시편들의 근본적 배경을 형성한다. 가령 <Mauvais sang>은 다음과 같이 고대에의 회귀로 시작되는 것이다.

---

[123] J.P.Richard, "Poésie et profondeur 시와 깊이", Ed, du Seuil, Paris, 1955, p.187.
[124] A.Adam : Oeuvres complètes de Rimbaud 랭보 전집, Bibliothèque de la Pléiade, 1972, p.8, "Soleil et Chair Ⅱ 태양과 육신".

"J'ai de mes ancêtres gaulois l'oeil bleu blanc,
la cervelle étroite, et la maladresse dans
la lutte. Je trouve mon habillement aussi barbare
que le leur(…).

Deux, j'ai : l'idôlatrie et l'amour du sacrilège :
(…)"

"골로와 조상들로부터 난 이어받았다네
푸른 눈, 좁은 두상, 그리고 싸움에 서투름을
내 복장 또한 그들의 것만큼 야만적이라고
나는 생각한다네(…).

내가 가진 것은 두 가지, 우상 숭배와 聖 취향이라네.
(…)"

「지옥에서의 한 철」의 첫 문장은 "jadis 그 옛날"이라는 단어로 시작되며 <태양과 육신>에서 시인은 연달아 다음과 같은 아쉬움을 표명한다.

"Je regretted les temps de l'antique jeunesse."
"Je regretted les temps où la sève du monde,"
"Si les temps revenaient, les temps qui sont venus!"

"고대의 청춘기들이 그리워라"
"세계의 樹液(정기?)가…시기들이 그리워라."
"만약 그 시기들이 되돌아온다면, 온 그 시기들이" 등등

그렇다면 무슨 이유로 랭보는 "그 옛날"과 "아득한 옛 시기들"과

Ⅰ. 빛과 어둠의 형이상학 115

고대 그리이스-로마를 그토록 간절히 그리워하는 것일까? 그 질문에 대한 대답은 우선 고대에는 인간이 "순결하고 정겨웠기…때문"이며 그런데 오늘날은 다음과 같기 때문이라는 식으로 나온다 :

> "…il a Sali son fier buste de dieu,
> Et qu'il a rabougri, comme une idole au feu,
> Son corps olympien aux servitudes sales!
> Oui, même après la mort, dans les squelettes pâles.
> Il veut vivre, insultant la première beauté!"

> (그런데 오늘날은)
> "인간이 자신의 자랑스러운 신의 흉상을 더럽혔기 때문이요
> 인간이 마치 불에 타는 우상처럼 자신의 근엄한(olympien) 몸을
> 하찮은 노예 상태로 쪼그리뜨려 더럽혔기 때문이라네!
> 그래, 인간은 사후에도 그 창백한 해골의 앙상한 몰골로
> 최초의 美를 모욕하며 살고 싶어 하는 거라네!"

그 "최초의 아름다움"에 대한 향수가 그토록 열광적으로 랭보적 사상을 뒤흔들고 있거니와, 그것이 다른 데에서는 또 "이상", "물리칠 수 없는 영원한 정신"[125]이라고 불리운다. 역사가 매장해 버린 것이 바로 그 "최초의 아름다움"인 것이다. 그리고 그것은 인간 내부에 잔존하고 있는 신의 불씨이기도 하다. 왜냐하면 인간은 "하늘에 속하며" 하늘은 인간의 육신의 점토 아래에서 발굴해 내야 할 성질의 것이기 때문이다. 바로 그런 것이 랭보의 시적 노력의 방침이다. 사실 그가 추구하여 일깨우고자 하는 계시는 곧 부활이라는 기획인 것이다.

---
[125] Ibidem : "Soleil et Chair III 태양과 육신"

1. 태양의 깨어남

인간은 "하늘에 속하므로" 인간을 하늘로 다시 인도해야 한다. 바로 그것이 시인의 과업이요 "방랑자들" 안에서 랭보가 수행할 역할이다. 시력을 상실한 한 "가련한 형제"를 "**태양의 아들**"이라는 그의 원초적 상태로 되돌아가도록 해 주는 일"을 랭보는 의도적으로 자신의 과업으로 삼았던 것이다. 이미 지적했거니와 그 "가련한 형제"는 곧 랭보 자신이다. 다만 "육신의 점토"로만 빚어진 랭보인 것이다. 그리고 선도자로서의 랭보(Rimbaud-guide), 그는 자신의 신성한 본질을 의식하며 그래서 "적소와 표현 원칙을 서둘러 찾아내야 하는", 즉 서둘러 "낯선 것", "見術"에 도달해야 하는, 깨어난 시인이다. "두 눈을 **빼앗겨버린**" "형제"는[126] 다음과 같이 말하기 십상인 모든 근대 인간을 표상한다.

"…Je sais les choses,
Et va, les yeux fermés et les oreilles closes."

---

[126] '악의 꽃'에서 보들레르는 다음 표현을 사용하여 자신의 독자에게 말을 건다.
"…싫증!…
독자여, 그대는 그것을 알겠지…
위선에 찬 독자-나를 닮은 사람-내 형제여"
그리고 '여행에의 초대'에서도 같은 식의 표현이 나타나는데 "이번에는 여성으로" 독자를 호칭한다.
(원문 3행)
"아이야, 내 누이야
생각해 보렴
저곳에 가서 함께 사는 감미로움을!"
여기서 쓰인 해라식(반말투)의 말투와 "나를 닮은 사람"이라는 표현과 "내 형제"는 혈족 관계와 우정 등 단순한 친숙성 그 이상의 것을 나타낸다. 여기서 관건이 되는 것은 자아의 즉 자기 자신에 의한 자기의 진정한 확인과 인식이 이루어지고 있다는 점이다. 시가 온 인류의 공통의 언어가 되거니와 시인은 이렇게 본질적 성격들이라는 특질을 통해 그 온 인류와 상봉한다. 텍스트의 말은 모든 사람들의 이름으로 발화되며, 텍스트가 말을 건네는 상대방 또한 온 인류인 것이다. 그런데 여기서 랭보는 바로 그 동일한 방식을 사용하고 있다.

Ⅰ. 빛과 어둠의 형이상학

"…나는 사물들(의 이치)을 알고 있다네,
그러니 두 눈 감기우고 두 귀 막힌 채 가게나."

따라서 밤, 무지, 눈멈, 불구, 육체적 욕구들, 고뇌, 방황, 고통은 그것들 안에서 서로 중첩되는 개념들이다. 그 모든 개념들이 "육신의 점토"의 다양한 양상들인 것이다. 그 밑에 모든 인간 존재 내부에 "잔존하고 있는 신"이 으스러져 갇힌 채 도사리고 있는 묘석이 있고, 위의 개념들이 이루는 총체적 덩어리는 바로 그 묘석과도 같은 것을 상징한다.

그러니까 모든 개체 내부에는 큰 비중의 어둠과 더불어 신성한 정신의 불씨가 동시에 깃들어 있다. 그래서 영혼이 어둠의 손아귀에 장악되어 있을 때는 마음의 "성당의 가련한 자들처럼" 개체가 수동적이고 "초라하고 추하며" 눈멀고 천치스럽다.

"…humiliés comme des chiens battus
Les pauvres au bon Dieu,
Tendent leurs orémus risibles…
…
… le froid, la faim, l'homme en ribote
… les maux sans nom!
…
ces effarés y sont…
…
Et tous bavant la foi mendiante et stupide,
Récitent la complainte infinie à Jésus."

"…얻어맞는 개들마냥 모욕을 당하면서도

가련한 자들은 선한 신에게
우스꽝스러운 기도들을 건네고…
…
… 추위, 굶주림, 만취한 사람
… 이름도 없는 질병들!
…
그 질겁한 사람들이 거기에서…
…
그리고 모두가 구차하고 어리석은 믿음을 속절없이 내뱉으며,
예수에게 무한한 찬사를 늘어놓고 있네."

따라서 시인으로서는 그를 둘러싸고 속박하고 있는 암흑으로부터 자신의 영혼을 끄집어내야만 한다. 일단 그러한 작업에 성공을 거두면 랭보는 다음과 같이 외칠 수 있는 것이다.

"Enfin, ô bonheur, ô raison, j'écartai du ciel
L'azur, qui est du noir, et je vécus, étincelle
d'or de la lumière nature"[127]

"마침내, 오 행복, 오 이성, 난 하늘로부터
어둠의 것인 창공을 떼어 놓았네, 그리고 나는
자연 빛의 황금 불티가 되어 살았네"

"Elle est retrouvée
Quoi? — l'Eternité
C'est la mer allée
Avec le soleil.
Murmurons l'aveu
de la nuit si nulle

---

[127] Une saison en enfer 지옥에서의 한 철 : "Alchimie du verbe 언어 연금술".

I. 빛과 어둠의 형이상학   119

…
Des communs élans
Là tu te dégages
Et voles selon…"[128]

"그것을 되찾았네
무엇이냐고? - 영겁이라네
그것은 태양과 더불어
가는 바다
파수꾼 영혼이여
그토록 공허한 밤의
기원을 드리자꾸나
…
보통의 충동으로부터
그대는 벗어나
어디론가 날아가 버린다…"

"밤"은 "공허하다." 그것은 빛 속에 "용해될 수 있다." 그것은 "증발하며" 그것을 흩뜨리는 태양 속에서 녹는다. 그들은 영원하지 않으며, 마치 육체처럼 시간의, 지속의 결정 작용들에 내맡겨져 있다. 영원한 것은 "되찾아진" "영겁", 그것은 "태양에 혼융된 바다"요 빛에 의해 삼키운 밤이다. 물이 열에 증발하듯이 그늘은 빛 아래 증발한다. 어둠은 외면일 뿐이요 바로 그 때문에 어둠은 "공허하다." 그것은 감각적 환상들로 이루어진 것이다. 본질은 하나요 그것이 곧 진실한 현실이며 지고한 진리인 빛이다.

따라서 그늘과 빛은 시편들의 전개 과정에서 상충하고 있는 두 개념이 아니며 그늘이 내는 개념의 운명은 어쩔 수 없이 빛이라는

---

[128] Derniers vers 마지막 시(행)들 : "L'Eternité 영겁"

개념에 동화되는 것이다.

"밤에 속하는 창공" 안에서 일어나 마침내는 태양과 상봉하는 한 줄기 빛을 모든 밤, 모든 암흑, 모든 어둠이 감추고 있다. 왜냐하면 시인의 그 "형제"가 "하늘에 속하며" 그가 "태양의 아들"이기 때문이다. 빛 속에서의 밤의 와해가 실현되는 것은 곧 불이요 그 일이 불 속에서 일어난다.

> "Douceurs!
> Les brasiers, pleuvant aux rafales de givre,—
> Douceurs! —les feux à la pluie du vent de
> diamants jetée par le coeur terrestre éternellement
> carbonisé pour nous, ⋯ Les brasiers⋯
> O Douceurs, ⋯ Et les larmes blanches,
> bouillantes, —ô douceurs!⋯"129

> "감미로움!
> 숯불, 거센 서리 되어 퍼붓는—
> 감미로움! —우릴 위해 타 영원히 炭이 된
> 지상의 심장이 내던진 다이아몬드 바람
> 비에 타오르는 불들⋯ 숯불들⋯
> 오 감미로움, ⋯그리고 끓어오르는
> 하얀 눈물들, —오 감미로움!⋯"

2. 불·빛과 그늘의 조화의 원칙인 불

"숯불", "불"이 여기에서 보물들이 되는 바, 그것은 영혼이 획득할 수 있는 가장 큰 부인 것이다. "douceurs! 감미로움"이라는 단어의 4

---

129 "Barbare 야만인"

중 반복이 표현하는 시인의 그 큰 행복이 바로 거기에서 유래한다. 불이 상징하는 것은 신비한 깨어남(각성?), 계시에 도달하고자 갈망하는 시적 의식의 깨어남이다. 바로 그 때문에 "실제에 있어서 시인은 불을 훔치는 도둑이며, 인류와 동물들까지도 책임져야 하는 것이다." 그러나 랭보적 보물과 불은 밤에 숨겨진 앎, 마녀와 흡혈귀와 인간적 불행 같은 밤의 존재자들만이 베풀 수 있는 앎이다.

"O sorcière, O misère, O haine, c'est à vous que mon trésor a été confié!"[130]

"오 마녀, 오 불행, 오 증오,
나의 보물은 바로 그대들에게 맡겨졌었네!"

"Oh! Les pierres précieuses s'enfouissent… et la Reine, la Sorcière qui allume sa braise dans le Pot de terre, ne voudra jamais nous raconter ce qu'elle sait, et que nous ignorons"[131]

"오! 보석들은 달아나고… 흙단지 안에다
잉걸불을 피우는 여왕, 마녀는 결코 원하지 않으리
그녀는 알고 우리는 모르고 있는 그것을
우리에게 이야기해 주기를"

따라서 우리 속에 "잔존하고 있는 신"은 다름 아닌 "육신의 점토"가 감추고 있듯이, 불의 비밀을 간직하고 있는 것은 바로 밤(어둠?)이다.

---

[130] "Jadis 그 옛날"
[131] "Après le Déluge 노아의 홍수 그 다음"

반항을 야기하고 나서 랭보를 '견술(La voyance)'의 길로 인도하는 것은 고통이다. 불은 사회와 세계의 무상함이라는 그 속성을 뚜렷이 인식하는 순간, 즉 영혼의 밑바닥에 묻혀 있는 신성한 微光을 활성화시키는 순간을 상징한다. 그것이 벌써 계시인 것은 아니며 계시를 향한 거스를 수 없는 노정일 따름이다. 불이 곧 "태양"은 아닌 것이다. 그것은 한 줄기 빛이 태양에까지 오르도록 해 주는 신비한 계단이다.

불과 빛과 황금에 결합된 상승 이마쥬가 바로 그 때문에 중요한 의미를 띤다. 그리고 그 상승 이마쥬가 갖는 중요한 의미는 태양을 향해 솟아오르는 "수백만 황금새들"[132]이라는 드높은 차원으로 시인의 인격이 승화되는 것과 상통한다. 그 "황금새들"은 어디에서 오는가? Henri Miller는 다음과 같은 답을 내놓는다. "…그것들은 어둠으로부터 부화된, 그리고 계시의 빛 속에서 무럭무럭 성장한 내밀한 使者들이요… 정신의 진귀한 새들이요 태양에서 태양으로 시시각각 이주하는 새들이다.[133] 따라서 그 황금새들을 잉태한 것은 곧 밤이며 그것은 밤이 랭보의 시적 각성을 낳은 것과 같고 또 밤이 고통의 양상을 띠고서 부처의 신비로운 탐구를 부추겼던 것과도 같다. "서둘러 적소와 표현 원칙을 찾아내야 된" 랭보가 그것들이 접하고자 스스로 다짐했던 신성한 공간들이 있거니와 황금새들의 처소는

---

132 새의 이마쥬는 많은 시인들에게서 그들의 영혼과 인격과 정치 사상을 암시하는 데 사용되었다. 말라르메의 경우 그 상징물이 백조였다. 랭보는 비둘기를 즐겨 사용했다.
"한 무리 비둘기들과 더불어 들뜬 여명"('취한 배')
"진홍색 비둘기들의 한 차례 비상이 내 상념 주의에 요란히 울리고"('생명들')
반면에 보들레르는 시인이 그를 닮은 信天翁들, 그 "구름들의 왕자"를 선택해 썼다.
폭풍우를 줄곧 뒤따르며 射手를 비웃는 땅 위에 추방되어 욕설에 휘말린
다음에는
그 거대한 날개들 때문에 걸을 수가 없고
133 Patrick Olivier : "Poésies Rimbaud", Hatier, 1977, p.53.

바로 그 신성한 공간들 안에 있다. 그리고 그 공간들은 보들레르가 '축복'에서 다음과 같이 읊으며 불렀던 그 화로와 동일한 공간들이다.

> "foyer saint des rayons primitifs
> Et dont les yeux mortels, dans les splendeur
> entière, Ne sont que des miroir obscurcis
> et plaintifs!"[134]

> "원초적 빛들이 새어 나오는 화로
> 그 빛의 시한부 눈들은
> 그 온전한 휘황 속에서도
> 흐릿해지고 애처로운 거울들에 불과할 뿐이네!"

이렇게 랭보가 그를 구속하고 있는 모든 사회적 종교적 관계들을 자신의 반항 속에서 끊어 버리고자 그토록 절실히 원한다면, 그리고 자신의 정신이 그 혼잡스러움과 절실할 듯한 황폐한 분위기를 가혹하리만큼 체험하고 있는 모든 형태의 사회적 속박들의 온갖 담들을 거꾸러뜨려 버리고자 집착한다면, 그렇게 함으로써 랭보가 추구하는 목표는, Miller가 지적했듯이 융해와 와해의 작업을 통해 단번의 비상으로 태양에 도달하는, 태양에 혼융될 수 있기에 이르는 일이다. 사실 Miller는 다음과 같이 기술하고 있다. "그는 하늘 한가운데 홀로 자리잡고 있다. 불가능한 것이 성취된 것이다. 우주의 무한한 태양 심장 속에서 새들이 조화롭게 노래한다. 거기에는 영원히 極光(오로라), 평화, 조화, 그리고 정신과 감각의 일치된 감정이 있을 뿐

---

[134] Paul Kallos, Max Milnen : Les Fleurs du mal de Baudelaire 보들레르의 악의 꽃, Imprimerie Nationale, Paris, 1978, pp.57, 'Bénédiction 축복'

이다. 인간이 태양을 향해 바라보는 것은 헛된 일이 아니니, 인간은 그렇게 하여 태양에게 빛을 열어 주문하는 것이다.[135]

---

[135] Patrick Olivier : Poésies Rimbaud, Hatier, 1977, pp.53.

Ⅱ. 랭보적 언어에 담긴 신비들

이번 제2장에서는 랭보의 "언어체계"를 연구하고자 한다. 사실 그의 시편들은 우리로 하여금 "하나의 새로운 시적 언어"에 마주치게 하는데, 거기에는 통사법과 전통적 문법적 규칙과의 별다른 관련이 없다. 랭보는 자신의 시작(詩作) 과정의 필요에 따라 사전을 다시 만들고 알파벳의 모음들과 자음들의 형태를 수정했노라고 주장한다. 과연 어떤 수단들을 통해 그렇게 했다는 말인가? 그리고 그 결과는 과연 어떠한 것인가? 그 두 질문에 대답하기 위해 우리는 두 가지 답변을 구상해 보았다. 첫 번째 대답은 랭보가 어떤 재료들을 출발점으로 자신의 시편들을 구축했으며, 자신의 표현을 그대로 빌자면 "한 보편 언어"에 해당하는 하나의 새로운 언어체를 그가 어떤 요소들을 가지고 고안해 냈는지를 보여준다. 그리고 두 번째 대답은 일부 텍스트들과 소위 그 "보편 언어"가 전달하는 메시지를 기반으로 한 일종의 해석 작업이요 해독(décodage)의 시도다.

랭보 시의 구성은 적어도 세 가지 영향을 내보여 주고 있다. **연금**

술의 영향, 강신술의 영향, 신비적 주술과 원초적이고 보편적인 리듬의 영향이 바로 그것들이다. 이제 우리는 그러한 기정 사실들이 어떻게 각 시의 의미와 운율 체계 안에 어김없이 자리잡게 되었는지를 하나하나 차례로 살펴볼 것이다.

A. 기술(記述)의 메커니즘

1. 주술

『Dernière Verbe 마지막 시들』이라는 시집에 실린 <언어의 기원>이라는 제목의 한 시편에서 빅토르 위고는 다음과 같이 말했다 :

> "Dispute sit u veux! le certain c'est que nul
> Ne connait le maçon qui posa sur le vide,
> Dans la direction de l'Idéal splendide
> Les lettres de l'antique alphabet, ces degrés
> Par où l'esprit humain monte aux sommets sacrés
> Les vingt-cinq marches d'or[136] de l'escalier pensé."

> "원한다면 대꾸해 보게나! 그러나 확실한 것은
> 인간 정신이 성스러운 꼭대기들까지 오르는 통로인
> 그 단계들, 사유 계단의 스물 다섯 개 금 발판들
> 즉 고대 알파벳의 글자들을 찬란한 이상을 향해
> 저 허공에 쌓아 올렸던 그 석공을 아무도 모른다는 것일세."

---

[136] 여기서 다음 사항을 상기해야 할 것이다. 즉 견자가 된 랭보, 달리 말해서 "태양의 아들"이라는 자신의 원초적 상태(지위?)"로 되돌아온 다음의 랭보는 자신의 "수백만 황금새들"로 변신되어 있음을 알게 되며, 황금이라는 상징 의미가 밤과 무지와 불행(질병?)의 효과에 대립되는 사유와 시적 정신과 계시의 빛의 가치들 및 특질들에 일반적으로 결부되어 있다는 점이다.

지상에서 전락한 인간 존재가 그 기원상 자신의 적소인 원초적 신성함을 되찾아 드높은 차원에 이르는 데 수단이 되는 상승의 길, 보들레르의 시에서도 언어는, 바로 그러한 길과도 같은 것으로 나타난다. 따라서 여기에서 언어는 단순한 의사소통 도구가 아니다. "왜냐하면 단어는 곧 말이요 말은 곧 신이기 때문이다."[137] 「명상 시집」의 저자는 다음에 더욱 정확한 설명을 하게 된다. 그는 어떤 신비한 기능, 창조적 기능을 인수하고 있는 것이다.

이렇게 하여 모든 창조 행위가 곧 어떤 언어의 기획이 된다. 우주 전체가 곧 신비에 대해서 성경의 의미 그대로 발설된[138] 어떤 말인 것이다.

그래서 보들레르도 시작을 통해서 "진흙"을 "황금"으로 변형시켰노라고 말하게 되지 않는가?[139]

그러한 몇 가지 예비적 특기 사항들로부터 우리는 문자법의 문제

---

[137] V.Hugo : "Contemplations 명상", I, VIII, derniers vers 마지막 시들.
[138] 성경이 "세계와 인류의 기원"을 어떻게 기술하고 있는지를 살펴보면 다음과 같다. 하느님이 말씀하시기를 "빛이 있으라" 하시니 빛이 있었고(창세기, 1 : 3), 하느님이 말씀하시기를 "물 사이에 궁창이 있으라 그리고 그것이 물과 물을 나누라" 하시니 또 그렇게 되었다(창세기 1 : 6). 하느님이 말씀하시기를 "땅은 풀과 씨 맺는 채소와 나름대로 씨를 가진 열매 맺는 과수를 만들라" 하시니 그렇게 되니라 등등. 따라서 세계의 본질은 다름 아닌 신성한 말(씀)이다. 우주 구축에 쓰였던 재료가 결국 하나의 언어인 것이다. 바로 거기에서 성경의 유명한 언명인 "태초에 말(씀)이 계셨느니라"가 비롯된다. 창조된 언어체, 발설된 말이 기적적으로 생성을 한다. 따라서 물질의 연금술이 있듯이 "언어의 연금술"이 있을 수 있는 것이다. 랭보적 문자법(시작)은 그러한 연금술의 원칙적인 표현을 시도하는 때가 자주 있다. 여기서 "방랑자"의 마지막 문장을 되새겨 보는 것이 도움이 될 것이다. "사실 나는, 지극히 진지한 마음가짐으로, 그를 태양의 아들이라는 그의 원초적 상태(지위)로 되돌려야겠다는 기획을 품었지─그리고 우리는 동굴의 포도주와 거리의 비스킷으로 요기하며 방황했네, 나는 적소와 표현 원칙을 찾고자 서두르며"
[139] "천사들…
  오 그대들이여, 완벽한 화학자로서, 성스러운 영혼으로서 내가
  나의 임무를 완수했다는 데 증인이 되어 주소서.
   나는 모든 것으로부터 정수를 추출해 냈고
   그대가 나에게 진흙을 주었는데 난 그것을 가지고 황금을 만들었으니 말이오."
    ─'악의 꽃' 제 2판을 위한 "에필로그 초안"

가 만인의 눈에 근본적인 중요성을 띤 것으로 드러나고 있다는 결론을 이끌어낼 수 있다. 그래서 랭보적 문자법에 담긴 특질들과 원천들을 파악하기 위해서는 랭보적 문자법의 양상들을 제아무리 강조하여 살펴보아도 지나치지 않을 것이다. 그것은 계시에 다다른 시인만이 만들어낼 수 있을, '견술'을 향해 열린 하나의 언어인 것이다. 랭보는 다음과 같이 말하게 된다.

"Donc, le poète est réellement voleur de feu. Il est chargé de l'Humanité, des animaux mêmes ; il devra faire sentir, palper, écouter ses inventions! Si ce qu'il rapporte de là—bas a forme il donne forme ; si c'est informe, il donne de l'informe. Trouver une langue? Du reste, toute parole étant idée, le temps d'un langage universel viendra! Il faut être académicien,—plus mort qu'un fossile,—pour parfaire un dictionnaire de quelque langue que ce soit. Des faibles se mettraient à penser sur la première lettre de l'alphabet, qui pourraient vite ruer dans la folie!

Cette langue sera de l'âme pour l'âme, résumant tout, parfums, sons, couleurs, de la pensée accrochant la pensée et tirant. Le poète définirait la quantité d'inconnu s'éveillant en son temps, dans l'âme universelle : et il donnerait plus que la formule de sa pensée que l'annonciation de sa marche au progrès!

Cet avenir sera matérialiste, vous le voyez. Toujours pleins du Nombre et de l'Harmonie, les poèmes seront faits pour rester⋯

L'art éternel⋯ la poésie ne rythmera plus l'action ; elle sera en avant."[140]

"따라서 시인은 실제로 **불의 도둑**이다. 그는 인류 그리고 동물들까지 책임을 지고 있다. 그는 자신의 고안물들을 느끼게 하고 만지

---

140 A.Adam : "Oeuvres complètes de Rimbaud 랭보 전집", Pléiade, pp.252, "1871년 5월 15일자 드므니에게 보낸 견자의 편지"

게 하고 듣게 해야 할 것이다! 저승에서 그가 되가져 오는 것이, 형태가 있다면 그는 형태를 주고, 그것이 무정형의 것이면 그는 무정형을 준다. 그런데 하나의 언어체를 찾아낸다고? 게다가 모든 말은 곧 관념이므로 한 보편 언어가 유통되는 시기가 도래할지니! 어떤 것이든 어떤 언어체의 사전을 완성하기 위해서는 －화석보다도 더욱 철저히 죽은 상태의－ 아카데미 회원이 되어야만 한다. 무력한 자들은 알파벳 첫 글자에 대해 우선 생각하기 시작할 것이니, 그들은 금방 광란의 뒷발질을 할지도 모른다.

 그 언어체는 **향기, 소리, 색깔** 등등 모든 것을 **압축하는 영혼**을 위한 영혼에 속할 것이요, 사유를 붙들고 당기는 사유에 속할 것이다. 시인은 자신의 시기에 보편 영혼 안에서 깨어나는 미지의 양을 규정할 것이요, 그래서 시인은 자신의 생각의 표현 그 이상의 것, 자신의 진보 단계 선언 그 이상의 것을 건네 주게 될 것이다!

 독자들도 알다시피 그러한 미래는 물질주의적이 될 것이다. 그리고 시들은, 항상 '수'와 '조화'로 충만한 채, 존속하기 위해… 만들어질 것이다.

 영원한 예술…시는 이제 이야기 행위(action)에 리듬을 부여하는 데 그치지 않을 것이요 그보다 더 높은 경지로 나아갈 것이다."

 이렇게 볼 때 랭보는 언어에 대한 마술적이고 신비적인 인식으로부터 출발한 셈이다. 그의 문장은 이제 "무정형한" 것은 물론 "형태를 갖춘" 것을 표현한다는 짐을 진 것이다. 그것은 고답파 시인들의 모델들을 빌자면 "예술을 위한 예술"이 아니라 "영혼을 위한 영혼"을 베풀기 위해 구상되는 문장이다. 또 그것은 "향기, 소리, 색깔, …, 사유…등등 모든 것을 압축하는" 한 보편 문장인[141] 것이다. 그

---

[141] 여기서 우리는 자연을 한 보편 언어 기호들의 복합체로서 제시하며 또 그 보편 언어에 있어서는 "형태를 가진" 것은 물론 "무정형의 것"마저도 자체의 상징들을 소유하고 있다고 보는, 보들레르의 "상응" 제 1, 2 시절을 상기할 필요가 있다.
 자연은 신전이니 거기서는 생생한 기둥들이 종종
 모호한 말들을 새어 보낸다.
 인간은 친숙한 눈길로 그를 살피는

것은[142] 아마도 있는 그대로의 그것을 표현할 수 없었던 말라르메가 "본질적인 말"이라고 불렸던, 그리고 그것을 변질시키기 보다는 **명상적 침묵** 상태에서 원초적으로 개발하고자 기도했던 바로 그 문장이다. <Art poétique 시적 기법> 안에서 베를렌느는 그것의 감각적, 음성적, 음악적 특질들을 근본적으로 고찰하면서 자기 나름대로 그 문장을 기술하게 될 것이다. 베를렌느에 있어서 그 문장은 다음과 같은 것이다 :

"De la musique avant toute chose,
…
Rien de plus cher que la chanson grise
Où l'Indécis au précis se joint
C'est de beaux yeux derrière des voiles
C'est le grand jour tremblant de midi,

상징의 숲을 가로질러 그 안으로 들어간다.
저 멀리 서로 어우러지는 긴 메아리들처럼
밤처럼 또 빛처럼 광대한
어둡고 깊은 통일성 속에서
향기, 색깔, 소리가 서로 화답한다.

[142] "순수 작품은 시인의 웅변적 소멸(사라짐)을 내포한다. 모든 것이 불안정해지고 교체가 가미된 단편적인 배열이 되며 그것과 마주쳐 시인 그대는 전체적 리듬에 그것이 일치하도록 백지 상태에서 작업을 벌인다… 나는 말로 표현되지 않고서는 그 아무것도 머물지 않는다는… 생각을 해본다. 전체 속에 존재하는 관계들의 총화로서의 음악이 충만하고 명료하게 형성되도록 해 주는 것은 기본 소리울림들이 아니라 절정에 다다른 지적 언어인 것이다.
내 시기의 거부할 수 없는 욕구, 그것은 때로는 거칠고 즉각적이며 때로는 근본적인, 말의 이중성을 분리하는 일이다.
이야기하는 가르치고 심지어는 기술하는 등등 담화의 기본적 용법은 보편적인 내용 서술을 해친다. 그렇지만 말의 유희에 의거하여 한 자연적 사항을 그것이 진동상으로 거의 소멸한 상태로 기적적으로 전환시킨다는 것이 무슨 소용이겠는가, 만약 그러한 전환이 구체적인 환기로 인접의 것을 해치지 않으면서 순수개념이 거기에서 발생하도록 하기 위해서 이루어지지 않는다면 말이다.
여러 개 어휘들로 이루어진 시행이 하나의 온전하고 새로운, 그리고 언어체에는 낯설고 주술적인 단어를 다시 만들고, 그리하여 독자들에게 그러한 일상 말투가 지금까지 전혀 들어본 적이 없는 식의 것이라는 의외성을 유발시키며, 동시에 지칭된 대상의 어렴풋한 회상 내용이 어떤 새로운 분위기 속에 젖어들게 된다."
그런데 랭보에 있어서도 마찬가지로 시행이나 문장이 운율체계도 아니요 미학도 아닌 일종의 주술, 발설, 신비적 말투일 때가 빈번하다.

(…)
Prends l'éloquence et tords—lui son cou!
O qui dira les torts de la Rime?
(…) Ce bijou d'un sou
Qui sonne creux et faux…
Que ton vers soit la chose envolée
Qu'on sent qui fuit d'une âme en allée
Vers d'autres cieux à d'autres amours
Et tout le reste est littérature"[143]

"그 무엇보다도 우선인 음악의
…
거기에서는 모호한 것이 정확한 것과 어우러지니
우울한 노래보다 더 값진 것 그 어떤 것도 없어라
그것은 베일 뒤의 아름다운 두 눈
그것은 정오의 흔들거리는 환한 햇빛
(…)
웅변술을 붙잡아 그 목을 비틀어 버리라!
오 뉘라서 운의 결함들을 말할 것인가?
(…) 공허하게 거짓되게 울리는
한 푼의 가치밖에 없는 그 보석…
그대의 시는 다른 사람들이 벌어지는 다른 하늘을 향해
오솔길을 따라 영혼을 피해 달아나는 것처럼 느껴지는
그런 비상하는 어떤 것이 되어야 할지니
그리고 그 나머지 모든 것이 문학이어라"

결과적으로 그러한 식의 문자법에서는 모든 것이 "뉘앙스"[144]요,

---

[143] Verlaine : ("Art poétique 시적 예술(기법)").
[144] "왜냐하면 우리가 아직도 색깔을 통한
뉘앙스를 그리고 오로지 뉘앙스만을 원하기 때문이라네!
오! 뉘앙스 오로지 그것만이 꿈을 꿈에
플룻을 뿔피리에 혼인시켜 준다네!"

모든 것이 "순수 개념"¹⁴⁵의 환기요 모든 것이 추상이요 모든 것이 이상 즉 신비적인 것이다.

랭보의 작품은 따라서 본질적으로 마술적 언표행위요, 발설된 말이다. 그래서 그의 시는 스스로 "항상 '수'와 '조화'로 충만하고자" 원하게 된다. 음소들, 알파벳 글자들이 그에게 있어서는 표의문자들이 되는 것이다. 일부 단어들은 그것들의 어원과 밀접한 관련 아래 사용된다. 일부 관계들은 어떤 언어 기호들의 어형과 인간 신체 부분들의 형태를 한데 결합하는 것으로 암시되기도 한다. 요컨대 기표(signifiant)과 기의(signifié) 간에 어떤 신비적 상응 관계가 구축되는 것이다. 랭보 자신이 다음과 같이 말하지 않았던가 :

"J'inventai la couleur des voyelles!⋯ Je réglai la forme et le mouvement de chaque consonne, et, avec des rythmes instinctifs, je me flattai d'inventer un verbe poétique accessible, un jour ou l'autre à tous les sens. Je réservais la traduction."

"Ce fut d'abord une étude."

"La vieillerie poétique avait une bonne part dans mon alchimie du verbe."¹⁴⁶

"나는 모음들의 색깔을 ⋯고안해 냈다!⋯ 나는 각 자음의 형태와 특질을 조정하고, 본능적인 리듬을 가지고서 어느 날엔가 모든 의미들에 접근 가능할 하나의 시적 언어를 고안하리라는 자만심에 부풀

Verlaine : ("Art poétique")
145 "나는 말하네 : 한 송이 꽃! 그리고, 내 목소리가 모든 윤곽을 지워버리는 망각 그 밖에서, 그 무엇으로서 그리고 음악적으로 솟아오르네, 모든 꽃들이 존재하지 않음으로써 생기는 한 송이 꽃이라는 달콤한 관념상의 꽃이."
(Mallarmé, Ibidem, 여기서도 앞 인용문 참조)
146 Ibidem, "Une Saison en enfer 지옥에서의 한 철", Délires Ⅱ : "<u>Alchimie du verbe</u> 언어연금술"

기도 했네. 난 전통일랑 아예 제쳐두곤 했다네."
"나에게 우선적인 것은 공부였네."
"시적 진부함이 나의 언어 연금술에 큰 비중을 차지하고 있었네."

단어들의 의미, 글자들의 건축술이 따라서 혁신되고 그리하여 의미작용들의 무한한 배가와도 같은 현상을 지니게 된다. 누구나 이해할 수 있겠거니와 이제 오로지 어떤 식의 언어 고안만이 "미지의 것"을 표현한다는 랭보의 그 야망을 충족시킬 수 있었다. 다시 말해서 다음 인용문에서 랭보 자신이 설명하고 있는 그대로인 것이다.

> "J'écrivais des silences, des nuits, je notais l'inexplicable. Je fixais des vertiges"[147]
>
> "나는 침묵들과 밤들을 썼네, 나는 설명할 수 없는 것을 기술했네. 나는 각종 현기증을 고정시켰네."

"나는 침묵들을 썼네." 하긴 말라르메는 이미 다음과 같이 말하지 않았던가. "순수 작품은 시인의 웅변적 사라짐을 내포한다"고 말이다.

불교 사상이 발전을 이루면서 "사람들이 말로 표현할 수 있는 모든 것이 궁극적으로는 거짓이며, 말로 표현할 수 있다는 그 사실만으로 그것은 거짓이라는 생각을 하게 되었다.

> """Ceux qui parlent ne savent pas ; ceux qui savent ne parlent pas." Le silence "aryen" seul ne violait pas la vérité. Si l'on dit quelque chose, cela

---

[147] Ibidem.

ne se justifie que par ce qu'on appelle l'"habileté dans les moyens." En d'autres termes, on le dit parce que cela peut aider d'autres gens à une certaine étape de leur progrès spirituel."[148]

> ""말하는 자들은 알지 못한다. 아는 자들은 말하지 않는다." "아리아족" 침묵 오로지 그것만이 진리를 위반하지 않았다. 무엇인가를 말한다면 그것은 "수단들에 있어서의 솜씨"를 발휘해야 한다는 오로지 그 이유 때문에만 정당화된다. 달리 말해서 무엇인가를 말하는 것은 그것이 그들의 영적 진보상의 어떤 특정 단계에서 타인들을 도울 수 있기 때문이다."

랭보는 또 자기 나름대로 "나는 설명할 수 없는 것에 유의했다"고 말한다. "설명할 수 없는 것을 설명했다"고 랭보는 말하지 않는다. 바로 거기에서 작업의 수동성이 비롯된다. 사실 중심 문제는 이성의 특정 활동성을 전개시키는 것이 아니라 영혼을 "세계의 모든 숨결에 간직되도록(?)" 만드는 것이다. 불교 사상에 있어서도 마찬가지여서 명상이라는 정신적 수양보다도 어떤 의지적 행위를 통해 "무엇인가를 행한다"는 것이 훨씬 덜 중요시된다. 거기에서 추구하는 목표는 영혼이 계시에 다다름에 따라 정신적 과정들을 점진적으로 통제해 나아간다는 목표인 것이다. 랭보가 그 유명한 "견자의 편지" 안에서 언명했던 시적 수련 원칙들에다가 이제 불교의 그러한 입장을 비교하여 살펴보아야겠다.

"시인이 되고자 하는 이의 우선적인 공부는 자신에 대한 온전한 인식이다. 그는 자신의 영혼을 찾아 나서고 검사하고 시험하며 배운다. 이제 자신의 영혼을 알게 되는 즉시 그는 그것을 수양해야 하

---

[148] Edward Conze : "Le Bouddhisme 불교", Payot, Paris 1978, p.19.

며… 그러다 보면 머리에 온통 자연적 발전이 성취된다… 요컨대 **기괴한 영혼**을 형성해야 하는 것이다." 오로지 그러한 대가를 치르고서만이 시인은 스스로 "견자"가 되고 누구보다도 "높은 경지의 현자"가 될 수 있는 것이니, "이미 다른 어느 영혼보다 풍요로운 자신의 영혼을 다시 수양시켰기 때문이다!" 랭보가 "설명할 수 없는 것이라는" 말을 쓰면서 암시하고자 하는 바는 아마도, 신비사상이 마주칠 수 있는 역설들과 모순들, 즉 변증법일 것이다.[149] 변증법은 수많은 불교 사상가들에 의해 애호되어 실행되었다. 부처 자신도 다음과 같이 말하곤 하지 않았던가 :

> "Les êtres, les êtres, ô subhûti, le Tathâgata les a enseignés comme étant des non—êtres.
> C'est pourquoi on les appelle : êtres."

> "생체들, 생체들, 오 수부리(?), 타타가타(?)는 그들을 비-생체들인 것으로 가르쳤다.
> 바로 그 때문에 그들은 생체들이라고 불리운다."

또는

> "Autant d'êtres il y a dans ces systèmes du monde, je sais, en ma sagesse, quelles sont les tendances variées de leur pensée, Et quoi? Tendance de pensée, tendance de pensée, ô subhûti, la Tathâgata les a enseignées comme étant des non—tendances. C'est pourquoi on les

---

[149] "변증법은 유럽에 있어서 제농 텔레와 헤겔 같은 학자들에 결부된 논리학 형태이다. 변증법은 만약 우리들이 무엇인가를 정확히 그리고 심층적으로 생각한다면 우리가 각종 모순에 도달하게 된다고 즉 어떤 점에 있어서는 서로 무효화시키는 관점들에 도달하게 된다고 가르친다"(E.Conze, po. Cit. p.70).

appelle : tendences de pensée. Et quoi? La pensée. Et quoi? La pensée antérieure n'est pas saisissable ; la pensée future n'est pas saisissable ; La pensée actuelle n'est pas saisissable."150

"이 세계 조직들 안에는 그만큼의 생체들이 존재하고 나는 나의 지혜로써 그들의 정신의 다기한 기질들이 어떤 것인지를 알고 있다. 그것이 무엇이냐고? 정신의 기질, 오 수부리, 타티가라는 그것들을 비-기질들인 것으로 가르쳤다. 바로 그 때문에 그것들은 정신의 기질들이라 불리운다. 그것은 또 무엇이냐고? 예전의 정신도 포착할 수 없는 것, 미래의 정신도 포착할 수 없는 것, 그리고 현재의 정신도 포착할 수 없는 것."

랭보는 "미지 것이"라고 일컫게 되지만 소위 절대라는 개념의 도입을 통해서만이 만족을 찾을 수 있는 정신에 의해서 논리적 추론이 철저히 배격되거나 또는 차라리 초월된다.

이제 우리는 랭보의 시가 **미학**이라기보다는 **주술**이기를 스스로 원하고 있음을 이해하게 된다.

텍스트적 서정의 심층이나 음악적 문체의 매력을 통해 어떤 것이든 감흥을 자아내고자 하는 것이 랭보가 추구하는 효과가 아닌 것이다. "언어 연금술"은 일종의 혁명적 작업으로서, 그 작업은 말과 문자법, 기표와 기의, 단어 형태와 그 내용의 미묘한 결합으로 이루어지며, 랭보의 몇몇 시들이 아주 놀라운 방식으로 그 신비로운 결과를 제시해 준다. 강신술적인 교감들이나 음절상의 조합들을 기반으로 구축된 몇 가지 종류의 시문들이 – 일반적으로 라틴어로 – 나타나고 있다. 우리의 의견으로는 그것들의 해독을 보장해 주는 유일한

---

150 Ibidem. "Sûtra de Diamant"에서 인용. 기원후 350년경에 써짐.

열쇠는 존재하지 않는다. 그럼에도 불구하고 그 모든 열쇠는 랭보적 영감에 담긴 비교적(秘敎的)이고 신비술적인 성격을 다소간 집요하게 밝혀내고 있다. 앙드레 브르통도 "언어 연금술이라는 이 말은 문자 그대로 이해되어야 할 성질의 것이다"라고[151] 말한 바 있다. 초현실주의적 반항이 자동 기술에서처럼 깬 상태의 꿈의[152] 실천을 통해 추구했던 그 "고유한" 모델을 그리고 "어려운 활동의 조짐"을 다름 아닌 랭보 작품을 통해 파악하고 있는 것이다. 1893년 7월 24일자 서한에 실린 발레리의 다음 고백 또한 함께 살펴보아야 할 것이다.

"Si, par exemple, j'avais tenu Rimbaud entre mes mains, à la portée de toutes mes mécaniques spirituelles, machines de délicatesse sauvage et de force énorme pour peser, décomposer et construire—mouvoir, je me serais moqué des conquérants et des aéronautes, des savants et des architectes…"

"가령, 만약 내가 내 손아귀에 랭보를 훤히 파악하고 측정하고 해부하며 구축하고 움직이기 위한 야만적 섬세함과 어마어마한 힘을 갖춘 기계들로서의 나의 모든 정신적 기구들을 동원하여 랭보를 파악할 수 있었더라면, 그러한 나로서는 정복자들과 비행사들과 학자들과 건축가들을 멸시했으리라…."

여기에서 우리가 제아무리 양보해도 지적할 수 있는 것은, 문학

---

[151] "랭보의 언어 연금술"에서 장 리쉐가 브르통의 말을 인용한 내용임. Didier, Paris, 1972, p.24.
[152] "모든 감각들의 길고 무한하며 합리적인 혼란 상태에 의해" 깨어나는 꿈을 편애하는 랭보적 진술 방법은 뽈 발레리를 위시한 많은 시인들에게 영향을 미쳤다. 뽈 발레리가 랭보적 건술 방법에 대해 언급한 내용을 소개하면 다음과 같다.
"그러한 영성 상태들을 꿈꾼다는 것은 장화 하나를 꿈꾸는 그 이상의 관심을 결코 끌 수 없다. 그러나 그 꿈을 살면서 다른 것을 꿈꾼다는 것은 계시를 해 준다"
"랭보는 금세기의 전시대의 아들이 아닌 유일한 엔지니어(기사, 기술자)다. (리쉐가 재출판한 앙드레 지드와의 서한문, op. cit. p.23).

풍토에 끼친 랭보의 영향력이 이미 19세기에 시작되었다는 점이다. 그리고 그러한 영향력이 한 새로운 재질에 대한 단순한 경탄으로 이루어지지는 않았다. "만약 내가 나의 모든 정신적 기구들을 동원하여 랭보를 파악할 수 있었더라면" 하고 발레리는 말했다. 그것을 달리 표현하자면 "언어 연금술"의 창조자가 발레리에게서 사상의 진정한 스승으로 모셔졌을 것이요 발레리가 일찍 그 문하에 들어가 사사할 진정한 예언자로 모셔졌으리라는 것이다. 발레리에게 랭보는 "정복자들, 비행사들, 학자들, 건축가들"[153]의 지혜가 미칠 수 없는 훨씬 이상의 어떤 예지를 지니고 있는 것으로 나타난다. 20세기의 초현실주의적 환경 또한 랭보에 대한 그와 동일한 의견 한 가지를 천명한다. 랭보가 그만큼의 영향력을 행사한 것은, 그의 시들에 담긴 미학이 원인이 되었다기보다는 그의 시에 담긴 신비적 차원이 훨씬 더 큰 원인이 되었으며, 그 신비적 차원은 각종 환각 작용과 번득이는 심상들로 점철된 일종의 정신착란 상태와도 같은 것으로 이해된다. 랭보의 텍스트는, 거의 항상, 한 코드의 체계적인 중첩에 힘입어 원래 의미에 대응하는 의미작용을 한 묶음씩 전달하고 있는데, 그 코드를 이루는 신호들은 우리가 보기에 샤를르빌 시립 도서관에서 그가 행한 비교적인 독서 내용들의 직접적인 재현물들로 여겨진다.[154]

---

[153] Ibidem.
[154] Court de Grebelin, Fabre d'Olivet, Christian Pitois 이외에도 리쉐와 르네빌의 의견을 따르자면 랭보가 샤를르빌 도서관에서 읽었을 가능성이 있는 신비술 분야 저서들의 목록을 소개하면 다음과 같다.
    Eliphas Lévi — Le ritual de la Haute Magie(1856) 대마법의 儀式書
              — Les clefs des grands mystères(1861) 대신비의 열회
              — Histoire de la Magie(1860) 마법의 역사
    Massé — De l'Aus des devins et magiciens(1867) 점술가와 마법사들의 정수
    P.Nodé — Déclamation contre l'erreur exécrable des maléficiers, sorciers, etc.

리쉐 같은 이는 확신을 가지고 다음과 같이 말하게 된다. "랭보가 만약 Eliphas Lévi는 물론 Court de Grebelin, Fabre d'Olivet와 Christian Pitois까지 매우 주의 깊게 읽지 않았다면 그는 언어 연금술의 시편들을 쓸 수 없었을 것이다"라고 말이다. 리쉐가 언급한 위 사람들 이외에다 다른 많은 사람들이 거기에 합류할 수 있으리라. 가령 플라톤과 피타고라스 등등과 같은 그리이스-로마 학자들을 금방 떠올릴 수 있으려니와, 사실 그들의 가르침과 텍스트들은 오르페우스파[155] 신비주의의 영향을 강렬히 반영하고 있고 그 결과 동양 철학

Paris(1578)
J.Bodin — De la démonomacié des sorciers, Paris(1581)
Abbé de Montfaucon de Villars — Le comte de gabalis, ou entretiens sur les sciences secretes,
Cologne, s.d.
Frank — Histoire de Kabbale(1843) 마술의 역사
G.Nodé — Apologie pour les grands homes soupçonnés de magie(1717)
M.Dancy — Traité sur la magie, les sortilèges, les possessions, etc. Paris(1732).

[155] 오르페우스파 신비주의자들에 의하면, 인간들은 자그레우스(Zagreus)를 집어삼킨 타이탄(거인)들의 재로부터 태어났다. 그래서 인간들은 그들의 태생 근원인 타이탄들처럼 태어나면서부터 순수하지 못하다. 그러나 타이탄들의 재 속에는 타이탄들이 집어삼켰던 그 신성한 존재의 실체 또한 함수되어 있었는데, 바로 그 때문에 인간들 속에선 신성한 불씨가 또한 잔존하고 있다는 것이다. 오르페우스적 삶의 입문 과정과 생활 체계는 축복 받는 불멸이라는 궁극적인 접신을 통해서 그 신성한 요소를 해방하고자 하는 데 목표를 둔다. 우리의 영혼에 있어서 육신은 사슬에 불과하고 무덤과 감옥에 불과하다. 그래서 육신이 영혼을 가두는 불순한 요소가 되는 바 벗어나야만 한다는 의무를 지니게 된다. 장차의 삶이야말로 진정한 삶이다. 이승에서 우리가 꾸려 가는 삶은 예전의 죄들에 대한 형벌로서 우리 영혼에 강요된 추방 상태에 불과하다. 결국 우리의 임무는 우리 스스로를 정화시키는 것이다. 스스로 정화되기 위해서 오르페우스파 신비주의자들은 온전한 순수함의 의식과 완벽한 일련의 규범 및 금기를 지니고 있었다. 아리스토판이 전하는 바에 의하면(라네, 1320), 오르페우스파 신비주의자들은 스스로 육식을 금했고 흰색 의복을 착용했으며 그들이 죽을 때에는 시체를 아마포로 감싸 묻었다. 인간들 중의 대부분인 비-전수자들은 사후에 윤회라는 숙명적인 법칙에 내맡겨져 있었는데 그 법칙이야말로 비-전수자들에게 끊임없이 온갖 동물 형태로 삶을 지속해야 한다는 형벌을 내린다. 그렇다면 그러한 부단한 모든 비참한 시작을 어떻게 해서 모면할 수 있는 것인가? 영혼만이 그 고유의 방식으로 그 일을 해낼 수 있으니, 죽음은 영혼을 다른 존재 방식으로 인도할 따름이기 때문이다. 어쨌든 인간이 할 수 없는 것, 그것은 신이 해 줄 것이니, 가령 디오니소스는 그의 숭배자들을 스스로 구해 주게 되는데 그것은 숭배자들이 특정 근본의식들과 특정 생활규칙들을 행함으로써 영원한 구원, 불멸의 희망, 윤회 탄생의 극복을 통해 가능해진다.
플라톤의 경우 인간 영혼이 해방되어 불멸화되는데 그것 또한 비슷한 방식으로 이루어진다. 즉 인간 영혼이 이데아들에 결합하여 거기에 일부가 되리라는 것인데, 그러한 양상은 신비주의 전수자들이 말하자면 신의 실체를 이루게 되어 그 신의 일부로 결합하게 된다고 믿는 것과 같다.
(Mario Meunier! : ôté au Phédon. Payot, Paris, 1922, p.120)

들의 영향 또한 담고 있는 것이다.

2. 신비술

랭보의 작품 속에 성서로부터 기원한 어떤 영향력이 깃들어 있음을 우리는 부정하지 않는다. 그렇지만 그의 작품에 스며들어 있으며 또 그 원천이 여지없이 동양 신비사상과 결부되어 있는 신비술이 차지하는 비중에 비교한다면 그러한 영향력은 하찮은 것에 불과하다는 것이 우리의 생각이다.

많은 비평가들이 랭보의 사용 어휘에 나타나는 라틴어풍 표현들의 빈도를 검토한 바 있다. 일부 학자들이 최종적으로 내린 결론에 의하자면, 그러한 라틴어풍 표현들이 "랭보의 사상을 감추고 그의 시편들의 명백한 의미를 흐리게 함으로써 다수의 '번역'을 가능하게 하고 작품 속에서 무한한 각도에서 작품을 파악하게 만드는 데"[156] 쓰이고 있다. 그것은 시의 모든 의미론적 가치를 시에 돌리고자 하는 독자로 하여금 단어들의 어원까지 그리고 문자 그대로의 그것들의 라틴어 번역에까지 거슬러 올라가도록 만드는 방식인 것이다. 이렇게 유래된 것이 결국은 신비술(cabale)에 이르는데 이 신비술은 유태교의 kabbale 히브리 신비철학[157]과 혼동해서는 안될 성질의 것이

여기서 우리는 동양 철학 전반을 재발견하게 된다. 카르마 또는 삼사라라는 개념은 물론 브라마 개념까지도 엿볼 수 있는 것이다.)
[156] David Guerdon : "Rimbaud, la chef alchimique 랭보, 연금술의 거장." Laffont, Paris, 1980, p.49.
[157] "(전통 히브리어로) kabbale(신비술)은 모세에서 유래한 구두법칙으로 12세기 말에 철자화되었다. 유태 신비주의의 가장 대표적인 개념들 중의 하나인 이 신비술은 형식적 종교와도 윤리와도 무관한 것이다. 그것은 '창세기'의 성경 이야기를 공부하고 논평할 따름인 것이다.
카발리스트들은, 그 지고의 목표가 계시의 지복에 도달하는 것이었는 바, 성경 텍스트들을 깊이 음미하고자 세 가지 방법을 썼고, 그 중에는 단어들을 구성하는 글자들의 수적 가치, 따라서 수들의 과학적 바탕을 둔 게마트리(?)가 있었다. 그러한 방식에 힘입어 신비주의적인 현학적 논문들이 이루어

다.

　'cabale'은 "수렛말을 의미했던 후기 라틴어 'caballeur'에서 유래했으며, 불어의 'cheval'이 바로 그 'caballeur'에서 파생했다. 은어로 쓰이는 '카발'은 초보자들이 신비의 과학에 편력하고자 사용하는 교통수단이다. 그것이 숨긴 메시지를 운반(중개)하는 것이요 비교(에조테리즘)라는 중량을 나르는 것이다. 바로 그런 연유로, 전통적 텍스트들 안에 어원상의 기원을 같이 하는 'cabale'과 'cabalier'를 환기시키는 'cheval'과 'chevalier'에 결부된 암시들이 빈번하게 쓰였던 것이다.

　'카발'이야말로 비교적 가르침의 열쇠이며, "대개는 음성학에 토대를 두고"[158] 신비로운 텍스트를 대하는 독서의 한 방법이다. 중세의 연금술사들은 그것에 "새들의 언어"라는 이름을 붙인 바 있다. 그러한 이름을 붙이게 된 동기는 새들이 비상의 능력을 지녔다는 점에서 그리이스-로마 고대 이후 때로는 신들을 때로는 시적 천재를 때로는 극히 순간적인 정신(에스프리)을 상징적으로 나타냈기 때문이었다. 여기에서 돌이켜 생각해 보아야 할 것이 있으니, 쥬피터의 새, 새들의 왕이라고 불렸던 독수리(쥬피터가 신들의 왕이었듯이)가 그렇고, 비너스의 새 즉(랭보에게서 시적 정신의 상징인) 비둘기가 그렇고, 쥐농의 새 즉 공작이 그렇고, 태풍의 새 즉 보들레르에게서 신천옹(알바트로스)이 되어 등장할 갈매기 등등이 그렇다.

　중세에는 신비술(카발)이 널리 유포되어 있었다. "사회적 계층의

질 수 있었는데, 그 이유는 히브리어 알파벳 22글자들이(글자들과 숫자들이 동시에) 하느님의 성격을 띠고 있기 때문이다." 어떤 식으로 남용하는 경우에는 그 단어가 오늘날 비교주의에 있어서의 거의 모든 것을 지칭한다고까지 할 정도이다. 바로 여기에서 폴카낼리와 르네 게농 같은 신봉자들의 신랄한 항의가 비롯된다.(동게서, 50~51 페이지).

[158] Ibidem, p.51.

높고 낮음에 관계없이 대화와 의견 표명에 있어서의 비난에 담긴 신랄함을 감추기 위해 사용된 일종의 가면 쓴 언어 바로 그것이었다. 귀족층과 중산층은 정신(판단력)의 경쟁을 위해 그것을 사용했는가 하면, 음유시인들은 자신들의 사랑과 반항을 감추기 위해, 민중은 권력층과 부유층을 풍자하기 위해, 외교관들과 협잡꾼들은 자기네들끼리의 커뮤니케이션을 위해 그것을 사용했다. 이렇게 하여 그림 수수께끼, 동음이의어 말장난, 반해음, 전철어(아나그람), 수수께끼(에니금), 상징도(앙블렘)가 남용되었으며, 나아가서는 문장(紋章) 및 휘장 제작 기법이 그러한 것들과 결부되어 있기도 했다.

라블레, 씨라노 드 베르쥐락, 쉬리프트 같은 일부 유명한 작가들이 자신들의 작품을 쓰느라고 음성학적 신비술을 사용하기도 했다.

'신봉자'들의 말을 따르자면 이 신비한 언어 '카발'이야말로 유일하고 보편적인 입문(비교 전수)의 언어 즉 고대의 "축성 받은 언어"의 마지막 반영이다. 펠아넬리에 의하면 고풍의 희랍어(펠라기우스 파의 희랍어)에서 이 같은 **신들의 언어**가 유래했으며, 그 고대 희랍어가 바로 서구 언어들의 모어인 바, 각종 의미의 원천을 거슬러 올라가기 위해서는 언제나 참조하지 않으면 안 되는 언어이다."[159]

이제 우리는 다음과 같은 말로 그러한 정의를 마무리 짓고자 한다. "카발은 언어에 적용된 유추 원칙에서 유래한다. 즉 그것은 외관상으로는 낯선 단어들을 그네들끼리 결합시키는 끈이요, 음소들의 세계에 잠입해 들어가는 무의식의-그리고 초의식의- 범람이다. 우리는 텍스트를 선형적으로 읽는 대신 대각선으로 읽는다. 단어들 위에 이마쥬들과 의미 작용들을 결정(結晶)시키는 것이다. 사실 여기에

---

[159] Ibidem, P.52.

서 관건이 되는 것은 언어의 형이상학, 각종 연상작용의 놀이를 통해 텍스트의 영묘한 독해법을 폭넓게 개방하며 텍스트를 메마르게 하는 것이 아니라 텍스트를 구심점으로 풍요로운 상징을 수렴시키는, 언어의 형이상학인 것이다."160

다음에 다룰 부분에서 우리가 제시할 몇 편의 시에 대한 분석 안에서 우리가 의도하는 것은 "모든 의미로" 읽힐 수 있고 해석될 수 있는 한 "보편 언어"를 구사하고자 하는 자신의 야심을 충족시키고자 랭보가 사용했던 신비술적 상징들의 일부를 뚜렷이 밝히고자 하는 일이다. 우리의 관심을 끌었던 상징들은 이제 곧 확인하게 되겠지만 그 대부분이 동양을 원천으로 발원하는 것이다. 그렇지만 그 이전에 선결해야 할 중요한 일은 '지옥에서의 한 철'의 한 장에 그 젊은 시인이 붙인 "언어의 연금술"이라는 제목 그 자체에 대해 자문해 보는 일이다.

3. 연금술

'연금술'이라는 말이 무엇을 의미하는가?161 랭보의 글쓰기(écriture)에서 그 말이 갖는 비중과 역할은 어떤 것인가?

---

160 Ibidem.
161 사전은 연금술을 다음과 같이 정의하고 있다 : "비전으로 이어져 온 화학기법들과 신비주의적 사변들의 결합에서 태동하여, 위대한 작품의 실현을 추구하는 신비 과학(로베르 소사전, 78년판, p.46). 이 단어의 기원은 다기하게 설정되고 있다. 일부 학자들에게 있어서는, "붉은 흙"과 대립되는 "검은 흙"을 의미하는 이집트어 '케미'에서 기원했다고 본다. "붉은 흙"은 메마르고 불모의 땅이라면 "검은 흙"은 토트의 수호를 받고 나일강 물로 비옥해지는 이집트 흙이다. 일부 연금술사들은 이집트를 그들의 비교적 예술의 본국으로 간주하지만 대부분의 사람들에게 있어서 그 본국이 동양에 있는 것으로 인식되고 있다.
  또 다른 사람들은 연금술이라는 용어가 "용해하다" 또는 "붓다"를 의미하는 희랍어 "키마"에서 파생한 것으로 생각한다. Zozime에 의하면 천사들과 인간 여인들의 결합으로 태어난 거인들이 그들의 지식을 적어 놓은 신비 저서의 명칭인 "케마"에서 기원했다.

중국인들은 기원전 4,500년에 연금술을 실시했던 것으로 보인다. 그렇지만 서력기원 2세기 또는 3세기에 그런 방향의 연구를 촉진시킨 것은 노자의 교리 즉 도교이다. 음과 양의 상호작용으로부터 중국 연금술사들은 각종 복잡한 비교적(秘敎的) 실행을 통해, 선단(仙丹)을 얻어내고자 했고 인간을 그 가장 높은 경지의 완벽성에 도달하게 한다는 목표 아래 불멸을 얻어내고자 했던 것이다. 바로 이러한 맥락에서 A.Savoret은 연금술을 다음과 같이 정의하고 있다. "진정한 연금술, 전통적인 연금술은 인간과 자연에 깃든 생의 법칙들에 대한 지식이요, 그 생이 이승에서 아담의 원죄로 말미암아 변질되어 타락하게 되었으며 다시 그 순수성과 그 광휘와 그 충만성과 그 원초적 특전을 회복할 수 있게 되는 과정의 재건이니, 바로 그것이 도덕가에게서는 구원 또는 갱생이라 불리우고 철학가에게서는 환생이라 불리우는 것이다. 그것은 곧 자연에 있어서는 정화와 완벽성이요, 결국 고유한 의미의 광물계에서는 창조 및 변화상의 제 5원소(진수)인 것이다."[162]

<태양과 육신>을 읽고 나면, <방랑자>들과 드메니에게 보낸 <견자의 서한>을 읽고 나면, 그러한 정의와 같은 맥락에서 랭보의 시도가 실제적으로 연금술적 시도였음을 이해하게 될 것이다. "인간이 순결하고 온순했기에" "고대 청년기"의 시절을 그토록 애통하게 그리워하면서, 이제 랭보는 다음과 같은 이유로 "오 불행한지고!" 하고 외치지 않는가!

"…l'Homme est triste et laid, triste sous le ciel vaste,

---

[162] Revue Nouvelle Acropole, n° 61~62.

> Il a des vêtements parce qu'il n'est plus chaste
> Parce qu'il a sali son fier buste de dieu,
> Et qu'il a rabougri, comme une idole au feu,
> Son corps olympien aux servitudes sales!
> Oui, même après la mort, dans les squelettes pâles
> Il veut vivre, insultant la première beauté!
> ─Et l'Idole où tu mis tant de virginité
> (…)
> La Femme ne sait plus même être courtisane!"[163]

"…인간은 서글프고 추한지고, 광활한 하늘 아래 서글픈지고,
인간이 옷을 걸치고 있는 건 이제 순결하지 않은 까닭이요
신이 내린 그 당당한 상반신을 더럽혔기 때문이요,
우상을 불에 던지듯 자신의 근엄한 육체를
더러운 노예상태로 찌들게 만든 까닭이라!
그래, 죽고 난 뒤에마저도, 창백한 뼈의 몰골로
인간은 살고자 한다. 태초의 그 아름다움을 모욕하면서!
─그리고 그대가 그토록 순결성을 부여하는 우상
(…)
그 여인도 이제는 추종할 줄조차 모르나니!"

   랭보는, Savoret가 말한 바대로 시적인 견술(見術)에 힘입어 "이 생이 이승에서 아담의 원죄로 말미암아 변질되어 타락하게 되었으며 다시 그 순수성과 그 광휘와 그 충만성과 그 원초적 특전을 회복할 수 있게 되는" 것을 확신한 전통적 연금술사 바로 그것이었다.
   연금술사는 ─랭보처럼─ 사회적 타락, 우주적 전략의 확신 속에서 자신의 존재 이유와 목표를 찾아내곤 했다. 도달해야 할 지고한

---

[163] A.Adam : <u>Oeuvres complètes de Rimbaud</u>, Bibliothèque de la Pléiade, Gallimard, 1972, "Soleil et Chair 태양과 육신."

목표는 인간 존재를 그 원초적 존엄성으로 복귀시키는 것이었으니, <방랑자들> 안에서 랭보는 그러한 복귀를 "**태양의 아들들의 태초의 상태**"로의 귀환이라고 불렀다.

> "Trouver la pierre philosophale, disait Serge Hutin, C'était découvrir l'Absolu, la véritable raison d'être, de toutes les existences, posséder la connaissance parfaite."164

> "선단(仙丹)을 찾아내는 일, 그것은 절대(자), 진정한 존재이유, 온갖 존재의 존재이유를 발견하는 것이요, 완벽한 지식을 소유하는 일이다 라고 Serge Hutin은 설파했다."

그리고 "모든 의미"로의 독해법에 개방된 "보편 언어"를 언급하는 랭보의 야심이 연금술사들의 야심과 일치한다는 것은 명백하다. 그것은 "선단을 찾아내는 것"이되 말의 선단, **언어**의 선단, 인간 **언어 행위**의 선단을 찾아내는 일, 달리 말하자면 절대의 표현, 궁극적인 완벽성, 창조의 완벽한 전체성을 표현할 수 있는 신비적인 단어, 신비적인 문장을 찾아내는 것이다. 연금술적 조작은 과거로 향하든 미래로 향하든 시간을 거슬러 오름으로써 실행된다. 연금술사들은 다음과 같이 말하곤 했다. "자연이 시초에 이루었던 일, 우리는 그것을 자연이 따랐던 방식으로 거슬러 오름으로써 똑같이 해낼 수 있다. 자연이 지하의 그 고독 속에서 몇 세기의 힘을 빌어 아마 아직도 이루고 있는 일, 우리는 자연을 돕고 최상의 상황에 놓이게 함으로써 자연이 그 일을 한 순간에 완결 짓도록 할 수 있다."165 우리가

---

164 Fernand Schwarz : "L'Alchimie de l'Egypte au Moyen Age" in <u>Nouvelle Acropole</u>, n° 61~62, p.24.
165 Hocher, cite par F.Schwarz, op. cit., p.24.

보기에는 랭보의 일부 시가 그 신비로운 결과를 제시하는 조작 또한 그와 동일한 기법에 따랐던 것처럼 보인다. 우리로서는 <태양과 육신>("나는 고대 시절들을 그리워하나니")에 나오는 그가 행한 고백에만 만족하고자 하지 않는다. 라틴 어법의 빈번한 사용, "고대의 신성한 언어", "유일하고 보편적인 시초의 언어", "신들의 그 언어"에 관련하여 앞서 우리가 언급했던[166] 신비술적인 기호들의 빈번한 사용이, 창조의 태초적 언어, "향기, 음, 색깔, …, 사유 등등 모든 것을 압축하는 영혼을 향한 영혼의" 그 보편 언어에 이르기까지 시간을 거슬러 오르고자 하는 랭보의 의지를 계시하는 지표들의 집합을 형성하고 있는 것이다.

동양의 전통 연금술은 인간을 물질과 관념, 육신의 세계와 형이상학적 우주간의 종합의 처소로 정의한다. 개체의 진화는 그의 내면에 잠들어 있는 관념의 표출에 다름 아니다. 랭보는 다음과 같이 말하게 된다. "나는 나의 사유의 부화를 목도한다, 나는 그걸 바라보고 듣는다…보편적 지식은 항상 그 관념들을 자연스럽게 내던진다…창작자니, 창조자니, 그런 사람은 결코 존재하지 않았다!… 모든 뇌 속에서 일종의 자연스러운 발전이 성취되는 것이니, 그래서 그토록 많은 이기주의자들이 창작자로 자처하는 것이다. 그리고 그들의 지적 진보를 자신의 공으로 돌리려는 다른 사람들 또한 무척도 많다!"

이렇게 볼 때, 정신의 발전 도정에서 정신에 가미된 것이 아무것도 없으며, 그 발전이 개인적이거나 문화적인 의지의 결과가 아니라 선험적 현상의 신비적 발현이라는 연금술사들의 신념을 랭보가 나눠 갖고 있는 것이다. 연금술사들로서는 다름 아닌 연금술을 통해

---

[166] Cf. le sous-titre précédent : "la cabale."

인간 개체가 "빛의 인간"이 되는 것이요, 랭보로서는 다름 아닌 시, 시적 견술을 통해서 "방랑자"마저도 "태양의 아들"이라는 자신의 원초적 지위를 회복할 수 있는 것이다.

랭보는 세계의 원초적 통일성이라는 연금술사들의 착상 또한 나눠 갖고 있다. 실제로 연금술사들에게 있어서는 창조가 어떤 기원을 지니고 있으며, 그 기원은 하느님이고, 물리적 또는 형이상학적 우주는 그 신의 가시적 반영이거나 비가시적 양상이다. 모든 존재, 모든 피조물, 존재하는 모든 사물은 따라서 신에 속하는 부분인 것이다.[167]

"하나가 전체이며, 하나를 통해 전체가 있고, 하나를 위해 전체가 있고, 하나 속에 전체가 있다."[168]고 Zozime은 말했다. 한편 비슷한 맥락에서 Jakob Boheme은 우리에게 다음과 같이 설명한다. "물질적인 모든 것은 한 가지 동일 본질로 이루어져 있다. 초목도, 나무도, 동물도, 그렇지만 시초에 말이 거기에 어떤 특질을 새김에 따라 각자가 다른 것이다."[169]

하늘과 땅은 따라서 한 가지 동일한 원초적 본질로 이루어진 상호보완적 차원의 실체들이다. 그 어느 것도 우연히 존재하지는 않는다. 모든 것이 필연을 통해 존재한다.[170] 모든 것이 보편적 생을 지니고 있으며 제아무리 미천할지언정 창조의 평형상태에 참여하고

---

[167] 아마 랭보는 '바가밧 지타'를 직접 읽을 기회가 없었을 것이나, 그가 진술하고 있는 개성에 관한 그 개념인식이 미묘하게도 그 안의 것과 들어맞는다.
"그의 정신이 자신의 빛들의 오만으로 말미암아 탈선한 자는 그것의 구성원리들의 결과인 모든 행동들을 시행하는 것이 바로 자기 자신이라는 엉뚱한 상상을 한다."
(생략)
[168] F.Schwarz, op. cit., p.25.
[169] Ibidem.
[170] 쟝블리크는 다음과 같이 말했다. "세계는 그 모든 부분들이, 그 간격이 얼마이든, 필연적 양상으로 그네들끼리 결합되어 있는 하나의 살아있는 동물이다.(생략)"

있다. 이렇게 해서 생은 플라톤이 다음과 같이 표현하고 있는 결론에 다름 아니다. "살아 있고, 죽을 운명이며 또 불멸인 모든 것을 그 내부에 받아들인 뒤, 그리하여 그야말로 충만한 채, 모든 가시적 생체들을 포괄하는 가시적 생체. 아주 위대하고 아주 선하며 아주 아름답고 아주 완벽한 관념상의 신에 흡사하게 형성된 감각상의 신, 그렇게 세계는 태동했다. 그것의 단 하나 유일한 종족은 다름 아닌 하늘인 것이다."[171]

"언어의 연금술, 흔히 오늘날 다소 아무렇게나 되풀이되고 있는 추세에 놓인 이 말은 문자 그대로 받아들여져야만 한다"라고[172] 앙드레 브르통은 말했거니와 우리 또한 그와 같은 입장이다. 랭보의 작품은 진정 일종의 언어행위의 연금술의 결과이다. 랭보는 실제로, 단어들을 가지고서, 자신이 그 신비적 지식을 갈망했던 "마법사", 그리고 "흡혈귀"의 비교주의적 경험들을 실현하고자 바랐던 것이다. 랭보의 시구는 "일상적 표현법의 이런저런 단편을 그야말로 전혀 지니고 있지 않다는 의외성을 언어체계에 낯설고 주술적이며 새롭고 전체적인 단어로 재구성하여 당신에게 이야기하며, 그와 동시에 지칭된 대상의 어렴풋한 회상이 새로운 분위기 속에서 부유한다."[173]

---

[171] Platon : "Timée"
[172] Jean Richer : op. cit. p.24.
[173] Mallarmé(Stéphane) : <u>Oeuvres complètes, Variations sur un sujet</u> : "crise de vers". Bibliothèque de la Pléiade, Gallimard, 1945, p.368.

B. 시와 신비주의

"Le sage qui le connaît ne parle de rien d'autre, il vit dans l'Atman ; il trouve sa joie dans l'Atman, et cependant il accomplit sa tâche terrestre."

(Mundana Upanishad, 3.1.4)

"아트만을 아는 현인은 다른 그 무엇에 관해서도 말하지 않으며, 아트만 속에서 산다. 그는 아트만 속에서 기쁨을 찾으며, 그러면서도 지상에 부여된 자신의 과업을 완수한다."

이 부에서는 세 편의 시를 택했는데 이제 지금까지 우리가 열거한 구성 원칙들(신비술, 연금술, 신비주의 등등)의 적용을 다루게 될 것이다. 그 세 편의 시는 <기억>, <모음들> 그리고 <취한 배>이다. 다소 의구심을 남길 수도 있겠으나 우리의 선택은 맹목적으로 이루어진 것이 아니다. 그리고 그 이유는 간단하다. 랭보 작품에 있어서 그 세 텍스트들의 위치가 가장 중요한 바, 그 까닭은 시인이 자신의 신비주의적 노정의 가장 중요한 대목들을 거기에 기록해 놓았기 때문이다. <기억>은 그 긴 시를 우선 해석하면서 -또는 재해석하면서- 우리가 다룰 첫 번째 제목이다.

"Mémoire."

I

L'eau Claire ; comme le sel des larmes d'enfance,
L'assaut au soleil des blancheurs de corps de femmes ;
la soie, en foule et le lys pur, des oriflammes

sous les murs dont quelque pucelle eut la défense ;

l'ébat des anges ; —Non…le courant d'or en marche,
meut ses bras, noirs et lourds, et frais surtout, d'herbe. Elle
sombre, ayant le Ciel bleu pour ciel de lit, appelle
pour rideaux l'ombre de la colline et de l'arche.

II
Eh! L'humide carreau tend ses bouillons limpides!
L'eau meuble d'or pâle et sans fond les couches prêtes.
Les robes vertes et déteintes des fillettes
Font les saules, d'où sautent les oiseaux sans brides.

Plus qu'un louis, jaune et chaude paupière
le souci d'eau—ta foi conjugale, ô l'Epouse!—
au midi prompt, de son terne miroir jalouse,
au ciel gris de chaleur la Sphère rose et chère.

III
Madame se tient trop debout dans la prairie
prochaine où neigent les fils du travail ; l'ombrelle aux
doigts ; foulant l'ombrelle ; trop fière pour elle ;
des enfants lisant dans la verdure fleurie

leur livre de maroquin rouge! Hélas, Lui, comme
mille anges blancs qui se séparent sur la route,
s'éloigne par delà la montagne! Elle, toute
froide, et noire, courte! après le départ de l'homme!

IV
Regret des bras épais et jeunes d'herbe pure!

or des lunes d'avril au coeur du saint lit! Joie
des chantiers riverains à l'abandon en proie
aux soirs d'août qui faisaient germer ces pourritures!

Qu'elle pleure à présent sous les remparts! L'haleine
des peupliers d'en gaut est pour la seule brise.
Puis, c'est la nappe, sans reflets, sans source, grise :
un vieux, dragueur, dans sa barque immobile, peine.

V
Jouet de cet oeil d'eau morne, je n'y puis prendre,
O canot immobile! oh! bras trop courts! ni l'une
ni l'autre fleur : ni la jaune qui m'importune.
là ; ni la bleue, amie à l'eau couleur de cendre.

Ah! la poudre des saules qu'une aile secoue!
Les roses des roseaux dès longtemps dévorées!
Mon canot, toujours fixe ; et sa chaine tirée
Au fond de cet d'eau sans bords, —à quelle bous?

"기 억"

I
청명한 물, 그것은 어릴 적 눈물 속 소금 같은 것,
여인네들 희뿌연 몸뚱아리들이 태양으로 치솟는 듯 ;
떼거리로 뭉친 비단과 순결한 백합, 어떤 때묻지 않은 건
출입금지 표시가 붙은 벽들 그 아래의 근엄한 깃발들 ;

깡충거리며 노니는 천사들이 ; 아니…내닫는 금물결이
풀에 감긴 검고 무직한, 그리고 특히 신선한 두 팔을 찰랑이네.
푸른 하늘을 침대 덮게 삼은 어스름한 물이

언덕과 아치더러 커어튼 삼아 그늘을 드리워 달라 하네.

II
저런! 축축한 네모꼴은 해맑은 거품들을 튀기네!
물은 희뿌연 황금색으로 찰랑이고 무한한 심연에 펼친 충돌·
녹음이 펼치는 빛바랜 초록 드레스들이
수양버들처럼 하늘거리고, 거기에서 굴레 없는 새들이 솟구쳐 오른다.

금화보다도 더 노랗고 따사로운 눈까풀
물의 근심―그대의 부부의 서약, 오 부인이여!―
덧없는 정오에, 그 흐릿한 거울을 시기하는,
무더운 회색 하늘에 장미빛의 고귀한 천구(天球).

III
부인은 일하는 사내들 수영하는 곳 가까이
들판에 너무도 꼿꼿이 서 있네, 작은 양산을
손가락에 움켜쥐고, 양산을 밟으며, 그녀로서는 너무도 독하게,
아이들은 만개한 녹음 그 안에서 붉은색 모로코 가죽의

그들의 책을 읽고! 애석하도다, 그는, 길 위에서
작별하는 수천의 하얀 천사들처럼,
산 저 모퉁이로 멀어져 가네! 그녀는, 아주 냉담하고
우울하게 서 있다, 달음박질하네! 사내가 떠나자마자!

IV
두텁고 깨끗한 어린 솜털을 지닌 팔의 회한이여!
성자의 마음 속에서 4월의 달빛이 읽혀지도다.
이 추악함을 싹트게 하는 8월의 저녁에 휩싸여
놀아나는 강가 작업장의 유희여!

지금 성벽 아래서, 그녀가 울고 있도다!
숱 많은 눈썹은 미풍에만 깜빡이도다.
후회도 근심도 없는 회색의 상보
움직이지 않는 배 안에서 고통스럽게 일하는 늙은 어부여!

V
오! 이 움직이지 않는 배에서
음울한 물의 이 눈장난을 나는 잡을 수 없도다.
오! 너무도 짧은 팔이여! 어떠한 꽃도, 거기서 나를 괴롭히는
노랑 꽃도, 잿빛 물에 떠있는 연인, 파랑 꽃도 나를 잡을 수 없도다.

아! 가지를 흔들고 있는 버드나무 꽃분이여!
이미 오래 전에 꺾여 있는 분홍빛 갈대들이여!
내 배는 여전히 움직이지 않고 있도다.
가 없는 그 물의 눈 깊숙한 곳에서 쇠사슬에 묶인 채
과연 어떻게 진흙에서 나올 것인가?

1. "기억"의 시와 음절 OM

<기억>이 1872년 작품이라는 데에는 의견이 일치되고 있다. 당시 랭보의 나이 18세였다. 그 시기는 완전히 성인이 되지 않았으면서 어쨌든 유년기를 벗어나는 미묘한 연령이다. 형이상학적 문제들 못지 않게 사회적 문제들에도 똑같이 내밀한 의혹을 크게 품는 시기인 것이다.

제목(mémoire)을, 여성 명사의 의미로 받아들이느냐 남성 명사의 의미로 받아들이느냐 하는 선택을 구태여 강요하는 요소는 전혀 없다. 그렇지만 시를 반추해 보면 예전에 얻은 이마쥬들을 보존하는 능력이 관건이 되고 있음이 드러난다. 과거로의 귀환, 유년기로의

거슬러 오름, 원형으로 복귀, 요컨대 각종 능동적인 것과 수동적인 것이라는 두 가지 원칙을 구심점으로 형성되는 어린이다운 세계로의 복귀가 관건이 되어 있는 것이다.

시적 산문과 혼동되는 성향을 보이는 이 시는, 상대적인 신비성을 저변에 깔고, 통제되지 않은 몽상의 연속적인 그림들, 군데군데에서 갑작스러운 환영들이 삐져나오는 고삐 풀린 상상력의 심상들을 내보여 준다. 이 텍스트는 -의심할 여지 없이- 드메니에게 보내는 서한에 언표된 그 유명한 원칙을 적용한 데서 생겨난 것이다.

> "Le poète se fait voyant, par un long, immense et raisonné dérèglement de tous les sens. Toutes les formes d'amours, de souffrance, de folie, il cherche en lui-même, il épuise en lui tous les poisons pour n'en garder que les quintessences."

> "시인은 모든 감각을 장기간에 걸쳐 무한하게 이성적으로 혼란시킴으로써 스스로 견자가 된다. 시인은 자신의 내면에서 모든 유형의 사랑과 고뇌, 광기를 추구한다. 그는 내면에서 온갖 독기를 고갈시켜 그 정수만을 견지하는 것이다."

그렇지만 Jean Lapp처럼, 아마도 그릇된 생각으로,[174] 이 시의 느낌들을 마약의 효과에서 생긴 것으로 보았던 사람은 그 아무도 없다. Jean Pierre Guisto 같은 사람들은 오히려 그 작품 속에서 일종의 자발성의 형태를 생각했다.[175]

---

[174] Communication présentée au XIXème Congrès de l'Association Internationales des Études Françaises. Paris, juillet 1970.
[175] J.P.Guisto. "Explication de" Mémoire "dans Etudes rimbaldiennes." Lettres modernes. Minard, Paris 1972, p.44.

통사적인 복잡성과 영상들의 기이함을 넘어서서 우선 일반적 순서에 관한 몇 가지 관찰부터 시작한다면 우리로서는 다음과 같은 지적을 할 수 있게 된다.
 - 이 시는 각기 두 4행시절을 갖는 다섯 부분으로 나뉘어진다.
 - 시구들은 총합 40행을 이루는 알렉상드랭이다.
 - 모든 각운이 여성운이다.
그런데 우선 그런 식의 배분과 그런 식의 구조를 어떻게 생각하여야 할까? 여기서 랭보의 다음 문장을 상기하기로 하자.

"Toujours pleins du Nombre et de l'Harmonie, les poèmes seront faits pour rester. Au font, ce serait encore un peu de la Poésie grecque."

"시들은 항상 수와 조화로 넘쳐 후대에 남기고자 만들어질 것이다. 요컨대 아직 희랍시의 성격을 다소간 띠게 되는 것이리라."

그렇다면 소위 "희랍시"는 어떤 것인가? 피타고라스의 아쿠마스틱의 교리문답에 나오는 내용을 옮기면 다음과 같다.

"Qu'y a-t-il de plus sage? —Le Nombre.
Qu'y a-t-il de plus beau? —L'Harmonie."

"더욱 현명한 것이 무에 있는고? —수입니다.
더욱 아름다운 것이 무에 있는고? —조화입니다."

한편 필로라우스는 "우리가 알도록 주어진 모든 것은 수를 지니고 있는지라, 그 수 없이는 아무것도 인식될 수 없다."고[176] 말하지 않았던가. 고대 희랍인들처럼 랭보는 숫자들에다가 일종의 형이상학적 가치를 부여한다. 5, 2, 4라는 수들이 시 구조에 통합됨으로써 어떤 의미 또는 의미의 다수성을 배태하는 것이 분명한 것이다.

<기억>에는 자서전적 요소 또한 없지 않다. "물"과 "태양"에 헌정된 이 시는 실체험한 감정들 및 사실들을 재구축한다. 그것은 곧 그 주된 적대자들이 어머니("물", "부인", "그녀", "마담")와 아버지("태양", "그", "사내")인 한 가정 드라마의 개인적 재구축인 것이다.

요는 1860년 8월, 어린 아르튀르가 여섯 살이고 두 누이들 비탈리와 이자벨이 각각 2살, 두 달이었을 때[177] 아버지 랭보가 마담 랭보를 버린 데 대한 회상이 그 요체인 것이다. 그 고통스러운 사건이 시 안에 어떻게 기입되어 있는가?

무엇이 그 이별을 상징하고 있는가?

우선 수, 즉 시의 구성에 구심점이 되는 2, 5, 4라는 숫자들이다.

수 '2'는 하늘-땅, 낮-밤, 선-악, 여성-남성(암-수), 단수-복수 등등 자연 속에 존재하는[178] 이원성 그 자체에서 나온 것으로 보인다. 이 모든 단어쌍들은 대립, 잠재적 충돌이라는 관념을 내포하고 있다.

Ludwig Paneth가 지적하듯이[179] 인도유럽어 계통의 모든 언어에서

---

[176] cités par Rolland de Renéville dans <u>Rimbaud le voyant</u>. La Colombe Paris, 1947, p.47.
[177] 시편들 속에서 시인의 그 두 누이들이 다음과 같이 환기되어 있다 : "나이 어린 소녀들의 퇴색한 초록색 드레스들이 버들처럼 흐느러지고, 거기에서 묶이지 않은 새들이 솟구친다."
[178] 수 2에 관해 이야기 하면서 쉐레는 다음과 같이 말한다. "우리는 여기에서 심리학과 문법과 수학의 공통 근원에 처해 있다. 이원성의 근간이 언어와 사유의 모든 가능성들의 토대가 되는 이 본원적 이원론으로 귀착된다."
한편 카발에 대해서 말하고 있는 내용은 다음과 같다 : "지식의 나무로부터 생겨난 것은 그 내면에 이원론을 담고 있다." (생략)
[179] Ludwig Paneth : <u>Zahlensymbolik im Unbewkestsein</u> 무의식의 수의 상징, Rascher Verlag Verlag, Zürich(traduit de l'Allemand par Henriette de Rogui., Payot (p.69)

는 2인칭의 명칭, 즉 대명사 tu가 수 2와 어떤 유사성을 보이고 있다. 몇 가지 실례를 제시하면 다음과 같다.

산스크리트어 : twam ──── dvan
리투아니아어 : tu ──── du
영　　　어 : thou(you) ── two
독　일　어 : du ──── zwei
라　틴　어 : tu ──── duo

"tu", 그것은 타자, '나'와 다른 사람, '나'가 아닌 그 누구, '나'로부터 분리되어 있으며, '나'에 관련하여 갈라져 있는 것으로 생각되는 그 누구이다. 나아가서 의심이라는 단어와 2라는 수 사이에 깃들어 있는 의미상의 인접성에 주의를 기울이면 괄목할 만한 사실이 드러나는 바, 라틴어에서 그렇고(dubium), 독일어에서도 그렇고(zweifel), 불어에 있어서도 마찬가지며 결국 2라는 수는 나타나는 어디에나 이원성, 불안정, 애매성을[180] 끌어들인다. 2라는 수는 통일의 단순성을 깨뜨리는 것이다.

2라는 수는 이 시 속에서 아버지인 '그'가 '부인'을 버린 행위에 상응하는 일종의 결별의 체험을 도입한다. 그것은 랭보 가족의 통일성을 깨뜨리게 되는 버림이요, 그 가정의 상대적 평온 상태를 시의 종결부인 "그 어떤 진창에?"라는 그 고뇌 어린 질문으로 탈바꿈시키게 되는 버림인 것이다. 그래서 2는 온갖 고뇌 속에서 자아의 분열을 경험하여 "타자"로 탈바꿈하는 버림이 된다.

여기서 2의 의미작용은 따라서 그 수학적 어의와 합치되지 않는

Paris 1976.
[180] 정신요법 실행시 수 2는 전문언어 국면의 가장 기본적 해석상, 어떤 문제의 존재, 어떤 질문의 출현을 나타낸다.

다. 1+1=2라는 식의 계산의 결과, Endres가 비교적(祕敎的), 신비적, 마법적 관점에서 볼 때 신에 대한 모독이라고 했던 그러한 계산의 결과는 문제되지 않는 것이다. <기억> 안에서의 2는 통일성을 파괴하는 또는 적어도 변질시키는 몽상적 상징이다. 고착되고 정태적인 것이 아니라 살아서 움직이며 각 층위에서 이 시의 진화과정을 뒤따르는 상징인 것이다.

4원성 또한 2원성만큼이나 그러한 전통에서 비롯된다. 불, 물, 흙, 공기라는 질료 구성상의 네 가지 요소들의 설정에 관련시킬 수 있듯이, 동서남북이라는 네 방위기점에 관련시켜 그 기원을 결정해 볼수도 있을 것이다. <기억>의 구조 안에 4가 자리잡고 있다는 것이 수학적 우연으로 정당화되지는 않는다. 이 숫자는 그 수적 내용을 배제함으로써 결과적으로 4각형을 뜻하는 희랍어 'tetragones'의 의미를 띠게 된다. 그 숫자가 이 시의 문맥에 전이된다면, 앞서 나온 수 2에 의해 단절되고 깨뜨려진 안정성, 평온상태로의 복귀라는 질서회복의 움직임을[181] 그 숫자가 잘 나타낼 수 있을 것이다. Paneth는 다음과 같이 지적한 바 있다.

> "La tétraktys pythagoricienne donne au 4 une signification cosmique, a remarqué Paneth. Il est vrai qu'elle le combine à un autre nombre. La tétraktys est un 10 : non le 10 ordinaire, mais l'addition des quatre premiers nombres : 1+2+3+4 =10. Dans les fonctions innombrables de la tétraktys, c'est parfois le caractère du 4, parfois celui du 10 qui prime,

---

[181] 고대 희랍 사상에서 사각형의 4는 단단하고 안정되고 정확하고 완벽한 것을 표현했다. 그것은 시모니드의 다음 송가 가사에서 다시 나타나는 것이다 : "지고의 인간, 완벽한 한 전체를 형성하는 손과 발과 정신의 사각형인 지고의 인간이 되기는 힘들어라"
자신의 '짜라투스투라'에서 니체 또한 동일한 것을 의미하고자 '육체와 영혼의 사각형'이란 차원을 환기시켰을 가능성이 높다.(생략)

il est probable que c'est justement le mélange des deux symboles qui lui donne sa signification si pleine tant pour la pensée que pour le sentiment. Quoiqu'il en soit, le ⋯ nom tétraktys déjà indique que le 4, et non pas le 10, joue le rôle fondamental. En outre l'existence, plus rare il est vrai, d'une tétraktys "transfigurée" : 1x4 + 2x4 + 3x4 + 4x4 =40 prouve la priorité du 4 ; car si le 10 était le nombre important, c'est lui que l'on aurait utilisé pour la "transfiguration.""[182]

"피타고라스의 tétraktys는 4라는 수에 어떤 우주적 의미를 부여한다. 그것이 4를 다른 수 하나에 결합시키고 있음은 사실이다. tétraktys는 일종의 10이지만 일상적인 10이 아니라 처음 네 수의 합 즉 1+2+3+4 =10으로서의 10이다. tétraktys의 수많은 기능들 중에서 때로는 4의 성격이 때로는 10의 성격이 더 우세한 바, 감정에 있어서와 마찬가지로 사유에 있어서 그토록 충만한 의미작용을 그것에 부여하는 것은 다름 아닌 그 두 가지 상징들의 혼합일 수도 있을 것이다. 그야 어쨌든, 수 tétraktys는 10 아닌 4가 기본 역할을 수행한다는 점을 이미 지적하고 있는 셈이다. 나아가서 더욱 드문 것은 사실이지만 1x4 + 2x4 + 3x4 + 4x4 =40이라는 '변용된' tétraktys가 존재한다는 것이 4의 우월성을 입증해 준다. 왜냐하면 10이 중요한 수였다고는 하지만 그 "변용"을 위해 쓰여야 했을 것은 4이기 때문이다."

우리가 "피타고라스의 tétraktys"를 그것이 수 4와 갖는 관계와 더불어 랭보가 완벽하게 알고 있었음을 넌지시 받아들이고자 하는 것은 아니다. 그렇지만 <기억>이 4행의 10시절로 배분된 정확히 40행으로 이루어진 것을 확인하고 나면 주의를 기울이지 않을 수 없다. 시행들의 총합은 시절들의 계산과 마찬가지로 분명하지는 않다. 그와 대조적으로 I - V까지 번호를 매긴 부들을 형성하며 둘씩 재결

---

[182] L.Peneth. op. cit. p.126.

합되는 4행시절들은 4, 2, 5라는 숫자들을 시의 요체로 기입하고자 하는 것으로 보인다.

더 나아가서, 4라는 숫자는 동양의 Mandala 안에서 수많은 형식적 관계들을 띠고 나타난다. 그러나 그것은 다른 장에서 다룰 대상이므로 여기서 그 점을 상세히 다루지는 않겠다.

시인이 결국 「지옥에서의 한 철」(Une Saison en enfer, "faim")에서 갑작스럽게 다음과 같은 외침을 터뜨릴 수 있기에 이르기까지 시인이 갖는 "강(江)과 "태양", 결별한 아버지와 어머니 사이의 조화의 희망, 화해의 염원을 나타내는 4의 그 상징적 해석에 머물고자 한다.

> Elle est retrouvée!
> —Quoi! — l'Eternité.
> C'est la mer mêlée
> au soleil.

> 되찾아졌네!
> —무엇이냐고! 영겁이 말일세
> 그것은 태양에
> 혼융된 바다

5는 에로틱한 수이며,[183] 정신에 뚜렷이 드러날 수 있을 그 일차적 연상이 다섯 손가락의 연상일[184] 일종의 성적 상징이다. 그리하여 몇 가지 암시가 창조성, 활동성, 원동력 등등의 의미와 더불어 행해질 수 있다. 그렇지만 E.C.Endres야말로 그 수의 신비적 국면을

---

[183] 정신분석 실행에서 이 숫자는 자연 그대로의 성적 본능으로부터 베그르송이 말하는 생명의 충동에 이르기까지 모든 다른 등급의 에로티즘을 포함하여 그 모든 국면에서의 에로스를 표상한다. (생략)
[184] 한편 동양 사상은 물질 세계에서 넷 아닌 다섯 원소들을 구분하는 흙과 공기와 불과 물에 정신이 부가된다. 5와의 결합이 그러한 개념인식에 입각하여 암시될 수도 있다.

여실히 밝혔다.[185] 사실 그는 5가 소아시아의 Ishtar 또는 Astarté 여신의 성스러운 숫자임을 밝혔던 것이다. 일반적으로 이 여신은 희랍여신 Aphrodite가 거기서 발원한 본원의 동양적 모델로서 간주된다. 그러한 관계들이 어떻게 설명될 수 있는 것일까? 그에 대한 Endres 의 대답을 살펴보자.

> "Maintes coutumes magiques et la comparaison symbolique également avaient démontré la relation étroite du 5 avec la grande déesse de la Babylone ancienne, Ishtar. Quelque chose manquait cependant, c'était la raison pour laquelle ce nombre et pas un autre était celui d'Ishtar, et par là l'origine d'une infinité de correspondances mystiques et magiques. Ishtar forme avec le soleil et la lune la grande trinité divine des Babylonéens. Comme les idées fondamentales sur les dieux que se faisaient ces derniers étaient construites sur la corrélation des mouvements de ces trois astres ainsi que ceux des quatre autres planètes avec le zodiaque, il devait donc exister une relation astronomique quelconque expliquant l'attribution du 5 à Ishtar, autrement dit à l'étoile Vénus. Mais on ne parvenait pas à établir cette relation."

> "여러 가지 마법상의 관습들과 또 상징적 비교가, 5가 고대 바빌로니아의 그 위대한 여신과 갖는 긴밀한 관계를 입증한 바 있었다. 그렇지만 무엇인가 부족한 것이 있었으니, 그것은 왜 다른 수 아닌 그 수가 Ishtar의 수였으며, 그 결과 신비적이고 마법적인 무한한 일치의 기원이었는가 하는 이유였다. Ishtar는 태양과 달과 더불어 바빌로니아인들의 신성한 대 삼위일체를 형성한다. 바빌로니아인들이 스스로 신들에 대해 품었던 일종의 기본적 생각들이 다른 네 유성들과 더불어 그 세 별들의 운행이 황도대와 갖는 상관관계를 기반으로 확립되어 있었으며, 따라서 어떤 식으로든 5를 Ishtar에 달리

---

[185] E.C.Endres : <u>Mystik und Magie der Zahlen</u> 수의 신비와 마술. Editions Rascher 1951.

말해서 비너스 별에 귀속시키는 관습의 이유가 되는 천문학적 관계가 존재했음이 분명하다."

비너스! 비너스의 보호 아래 놓인 사랑의 신을 노래한 그 장엄한 시 "태양과 육신"을 그리고 열정으로 넘치는 다음 시구들을 상기하도록 하자.

> "— O. Vénus, ô Déesse!
> (…)
> oh! Si l'homme puisait encore à ta mamelle,
> Grande mère des dieux et des hommes, Cybèle ;
> S'il n'avait pas laissé l'immortelle clarté
> Qui jadis, émergeant dans l'immense clarté
> Des flots bleus, fleur de chair que la vague parfume
> Montra son nombril rose ou vint neiger l'écume,
> Et fit chanter, Déesse aux grands yeux noirs vainqueurs,
> Le rossignol aux bois, et l'amour dans les coeurs!
>
> Je crois en toi! Je crois en toi! Divine mère,
> Aphrodite marine!(…)
> Chair, Marbre, Fleur, vénus, C'est en toi que je crois!"[186]

"오, 비너스여, 오 여신이여!
(…)
오! 인간이 아직도 그대 젖을 빨아들인다면,
신들과 인간들의 위대한 어머니, 시벨(Cybèle), 그대의 젖을
인간이 불멸의 Astarté를 놓치지 않았더라면

---

[186] A.Adam : <u>Oeuvres complètes de Rimbaud</u>. p.76. Pléiade, 1972. "Soleil et chair 태양과 육신".

그 옛날 광대한 빛 속에 스며들어
파도가 향기 피우는 푸르른 물결들, 육신의 살처럼
그 장밋빛 배꼽을 드러내거나 다가와 거품으로 눈을 내리고
숲에는 종달새를, 이 마음 저 마음 속에는 사랑을
노래 부르게 하던
커다란 정복자의 검은 두 눈을 한 여신을!
난 그댈 믿노라! 난 그댈 믿노라! 성스러운 어머니여,
바다의 Aphrodite여! (…)
육신, 대리석, 꽃, 비너스, 내가 믿는 것 다름 아닌 그대여라!"

우리는 조금 전에 Astarté 또는 Ishtar가 동일한 이름, 그리스 로마 고대 신화에서 Aphrodite와 비너스라는 이중 명칭 아래 병용되었던 소아시아의 동일한 여신을 지칭한다는 점을 각별히 지적한 바 있다. 이 발췌 내용이 보여주듯이 랭보 또한 동일한 신성한 인물을 가리키는 데 세 가지 이름들 중의 하나를 무심코 끌어들인다. "오 비너스여, 오 여신이여!", "불멸의 Astarté", "바다의 Aphrodite", "내가 믿는 건 바로 그대라네!"

그가 구태여 <기억>을 다섯 부로 구성한 것은 Ishtar를 상징하는 그 성스러운 수가 그 시를 '여인'의 운명이 그것에 결부되어 주조되는 그 '사랑'의 여신의 가호 아래 놓기 위해서이다.[187] 여성운들만으로 종결, 각운들을 형성하고 있는 시구들의 구성이 이 시가 '여인'에게, 마담 랭보가 되었으며 그 부부상의 운명이 아르튀르 랭보의 유

---

[187] '생명의 Aphrodite'라는 개념은 죽음과 죽음의 땅이라는 개념과 대립된다. 그리고 금방 사라져 버리는 기쁨에 대한 애석함은 완벽한 관능적 매혹의 아름다움에 의해 진정된다. 풍부한 매력을 발산시킴으로써 Endres의 욕망을 불러일으키는 Hélène. Aphrodité는, 사랑의 여왕이라는 자부심에 가득 차 편협한 영혼을 소유하고 거기에 빠져 있는 Hélène를 늙게 하기 위해 그녀에게 영원한 생명을 주지 않았다. Hélène는 모든 죽어야만 하는 존재(여성)의 위대한 전형이다. 고대 그리스의 장례용 그릇과 꽃병 위에 그려진 그림을 해석하면서 Bachanfen은 말하고 있다.
다른 배우자에 의해 한 배우자가 버려짐이나 가정의 파괴, 결혼한 부부의 이혼에 대한 견해도 마찬가지로 여기에 표현되고 있다.

년 시절을 철저히 뒤흔들고 깊은 상처를 남긴 시인의 어머니, Marie-Catherine Cuif의 추억에 헌정되고 있음을 명백히 입증해 준다. 나중에 Suzanne Briet가 말하듯이 <Mémoire 기억>은 "인간 사랑을 놓고 갖는 의문의 시"이다.[188]

> "Le Maharishi Mahesh Yogi dit qu'à la frontière de la pensée et de la parole se trouve l'alphabet, et qu'on devrait fonder des écoles pour en enseigner l'origine aux enfants."[189]

> "사유와 말의 경계상에 알파벳이 자리잡고 있으니, 아이들에게 알파벳의 기원을 가르치고자 학교들을 설립해야 했을 것이라고 Maharishi Mahesh Yogi는 말한다."

표기상의 철자들을 낳은 그림글자의 기원에 관한 이 문제는 많은 연구가들의 관심을 사로잡고 있다. 우리는 그러한 가설을 매우 진실에 가까운 것으로 판단한다. 그리고 바로 그 때문에 우리는 같은 시 <기억>의 두 번째 독법을 시도하고자 그와 같은 견해에 합류할 것이다.

우리가 노리는 것은 세밀하고 설명적인 독법을 전개하자는 것이 아니다. 오히려 우리는, 선형적이고 나아가서 논리적이기까지 한 엄격성을 배제하고, 텍스트에서 미리 뽑은 상징들과 기호들의 분석적 일람표를 작성하는 데 목표를 둘 것이다. 그러한 방법을 취하는 것은 많은 학자들이 달려들어 다소간의 성공을 거두었던 이 시의 통사적 복잡성 때문이다.

---

[188] Suzanne Briet : 랭보연구 '랭보의 대표적 시 〈기억〉의 의미', 현대문학, Minard 1972, p.41.
[189] Patrick Thévenon의 보도기사, Express지 6/12, 1967년 11월호, (J.Richer 인용, op. cit, p.11)

그 이유는 랭보의 시가 영감보다는 구성의 결과로 생겨난 것이기 때문이다. 그의 시구는 비개성적이며 동시에 비시간적이기를 지향한다. 그의 문장에는 문장의 이점과 매력을 손상함이 없이 명백한 해석의 범위 그 너머로 상승시키는 어떤 복합적 메커니즘이 부여된 것으로 보인다. 쟝 리샤르는 다음과 같이 단언한다.

"Rimbaud, un peu comme un musician écrivant une partition d'orcheste, écrit à la fois sur plusieurs registres ; les principaux sont :
1 — La signification apparente.
2 — La correspondance du son et du sens
3 — La valeur numérique des lettres, en relation avec le nombre de vers ou nombre de syllabes
4 — La symbolique et la valeur numérique des Arcanes du Tarot.
5 — Quelques fois, la correspondance des diverses parties du corps humain avec les lettres.
De l'ensemble se dégage un sens second qui est le sens ésotérique, celui-ci, joint au sens premier, livre la signification complète et véritable du poème."[190]

"오케스트라 총보를 작성하는 음악가와 어느 정도 유사하게 랭보는 동시에 여러 음역 위에서 시를 쓴다. 그 주된 것들을 들자면,
1. 외관상의 의미작용
2. 음과 의미의 상응
3. 시행의 수 또는 음절의 수와 관련된 철자들의 수적 가치
4. Arcanes du Tarot의 수적 상징체계 및 가치
5. 때때로는, 다기한 신체 부위들의 철자들과의 상응(관계)
그 전체적 집합으로부터 비교적(祕敎的) 의미에 다름 아닌 2차적

---

[190] Jean Richer : L'Alchimie du Verbe de Rimbaud 「랭보의 언어 연금술」. Didier, Paris 1972, p.29.

의미가 베어나오며, 이 비교적 의미는 1차적 의미에 결합되어 시의 완전하고 진정한 의미작용을 전달한다."

바로 그런 점에서, 각종 외관, 상응, 수적 가치 그리고 마법적이거나 신비술적인 상징들 밑에 숨어 있는 그 의미를 파악하는 분석상의 어려움을 이해할 수 있다.

우리는 <기억>에 담긴 그 고유한 의미를 찾아내겠다고 자부하지는 않는다. 솔직히 말하자면, 그토록 밀도 있고 그토록 풍요로운 텍스트가, 그리고 궁극적으로는 모든 텍스트가, 오로지 단일한 의미만을 지닌다고 생각하지 않으며, 그 텍스트가 의미상의 다수성을 내포한다고 생각한다. 한 텍스트를 해석하고 설명한다는 것은, 롤랑 바르트(Roland Barthes)에 의하면,

> "ce n'est pas lui donner un sens (plus ou moins fondé, plus ou moins libre) ; c'est au constraire apprécier de quel pluriel il est fait ⋯
> Dans (un) texte idéal, les réseaux sont multiples et jouent entre eux, sans qu'aucun puisse coiffer les autres : ce texte est une galaxie de signifiants, non une structure de signifiés ; il n'a pas de commencement : il est reversible : on y accède par plusieurs entrées dont aucune ne peut être à coup sûr déclarée principale ; les codes qu'il mobilise se profilent à perte de vue, ils sont indécidables (le sens n'y est jamais soumis à un principe de decision, sinon par coup de dés) : de ce texte absolument pluriel, les systèmes de sens peuvent s'emparer, mais leur nombre n'est jamais clos, ayant pour mesure l'infini du langage."[191]

"그것에 어떤 의미(다소간에 근거 있는, 다소간에 자유로운)를 부여하는 것이 아니라, 반대로, 그것이 어떤 복수성으로 이루어져 있

---

[191] Roland Barthes : S/Z, Seuil Paris, 1970.

는지를 평가하는 일이다. 이상적인 텍스트에서는 망들이 다기하고 그네들 간에 작용하며, 그 어느 망도 다른 것들을 지배할 수 없다. 그런 텍스트는 기의들(signifiés)의 구조가 아니라 기표들(signifiants)이 이루는 성운(星雲)이다. 그런 텍스트는 시작이 없고, 가역적이며, 그 어떤 것도 단적으로 주된 것이라고 단정될 수 없는 여러 가지 통로들을 통해 우리는 그런 텍스트에 접근할 수 있다. 그런 텍스트가 작동시키는 코드들은 한없이 그 측면을 드러내어 뚜렷이 결정할 수 없는 성질의 것들이다(거기에서는 의미가 운명의 예언에 의해서가 아니라면 결코 어떤 결정 원칙에 따르는 것이 아니며, 절대적으로 복수적인 그러한 텍스트를 의미세계들이 독점할 수는 있지만, 그 수효는 결코 폐쇄된 것이 아니며 그것이 언어의 무한성을 그 척도로 지니고 있기 때문이다."

물은 회고적이며 통제되지 않은 몽상의 출발점이다. 물은 우선 "여인들의 새하얀 육체들"에 의해, "비단, 일군의 순수한 백합" 등등에 의해 답파되는, 눈부신 "청명함의 빛"이다. 그것은 순결성과 순수성을 담고 있는 물이다.

> "L'Eau claire[192] : comme le sel des larmes d'enfances,
> l'assaut au soleil des blancheurs des corps de femmes ;
> la soie, en foule le lys pur, des oriflammes
> sous le mur dont quelque pucelle eut la défense :
> l'ébat des anges ; —"("Mémoire").

> "청명한 물, 그것은 어릴 적 눈물 속 소금 같은 것,
> 여인네들 희뿌연 몸뚱아리들이 태양으로 치솟는 듯,

---

[192] 랭보에게 있어, (l'eau claire)의 이미지는 눈물을 자아내게 하는 요소에 해당한다. 〈유년기〉라는 시를 보면 '영원한 뜨거운 눈물로 형성된, 파도가 높이 이는 바다 위로 구름이 모인다'라든지 혹은 〈대홍수 후에〉라는 제목이 붙여진 시를 보면 '태양에 반사되는 유리창이 있는 큰 집에서, 상복 입은 아이들이 놀라운 광경을 바라보고 있다.' 등의 표현이 그러하다.

떼거리로 뭉친 비단과 순결한 백합, 어떤 때묻지 않은 것
출입금지 표시가 붙은 벽돌 그 아래의 근엄한 깃발들,
깡충거리며 노니는 천사들"(…)

('Mémoire 기억'에서)

그러다가 갑자기 그러한 매혹적이고 단순하며 동시에 만져질 듯하고 보일 듯한 목가적, 순정적인 이마쥬들이 다음과 같은 부정으로 전환되면서 깨뜨려진다.

"…Non… le courant d'or en marche
meut ses bras noirs, et lourds, et frais surtout d'herbe. Elle
Sombre, ayant le Ciel bleu pour ciel—de—lit appelle
Pour rideaux l'ombre de la colline et de l'arche."(Mémoire)

"아니야…내닫는 금물결이
풀에 감긴 검고 무직한, 그리고 특히 신선한 두 팔을 찰랑이네.
푸른 하늘을 침대 덮개 삼은 암울한 그녀가
언덕과 아치더러 커어튼 삼아 그늘을 드리워 달라 하네"('기억')

시초의 청명한 물이 그러한 부정 이후 곧장 금물결이 되어버린다. "여인들의 새하얀 육체들" 대신 "까맣고 무직한 팔들"이 들어서고, "비단", "순수한 백합", "동정녀"와 "천사들의 깡충대는 놀이"가 사라지고 그 대신 "어두운(암울한)", "커어튼(장막?)", "그늘" 등등과 같은 단어들이 불현듯 나타난다. 우리가 갑자기 물의 이마쥬에서 다른 이마쥬로 옮아가게 된 것이다. 부정을 나타내는 'Non!'은 여인의 가능한 두 얼굴 즉 Ophélie와 Vénus 사이의 경계이다. <기억>이 물의 여인으로의 변신을 이야기하고 있는 반면에, Ophélie는[193] "물을 통

한 여인의 백합으로의 변형을 들려준다."[194] 물에서 솟아나와 어머니의 모습 아래 생명을 얻는 것으로 몽상가로서의 시인의 눈에 비치는 것, 그것은 바로 비너스, <태양과 육신>의 "바다의 Aphrodite"이며, 소아시아의 고대 여신 Ishtar 또는 "Astarté"이다. 실제로 오로지 여성운으로만 이루어진 시의 구성이 "그녀"라는 호칭이 꼭 마담 랭보만을 암시하는 것이 아니라는 점을 여실히 입증하고 있다. "l'Eau", "Elle", "Epouse"에 쓰인 대문자가 그러한 지시작용(指示作用)을 일반적 여인에까지 확장시키고 있다. 그렇다면 그 일반적 여인, 가장 높은 수준의 여인, 여성적 근원의 상징은 비너스가 아니라면 과연 그 누구이겠는가?

> (…)
> "Qu'on disait parcourir, gigantesquement belle,
> sur un grand chair d'airain, les splendités cités :
> Son double sein versait dans les immensités
> Le pur ruissellement de la vie infinie.

---

[193] 어둠에 싸인 잔잔한 물결 위에 별들이 잠을 잔다네,
눈처럼 흰 Ophélie가 커다란 백합처럼 물에 떠 있도다…
…
오 창백한 Ophélie여, '눈처럼 아름답구나'
강물에 실려온 아이여 '누가 너를 죽였는가'
…
그리고 시인은 말한다…
긴 베일 속에 누운 채, 물 위에 떠 있는 그대를 보았다고…
눈처럼 흰 Ophélie가 큰 백합처럼 물에 떠 있다네.
'눈처럼 아름답고' '불을 만난 눈처럼' 물에 빠져 죽은 Ophélie는 세상 사람들이 단지 그녀를 알지 못함을 표현하는 것뿐만 아니라, 또한 물에서 태어난 피조물로서 그리고 남자처럼 죽어 먼지는 되지 않지만 '불을 만난 눈'처럼 물 속에 용해되고, '커다란 백합' '잔잔한 물결'이 되며 <기억> 속에서 '청명한 물'을 만드는 여성의 모습을 표현하고 있는 것이다.
한편으로 '백합처럼 물에 떠 있는 백색의 Ophélie'는 여인의 백색 몸뚱이와 비단, 어우러져 핀 순결한 백합…'를 상기시킨다.

[194] '몇가지 측면을 통해, 특히 물의 요소가 지니는 중요성에 의해 Ophélie는 <기억>을 예고하고 있으며, 물과 여자와 감각 사이에서 본질적 유사성을 지니고 있다'라고 J.Richer는 덧붙인다.
(언어의 연금술, Didier, Paris 1972, p.150)

> L'Homme suçait, heureux, sa mamelle bénie,
> comme un petit enfant, jouant sur ses genoux.
> (…)
> oh! si l'homme puisait encore à ta mamelle,"¹⁹⁵

> (…)
> "사람들 흔히 말하기를, 어마어마한 모습에 아름다운 자태로,
> 대형 청동 마차를 타고, 눈부신 도시들을 돌아다닌다네,
> 그녀의 두 젖가슴은 광대무변 그 속에서
> 무한한 생명의 순수한 물줄기를 내리 쏟았네.
> 인간은 행복에 겨워 그녀의 무릎 위에 노닐며
> 어린아이처럼 그녀의 축복받은 젖을 빨았네.
> (…)
> 오! 지금도 인간이 그대의 젖을 길어낸다면,"

이러한 회한, 우수, 인간에 대한 혐오가 <기억> 마지막 두 시절 속에 불현듯 다시 나타난다.

> "Regrets de bras épais…
> …
> … soirs d'août qui faisaient germer ces pourritures!
> …
> …cet oeil d'eau morne
> …l'eau couleur de cendre" etc.

> "두터운 팔의 회한…
> …
> …이러한 부패한 것들을 배태시킨 8월의 저녁들
> …

---

[195] A.Adam : Oeuvres complètes de Rimbaud Pléiade 1972, "soleil et chair 태양과 육신."

…음울한 물의 이 눈
　　…잿빛의 물" 등등

　마찬가지로, "불에 내던져진 우상처럼 찌들었기에" "이제는 순결하지 않기 때문에" "슬프고 생기 없는", 그리고 "두 눈을 감고 두 귀를 막은 채 가는" 인간이 기이하게도 <기억> 안에서 자신의 아내와 세 자식들을 버린 남편이며 아버지, 즉 함장 랭보를 환기시킨다. 그는 "두 눈을 감고 두 귀 막은 채" 가정으로부터 단절되어 자신의 가족과 멀리 떨어져 살고자 떠나는 자이며, 바로 그러한 이유 때문에 젊은 시인의 눈에는 "신이 내린 자신의 자랑스러운 상반신을 더럽힌" 자이다. 왜냐하면 자신을 "고뇌하도록 만든" 아버지의 그 떠남으로 말미암아 그리고 어머니의 고독으로 말미암아 무력한 어린아이 랭보는 다음에서처럼 음울한 물의 그 눈의 장난감이 되었기 때문이다.

　　"Jouet de cet **oeil d'eau** morne, je n'y puis prendre, Ô canot immobile! Oh! Bras trop courts! Ni l'une ni l'autre fleur : ni la jaune qui m'importune là ; ni la bleue, amie à l'eau couleur de cendre"

　　"음울한 **물의 그 눈**의 장난감, 난 그걸 부여잡을 수 없네, 오 부동의 커누여! 오! 너무도 짧은 팔들이여! 두 꽃 중의 어느 하나도, 날 괴롭히는 저 노랑꽃도, 저기 잿빛 물에 뜬 여자친구, 파랑 꽃도 부여잡을 수 없네."

　랭보는 부모의 결별로 말미암아 고통을 당한다. 그러나 부모는 그의 괴로움을 알지 못한다. 그는 그들의 결별이 남긴, 부모 두 사람이 그에게 야기한 그 음울한 물의 눈에 다름 아닌 우수가 남긴 장난감이 되어 버렸으니, 그것은 "눈=아버지, 물=어머니, 눈+물=아버지+어머니=음울한(우수)"식으로 생겨난 것이다.

애석하게도 너무도 짧은 팔들을 갖고 있을 뿐인(그는 어린아이에 불과하다) "부동의 커누", 그가 그 두 사람 사이에서 무엇을 할 수 있겠는가? 아버지 쪽으로 갈 것인가, 어머니 쪽으로 갈 것인가? 그 둘 중의 어느 사람을 택해 다른 한 사람을 원망하며 그에게 애정을 돌릴 것인가?

"…ni l'une
ni l'autre fleur : ni la jaune qui m'importune
Là, ni la bleue, amie à l'eau couleur de cendre"

"…두 꽃 중의 어느 하나도 :
날 괴롭히는 노랑꽃도
저기 잿빛 물에 뜬 여자친구, 파랑 꽃도"

서글프게 홀로 남은 어머니에 대한 암시이다. 바로 그것이 랭보에게 주어진 선택이다. 그는 항상 묶여 있는 "커누"이니, 그 쇠사슬이 매어 있는 것이다.

"가 없는 그 **물의 눈**" 깊숙한 곳에서 낙심하고 염세적이며 의기소침하여 미래를 향해 "과연 그 어떤 진창으로?"라고 절망 어린 질문을 던지게 되는 자는 누구인가?

따라서 <기억>은 자식들을 두고 아버지와 어머니 간에 벌어진 가정 드라마를 들려주고 있거니와, 자식들은 그 드라마의 당사자(배우)들이 볼 때 비록 그야말로 아무런 역할도 주어지지 않은 단순한 관객들로 간주될지라도 어쨌든 그들 때문에 엄청난 고통을 당하는 순진무구한 희생양들이다. 드라마의 당사자들은 첫 시절에서 당장 태양(火)과 물(水)을 통해 형성된 상형문자에 의해 이 시의 심층구조 속에 기입되어 있다. 그런데 물의 상형문자, 물의 상징적 철자, 그것은 M이다. "상징적 이마쥬로서의 M은 여인, 어머니, 그리고 남자의 반려자, 번식력을 지니고 형체를 낳은 모든 것을 표상한다"고 "Racines hébralques"에서 Fabre d'Olivat가 쓴 바 있다.[196]

마찬가지로, 태양과 빛을 표상하는 글자는 O이다.[197] Gébelin의 강의에 따르자면 O가 나타내는 것은 다음과 같다.

1) 목전에 놓인 대상물
2) 눈, 시력, (견술, 계시-일류미네이션)
3) 눈처럼 동그란 사물들(태양, 지구, 원 등등)
4) 태양의 운행에 따라 나타나는 기후
5) 큰 눈의 경계의 빛
6) 금이라는 개념에서 비롯된 일부 파생물들

---

196 두 가지 기억을 지니고 있는 시의 제목 자체에 대해 자문해볼 필요가 있다. 둘 중의 하나는 보편적 기억(대문자 M)과 다른 하나는 보편적 기억 속에서 끌어 올리는 시적인 기억(작가의 기억, 소문자 m)이다. 우리는 이때 '하나의 찬란한 불火로부터 동일한 성질을 지닌 수천 수만의 불똥들이 생겨나듯이, 무수한 창조물들이 영원히 파괴될 수 없는 존재에서 유래하며 또한 그리로 돌아간다.'(Mundaka Upanishad)라고 하는, 본질에 대한 바라문교의 개념에 이르게 된다. 게다가 Ficher가 지적한, 물과 기억의 동일화는, 현대를 사는 우리가 여전히 동양에서 접하게 되는 대중화된 마술의 실행(노망든 사람의 수장이나 혹은 사랑의 증표-예를 들어, 정열이 계속되기를 기원하는 증표로써의 머리털 타래) 결과인 것이다.

197 Fabre d'Olivier는 O라는 글자의 근원에 대해 자기 나름대로 다음과 같은 주장을 펼치고 있다.
'첫 번째 어의에 따르면, O는 인간의 눈을 표시하며, 빛의 상징이 된다. 두 번째 어의에 따르면, O는 귀를 표시하며 공기와 바람 소리의 상징이 된다. 자음으로서 O는 물의 상징이며 본능적인 취향과 욕망을 나타낸다. 만약 사람들이 문법적 기호로써, 이 O의 특성을 고려한다면, 사람들은 그 속에서 아주 심오하고 놀라운 신비적 이미지와 연결 매듭과 분리점의 이미지 그리고 무와 존재를 발견할 것이다.'

물 "l'Eau", 아내 "l'Epouse", 어머니를 가리키는 "Elle"을 상징하는 M, 그리고 "태양", 아버지를 가리키는 "그"를 상징하는 O가 그 둘을 병치하는 경우 M.O를 형성하고 순서를 바꾸어 읽으면 OM을 형성한다. 그러면 OM은 무엇인가? 그것은 힌두족들에게서 축복받은 음절이다.

이것의 의미를 옮기면 다음과 같다. "OM이라는 소리는 이 우주 전체이다."[198] 비시누(Vichnou) 신자들은 그들의 숭배대상을 om이라는 상징으로 나타냈으며, 'jadjour-veda'에서는 om이 그 수적 상징이 3인 불의 신성이라는 의미를 지닌다.[199]

가령 om의 음성적 변이체인 me가 티베트어에서 불 또는 3이라는 수를 가리킨다. Jean Richer는 「Essais sur la philosophie des Hindous」라는 제목의 H.T.Colebrooke의 저서를 G.Pauthier가 옮긴 1833년의 번역본과 더불어 랭보가 읽었음에 분명한, 「Des couleurs symboliques」란 제목의 Frédéric Portal의 책에 힘입어 OM 음절을 형성하는 O와 M 철자의 상징체계를 아마 랭보가 읽었을 것이라고 주장한다. 우리의 시인에게 영감을 주었음이 분명한 '힌두족의 철학에 대한 시론'에서 몇 대목을 발췌하여 소개하면 다음과 같다.

"Om ou aum, syllabe mystique et sainte, composée des trois lettres a, u et m, les deux premières se résolvant en Ô ; elle désigne ou exprime les trois grands Dieux qui composent la trinité brâhmanique : BRAHMA' par A ; VICH ou ; par U, et S'IVA[200] par M."

---

[198] J.Richer 「Alchimie du verbe」, p.42.
[199] 3이라는 숫자에 대해서 뒤에서 언급하겠음.
[200] 인도의 전통신화 세 개의 신승 즉 Brahma, Vichnou 그리고 Civa를 같은 이론적 견지에서 중시하고 있다. 이 삼위일체는 베다교의 다신론이 일신론으로 변화한 것으로 보여진다. Brahma에 대해서는 서론에서 알아보았으므로 넘어가겠음. Vichnou는 약 24가지의 태도와 원, 곤봉, 방, 연꽃의 근

"a, u, m 세 글자로 구성되어 첫 두 글자가 ô 합음(合音)되는 신비적이고 성스러운 음절인 om 또는 aum. 그것은 브라만교의 삼위일체를 형성하는 위대한 세 신들을 지칭하거나 표현하는 바, A로 나타낸 ARAHMA, 또는 U로 나타낸 VICH'N, 그리고 M으로 나타낸 S'IVA이다."

"Le mode le plus prompt d'obtenir la béatitude, dans la contemplation absorbée, est la dévotion à DIEU, elle consiste dans la répétition murmurée de son nom mystique, la syllabe OM, en méditant en même temps sur sa signification. C'est ce qui constitue la dévotion efficace par laquelle la divinité devenue accorde aux voeux et aux prières le bien que l'on demande ; levant tous les obstacles en faisant naître un sentiment intérieur qui prépare l'âme pour la délivrance."[201]

"집중적 명상에서 무상의 기쁨을 얻는 가장 신속한 방식이 신에의 공경인 바, 그것은 동시에 그 의미작용에 대해 골몰히 탐문하면서 신의 신비로운 이름 즉 음절 OM을 중얼거리며 반복하는 데 달려 있다. 바로 그것이 효과적인 공경을 행하는 것이며, 자비로워진 신성이 그러한 공경을 통해서 인간이 바라는 선을 서원(誓願) 및 기도자들에게 부여한다. 영혼이 해방을 맞을 준비를 갖추도록 하는 내

본적인 4가지 상징으로 특징지어진다. Vichnou는 종종 그의 보호자인, 천 개의 머리를 가지고 있는 Ceska라는 우주뱀의 몸통 위에, 그리고 세상이 개벽할 때의 혼란한 상태의 대양 위에 누워 있는 모습으로 표현된다. Vichnou는 잠을 자면서 우주의 일을 계획한다. 그리고 주기적으로 잠에서 깨어날 때마다, 그의 배꼽으로부터 연꽃이 나오는데, 그 연꽃에서 새로운 우주를 만들기 위해 Brahma가 나온다. Vichnou는 지방에 따라 Vithoba, Vithal, Venkateça, Timpati, Ranganâta등의 다양한 이름을 가지고 있다.
그와는 반대로 황소 Blanc Nandin를 타고 있는 Civa는 마찬가지로 다양한 이름(Cambleu, Gankara, Virabhadra, Sundarecvara, Mullalinga 등)을 가지고 있다. 그리고 신으로 말하자면 Dionysos에 해당한다. Civa는 죽음과 시간을 동일시하며 보편적인 출산의 의무를 띠고 있다. Civa가 Vichnou에 반대하여 인간의 문제에 개입할 때는, 여성의 인격을 지닌 Gakti에게 그의 권력을 위임한다. Civa가 때때로 양성체로, 훌륭한 에로틱한 이미지와 여성의 신으로 표현되고 있음은 놀라운 일이다. Civa의 상징문자는 M이다. 그 상징문자는 '마담 랭보' '물'에는 해당되지 않는다. 간단히 말해 '기억'이라는 제목 자체나 혹은 사실 아버지만큼 어머니와 관계되는 '양성체' '자웅동체'라는 말의 항목을 자의로 삭제하는 것은 그 상징문자에 해당하지 않는 것이다.
201 H.T.Colbrooke : "Essai sur la philosophie des Hindous 힌두교의 철학시론."

면의 감정을 태동시키면서 모든 장애물들을 제거시킴으로써 그것이 가능하다."

무엇보다 "지고한 현인"이 되고자 "스스로 견자의 경지에" 이르려는 노력을 기울이던 그 당시 랭보의 정신에 이 마지막 대목이 각별히 불러일으켰을 관심을 짐작해 볼 만 하다. <기억>은 그 정의적(情意的) 국면을 넘어 특정 유형의 앎에의 의지와 탐구를 전하고 있는 것이다. 사실 기괴한 영혼을 형성하는 것이 관건이었으니 Comprachicos*를 본따는 것이 무엇이겠는가? "자신의 얼굴에 무사 마귀들을 심고 가꾸는" 한 사내를 상상해 보라. 마치 깨어 있는 꿈속에서처럼 자신의 시 안에서 일생의 특정 고뇌의 순간들을 —그것이 가장 고뇌 어린 순간들은 아닐지라도— 되살고자 결심했을 때의 랭보가 바로 그런 사람이었다.

"Il cherche en lui—même, il épuise en lui tous les poisons, pour n'en garder que les guintessences. Ineffables tortures…où il devient entre maudit." Sa douleur est quasi—réelle. Et la question finale du poème, "à quelle boue?", cette interrogation pathétique en face de l'avenir, en face de ce qui est ignoré, inattendu, imprévisible, peut être lue comme l'expression du poète devant "l'inconnu", "arrivé à l'inconnu" au bout de son rêve.

"그는 자기 내면에서 모든 독기들을 찾아내어 고갈시킴으로써 그 정수만을 간직하고자 한다. 이루 형언할 수 없는 형극들… 거기에서 그는 무엇보다도 큰 환자, 큰 죄인, 큰 악마가 된다. 그의 고뇌는 거의 현실적인 것이다. 그리고 미래, 미지의 것이며 불시의 것이고 예측할 수 없는 것인 미래를 두고 던지는 시의 마지막 질문 "그 어떤 진창으로?", 이 비장한 의문은 자신의 꿈 종국에서 "미지의 것에 다다른 뒤" "미지의 것"을 앞에 두고 하는 시인의 표현으로서 이해될 수 있다."

이 시는 40행을 담고 있다. 그런데 "수 40은 (…) 진리를 향한 우리의 순례, 하늘을 향한 우리의 노정을 표현한다."[202] <기억>은 시적 진실, 견술의 "하늘"을 향한 그러한 순례의 한 순간, 그러한 노정의 한 단계를 이야기하고 있는 것이다.

2. 모음(voyelles)과 니르바나

Voyelles

A noir, E, blanc, I rouge, U vert, O bleu : voyelles,
Je dirai quelque jour vos naissances latentes :
A, noir corset velu des mouches éclatantes
Qui bombinent autour des puanteurs cruelles,

Golfes d'ombre : E, candeurs des vapeurs et des tentes,
Lances des glaciers fiers, rois blancs, frissons d'ombelles ;
I, pourpres, sang craché rire des lèvres belles
Dans la colère ou les ivresses pénitentes ;

U, cycles, vibrements divins des mers virides,
Paix des pâtis semés d'animaux, paix des rides

---

[202] P.C.A Dacuria 신부 <u>Les Harmonies de l'Etre exprimé par les nombres 1847</u>-Ⅱ chapitre. XXV "1847이라는 수에 의해 표현된 조화, 2장 xxv" pp.348~351.
40이라는 수는 항상 진실, 순수, 절대의 추구를 표현하고 있다. 성서에서 말하는 40이라는 숫자는 이러하다.
'성령으로 충만한 예수는 요르단으로 돌아갔다. 그는 광야를 가로질러 성령에 의해 인도되고, 40일 동안 악마에게 시험 받는다. 그는 40일 동안 아무것도 먹지 않았다.'

Que l'alchimie imprime aux grands fronts studieux ;

O, suprême Clairon plein des strideurs étrangers,
Silences traversés des Mondes et des Anges ;
—O l'Oméga, rayon violet de ses yeux.[203]

모음들

A 검정, E 하양, I 빨강, U 초록, O 파랑, 모음들이여
내 어느 날엔가 말하리 그대들의 은밀한 탄생을 :
A, 지독한 악취 주변에 윙윙거리는
번득거리는 파리떼들의 털투성이 검은 코르셋,

E, 그늘의 만, 수증기와 텐트의 순진스러움
오만한 빙하의 창들, 순결한 하양, 산형화들의 살랑임 ;
I, 주홍, 토해내는 피, 화가 났을 때나
회개의 취기를 느끼면서 짓는 예쁜 입술의 웃음 ;

U, 순환, 초록색 바다의 신성한 일렁임,
동물들 씨처럼 흩뿌려진 방목장의 평화, 노심초사의
널따란 이마들 위에 연금술이 새겨 놓는 주름살들의 평화 ;

O, 낯설은 날카로운 음으로 그득한 지고의 나팔
세계들과 천사들이 가로지르는 정적
—오, 오메가, 그의 눈에서 새어 나오는 보라빛 광선이여!

랭보는 Demeny에게 보내는 서한에서 다음과 같이 말했다. "약자들은 첫 번째 알파벳 글자에 대해 생각을 시작할 것이니, 그들은 광

---

[203] A.Adam. <u>Oeuvres complètes de Rimbaud,</u> Pléiade 1972. p.53.

기에 돌입할 수 있으리라!" '모음들'은 "알파벳 첫 글자"인 A와 불어의 다른 네 모음들에 대한 성찰 바로 그것을 나타낸다. 따라서 언어(langage)에 대한 연구가 관건인 것이다. 그렇다면 언어란 무엇인가? Louis Lavelle은 「La Parole et l'Ecriture」라는 자신의 책에서 언어를 다음과 같이 정의하고 있다.

> "Et comme nous ne puovons nous empêcher de penser que tout l'univers est présent dans chaque perspective que l'on peut prendre sur lui, nous pensons de même qu'il nous suffirait d'éprouver tous les mots de notre vocabulaire propre et d'en faire une application sérieuse à notre expérience de la vie pour illuminer et agrandir notre conscience personnelle jusqu'à la rendre à peu près égale à la conscience de l'humanité tout entière."[204]

> "언어는 인류의 기억력이다. 언어가 인류가 획득한 것 모두를 보존하기 때문이다. 언어는 그 어떤 개인의 사상보다도 무한히 더 풍요하다. 따라서 언어 그 내부에는 세상의 그 어떤 존재도 끝내 측정하지 못할 풍부함을 지니고 있다. 단어 하나하나의 변조와 공명 안에서까지 그것이 나타내는 데 기여했던 모든 정신 상태들의 자국이 남겨져 있는 것이다."

> "그리고 우주에 대해 취할 수 있는 우리의 관점 하나하나 속에 우주 전체가 깃들어 있다고 생각하지 않을 수 없으므로, 마찬가지로 우리는 우리의 고유한 어휘집의 모든 단어들을 체험하고 우리의 생활 경험에 그것들을 신중하게 적용하기만 하면 우리의 개인적 의식을 조명하고 확대시켜 그것을 전 인류의 의식에 거의 동일한 수준으로 만들기까지 이를 수 있을 것이라고 생각한다."

---

[204] Louis Lavelle : "la Parole et l'Ecriture"

따라서 언어는 인간이 공동으로 소유한 가장 중요한 재산을 대표한다. 이 문제에 대한 성찰은 철학자 또는 언어학자에게서 제기되는 것이 더욱 적절할 것이다. 그것은 시적 주제들의 관습적 영역에서 벗어나는 것이라고 말하고 싶어지는 문제이다. 과연 무엇이 랭보로 하여금 언어학자의 역할을 독차지하고 나아가서 인간의 말의 원천에까지 거슬러 올라가고자 함으로써 하나님의 역할마저 독차지하고 인간 말을 다른 식으로 재가공하게 만들었던가? 우리가 이런 질문을 하는 것은 시 <모음들>이 알파벳 글자들의 기원에 대한 설명을 넘어서, 음들과 색깔들, 표기법의 일부 철자들에 담긴 형태들 간의 원초적 상응관계들에 관한 형이상학을 담고 있기 때문이다.[205]

그에 대한 답변이 <언어 연금술(Délires II)> 안에 다음과 같이 제시되어 있다.

> "Depuis longtemps je me vantais de posséder tous les paysages possibles et trouvais dérisoires les célébrités de la peinture et de la poésie moderne.
>
> J'aimais les peintures idiotes, dessus des portes, décors, toiles de saltimbanques, enseignes, enluminures populaires ; la littérature démodée, latin d'église, livres érotiques, sons orthographe, roman de nos aîeules, contes de fées, petits livres de l'enfance, opéras vieux, refrains niais, rythmes naîfs.

---

[205] Felicien Champan는 그의 소설 〈Dina Sanmuel〉 속에서, 1870년 이전에는 이상한 토론이 예술계에서 활기를 띠고 있었다고 말하고 있다. 소리의 음계와 색채 사이의 관계가 문제시 되었다. 즉 '흰색은 도에 파란색은 레에 검은색은 파에, 초록색은 솔에 해당한다. 사람들은 경치를 음악적으로 해석하기에 이를 것이다. 반올림표(#)와 내림표(b)는 반음향의 역할을 할 것이다'(A.Adam : 랭보 전집, pléiade 총서 1972, p.899)
다른 한편으로 랭보 이전에 보들레르는 〈상응〉이란 작품 속에서 '향기, 색채, 소리' 사이의 신비로운 유사성을 드러내고 있다.

Je rêvais croisades, voyages de découvertes, dont on n'a pas de relations, républiques sans histoires, guerres de religion étouffées, révolutions, de moeurs, déplacement de races et de continents : je croyais à tous les enchantements.

　　J'inventai la couleur des voyelles! ─A noir, E blanc, I rouge, O bleu, U vert. Je réglai la forme et le mouvement de chaque consonne, et, avec des rythmes instintifs, je me flattai d'inventer un verbe poétique accessible, un jour ou l'autre, à tous les sens."[206]

　　"나는 가능한 모든 풍경들을 소유하고 있다고 오래 전부터 자부했고, 회화와 현대시가 누리는 각종 명성을 부질 없는 것으로 생각했다. 나는 문(門) 상부의 그림들, 장식 그림들, 서커스단의 천막 그림들, 간판들, 통속적인 채색삽화 등등 지능한 그림들을 좋아했다. 그리고 라틴 기독교 문학, 순정 소설들, 철자 표기의 음, 우리 조상들의 소설, 요정 이야기들, 어린이용 소책자들, 케케묵은 오페라들, 시시콜콜한 후렴구들, 천진난만한 리듬들 같은 구식 문학을 좋아했다.

　　나는 십자군이며 지금은 기록이 없는 탐험기들, 역사 없는 공화국들, 불발로 끝난 종교전쟁들, 혁명들, 풍속들, 인종들의 이동과 대륙의 이동에 대해 꿈꾸었다. 그리고 나는 모든 신기한 일들을 믿었다.

　　난 모음들의 색깔을 구성해냈다! ─A 검정, E 하양, I 빨강, O 파랑, U 초록 하는 식으로. 난 각 자음의 형태와 움직임을 정리해 보고 본능적인 리듬을 가지고서 언젠가 모든 의미들에 접근 가능한 시적 말을 고안해 내리라고 자부했다."

따라서 일부 학자들이 밝히고자 애썼던 바와는 달리 단순히 채색된 청각 또는 공감각이 관건인 것이 아니다. <모음들>은 언어의 압축이며 "가능한 모든 풍경들을" 싣고 있는 인간 말의 모든 국면들의

---

[206] Ibidem, p.106, "Alchimie du verbe 언어의 연금술"

요약이다. 그것은 진정 인간 사고를 그 총체 속에 정식화하고 표기법을 통해 보편적 삶을 회화적으로 재생하려는 비교적(祕敎的)인 시도인 것이다. 우리로서는 이렇게 말하고 싶어지는 바, <모음들> 그것은 이 단어가 갖는 우주적 의미로서의 '브라마' 시이다.

이 시는 두 4행시절과 거기에 뒤따르는 두 3행시절로 나뉘는 14행으로 구성되어 있다. 불어의 모음들인 다섯 글자들에 걸쳐 기술이 행해진다. 그러한 한정은 시인이 원한 것일까 아니면 그 이외의 글자를 갖지 않은 불어 알파벳 목록 때문에 강요된 것일까? 만약 언어 체계가 일곱 또는 여덟 모음들을 가졌다면 랭보가 자신의 시의 시행 수를 늘렸을까? 그것을 바꾸었을까 그대로 유지했을까? 이러한 질문들이 중요한데 그 이유는 만약 이 시의 구조가 모음들의 수에 따라 변한다면 결과적으로 랭보가 감정들, 느낌들 그리고 알파벳의 일부 글자들의 형태가 그에게 암시해 주는 것 간의 상응관계들을 설정했다는 단순한 사실로 귀착되기 때문이다. 그렇지만 그 경우, 꼭 마찬가지로 암시적인 일부 자음들의 형태가 서술에 포함될 수도 있었을 것이다. 그런데 랭보는 배타적으로 다섯 모음들을 서술하는 데 그쳤다. 그것이 뜻하는 것은 곧 다음과 같은 점일 수밖에 없을 것이다. 즉 선택된 다섯 글자들이 그 심층적 의미 작용 속에 자음들을 포함하고 있으며, 사실 다섯 글자들이 표기법 전체와 모든 표기를 나타낸다는 점이다. 랭보는 말한다. "난 모음들의 색깔을 구상해 냈다(…) 난 각 자음의 형태와 움직임을 정리해 보고 본능적인 리듬을 가지고서 모든 의미들에 접근 가능한 시적 말을 고안해 내리라고 자부했다."

<모음들> 속에 표명된 기획은 보편적이고 비시간적인 성격을 지

닌다. <모음들>이 포함하고 있는 것은 불어 자음들만이 아니다. 그의 야심은 단번에 우주를 그 총체로 표현하고자 모든 언어들의 모든 알파벳을 내포하는 것이다. 왜냐하면 단어들을 통해 모든 사상들을 집중시키는 그런 식의 도구만이 시초적 언어체계의 태초의 말의, 그것을 통해 창조가 이루어졌던 신비적 언어의 통신원이 될 수 있기 때문이다. 실제로, 랭보에게 있어 시인은 "인류를 그리고 동물들까지 짊어지고 있으며… 한 언어체계를 찾아내는 임무를 갖는다. 나아가서, 모든 말이 곧 관념이므로, 한 보편 언어의 시기가 도래하리라!"207 <모음들>, 이 시는 그 "보편 언어"의 코드, 통사법, 나아가서 어휘를 천명한다.

"A noir, E blanc, I rouge, U vert, O bleu : voyelles Je dirai quelque jour vos naissances latentes."

"A 검정, E 하양, I 빨강, U 초록, O 파랑 : 모음들이여, 내 어느 날엔가 말하리 너네들의 내밀한 탄생을"

결국 랭보가 모음 다섯을 선택한 것은 관습적으로 그 모음들이 수 5에 이르도록 해 주기 때문이었던 것으로 보인다.208

---

207 Ibidem "la lettre du voyant" dans Rimbaud à Paul Demeny, 15 mai 1871. Paul Demeny에게 보낸 랭보의 '견자의 편지 1871년 5월 15일자'
208 5라는 숫자는 전통 연금술에서 중요한 상징이다. 그것은 죽음을 극복할 수 있게 하는 생명을 나르는 숫자이다. 그것은 현실적 숫자를 형성하는 4가지 요소들을 초월함으로써 생기는 '정수'이다. 5는 출산을 통해 사회적인 영속을 확고히 하는 에로스를 대표하며, 인간의 영원함을 위험에 빠트리는 모든 위험과 운명에 대항하는 숫자이다. 그것은 사랑과 생명의 에로틱한 상징이다. Paneth는 5의 본질을 우리에게 더 잘 이해시키기 위해 다음의 비유를 펼치고 있다.
'만약 우리가 숫자를 통해서 여성의 형태를 특징짓고자 한다면, Eve=4, Lilith=5, 1-2-3=아버지, 어머니, 아이라고 말할 것이다. 즉 이 종합은 3은 가족 요소를 대표한다. 그리고 4각의 4는 정사각형에 대한 고대 신성화를 대표하며 3은 자연스런 가족이며 4는 사회적 가족이다.
4와 함께 Eve의 세계는 닫혀 있다. 이 수는 Eve의 본질을 포함하고 있다. 게다가 Eve의 본질은 아

그리고 알파벳 스물 여섯 글자들을 다시 생각해 보면(A, B, C, D, E, F, G, H, I, J, K, L, M, N, O, P, Q, R, S, T, U, V, W, X, Y, Z) 그 연속적 순서가 '모음들'의 열거 속에 준수되고 있지 않았음을 깨달을 수 있다. 즉 본래의 순서에 따른다면 "A 검정, E 하양, I 빨강, O 파랑, U 초록…"이 되어야 했을 것이다. 그런데 랭보가 구태어 "A 검정"의 서술부터 시작하여 "O 파랑"의 서술로 그의 시를 끝마치고 있는 것은, 그로서는 명백히 글자 A에서 시작하여 글자 O로 끝내야 했었기 때문이다. 결국 A가 '모음들'의 출발점이며 O는 종착점, 이 시의 운행의 목적지이다. 그러면 상징적 측면에서 그 A는 무엇이며 그 O는 무엇이겠는가? 그것은 Alpha와 Oméga의 머리글자들일 수밖에 없다. 즉, 요한묵시록(21, 6) 안에서 정확히 다음과 같이 말하던 하나님의 神인 것이다.

"Je suis l'Alpha et l'Oméga."

"나는 Alpha요 Oméga라."

그렇지만 랭보가 쓰는 의미에서의 신은 (이 점을 강조할 필요가 있다) 그가 그것에 반항하는 기독교의 삼위일체 성부, 성자, 성령과 일치하지 않는다. <일곱 살배기 시인들> 속에서 랭보는 어린 시절

무것도 원하지 않으며, 외부로부터 아무것도 침투하지 못하도록 하고 있다. 그러나 5는 4각의 4를 뛰어넘고 부서트린다. 5는 완전히 Eve 세계의 경계를 무시하고, 그 세계를 깊은 혼란에 빠트린다. 강한 에테르성의 Astarté 후예이며, 지상의 싸움에서 이승의 적들을 이길 수 없는 Lilith는 아담과 집을 Eve에게 남긴 채 진 적도 없고 이길 수도 없는 그의 공기의 왕국 속에 은둔한다' (L.Paneth : 무의식 속에 나타난 수의 상징, Payot 1976, p.151)
따라서 5는 우주적 가족을 나타낸다. 5는 창조와 출생을 그의 상징체계 속에 집중시키고 있다. 마찬가지로 곧 보게 될 5가지의 모음들은 모든 유성과 별들을 그들의 의미 속에 내포하고 있다. 5가지 모음들은 집약된 우주를 구축하고 있다.

부터 '자기가 하나님을 좋아하지 않았다'고 단언한다. <교회의 가련한 자들>과 <태양과 육신>에서는 사회의 폭군이며 사형 집행인이라고 하나님을 비난한다.

"…Humiliés comme des chiens battus,
Les pauvres au bon Dieu, le patron et le sire,
Tendent leurs oremus risibles et têtus.

Aux femmes, c'est bien bon de faire des bancs lisses
Après les six jours noirs où Dieu les fait souffrir!"[209]

"…두들겨 맞은 개들처럼 모욕을 당하고서…
가난한 자들, 사업주와 나으리 마음씨 좋은 하나님에게
바친다, 가소롭고 집요한 그네들의 기도를.

여인네들이야, 하느님이 그녀들을 고통스럽게 했던 그 음울한
여섯 날이 지나고 반들거리는 의자에서 기도하는 모습 가관이구나!"

"…oh! la route est amère
Depuis que l'autre Dieu nous attelle à sa croix :
Chair, Marbre, Fleur, Vénus, C'est en toi que je crois!"[210]

"…오! 그 다른 하나님 우릴 그의 십자가에 비끌어 맨 이후
노정은 가혹하기만 하여라 :
육신, 대리석, 꽃, 비너스, 내가 믿는 것은 바로 그대라!"

---

[209] A.Adam : <u>Oeuvres complètes de Rimbaud</u>, Bibliothèque de la Pléiade, 1972, "Les pauvres à l'Eglise 교회를 믿는 가난뱅이들"
[210] A.Adam : <u>Oeuvres complètes de Rimbaud,</u> Bibliothèque de la Pléiade, 1972, p.8, "Soleil et chair Ⅱ 태양과 육신 Ⅱ"

따라서 랭보에 있어서의 하나님(신)은 Vénus, Astarté, Aphrodite의 동의어이다. 그것은 Alpha와 Oméga의 공간에 들어가 전반적인 창조를 조정하는 우주의 응축체인 것이다. 그것은 베다교 전통 또는 브라만 사상에 결부시켜 이해하고자 노력해야 할 개념이다. "A 검정"에서 "O 파랑"에 이르기까지 서술된 것, 그것은 그 내용물이 우주인 한 그릇의 체적(體積)이다. "따라서 시간적 흐름의 관념을 포함한 우주 발생론이 이론의 여지없이 이 대목의 관건이다. <모음들>은 우주적 코스모스를 그 지속 속에 신비롭게 포함하고 있다. 나아가서 모음들에 힘입어 우리는 신의 이름(IEOUA–Jehova)을 쓸 수 있는 것이다."[211]

서로의 특질에 비추어 모음들과 특정 유성들 간에 설정되는 일련의 상응 관계를 제시하면 다음과 같다. 이 상응관계들은 랭보 논평가들에게서 일반적으로 받아들여져 활용되고 있다.

모음들	색깔들	유성들
A	검정/보라	토성(terre)
E	하양/노랑	쥬피터(목성)
I/Y	빨강/오렌지색	화성–수성(,(Eau)
U/V	초록	금성–달
O	파랑	태양(Feu)

보편적 삶이 Alpha에서 Oméga를 향해 운행되듯이 모음들의 움직

---

[211] David Guerdon. <u>Rimbaud la clef alchimique</u> 연금술의 거장 랭보. Robert Laffont, Paris 1980, p.133.

임은 A에서 O를 향해 전개된다. 따라서 이 시의 구조는 정태적이 아니라 역동적이다. 그 제 5원소가 상위의 합성의 장으로서, 다른 네 원소들의 정화와 변모를 통해 추출되는 일종의 정수로서 불현듯 나타나는 요소 범주들과 모음들을 동일시할 수 있다.

"A 검정"은 그리스 로마 신화에 의하면 황금시기를 지배하던 최초의 신, 신들의 아버지인 사투르누스(Saturne)를 가리킨다. 자식들로부터 폐위당하여 사투르누스는 라찌움(Latium)으로 유배당했다.[212] 연금술에서 그를 나타내는 금속은 다름 아닌 납으로서, 금을 포함한 모든 다른 금속들을 포함하는 것으로 상정된다. 따라서 사투르누스는 알파이며 우주의 시작이다. 바로 그 이유로 A는 검정을 나타내게 된다. 왜냐하면 "검정은 창조 이전의 암흑에 결부된 시초적 혼돈의, 철두철미한 무차별의 세계의 색깔이기 때문이다. 검정은 차가운, 부정적인, 수동적인 등등의 색깔이다. 그러면서 또한 발아의 장이요 온갖 기원과 온갖 시작과 온갖 수태의 색깔이다."[213] 랭보가 말하는 A는 우주의 혼돈스러운 기원을 서술하며 세계의 태초 모형(母型)과 동일시된다.

"A noir, corset velu des mouches éclatantes
Qui bombinent autour des puanteurs cruelles."[214]

---

212 우리는, 라틴어 Latium이 불어로 'latent'에 해당하는 '내밀한, 잠재적인'이라는 뜻을 숨기고 있다는 사실에 접근할 수 있다. 다음의 문장을 보면 그 의미를 더 잘 이해할 수 있을 것이다.
'모음들이여, 나는 언젠가 너희들의 내밀한 출생을 말하리라' 다시 말해서 세상이 개벽된 이래로 Saturne 이후의 '너희들의 출생'을 이르는 것이다.
213 David Guerdon. op. cit. p.136.
214 'Saturne에 해당하는 것들은 뱀과 파충류, 전갈, 개미 그리고 땅에서 부패가 야기되는 모든 것이다' 라고 Henri-Corneille Agrippa는 〈신비철학〉이라는 책에서 말하고 있다. (J.Richer, op. cit. p.75)

"A, 잔인한 악취 둘레에 윙윙 맴도는
번득거리는 파리떼들의 털투성이 검은 코르셋"

그것은 번식시키고 발생시키고 생식하는 암흑이다.215 A는 어둡지만 비옥한 장이며 부패의 이마쥬이자 동시에 부활과 발아의 기약이다.

나아가서 A는 알파벳 첫 글자이다. 그것은 곧 A=하나라는 말과 통한다. 따라서 A는 거기에서 우주가 비롯된 원칙, 요소 범주이다. 뒤의 두 텍스트는 David Guerdon의 일부 연금술 저서들로부터 발췌된 것이거니와, 마치 노자의 우주 생성론을 연상시키는 다음 텍스트들이 비교적(祕敎的) 방식으로 밝히고자 하는 바가 바로 그 점이다. "셋은 하나에서 나온다. 하나가 셋 속에 있다. 하나는 둘 가운데 있고 둘이 가운데의 것을 포섭하며 가운데의 것의 세계를 포섭한다." (카발라 경전 Zohar, I, 326).

"D'un par un qui n'est qu'un sont faits trois, de trois deux et de deux un" (Cyliani, Hermès dévoilé)

"Un devient Deux, devient Trois ; et au moyen du troisième, le Quatrième, le Quatrième réalise l'Unité. Ainsi les Deux ne forment plus qu'un" (Philosophus Christianus).

"하나에 다름 아닌 하나를 통해 하나로부터 셋이 만들어지고, 셋으로부터 둘이, 둘로부터 하나가 만들어진다."(Cyliani, Hermès dévoilé)

---

215 히브리 신비철학에 등장하는 프리메이슨 단원들의 명상의 장소는 상징적으로 검은색으로 묘사되어 있다. 비현실의 신과 직접적 관계를 맺는 처음의 Sephira는 캄캄하다. 연금술사가 신비한 방법을 통해 결정체를 얻기 위해 조작하는 '원료'는 마찬가지로 검은색이다.

"하나가 둘이 되고, 둘이 셋이 되고, 그리하여 세 번째 것을 통해 네 번째 것이 단일성을 실현한다. 이렇게 그 둘이 이제 오로지 하나만을 형성한다."(Philosophus Christianus).

이 세 경우에 있어, 원초적 하나 속으로의 그 숫자의 재삽입으로 끝나는 단일성 그 너머로의 갑작스러운 출현이 주목된다. 그러한 배태는 기이하게도 Mundaka Upanishad의 다음 말을 상기시킨다. "타오르는 불 하나로부터 동일한 성질의 수 천 개 불똥들이 사방으로 튀어 오르듯이, 수없이 많은 피조물들이 불멸의 존재로부터 발생하여 그것으로 되돌아간다."216 랭보로 말할 것 같으면 「Les Illuminations」 안에서 다음 문구를 통해 그와 동일한 생각을 재생하게 될 것이다.

"ces feux à la pluie du vent des diamants jetée par le coeur terrestre éternellement carbonisé par nous ô monde."217

"우리에 의해 영구히 탄화되는 지상의 심장에 의해 내던져지는 다이아몬드의 바람에 빗발치는 이 불들 —오 세계여"

랭보가 말하는 A, 유성인 토성, 그리스어의 알파, 그리고 주요소로서의 하나 간에 실현될 수 있을 비교 또는 차라리 중첩이 자의적(恣意的)인 것은 결코 아니다. 그와 반대인 것이다.218

---

216 Rolland de Renéville, op. cit. p.42.
217 「채색 판화집」: '야만인'
218 A는 1이라는 숫자를 상징으로 지닌다. 그런데 고대 전통에 따라 플라톤은 1과 다른 숫자들을 구분했을 뿐만 아니라 또한 수의 개념과 순수하게 수학적인 수들 사이의 차이점을 구분했다.
수는 수의 개념일 뿐이다. 왜냐하면 수학적인 수들만이 하나의 원칙을 설명하고 있기 때문이다. 1이라는 숫자가 활동을 시작하지 않은, 아직 사용한 적이 없는 깨끗한 근원을 의미하는 것과 마찬가지로, 2라는 숫자는 본질적으로 '다른 것', 무한대의 이원성, 복수의 시초를 의미한다. 3은 다른 것에 덧붙여진 하나이다. 다시 말해 하나의 총체 속에 여러 가지 요소들이 합성된 상태이며 많은 것을 하나로 상징한 것이다. 4는 균형이며, 분절의 연속이고, 항상 조화로운 복수이다. 4는 그 수를 유추해

II. 랭보적 언어에 담긴 신비들 191

"Golfes d'ombre ; E candeur des vapeurs et de tentes
Lances des glaciers fiers, rois blancs, frissons d'ombelles."

"E, 그늘의 만, 수증기와 텐트의 순진스러움
오만한 빙하의 첨두들, 순결한 하양, 산형화들의 찰랑임"

앞 대목과 뒤 대목 간의 전환이 "Golfes d'ombre"이라는 단어군으로 표시되어 있다. "그늘"이라는 단어는 빛이라는 묵시적 관념을 전달한다. 확실히 그늘은 검은 색깔에 속한다. 그렇지만 이제 혼돈의 검정이 문제되는 것이 아니다. 그늘은 빛을 예고하는 것이다. 그것은 거기로부터 새벽과 낮이 생겨나게 될 밤이다. 빛을 통한 암흑의 수태가 벌어지는 것이다. 바로 그 때문에 A검정과 E하양 간에 놓인 그 간격의 이원적인, 과도기적인 상황이 설정되어 있다. "Golfes d'ombre"는 이미 창조의 씨앗을 내포하고 있는 일종의 세계의 모형 (母型)을 환기시킨다.

첫째 시절은 지구를 혼돈스러운, 빈, 무정형의, 아무런 생명의 숨결 없는 양상의 것으로 제시했다. 그런데 이제 우리는 성서의 창세기가 천지창조 첫날에 관련하여 다음과 같이 들려주는 암흑과 빛의 분리관계에 다다라 있다.

"Or la terre était un chaos, et il y avait des ténèbres au-dessus de

---
보며 사지의 결합이며 동시에 분리이다. 철학자에게 있어 신은 1의 개념과 동일하며 …1은 신성한 통일의 힘을 가장 잘 상징하는 수이다.
⟨E.Hoffmann, Platon, Edit. Artémis, Zurich, 1950⟩
아마도 수에 대한 플라톤의 이러한 상징들을 인식하고 있었던 랭보는 자신의 시 속에 그의 본질적 양상의 어떤 것을 삽입할 수 있었을 것이다.

l'Abîme, et l'esprit de Dieu planait au-dessus des eaux.
　Dieu dit : "Que la lumière soit" et la lumière fut. Dieu vit que la lumière était bonne et Dieu séparait la lumière des ténèbres. Dieu appela la lumière "Jour" et les ténèbres, il les appela "nuit". Il y eut un soir, et il y eut un matin : premier Jour."[219]

　"그런데 땅이 혼돈하고 암흑이 심연 위로 떠돌고 하느님이 수면 너머로 떠돌았느니라.
　하느님이 가라사대 "빛이 있으라" 하시매 빛이 있었느니라.
　하느님이 그 빛이 좋다고 하시고 하느님이 어둠으로부터 빛을 갈라 놓았느니라. 하느님이 빛을 낮이라 칭하시고 어둠을 밤이라 칭하셨느니라. 저녁이 있고 또 아침이 있었으니 그것이 첫째 날이었느니라."

　E는 흰색이다. 그런데 연금술에서는 흰색이 검정 속에 잠재하며 빨강은 흰색 속에 함유되어 있다. 연금술적 작업에 있어 이 작품은 검정에서 흰색으로 진행되는 변모과정을 따른다.「철학적 연금술적 화학 개론(Paris, 1725)」에 써 있는 바에 의하면,[220] 고대 장인들은 자신들의 연금술상의 시초적 재료를 "눈처럼 희고 수정처럼 빛나는 승화물"로 변형시켰다. 흰색은 승화된 재료로부터 새어 나오는 무구함이다. 그것은 "수증기" 형태를 띤 "천진함"이다.[221] 그것은 순수성, 기다림, 반수면 상태, 몽상에 잠긴 상태, 애매한 상태에 놓은 사고를 나타내는 색깔이다. 흰색은 탄생과 희망의 기약인 것이다. 흰색은 잠재적 생명으로 충만한 다산(多産)의 침묵을 상징한다.

---

[219] "La Bible 성서," Emile Osty 불역, Seuil, p.34. 창세기 Genève I(2, 3, 4, 5)
[220] David Guerdon : "Rimbaud la clef alchimique 연금술의 거장 랭보," Robert Laffont, Paris, 1980, p.41.
[221] Ibidem 철학자들은 '금속원료는 수증기다'라고 말한다. 그들은 금속원료를 백색의 묘약이라고 불렀기 때문에 그 원료에 대한 수증기라는 이름을 부여했던 것이다.(p.40)

"Lances des glaciers fiers"와 "rois blancs"은, 쥬피터에 결부되어, 정상, 머리, 고도, 최고 우월성, 지배 등등의 관념을 불러일으킨다. E는, 그 희고 승화되고 영적인 색깔을 통해, 상승과 비약을 발휘할 수 있는 힘을 통해, 보편적 영혼의 첫 출현을 두고 행해지는 암시를 이룬다. 그것은 곧 성서가 다음과 같이 서술하고 있는 순간이다. "…그리고 하나님의 심령이 바닷물 너머로 배회했다."

E의 흰색에다가 전기적 해석 한 가지를 결부시킬 수도 있다. 이 경우 이 글자는 <Premières communions>과 <Les poètes de sept ans>의[222] 작가인 이 시인의 어린 시절을 상징하게 되리라. 이 시기는 다음과 같이 나타난다.

  "l'enfance se doit surtout à la maison, famille
  Des soins naîfs, des bons travaux abrutissants
  (…)
  (…) ou le coeur qui saigne
  Ecoute sans témoin sa révolte sans cris."[223]

---

[222] 그가 7살이었을 때를 회상하는 랭보는, 어머니 랭보부인은 (<<모음들>>에서 '산형화의 전율' <기억> 속에서 '손가락에 양산을 받쳐 들고 산형화를 짓밟으며'라는 표현) 냉혹했으며 게다가 무분별했다고 떠올리고 있다.
'아들의 영혼이 공부에 질색인 것을 알지 못하고,
온종일 그는 순종하느라 땀 흘렸다. 그는 매우 총명했다.
그러나 나는 습관들, 독설들이
그의 가슴 속에 쓰라린 위선을 폭로해 주는 듯했다.
(…)
그는 창백한 12월의 일요일을 두려워했다.
머리에 포마드를 바르고, 마호가니 원탁에 앉아
책의 가장자리가 초록빛으로 된 성경을 읽어야 했기에
매일 밤 꿈들이 그의 작은 방에서 그를 괴롭혔다.
그는 신을 사랑하지 않았다…
(…)
그는 꿈꾸었다. 빛이 물결치고,
상큼한 향기와, 황금빛 솜털이
조용히 흔들리며 비상하는 사랑이 충만한 평원을'
[223] "Les premières communions 첫 성체 배령들"

"그 아이는 유독 집에 빚을 지고 있지, 천진한 보살핌이며
싫증나는 심심풀이 일들이 벌어지는 가정에
(…)
(…) 또는 피 흘리는 심장은
아우성 없는 반항에 남 몰래 귀 기울였지."

랭보는 다음과 같이 쓰고 있다. "나는 아주 어렸고, 그리스도가 나의 숨결을 더럽혀 놓았다." 이 대목은 그 젊은 시인이, 랭보의 표현을 그대로 사용하자면 "자신이 모든 히스테리의 절정"에 다다라 어쩔 수 없는 구속 상태 아래 각종 미신과 종교적 환상을 가득 품은, 그리고 아무 것이나 믿는 순진무구함 속에 살고 있었던 시기에 관련된다. 그러나 <모음들>의 작가는 이제는 천진한 존재가 아니다. 유년시절에서의 연령상 제 2시기, 종교상의 싫증, 순진무구함, 어린애다운 천진함, 그리고 선과 악, 꿈과 현실, 이상적인 것과 일상적인 것 간의 혹독한 이원성의 기승이라는 특징을 지닌 그 시기에 해당하는 E 하양의 단계를 이미 랭보는 지나왔던 것이다. 이 시의 서술 순서상 모음 E를 두 번째 위치에 놓았다는 것은 곧 그것을 숫자 2의 신비적 의미에, 즉 허용된 것과 금지된 것, 그늘과 빛 간의 불모의 불안 속에서 행동을 마비시키는, 응결로 끝나는 이원성이라는 의미에 결부시키는 일이다.

이렇게 함으로써 우리는 다음 시구에서 표명된 그 마비 상태로부터 빠져 나오려는 격렬한 의지를 이해할 수 있게 된다.

"I, pourpres, sang craché, rire des lèvres belles
Dans la colère ou les ivresses pénitentes"

> "I, 주홍, 토해내는 피, 화가 났을 때나
> 회개의 취기를 느끼면서 짓는 예쁜 입술의 웃음."

I는 빨강이다. 그런데 "빨강색은 그것 또한 상반된 양면의 의미를 지니고 있으니, 피와 중심 용암의 색깔인 빨강은 모성의 활성적인 신비에 결부되어 있으면서 또 (어머니로서의 대지에 관련하여) 화산 작용에 결부된다. 그것은 곧 용암의 색깔인 것이다. 그렇지만 그 열등한 지옥의(chthonien) 빨강색은 젊음, 열정, 사랑, 아름다움, 힘을 나타내는 태양의 빨강색을 보완하는 것이다."[224] 빨강색은 순정적인, 여성다운, 정념상의, 나아가서 관능적인 색깔이다. 바로 그 때문에 오로지 그 색깔만이 그 남근(男根) 상징적 측면이 명백히 드러나는 I에 들어맞을 수 있었던 것이다.

연금술에서는 빨강색이 각종 신비적 힘과 지식을 최종적으로 습득하게 되는 명장인의 수련 단계의 끝을 표시한다. 그것은 원숙, 활동의 색깔, 랭보의 일생에서 그가 견자로서의 자신의 방법을 가다듬고 "견자가 되고자 힘을 경주하던" 바로 그 시기를 반영할 수 있을 남성적 고뇌의 성숙함을 나타내는 색깔이다. I는 땅과 하늘, 물질적 세계와 신비적 우주 간의 힘든 상승의 길, "미지의 길" 즉 랭보가 쓰는 의미로의 신에 도달하도록 해 주는 유일한 길이기에 그 위에서 시인이 "모든 형태의 사랑, 고뇌, 광기… 모든 독기들을 고갈시키는 바로 그 힘든 수직적 상승의 길을 표상한다. 그 신은 「신곡」에서 단테가 아담을 통해 첫 이름이 I라고 말하게 하는 (XXVI, 133–134) 바로 그 신이다. 랭보로서는 나중에 <태양과 육신>에서 신의 첫 이

---

[224] David Guerdon, op. cit. p.143.

름이 비너스라고 말하게 된다. 그리고 "I"가 비너스에 이를 수 있는 노정을 상징하기에 그 다음의 모음이 다음과 같이 표현된 것은 철저히 논리적이다.

"U, cycles, vibrements divins des mers virides,
Paix des pâtis semés d'animaux, paix des rides
Que l'alchimie imprime aux grands fronts studieux."[225]

"U, 순환, 초록색 바다의 신성한 일렁임,
동물들 씨처럼 흩뿌려진 방목장의 평화, 고심초사의
넓은 이마들 위에 연금술이 새겨 놓는 주름살들의 평화"

이 3행시절로부터 완료, 만족 그리고 평온의 느낌이 새어 나온다. U는 봄의 자연의 색깔, 새로이 소생하거나 완전무결에 도달한 보편적 삶의 색깔을 담고 있다. "U 초록"은 "모든 것이 휴식에 돌입한다는 것을 가리킨다… 절대적 초록색은 존재하는 가장 평온한 색깔이다. 이 색깔은 그 어떤 움직임도 일어나지 않는 자리이다. 이것은 그 아무것도 요구하지 않으며 그 어떤 요청도 발하지 않는다. 그 부동성이 귀중한 특질인 것이며, 그것의 작용은 휴식을 갈망하는 사람들과 영혼들에게 은혜로운 것이다… 이 초록색은, 살찌고 건강하게 드러누워 되새김질하는 암소처럼, 흐릿하고 무위(無爲)로운 두 눈으로 세계를 관망할 수 있을 따름이다."[226]

부처의 가르침, 더 정확히는 계시에 도달하고자 벌이는 그의 명상의 노정은 평정, 평온의 상태, 그에 유사한 완벽한 정신적 건강의

---

[225] A.Adam : <u>Oeuvres complètes de Rimbaud</u>, Bibliothèque de la Pléiade, 1972, p.53. "Voyelles 모음들".
[226] Kandinsky : "<u>Du spiritual dans l'art</u> 예술에 있어서의 정신론"

Ⅱ. 랭보적 언어에 담긴 신비들   197

상태를 추구한다. 불교의 명상은(bhavana=정신적 수양, 영적 발전) 적절하게 말하자면 어둠(밤)으로부터, 각종 감각상의 욕구, 관능적 욕구, 증오, 의혹, 불안 같이 그것을 어지럽히는 것, 그것을 가두는 것, 그것을 동요시키는 것으로부터 심령을 구출해 내고자 하며, 그것들 대신에 주의력, 평온, 분석과 관찰과 관조의 능력 같은 정신상의 장점들을 한껏 개발하고자 한다. 궁극적 진리의 발견에, 심령이 그 가장 높은 수준의 지혜에 도달하여 사물들을 있는 그대로 관조하는 경지의 단계인 니르바나에 이르게 해 주는 것이 다름 아닌 명상이다. "연금술이 줄기차게 탐구하는 큰 이마들 위에 새기는 주름살들에 깃든 평화", 이 문구는 앎의 충만상태, 신비적 수련과정과 연금술적 탐구의 성공을 표현한다. 두 번에 걸쳐 반복된 "paix"라는 단어는 ("paix des pâtis"와 "paix des rides") 시인이 일반적으로 동양의 그리고 특히 불교의 사변가들에게서 잘 알려진 "지각이 아니면서 지각이 아닌 것도 아닌 영역" 또는 "공무(空無)의 영역" 같은 가장 높은 신비의 상태에 도달했음을 우리에게 알려준다. 초록색은 우주적 심령의 색깔로서, 명상, 예지, 계시를 향해 집중된 의지의 승리를 상징하는 것이다.

"U 초록", 이 단계는 한 순환의 끝을 나타내고 완전무결한 지식에 도달한 자에게 원숙의 힘과 성취된 수련의 고요한 상태를 가져다준다. 그것은 이성, 학문, 철학, 앎의 영혼이며, 수확의 시기가 David Guerdon으로 하여금 "초록 바다들의 신성한 전율"을 이렇게 해석하도록 확신을 부여한다. 그 문구를 라틴어로 음성학상의 번역을 하면 "Vibrat mens, divino, demerui, rides"가 될 것인데, 이것은 "나의 사고가 발휘된다 – 난 예견하다 – 드디어 얻어냈다 – 무상의 기쁨을 누린

다."²²⁷

승리를 구가하는 그러한 만족감, 개선하는 랭보의 그러한 기쁨은 지상의 삶의 흐름의 순환을 지배하는 여성적 원리의 이중 국면인 달, 비너스(금성)와 밀접한 관계에 놓여 있음이 분명하다.²²⁸ 조수, 초목, 모든 요소들과 모든 존재들이 달과 금성 비너스의 운행에 민감하게 영향을 받는다. U를 네 번째 위치(숫자 4)에 놓고 서술했다는 것은 한 순환의 끝을 표시한다. 4는 물질세계의 총체성을 표상하는 것이며, 4 방위기점, 4 원소, 4 계절 등등이 존재하는 것이다. 신비적 관점에서 보면 그 수가 비교적(秘敎的) 앎의 획득, 연금술적 경험의 완료에 해당한다.

「Dogme de Haute Magie」에서 Lévi는 다음과 같이 적은 바 있다. "긍정, 부정, 토론, 해결, 이것들이 바로 인간 정신의 철학적 작용의 네 가지다."²²⁹ 마찬가지로, 전체적으로 볼 때의 동양적 사변으로 그 수는 일차적인 중요성을 지니고 있다. 바라문교 경전이 나온 시기 이후 신성한 텍스트들, 산스크리트어로 쓰인 베다(=앎) (바라문교 경전)는 네 개의 Samhistas 또는 편집록으로 기록되었다. 첫째가 Rigveda, 둘째가 Samavéa, 넷째가 Atharvavéda였으며, 한편 계시에 도달한 부처로서는 다음 네 가지 고결한 진리를 구축하는 네 가지 깨우침들로 자신의 가르침을 완성시켰다.

1. Dukkha (또는 고뇌의 고결한 진리)
2. Sammudaya (고뇌의 기원)

---

²²⁷ op. cit. p.148.
²²⁸ 라틴어에서 U와 V는 같은 방식으로 쓰이고 발음된다. 여기에서 U=V=달+비너스라고 하는 4 일치가 생긴다.
²²⁹ Lévi(E) : Dogme de Haute magie 심오한 마술의 고리(1860), Paris.

3. Nirodha (고뇌의 중단)
4. Magga (고뇌의 소멸로 인도하는 길)

따라서 4는 우주 전체를 포함하는, 모든 인간 사고를 압축하고 집결시키는 보편적 삶의 상징이다. <모음들> 안에서 그 수는 견자가 된 시인의, 그 성찰이 이제 막 진화의 순환을 완료한 시인의 성숙함을 규정한다. 바로 거기에서 "U cycles, vibrements divins des mers virides"가 비롯된다. 시인은 스스로 진정한 반신(半神)으로 탈바꿈했노라고 느낀다(신성한 전율). 그는 "실제로 불의 도둑"이 되었다. 랭보는 자신의 마지막 정복 대상인 태양을 향해 치솟는 새로운 프로메테우스로 자신이 변신했음을 스스로 목격한다.

> "O suprême clairon—plein des strideurs étranges,
> Silences traversés des Mondes et des Anges,
> —O l'Oméga, rayon violet de ses yeux!"

> "O, 낯선 날카로운 음으로 그득한 지고의 나팔
> 세계(들)과 천사(들)이 가로지르는 정적
> —오, 오메가, 그의 눈에서 새어 나오는 보랏빛 광선이여!"

O의 원형(圓形)과 내리 보는 신의 눈과 시선으로서의 태양 간의 상징적 유사성이 자명한 것으로 드러난다. O와 더불어 우리는 지상의 삶에서 떠나며 수 4만 있으면 그것만으로 그 모든 차원에서 표현할 수 있는, 열거 가능하고 분해 가능한 물질적 세계를 떠난다. 그리하여 수 4는 초록색의 자연 대신 파란색의 초자연이 들어선, 형이상학적 천상 세계에서 우리를 되찾게 된다. 그것은 모든 물질의 결정론에서 벗어나는 세계, 모든 성운(星雲)을 가로지르고 모든 별들

과 모든 유성들을 지나친 다음에야 "세계들과 천사들이 가로지르는 정적"에 비로소 도달하는 세계이다. 랭보 연구가들은 모두 "지고의 나팔"이 마지막 심판의 영상을 환기시킨다는 데 의견의 일치를 보이고 있다. 우리의 해석 또한 그와 같은 방향에서 이루어질 것이지만 거기엔 미묘한 차이가 따를 것이다. 문제가 되는 것은 신 앞으로의 출두를 목표로 하는, 육체의 죽음 이후의 단순한 영혼의 소생 그 훨씬 이상의 것이다. 우리의 지상의 행위들의 결산 후 신의 은총을 누리게 되느냐 형벌을 받게 되느냐 하는 것이 문제가 아닌 것이다. 이 시인은 죽을 운명의 대다수의 인간들처럼 아담과 이브의 후손이 아니다. 그는 자신의 출생으로부터 "태양의 아들"이며 그가 지상에서 벌이는 모든 시도, 모든 작업이 오로지 "태양의 아들이라는 원초적 지위" 바로 그것을 다시 쟁취하려는 목표 아래 이루어진다. 「Illuminations」에서 우리는 수없이 찾아볼 수 있다. 그렇다면 어떤 수단을 통해 그렇게 할 것인가? 랭보의 대답은 다음과 같다. "난 말하노니, 견자가 되어야 한다. 스스로 견자의 경지에 이르러야 한다고."[230]

태양의 빛 그 중심에 자리잡고 있으므로 O의 파란색 세계는 인간 영혼이 미치지 않는 곳이다. 지고한 고도, '존재'의 가능한 궁극적 높이인 이 장소는 시의 신비로운 낙원에 해당한다. 누군가가 그곳에 다다를 수 있다면 그것은 오로지 그가 시인으로 태어났기 때문이요 견술의 방법적 실천을 통해 그가 자신이 쌓은 예견자적 능력을 당당하게 성취했기 때문이다.

모음 O를 특징짓는 파랑 색깔을 두고 칸딘스키가 하는 말을[231]

---

[230] Ibidem : Demeny에게 보낸 '견자의 편지' "Lettre du voyant" à Demeny.

들어 보자. 그는 말한다. "심오한 파랑은 인간을 무한으로 이끌어 들이며, 그 내면에 순수성에의 욕구와 초자연에의 갈망을 각성시킨다. 그것은 우리가 "하늘"이라는 말을 듣고서 곧장 우리에게 나타나는 그대로의 하늘의 색깔이다. 파랑은 전형적으로 천상의 색깔인 것이다. 파랑은 심오하게 함으로써 진정시키고 누그러뜨린다(…). 여기서 심층은 태양의 중력, 초-지상의 중력을 지닌다."[232]

따라서 파랑은 정신이 물질적 범주들 너머로 고양되어 궁극적으로 지상의 존재를 단념하는 순간을 나타낸다. '물질'에 대한 그러한 초월성은 상승의 색깔인 보라색을 통해 그리고 인간과 신 사이에 교두보를 놓는 수 5를 통해 명백히 설정된다. 실제로 U는 랭보에게서 서술되는 다섯째 즉 마지막 모음이다. O는 "오메가", 즉 최종적 완벽성, 중심의 조화로운 평형상태이다. 5는, 종합[233] 그 이상으로, 인간과 신의 동일성, 5각의 별꼴을 통한 보편적 영혼 안으로의 개별적 영혼의 융해를 실현하며, 이 수는 거시적 대우주의 미시적 반영처럼 인간 존재를 표상한다.

우리는 U초록이 계시, 견자가 된 시인의 단계를 상징한다고 말한 바 있다. O파랑은 니르바나의 단계,[234] "태양의 아들이라는 자신의

---

[231] 수많은 색깔 중에서, 파란색은 내세를 향해 들어가는 출입로를 상징한다. 유태신화는, 신들이 머무르는 도시 Luz는 온통 파란색이라고 말하고 있다. 세상은 하나의 축을 가지고 있는데, 그 축 주위를 우주가 돌고 있는 것이다. 이 축은 Mérou산에 의해 신화적으로 표현되어진다. 급경사를 이루고 있는 Mérou산의 정면에는 대륙이 펼쳐져 있으며 그곳은 파란색으로 덮여 있다고 전해진다.
[232] D.Guerdon 인용문구, p.149.
[233] 5(4+1 혹은 1+4)는, 남자나 혹은 여자에 의해서 신성이 인정받음을 상징한다. 트럼프 놀이에서 비법 V는 주교라고도 불린다. 주교라는 단어는 어원적으로 하늘과 땅, 인간과 신 사이의 다리를 놓아주는 존재를 뜻한다.
[234] 니르바나를 정의하기 위해, 사람들은 종종 Tanhakkhaya 같은 '갈증의 소멸' Virage 같은 '욕망의 부재', Asamkhata 같은 '무한정', '무제한', Nibbana 같은 '고통의 정지 소멸' 등의 용어의 도움을 얻는다. 니르바나가 무엇인가 하는 질문에 부처 스스로가 응답을 하고 있다.
'오 Bhikkhus여, 절대란 무엇인가? 오 Bhikkhus, 그것은 욕망과 증오와 환영의 소멸이다. 오 Bhikkhus여 그것이 절대라 불리는 것이다.'

원초적 지위"를 회복한 시인의 단계를 상징한다. 완벽한 지식 다음에는 완벽한 행복이 뒤따른다. 그러한 생태를 특징짓는 것은 무엇인가? 그것을 어떻게 기술할 것인가? 랭보는 말한다. "세계들과 천사들이 가로지르는 정적." 여기에서 상정할 수 있는 유일한 이성적 답변은 바로 '침묵'인데, 그 이유는 언어상의 단어들을 가지고 대답하는 일이 불가능하기 때문이다. 알려진 개념들로써 "지고의 나팔"의 절대적 실체를 온전하게 재생하기에는 인간의 사고가 지극히 빈약하기 때문이다. 언어는 우리의 제감각 또는 상상력을 통해 지각 가능한 사물들과 개념들만을 전할 따름이다. 파랑의 초인간적 경험은 감각 기관들이 미칠 수 없는 곳에 자리잡고 있다. 따라서 그 경험은 일상적 표현들과 친숙한 관념들의 총체로 번역할 수 없는 것이다. 그 경험은 각종 욕구, 굶주림, 갈증,[235] 욕망, 감정, 무지의 굴레로부터의 영혼의 해방이요 일탈이다. 그것은 세계의 이원성(선과 악, 정의와 불의, 생명과 죽음 등등)에 관련한, 시간의 불안정성에 관련한, 그리고 공간의 상대성에 관련한 자유인 것이다. 사실 이승의 이 세계, 지상의 삶에서는 모든 것이 조건 지워지고, 결정되며, 상대적이고 비영속적이다. 모든 실질, 모든 존재, 모든 사물이 변하거나, 변형되거나, 변모된다. 모든 것이 "A검정"에서 "U초록"으로 운행하는

'오 Bhikkhus여 무생, 무변, 무제한, 무화합이 있다.
만약 이것들이 없다면, 생, 변, 제한, 화합되는 것으로부터의 탈출은 없을 것이다. 무생, 무변, 무제한, 무화합이 있기 때문에 생, 변, 제한, 화합을 위한 해방 가능성이 있는 것이다.;'
'여기서 내구성과 유동성, 열정과 운동 4요소는 중요하지가 않다.
넓이와 길이의 개념, 섬세함과 투박함의 개념, 선과 악의 개념, 이름과 형태의 개념은 반드시 파괴된다. 이 세상도 저 세상도, 오고 가는 것도, 서 있는 것도, 죽음과 출생도, 의미의 대상도 존재할 수 없는 것이다.'
(Walpola Ruhula : L'Enseignement du Bouddha d'après les texts les plus anciens. 고대 서적을 통해 본 부처의 가르침, Seuil, Paris, 1961, pp.59~60.
[235] Oeuvres complètes de Rimbaud, 랭보 전집, Pléiade 총서, 1972, "Comédie de la Soif 갈증의 희곡", "Fête de la Faim 굶주림의 축제" 읽어볼 것.

변질의 "순환"에 따른다. 태양에서 분리되어 나온 빛의 불티, 아트만인, 시인의 영혼 오로지 그것만이 영구하고 파괴될 수 없는 것이다.

자체의 탐사와 내면적 완벽화의 궁극에 이른 시적 정신이 그러한 희열에 찬 감탄을 발한다. "-오, 오메가, 그의 눈에서 새어 나오는 보라빛 광선이여!"라고. 모든 점에 있어, 신성한 지복은 죽음 후에야 비로소 가능하다. 그런데 랭보는 생존 시에 그러한 궁극적 행복의 경지에 잠깐 다다랐다. 더군다나 우리는 "방랑자들"에서 그러한 행복의 "적소와 공식을 찾고자 서두르는" 랭보를 본다. 랭보의 낙원은 유태·그리스도교(Judéo-chrétienne) 절충 사상에는 낯선 장소, 상태이다. 그와 반대로, 그는 기이하게 니르바나에 호소하는데, 니르바나 그것은 이승의 삶 자체에서 실현될 수 있는 것이다. "실체, 진리, 니르바나"를 가진 자는 세상에서 가장 행복한 존재다. 그는 모든 "복잡한 상태들", 모든 강박관념들로부터 다른 사람들에 고통을 주는 각종 근심, 난제, 문제로부터 해방되어 있는 것이다. 그의 정신적 건강은 완벽하고… 그는 즐거우며, 순수한 삶을 누리고 모든 고뇌로부터 해방되어 고요하고 평온한 상태에서 자신의 완벽한 능력들을 갖추고 지고의 기쁨을 누린다. 그는 각종 이기적 욕망, 증오, 무지, 허영, 자만, 모든 장애로부터 자유롭고, 순수하고 온화하고 보편적 사랑으로 충만한다… 아무런 이득도 구하지 않고 아무것도 그리모으지 않는지라 그는 그 자신을 위한 아무런 생각도 지니지 않는다… 왜냐하면 자아라는 환영, 미래의 變轉(devenir)에의 신념으로부터 해방되어 있기 때문이다.

"Le Nirvana est au-delà de la logique et du raisonnement."[236]

니르바나는 "논리와 추론 그 너머에 있다."

그것은 모든 원칙 너머에 있으며, 그 순환적 머리글자 O가 각종 존재의 회로들을 폐쇄하고 행복의 모든 가능성들을 고갈시키는, Oméga인 것이다.

<모음들>이 순정적 시인지,[237] 창세기적, 연금술적, 우주적 또는 바라문교에 관련한 시인지 하는 문제를 두고 자문에 볼 수 있는 일이며, 그럴 만한 이유가 없지도 않다. 우리의 설명은 마지막의 관점을 고수한다. 실제로, 금욕과 명상에 힘입어 관능적 삶으로부터 계시를 통하여 니르바나의 궁극적 정점으로 향해 점진적으로 고양되는 불교적 사변가의 상승을 혼동하리만큼 상정하고 있는 그 소네트의 각기 다른 여러 연속적 단계들을 활성화시키는 한 순간, 진화상의 동력이 있다. David Guerdon은 다음과 같이 쓴 바 있다." <모음들> 그것은 절대, 소우주와 대우주를 포섭하는 美物인 절대에 도달하기 위해 구축된 수수께끼의 운반구이며, 랭보는 소네트는 동양 만다라의 제반 정의에 부합된다. 그것은 마음대로 펼쳐지거나 사그라

---

[236] Walpola Rahula : l'enseignement du Bouddha d'après les texts les plus anciens 고대 서적을 통해 본 부처의 가르침. Ed. Seuil, Paris, 1961, pp.66~67.
[237] 정사를 벌이고 있는 여성의 몸과 관련이 있다고 보는 〈모음들〉에 대한 체계적 해석은 틀린 것이 아니다. 그리고 그러한 해석이 다소간에 점점 활기를 띠기 시작하고 있다. 이런 의미의 해석을 주장한 최초의 사람들은, 1933년 9월 22일 〈신문학〉에 발표한 L.Sausy와 1962년 〈Bizarre 지〉에 발표한 Robert Faurison이었다.
삼각형 A는 여인의 중심부인 이 '그늘의 만'을 생각나게 한다. 수평의 위치에서 E는 봉긋이 솟은 여인의 젖가슴을 환기시킨다. 붉은색 I는 입술을 묘사하며, U는 물결치는 머릿털의 이미지에 해당한다. O로 말하자면 O의 눈과 시선과의 관계는 시 텍스트 자체에 의해 정확하게 밝혀진다. '모음들'을 여성 이미지에 결합시키는 이러한 해석을 우리는 완전히 반박하지는 않는다. 그러나 이 이미지들을 정사 중인 육체의 환기에 연결시킬 것이 아니라, 랭보가 〈태양과 육신〉 속에서 신념 선언을 했던 이면의 비너스의 환기에 연결시켜야 한다고 생각한다.
(랭보 전집, A.Adam의 주, Gallimard, coll. Pléiade, Paris, 1972, pp.900~901)

들며, 우리가 4원소 위에 펼쳐 놓으면 명상을 위한(만다라 중앙으로 가는) 가르침과 의식을 포함하는 전지전능의 상징적 영상이 된다. 마침내는 그것이 **시각**을 **음들**에(mantras) 결합시켜 우리의 시에 고유한 완벽한 기쁨을 형성하기에 이르는데, 그 이유는 그것이 예술작품인 동시에 지식의 총체로 영적 작업의 실천적 도구이기 때문이다.

3. 〈취한 배〉와 변신(métempsychose)

<u>Le Bateau Ivre</u>

Comme je descendais des Fleuves impassibles,
Je ne me sentais plus guidé par les haleurs :
Des Peaux-Rouges criards les avaient pris pour cibles,
Les ayant cloués nus aux poteaux de couleurs.

J'étais insoucieux de tous les équipages,
Porteur de blés flamands ou de cotons anglais.
Quand avec mes haleurs ont fini ces tapages,
Les fleuves m'ont laissé descendre où je voulais.

Dans les clapotements furieux des marées,
Moi, l'autre hiver, plus sourd que les cerveaux d'enfants,
Je courus! Et les Pénisules démarrées
N'ont pas subi tohu-bohus plus triomphants.

La tempête a béni mes éveils maritimes.
Plus léger qu'un bouchon j'ai dansé sur les flots
Qu'on appelle rouleurs éternels de victimes,
Dix nuits, sans regretter, l'oeil niais des falots!

Plus douce qu'aux enfants la chair des pommes sures,
L'eau verte pénétra ma coque de sapin
Et des taches de vins bleus et des vomissures
Me lava, dispersant gouvernail et grappin.

Et dès lors, je me suis baigné dans le Poème
De la Mer, infusé d'astres, et lactescent,
dévorant les azur verts ; où, flottaison blame
Et ravie, un noyé pensif parfois descend ;

Où, teingnant tout à coup les bleuités, délires
Et rhythmes lents sous les rutilements du jour,
Plus fortes que l'alcool, plus vastes que nos lyres,
Fermentent les rousseurs amères de l'amour!

Je sais les cieux crevant en éclairs, et les trombes
Et les ressacs et les courants : je sais le soir,
L'Aube exaltée ainsi qu'un peuple de colombes,
Et j'ai vu quelquefois ce que l'homme a cru voir

J'ai vu le soleil bas, taché d'horreurs mystiques,
Illuminant de longs figements violets,
Pareils à des acteurs de drames très — antiques
Les flots roulant au loin leurs frissons de volets!

J'ai rêvé la nuit verte aux neiges éblouies,
Baiser montant aux yeux des mers avec lenteurs,
La circulation des sèves inouîes,
et l'éveil jaune et bleu des phosphores chanteurs!

J'ai suivi, des mois pleins, pareille aux vacheries
Hystériques, la houle à l'assaut des récifs,
Sans songer que les pieds lumineux des Maries
Pussent forcer le mufle aux Océans poussifs!

J'ai heurté, savez — vous, d'incroyables Florides
Mêlant aux fleurs des yeux de panthères à peaux
D'hommes! Des arcs — en — ciel tendus comme des brides
Sous l'horizon des mers, à de glauques troupeaux!

J'ai vu fermenter les marais énormes, nasses
Où pourrit dans les joncs tout un Léviathan!
Des écroulements d'eaux au milieu des bonaces,

Et les lointains vers les gouffres cataractant!

Glaciers, soleils d'argent, flots nacreux, cieux de braises!
Echouages hideux au fond des golfes bruns
Où les serpents géants dévorés des punaises
Choient, des arbres tordus, avec de noirs parfums!

J'aurais voulu monter aux enfants ces dorades
Du flot bleu, ces poissons d'or ces poissons chantants
Des écumes de fleurs ont bercé mes dérades
Et d'ineffables vents m'ont ailé par instants.

Parfois, martyr lassé des pôles et des zones,
La mer dont le sanglot faisait mon roulis doux
Montait vers moi ses fleurs d'ombre aux ventouses jaunes
Et je restais, ainsi qu'une femme à genoux.

Presque île, ballottant sur mes bords les querelles
Et les fientes d'oiseaux clabaudeurs aux yeux blonds.
Et je voguais, lorsqu'à travers mes liens frêles
Des noyés descendaient dormir, à reculons!

Or moi, bateau perdu sous les cheveux des anses,
Jeté par l'ouragan dans l'éther sans oiseau,

Moi dont les Monitors et les voiliers des Hanses
N'auraient pas repêché la carcasse ivre d'eau :

Libre, fumant, monté de brumes violettes,
Moi qui trouais le ciel rougeoyant comme un mur
Qui porte, confiture exquise aux bons poètes,
Des lichens de soleil et des morves d'azur ;

Qui courais, taché de lunules électriques,
Planche folle, escorté des hippocampes noirs,
Quand les juillets faisaient crouler à coups de triques
Les cieux ultramarins aux ardents entonnoirs ;

Moi qui tremblais, sentant geindre à cinquante lieues
Le rut des Béhémots et les Maelstroms épais,
Fileur éternel des immobilités bleues,
Je regrette l'Europe aux anciens parapets!

J'ai vu des archipels sidéraux! et des îles
dont les cieux délirants sont ouverts au vogueur :
— Est — ce en ces nuits sans fond que tu dors et t'exiles,
Million d'oiseaux d'or, ô future Vigueur? —

Mais, vrai, j'ai trop pleuré! Les Aubes sont navrantes.

Tout lune est atroce et tout soleil amer :
L'âcre amour m'a gonflé de torpeurs enivrantes.
O que ma quille éclate! O que j'aille à la mer!

Si je désire une eau d'Europe, c'est la flache
Noire et froide où vers le crépuscule embaumé
Un enfant accroupi plein de tristesse, lâche
Un bateau frêle comme un papillon de mai

Je ne puis plus, baigné de vos langueurs, O lames,
Enlever leur sillage aux porteurs de cotons,
Ni traverser l'orgueil des drapeaux et des flammes,
Ni nager sous les yeux horribles des pontons.

취한 배

유유한 강물을 타고 내려올 적에
이젠 선원들에게 맡겨져 있다는 느낌은 아니었어.
형형색색 말뚝에 발가벗긴 채 못박아 놓고서
인디언들 요란스레 그들을 공격했었지,

플라망드르산 밀이나 영국산 목화를 져 나르는
선원들이야 내 아랑곳하지 않았어.

나의 선원들과 더불어 그 소동이 끝나자
강물은 내 마음대로 흐르도록 날 버려 두었지.

격렬한 밀물 요동 속에 밀리며
어느 겨울 아이들 머리보다도 더 귀 멀었던 나,
나는 헤쳐나갔지! 그리고 출범한 반도들은
그보다 더 기승하는 소동을 겪은 적이 없었다.

폭풍우가 해상에서 잠 깨는 날 축성했고
콜크마개보다 더 가벼이 떠돌며, 영원한 희생자들의
혼을 배라고 불리우는 물결 출렁이는 대로 난 춤추었네,
회한 없이 열 날 밤을, 초롱불들의 흐리멍덩한 눈!

초록색 물은 시큼한 사과 속살처럼.
어린애들에게보다 더 부드럽게 내 전나무 선체에 스며들고
청포도주 얼룩들과 토해 낸 찌꺼기들이
키와 갈고리 닻에 흩어지며 날 씻었네.

이제 그 때부터 초록 창공을 탐식하는, 젖빛의, 별들이 잠긴,
바다의 시 속에서 난 헤엄쳤네 :
거기엔 해쓱하고 넋 잃은 부유물처럼
이따금 상념에 잠긴 익사체가 내리 흐르고 :

거기엔, 갑자기 푸르스름한 색깔들 물들이며, 태양의 불그스름한

번득거림 아래에 느릿한 착란과 리듬,
알코올보다 더 진하게, 우리의 리라보다도 더 드넓게
사랑의 씁쓸한 바알간 얼룩들 술렁이며 삭아가네!

난 알고 있다네 섬광으로 찢어지는 하늘들, 물기둥들,
격랑들 그리고 해류들을 : 난 알고 있다네, 저녁녘,
붉게 닳아 오른 여명 그리고 비둘기떼를,
또 난 가끔 보았다네 인간이 본다고 믿었던 것을!

난 보았네, 신비로운 공포 점점이 박힌 나지막한 해,
머나먼 고대 연극의 배우들 모양의
길다란 보라빛 응결체들을 비추는 태양을
저 멀리 출렁이는 수면을 굴리는 물결들을!

난 꿈꾸었네, 현란스레 눈 덮인 푸른색 밤,
서서히 바다 위로 복받쳐 오르는 애무인양,
놀라운 수액들의 순환
그리고 노릇파릇 깨어나 노래하는 인광들을!

내 여러 달 쫓아다녔지 히스테릭한 암소 떼처럼
넘실넘실 암소들을 덮치는 큰 파도를.
성모마리아의 빛나는 발이라도
숨가쁘게 헐떡이는 태양을 억누르진 못했을 거야!

짐작하다시피 난 부딪혔네, 엄청난 플로리다주와,
꽃무리 속에 인간의 피부를 한 표범들 눈초리 엉켜 있었고
수레바퀴 테처럼 탱탱한 무지개들
수평선 아래 바다의 청록색 양떼들과 어우러지고 있었지!

난 보았네, 어마어마한 늪들이 통발처럼 삭아가는 것을,
거기엔 골풀들 안에서 거대한 바다괴물 통째로 썩어가고!
바다의 고요 한가운데에서 부서지는 물의 붕괴,
그리고 심연을 향해 카르릉거리는 원방의 물결들을!

빙하들, 은빛 태양들, 진주모빛 물결들, 잉걸불처럼 바알간 하늘들!
갈색 물구비 복판에 꼴사나운 좌초물들,
거기엔 빈대들이 할퀴어버린 거대한 배암들
시커먼 냄새 풍기며 비틀린 나무들처럼 쓰러져가고!

아이들에게 보여주고 싶었으리, 푸른 물결의 그
만새기들, 그 황금색 물고기들 노래하는 물고기들을,
꽃모양 물거품들이 항상 나의 출범을 어르고
형언할 수 없는 바람들은 시시각각 날개 치듯 날 스쳤네.

이따금, 극지들과 지대들에 지친 순교자처럼
바다는 흐느낌으로 내 몸을 부드러이 흔들어대며
노란 통풍창 뚫린 그늘의 꽃들을 내게로 올려 보내고

난 거기 쪼그리고 있었네, 무릎 꿇고 거의 넋 잃은 채

섬처럼 내 뱃전 위로 달라붙은 하소연을 뿌리치고
금빛 눈으로 빈정거리는 새들의 똥무더기를 가르며
나는 떠내려갔네 어렴풋이 날 스쳐간 혼백들
다시금 뒷전으로 잠잠히 가라앉더라!

해서 난, 길 잃은 배 되어 머리카락에 휘감기듯
폭풍에 말려 새도 없는 창공으로 내던져졌지.
모니토르 군함들도 한스조합의 범선들도
물에 취한 내 몸뚱아리 건지지 못했을 나 ;

자유로이 보라빛 안개를 타고 피어올라
불그스름한 하늘을 돌파한 나, 벽을 돌파하듯,
훌륭한 시인들에 바치는 별미의 과일쨈처럼,
태양의 地衣들이며 창공의 넝마를 걸친 나 :

반달 전구들 점점이 박혀, 미쳐 날뛰는 판자처럼,
검은 해마들 호송 받으며 달음질치는 나,
군데군데 타오르는 구덩이 난 군청색 하늘을
칠월들이 몽둥이 삿대질로 무너뜨릴 때 :

50리 밖에서, 발정하는 베헤못과 어마어마한 말스트롬 돌풍이
우는 소리를 느끼며 전율하는 나,

푸르른 부동으로 영구히 실을 잣는 자, 나는
고대 흉벽들 늘어선 유럽을 애석해 하노라!

난 보았네 항성의 군도들을! 그리고 열광하는 그곳 하늘
항해자에게 열려 있는 섬들을 :
— 바로 이 끝없는 깊은 밤들 사이에 그대 잠들어 달아나는 건가,
백만의 황금새들, 오 미래의 **활력**이여? —

하지만, 정말이지, 난 너무나도 흐느껴 울었네! 여명들은 비등하고
달은 온통 잔혹하고 해는 온통 가혹하고 :
쓰디쓴 사랑은 취기 어린 마비상태로 날 부풀렸네.
오 나의 용골을 터뜨리라! 오 날 바다로 가도록 하라!

내가 유럽의 물 갈구한다면 그것은 바로
검고 차가운 웅덩이, 거기엔 향긋한 황혼을 향해
슬픔에 겨워 쇠진한 한 아이 쪼그리고
가벼운 배 한 척 오월의 나비처럼 떠 있는 곳.

오 물결들이여, 그대들 무기력함에 휩싸인 나,
이제는 목화 짐꾼들로부터 그들의 자국 지울 수 없네,
깃발들과 불길들의 오만함 가로지를 수도 없네,
이제는 부교들의 험악한 눈들 아래에서 헤엄칠 수도 없네.

일부 비평가들은 이 시 안에 2년 즉 두 번의 태양 주기에 걸친

달력상의 일정에 따른 자기 자신의 성좌 점성을 신비주의적 천문 용어로 서술하고자 랭보 입장에서 벌인 시도가 깃들어 있다고 보았다. 또 다른 비평가들은 정신 분열증에 놓인 한 존재의 내밀한 경험을 거론했다. 1872년 3월 경에 써진 시 <취한 배>는 랭보의 운명 자체를 예고하는 내면적 여행의 여러 단계를 들려준다. 시의 제목을 두고 우선 깊이 생각해 보면 여기에서의 여행이 어떤 유형의 것인지 금방 이해된다. 단순한 자기성찰을 거론한달지 <기억>에서 관건이었듯이 과거로의 귀환을 거론한다면 거의 부적당하다고 할 정도로 그릇된 해석이 되고 말리라. <취한 배>는 절대적 진리에 도달하는 길을 명상 속에서 구하는 동양 승려의 관조적 태도를 환기시킨다.

랭보가 스스로 동일시하는, 항해용 운반구인[238] 배의 상징체계가 「일류미나시옹」에 실린 일부 시들을 참고하도록 만드는 바, <Mouvement>, <Marine>, <Mystique>, <Vies>가 그렇다. 실제로 <Mouvement> 안에서는 배가

       "Le mouvement… du fleuve
       La célérité de la rampe
       L'énorme passade du courant
       Mènent par les lumières inouîes
       Et la nouveauté chimique"

---

[238] 수레의 (탈 것) 개념은 동양사상에서 매우 중요하다. 힌두교의 신화는 수레에 각각의 신성을 부여하고 있다. 황소 Blanc Nardin을 평상시 타는 짐승으로 사용하는 Civa나 혹은 천 개의 머리를 가진 영원한 뱀인 Cesha를 침대로 사용하는 Vichnou의 경우가 그러하다. 게다가 불교가 변화를 통해 작은 수레(Hinayâna), 큰 수레(Mahâyâna), 탄드라 수레(Vajnayâna)라 불리는 3개의 커다란 부분을 형성하기에 이른다. Yâna는 수레를 의미한다. 그리고 불교 신자가 윤회의 강을 건너 니르바나의 기슭에 도달하는 것은 Yâna 덕택인 것이다. 우리들은 랭보의 〈취한 배〉가 Yâna와 동일한 상징이라고 굳이 주장하지는 않지만, 적어도 신들 사이에 존재하는 유사성은 놀라운 것이라 말할 수 있다.

"대하의… 흐름이
물매의 신속함이
조류의 거대한 소용돌이가
전대미문의 빛들과
화학상의 혁신을 통해
(필연적으로) 인도하는"

하나의 "홍예 arche"인 것처럼 기술되고 있다.
배에 탄 승객들은 과연 누구인가?

"Ce sont les conquérants du monde
Cherchant la fortune chimique personnelle, (…)
Ils emmènent l'éducation
Des races, des classes et des bêtes, sur ce vaisseau
Repos et vertige
A la lumière diluvienne
Aux terribles soirs d'étude"

"그들은 개인적인 화학상의 부(富)를 찾아나선
세계의 정복자들
(…)
그들은 대홍수와도 같은 빛에,
공부하는 무시무시한 저녁들에게,
배에 실어 나른다
인종들, 계층들 그리고 짐승들에 관한 교육을
휴식과 현기증을"

<취한 배> 안에서 랭보는 궁극적으로, "배" 위에서 생명을 유지하고 있는 유일한 승객이다. 그러나 그렇다고 해서 그가 "개인적인

화학상의 부를 찾아 나섰으며" 자신의 "비축된 공부"로 "무한히 빛을 발하며" 자기 내면에서 "조화로운 희열과 발견의 영웅심"에 탐닉해 들어가는 명석한 현인과도 같은 사람이 아니라는 법도 없다.

따라서 랭보의 내성적 강하(降下)는 자아와 배타적 관계에 놓인 어떤 내밀한, 성찰상의 지식을 획득하고 꽃피우고자 하는 목표 아래 이루어진다. 요컨대 <취한 배>는 견자의 편지에 다음과 같이 표현된, 랭보 시의 그 순간에 통하며 또 그 순간을 기술하고 있다.

"La première étude de l'homme qui veut être poète est sa propre connaissance, entière. Il cherche son âme, il l'inspecte, il la tente, l'apprend. Dès qu'il la sait, il la doit cultiver."

"시인이 되고자 하는 사람의 첫 공부는 자기 자신에 대한 전적인 인식이다. 그런 사람은 자신의 영혼을 찾아나서, 그것을 내성하고 그것을 시험하며 그것을 훈련시킨다. 자신의 영혼을 알게 되면 곧장 이제 그것을 가꾸어야 하는 것이다."

그리고 우리가 그 배의 목적지를 알고자 원한다면 "배"처럼, "홍예"처럼 그것들의 목적지는 동일하다. <Marine>가 우리에게 그것들의 가는 방향을 다음과 같이 일러 준다.

"Les chars d'argent et de cuiver—
Les proues d'acier et d'argent—
Battent l'écume—
Soulèvent les souches des ronces.
Les courants de la lande,
Et les ornières immenses du reflux
Filent circulairement vers l'est."

"은과 동으로 만든 마차들―
철과 은으로 만든 뱃머리들―
물거품을 부수고―
가시덤불을 그루터기째 뽑아낸다.
광야의 조류들
그리고 썰물의 거대한 수레바퀴 자국들이
동쪽을 향해 원을 그리며 열 지어 간다."

그렇다면 그 "동쪽"은 "그 모서리가 빛의 소용돌이들로 부딪히는" 동양이 아니라면 과연 다른 무엇이겠는가? <Vies> 안에서[239] 여실히 타오르는 것, 그것은 곧 랭보가 그 아들인 태양의 원초적 부분, 동양에 대한 그러한 심취상태인 것이다. 시인은 거기에서, "전대미문의 부로 넘치는" "그 성스러운 지방", 완벽성을 추구하는 모든 지성이 물을 길러야 하는 인간 지식의 창시적 원천에 해당하는 "그 성스러운 지방"으로부터 서구 문명이 진 빚의 막대함을 강조한다.[240]

---

[239] '오 성스런 나라의 거대한 가로수길이여, 사원의 테라스여'
나에게 격언을 일깨워준 브라만을 사람들은 어떻게 취급했던가
그때, 저승에서 본 늙은이들을 나는 지금도 본다.
나는 은광의 시간, 큰 강물을 향한 태양의 시간을 생각한다…
진홍색 비둘기들의 한 차례 비상이 내 상념주의에 요란히 울리고
나는 여기로 추방되었다… 나의 지혜는 혼란스럽고 무시되어졌다.
그대를 기다리는 어리석음이라니, 얼마나 공허한가?
나는 내 앞에 있었던 모든 발명가들과는 전혀 다른 공을 세운 발명가다.
나는 사랑의 열쇠로 무엇인가를 발견해낸 음악가이다…
12살 때 갇혀 있었던 다락에서 나는 세상을 알게 되었고, 인간 희극의 삽화를 적었다. 창고에서 나는 역사를 배웠다.
북부지방의 한 도시에서 벌어진 어느 밤축제에서 나는 옛 화가의 여인들을 만났다.
파리에서 한동안 머무르는 나에게 사람들은 고전 학문을 가르쳐 주었다.
<u>동방의 빛이 온통 주위를 둘러싼 나의 장엄한 거처에서 나는</u> 나의 거대한 작품을 완성했다. 그리고 그곳에서 나의 영광스런 은둔생활을 보냈다.
나의 피는 양조되었고 나의 의무는 연기되어졌다…
사실 나는 무덤 저편에 있다…
[240] '전대미문의 부를 그대들에게 보여주리라. 나는 그대들이 발견하는 보물이야기를 주목하고 있노라.'

처음 두 4행시절들은 우리에게 어떤 살육 후, 인디언들이 저지른 그들의 몰살 후, 승객들로부터 떨어져 실종된 채 바다에 떠돌고 있는 중인 배에 대해 이야기한다. 그것은 곧 영혼의 심층부로의 그 연금술적 강하의 첫 순간, 랭보가 자신이 받은 교육의 특징을 이루었던 문화적, 윤리적, 사회적, 종교적 가치들 전부와 격렬하게 단절하고 결별함으로써 자신의 의식 속에 진공상태를 실현시키고자 시도하는 순간이다. 이미 받아들인 관념들에 대한 자신의 조숙한 반항에 해당하는 그러한 일탈에 일종의 해방의 감정이 뒤따른다. 차후 시인의 의지가 되는 시적 본능에의 호소만 전적으로 추구하게 된다. "큰 강들이 내 마음 내키는 대로 내리 흘러가도록 날 버려두었던" 것이다. 사회적 자아와의 그러한 결별이 「지옥에서의 한 철」 안의 주요 관심사항들 중의 하나를 형성한다.

　필자의 「사물의 言語와 침묵」이란 논문에서 논술했듯이 D.Laing은 그러한 태도를 "분할된 자아"의 경험이라고 부른다. 그러한 태도의 특징을 이루는 것은 "그 인물이, '외부적이고' '형식적이거나' '현재의' 즉자(卽自)가 거짓인 반면에, '내면적인' '진실한' 즉자를 지니고 있다는 감정을 간직하도록 해주는 일종의 통일성 상실"이다.[241] 그것은 불안과 고뇌라는 어떤 감정으로부터 야기되는 태도이다. 개체가 어떤 내면적 고통을 겪다 보면, 심리적인 폭풍우가 격렬한 조수로 그의 영혼을 뒤흔들어 놓는 것이다. 그래서 랭보는 다음과 같이 말한다:

　　"Dans les clapotements furieux des marées,

---

[241] R.D.Laing, Soi et les autres 자아와 타인들, Paris, Gallimard, 1871, p.60.

Moi, l'autre hiver, plus sourd que les cerveaux d'enfants,
Je courus! Et les Pénisules démarrées
N'ont pas subi tohu—bohus plus triomphants.
La tempéte a béni mes éveils maritimes.
……J'ai dansé sur les flots
Dix nuits, sans regretter, l'oeil niais des falots!"[242]

"격렬한 밀물 요동 속에 밀리며
어느 겨울 아이들 뇌보다도 더 귀 멀었던 나,
나는 달렸다! 그리고 출범한 반도들은
그보다 더 기승하는 소동을 겪은 적이 없었다.
폭풍우가 해상에서 잠 깨는 날 축성했고
…물결 출렁이는 대로 난 춤추었네,
회한 없이 열 날 밤을, 초롱불들의 흐리멍덩한 눈!"

그러한 이원화 현상이 영혼과 육체의 분리를 유발하니, "존재가 스스로 한 정신과 한 육체로 나뉘어짐을 느낀다. 일상적으로 존재는 "정신"에 더욱 밀접하게 동일시된다".[243] 그리고 실제로, "배"는, 이

---

[242] "Le Bateau Ivre 취한 배"
[243] D.Laing : 「Le Moi divisé」 분열된 자아(현대문학지, Littérature moderne N° 445~449, 1976, p.9에서 Monique Jutrin 인용)
D.Laing에 따르면, 이 현상은 이렇게 나타난다.
a) 살고 싶어하며 동시에 무엇이든 탐진하는 것을 두려워하면서, 자아는 냉혹해지고 메마르게 된다.
b) 자아는 여기에 존재하는 모든 것에 대해 증오에 사로잡혀 있다. 자신이 파괴하지 않고 '존재하는 것'을 파괴하는 유일한 방법은 자멸하여야만 하는 것이라고 그에게 여겨질 수 있다.
c) '내적인' 자아는 자신을 분열하여, 자신의 신분과 본래 상태를 상실하게 된다.
d) 자아가 자신의 실체와 외적인 실체와의 직접적인 접촉을 상실한다.
e) 자아의 '은신처'는 감옥이 되며, 소위 지옥이 그의 은신처가 된다. 그는 고문실에서 자신을 되찾기 위해 감옥 독방의 안정상에 대해 알아보는 것조차도 멈춘다. 내적인 자아는 여기서 자기 자신의 구체화된 요소들이나 입증할 수 없는 자신의 환영에 의해 고통받는다.
(분열된 자아, p.144)
이러한 분열의 느낌은 아주 고통스럽게 나타난다. 그리고 그 주체가 동경하는 은신처는, 자신의 환영에 의해 고통과 박해를 받는 지옥 같은 장소로 재빨리 변화한다. Demeny에게 보낸 편지에서 랭보는, 시인은 '모든 형태의 사랑과 고통과 정신착란을 겪은 후에야만 투시력을 지니게 된다'고 쓰고 있다. '시인은 그 자신을 추구하며, 정수만을 지니기 위해 자신 속에 있는 일체의 독을 퍼 올린다. 지독한 고통 속에서 시인은 위대한 중환자, 위대한 범죄자, 위대한 저주받은 자가 되는 것이다.' …난파와

말의 신체적 의미로서의 한 개체의 표상이 아니라, 지성의 바다 위의 여행을 기획한 어떤 사유의 표상이다. 이 괴로운 여행은 연금술상의 전통에 강렬하게 유포된, "지옥으로의 추락"의 오르페우스적 은유이다. 이 여행은 즉자의 발견을 목적으로 이루어지는 영적인 기획을 나타낸다. 그것은 스스로를 통일성으로 느끼고, 이해하고, 지각하려는 그리고 자신의 모든 신비적 능력의 온전한 장악에 돌입하려는 개체의 의지에 해당한다. 그런데 사회적 자아와의 결별은 성공의 우선적인 조건을 나타낸다. 「지옥에서의 한 철」과 「일류미나시옹」 안에서 특정 선언들이 여러 차례 나타나는 것은 바로 그 결과이며, 그 두 시는 롤랑 드 르네빌이 입증했으며, 마르셀·레이몽이 Marcel Raymond 그의 「보드레르에서 초현실주의까지」에서 그것을 인정했던 것처럼 시인이 힌두교와 불교와의 관계를 위시한 동양의 철학 및 교리들에 대한 특정 자료들을 알고 있었다는 점을 인정함으로써 비로소 실제로 의미를 띠는 것이다.

"Je suis caché et je ne le suis pas"[244]

"나는 숨겨져 있으나 또 그렇지 않다."

"A chaque être, plusieurs autres vies me semblaient dues. Ce monsieur ne sait ce qu'il fait : il est un ange. Cette famille est une nichée de chiens. Devant plusieurs hommes, je causai tout haut avec un moment d'une de leurs autres vies."[245]

익사를 통해 자기 파괴를 한다는 주장은 D.Laing의 태도와 유사한 것이다. ('초록빛 물이 내 전나무 신체로 스며들어와… 키와 닻을 씻어 내렸지', '생각에 잠긴 익사자 하나, 때때로 가라앉으니' 등) 그러나 우리는 이러한 정신분석적 설명이 완전무결하다고는 생각지 않지만 동양의 윤회사상의 도움을 받고 싶다.(Samsara의 이론)

[244] Rimbaud : 「랭보 전집」éd. Gallimard 〈지옥의 밤〉 1972, p.102.

"각 존재마다 몇 가지 다른 삶들이 결부되어 있는 것처럼 보였다. 그 남자는 자신이 무얼 하고 있는지 모르는 바, 그가 한 천사이다. 그 가정은 한 배의 새끼개들이다. 몇 사람들을 앞에 두고 나는 그들의 다른 삶들의 하나의 한 순간과 소리 높여 이야기를 나누었다."

"Si j'avais des antécédents à un point quelconque de l'histoire de France!…

Il m'est bien évident que j'ai toujours été de race inférieure… Je me rappelle l'histoire de France… J'aurais fait, manant, le Voyage de terre sainte ; j'ai dans la tête des routes dans les plaines souabes, des vues de Byzance, des remparts de Solyme… Je suis assis, lépreux, sur les pots cassés et les orties, au pied d'un mur rongé par le Soleil. …plus tard, reître, j'aurais bivaqué sous les nuits d'Allemagne.

Ah! encore ; Je danse le sabbat dans une rouge clairière, avec des vieilles et des enfants… Je n'en finirais pas de me revoir dans ce passé… Quelle langue parlais—je?…

Qu'étais—je au siècle dernier ; je ne me retrouve qu'aujourd'hui"…246

"프랑스 역사의 어느 시점에서든 내게 조상들이 있기라도 한다면!…

나로서는 내가 항상 열등한 인종 출신이었다는 것이 지극히 명백하다… 나는 프랑스 역사를 상기해 본다… 나는 천민으로서 성지 순례 여행을 했으리라 : 나는 수아브의 평야들의 길들, 비잔틴의 광경들, 솔림의 성벽지대를 머리 속에 담고 있다… 나는 태양이 좀먹는 어느 벽 밑둥, 깨진 단지들과 쐐기풀들 위에, 나병에 걸려, 앉아 있다―나중에는 프랑스 용병인 독일기병으로서 독일의 밤들 아래 야영을 했으리라.

---

245 Ibid : 〈Délires Ⅱ〉 p.11.
246 Ibid : 〈Mauvais Sang〉 p.94.

아! 그것으로 그치지 않지 : 나는 어느 붉은 숲 속 빈터에서 노파
들과 어른들에 어울려 사바춤을 춘다… 나는 과거 속에서 나를 되
찾아 보는 일을 계속하리, 난 어떤 언어를 말했던가?…
　　지난 세기에 나는 무엇이었던고 : 나는 오늘에야 비로소 나를 되
찾는다"…

　르콩트 드 릴, 위고, 또는 "첫 번째 견자이며 시인들 중의 왕이며 진정한 神인 보들레르 같은 "높은 경지의 견술을 지닌" 시인들이, 랭보 이전에, 동시적 다수의 삶이라는 교리에의 확신을 공언한 바 있다. 여기에서 관건은 "한 존재의 상태상의 막연한 일련의 변화인 바, 그것은 각 상태가 그 자체의 특징적 조건들을 지니고, 그 존재에게는 그가 단 한 번 돌 수 있는 존속 사이클을 형성해 주기 때문이요, 지상의 존속 또는 일반적으로 육신으로서의 존속이 무한한 다른 상태들 중의 한 특정 상태를 나타내는 것일 따름이기 때문이다."[247] 그러한 연속적 윤회 교리는 인도 사상에서 삼사라라는 명칭으로 알려져 있다. 상승순이든 하강순이든, 동물체에서 신의 모습으로, 랭보의 "A검정"에서 "O파랑"으로, 어둡고 혼돈스러운 알파에서 빛을 발하며 매혹적인 오메가로 이행하는 연속적 재생의 순환에 관련하여 개체가 정의된다. 그러한 진화는 카르마의 분배 정의에 의거하여 실행된다. 실제로, 일단 무한정한 윤회라는 설이 받아들여지고 나면, 왜 영혼이 현상세계의 순환에 이끌려 드는지 하는 이유와 영혼이 거리로부터 벗어나고자 자유로이 사용하는 수단들이 무엇인지를 설명할 수 있어야 한다.[248]

---

[247] Henri Arvon : le Bouddhisme 불교. PUF, coll. Que sais-je? 9e édit., Paris, 1979, p.19.
[248] 부처가 무상보리 후에 Bénarès에서 설교했던 4제는 이러한 구원의 방법을 보여주는 것이다.
　1) 그러면 고제(Vérité sur le Mal)는 무엇인가?
　　출생은 악이다. 사랑하지 않는 것과 결합된다는 것은 고통 받는 것을 의미한다. 사랑하는 것과 헤

세계 각 존재의 특정 상황은 그것의 카르마의 결과[249], 그 이전의 존속에서 그가 행한 행위들의 결과이다. "인간에게서 이루어진 이런 저런 행위가 있으면, 그 인간의 미래 존속을 바로 그러한 것"이라고 우파니사드가 밝히고 있다.[250] "재생과 죽음의 주기는 '인간이 생각하는 것, 인간은 바로 그것이다'라는 유일한 사상으로부터 유래하는 바, 바로 그러한 고대의 비밀"[251]을 랭보는 다음과 같은 맥락으로 재현하게 된다. "나는 지옥에 있다고 믿으며 따라서 나는 거기에 있다."[252] 천상의 보상과 형벌은, 유태 그리스도교 종파들에서 문제되는 것과 달리, 단 한 번의 지상의 삶에만 집중되는 것이 아니다.

어저야 하는 것은 고통 받는 것을 의미한다. 욕망하는 것을 가지지 못하는 것 또한 고통 받는 것을 의미한다. 간단히 말해서 5 가지의 skandha 중의 그 어떤 하나와의 접촉은 고통을 전제로 하는 것이다.
2) 그러면 집제(sainte vérité sur l'origine du Mal)는 무엇인가?
그것은 쾌락과 탐욕을 수반한 채, 어떤 때는 여기서 어떤 때는 저기서 그의 쾌락을 찾으면서도 다시 태어나고자 하는 이러한 갈망이다. 즉 감각적인 애욕과 살고자 하는 욕망, 물질에 대한 욕망을 알게 이끄는 것이다.
3) 그러면 멸제(sainte vérité sur la cessation du Mal)는 무엇인가?
그것은 욕망에 대한 완전한 중단이다. 즉 욕망에서 멀어지고 그 욕망을 포기하여 내던지고 거기서 해방되어, 욕망에 집착하지 않게 된다는 것이다.
4) 그러면 도제(sainte vérité sur les voies qui mènent à la cessation du Mal)는 무엇인가?
그것은 8가지 옳은 길이다. 즉 올바른 견해, 올바른 결심, 올바른 말, 올바른 행위, 올바른 생활, 올바른 노력, 올바른 생각, 올바른 명상을 이르는 것이다. 그러한 기지의 사실들에 관해 고려하고 있는 랭보의 시가 수많은 양상 아래서 재생산해내는 신비적 경험은 더 명료하고 덜 난해한 것처럼 보인다.
(Ed. Conze, 불교, Payot(p.69), Paris 1978, p.49).

[249] 불교의 교리를 알고 싶어하는 그리스의 왕 Milinda가 Nâgasena에게 물었다. 왜 모든 인간들은 건강하거나 병약하거나, 아름답거나, 추하거나, 유력하거나, 무력하거나, 부자이거나, 가난하거나, 좋은 가문에서 출생하거나, 비천한 태생이거나, 똑똑하거나, 어리석지 않는가?
"위대한 왕이시여! (Nâgasena가 대답했다) 모든 식물들은 어째서 닮지 않았을까요? 어째서 그 식물들은 종류에 따라 시큼하고, 짜고, 쓰며, 시고, 수렴성이나 달콤할까요? 종자가 다르기 때문입니다. 마찬가지로 인간은 그들이 행하는 행위 때문에 서로 다르다고 생각합니다. 복자(부처)가 말했다." 모든 존재들은 그들의 업을 유산으로 가지게 됩니다. 그들은 자신들이 지은 업의 후계자이며 자손이고 그 업에 예속된 자들 입니다.

[250] Ibid, p.20.

[251] Rolland de Renéville, op. cit. p.42 "Le cycle de la renaissance et de la mort provient des seules pensées : ce que l'homme pense, il l'est : voilà l'antique secret"

[252] <u>Une Saison en enfer</u> 지옥에서의 한 철 : "Nuit de l'enfer. 지옥의 밤" p.100

그 보상과 형벌은 일련의 생에 두루 걸치며 연속적 생의 궁극 목적은 신성한 불의 심부, 엠페도클레스의 보편적 열화의 심부에 융해되기까지의 개별적 불씨의 점진적인 상승이다. 그리고 신성에 관련하여 개체가 접근하느냐 멀어지느냐를 결정하는 것은 다름 아닌 행위들인 것이다. 랭보가 다음과 같이 서술하는 순간 그는 그러한 관념 인식을 함께 하고 있는 것으로 보인다.

> "Je deviens un opéra fabuleux : je vis que tous les êtres ont une fatalité de bonheur : l'action n'est pas la vie, mais une façon de gâcher quelque force, un énervement."[253]
>
> "나는 우화적인 오페라가 된다 : 난, 모든 존재들이 행복이라는 숙명을 지니고 있음을 알았다 : 행위는 삶이 아니라 어떤 힘을 쇠진시키는 한 방식, 무기력이다."

실제로 삼키야 Sâmkhya 교리는 설명하기를, 인간 존재를 구성하는 세 가지 구나Gunas가[254] 이상적인 상태에서는 중성화됨으로써 평형을 이룬다는 것이다. 그렇지만 카르마 즉 행위가 개입하면 곧장 분리와 불균형이 일어난다. 달리 말하자면, "행위는 삶이 아니라 어떤 힘을 쇠진시키는 한 방식인 것이다."

---

[253] Ibidem. Délires II 착란 II. "Alchimie du verbe 언어의 연금술" "Faim 굶주림".
[254] Sâmkhya의 교리는 가능한 주어진 개념과 관계 있는 모든 요소들만큼 완전하고 정확한 수 계산을 강조한다. 불교를 능가하는 이 교리에 따르면, 인간은 Prakrita라 불리는 원초적이고 영원한 물질에서 생겨나는 것이다. 이 Prakrita는 다음과 같은 3 가지 요소(구나)의 총체이다 :
1) 진실하다는 사실을 의미하며, 명철한 원리, 순수성, 미, 어짐, 완전한 덕성에 해당하는 Sattva
2) 빛깔을 의미하여 행동의 원칙, 사랑, 욕망, 지상의 행복 추구, 야망 등에 해당하는 Rajas
3) 어둠, 혼란, 암흑을 의미하며, 악과 고통을 생기게 하는 무지에 해당하는 Tamas
최고의 행복은 세 가지 구나(gunas) 사이에서 균형을 유지하느냐 그렇지 않느냐 하는 개체의 신비적인 힘에 달려 있다. 명상을 혼란케 하는 것은 행위이다.

우리가 <취한 배>에서 접하게 되며, 「지옥에서의 한 철」의 여러 시편들 안에 반복되어 나타나는 이원화 유형은 우리가 볼 때 일부 논평가들이 시도했던 것처럼[255] 정신분석 방법을 통해 만족하게 설명될 수 있는 것이 아니고, 동양 철학들 및 교리들에 대한 어느 정도 정확한 지식을 통해서 설명될 수 있다. 그것은 유년기의 억압 제거, 억압, 인격의 분할, 정신분열증 등등의 용어로 해석될 수 있는 태도가 아니다. 그 반대로, 그러한 태도는 극도의 명석, 모든 욕구 너머로 올라서고자 하는 의지에서 우러나온다. 랭보는 드메니에게 다음과 같이 쓴 바 있다. "어떤 것이든 한 언어의 사전을 완성하려면 ―화석보다도 더 요지부동한― 학자가 되어야 한다". 달리 말해서 <모음들>, <취한 배>의 그 많은 시들을 생산해 내려면 말이다.

잃어버린 모든 승객들일랑 아랑곳하지 않으며 마침내는 반 의도적으로 파선하기에 이르는 한 배로의 시인의 변신은 어떤 무한한 지식을 향한 시인의 상승 능력을 제한하는 물질에 의해 강요되는 가면의 파괴라는 기도, 또, 인간 영혼의 착각과 타락의 요인인 사적 자아와의 결별, 단절이라는[256] 기도에 해당한다 :

"Si les Vieux imbéciles n'avaient pas trouvé du Moi que la signification

---

[255] cf 예를 들면 〈지옥에서의 한 철〉 속에 나오는 "Parole et silence 말과 침묵", Monique Jutrin 의 "moi divisé 분열된 자아"의 경험, 현대문학지, N.445~449, 1976, Minard, Paris.
[256] 지상의 어두운 삶의 영역에서 시인에게 반항을 불러일으킬 수 있는 물질적 존재와 사회적 존재를 파괴하고자 하는 시도는 〈지옥에서의 한 철〉이라는 작품 속에서 다음의 문장에 의해 분명해진다. : "결국 나는 내 영혼 속에서 인간의 모든 희망을 사라지게 하였다. 그 희망을 억제하기 위해 모든 향락에 대해, 나는 맹수처럼 귀를 멀게 하였다."(Jadis… 그 옛날…)
'살기 위해서조차도 내 몸을 움직이지 않고… 나는 도처에 살았다.'
'…항상 혼자서, 가족도 없이… 그리스도의 충고 속에도, 그리스도의 대변인인 사도들의 가르침 속에서도 나는 나 자신을 보지 못한다.'
'발포! 나에게 발포! (…) 나는 나를 죽인다! 나는 말의 발치에 내 몸을 던진다' 등등 〈Mauvais sang 더러운 피〉

fausse, nous n'aurions pas à balayer des millions de squelettes qui, depuis un temps infini, ont accumulé les produits de leur intelligence borgnesse…"

"만약 그 어리석은 늙은이들이 **자아**로부터 오로지 그릇된 의미만을 찾아내지 않았던들, 우리가 무한한 시간 이전부터 줄곧 그들의 애꾸눈 지식의 소산들을 축적해 왔던 저 수백만 해골들을 쓸어버릴 필요는 없을텐데…"

그리하여 일단 관능과 도덕상의 허울을 떨궈버리고 난 자유에 <취한 배>는 다음과 같이 말할 수 있게 된다 :

"Et dès lors, je me suis baigné dans le Poème
De la Mer, infusé d'astres, et lactescent,
dévorant les azurs verts…"

"이제 그 때부터 난 초록 상공을 탐식하는, 젖빛의, 별들이 잠긴, 바다의 **시** 속에서 헤엄쳤네…"

사실 바다,[257] 곧 대양은 지구의 기억을 상징한다. 비의 형태이든

---

[257] Michelet (Jules)는 그의 명작 <u>la Mer 바다</u> (Paris, Calman Lévy 1898)에서 다음과 같이 쓰고 있다.
'지구의 표면을 보면 물이 대부분이고 땅은 일부이다' (I, 1)
바다에서 '신은 자신의 집인 그곳에 홀로 있다' (I, 1)
'바다는 … 아주 순결하다. 손해를 끼치기는커녕 반대로, 바다는 이 광란의 …와 모든 문화를 풍요롭게 하는… 풍부한 소금과 같은 보물을 준다. 바다는 약간은 격한 어머니이지만 어쨌든 그것은 바다이다. 바다는 무진장의 생선을 가지고 있으며, 수많은 굴과 부서진 굴껍질로 뒤덮여 있다. 바다는 풀과 과일로 변하는 이 풍요로운 삶을 제공해 주며, 초원을 꽃으로 덮는다.' (I, 2)
'물이 밀려나간 바다에 차곡차곡 쌓인 지층을 주의해 보면, 거기에 거대한 장부로 된 지구의 역사를 읽을 수 있다. 거기에는 거듭된 장구한 세월이 시간의 책을 활짝 펼치고 있다. (I, 3)
바다의 중심은 '보물로 가득 찬 지력의 원지점'이다. (I, 4)
'사랑하고 번식하는 것 그것이 바로 이 위대한 바다의 실제 작업이며 일이다. <u>사랑은 밤을 풍요롭게 채운다</u>… 그러한 것이 바다이다. 바다는 지구의 위대한 암컷의 총체인 것 같다. <u>지칠 줄 모르는 욕망, 영원한 수태, 분만을 하는 암컷들의 총체 이것은 영원히 끝이 없을 것이다.</u>' (II, 1)

조류의 형태이든 일반적으로 물은 땅의 혈액 순환보다도 땅의 번식력 자체를 더 잘 표상한다. 물은 이집트 나일강과 인도 갠지스강의 경우가 그렇듯이 성스러운 중대성을 지니고 있다. 바다 속으로의 잠수는 곧 원시로의 복귀, 순수성으로의 복귀, 그 어떤 때자국도 묻지 않은 유년기 그 이전의 상태로의 복귀, 시인이 <태양과 육신>에서 그토록 "애석해 하는" 아득한 옛 시대들로의 복귀에 해당한다.

   "Je dus voyager, distraire les enchantements assemblés sur mon cerveau. Sur la mer, que j'aimais comme si elle eût dû me laver d'une souillure, je voyais se lever la croix consolatrice."[258]

   "난 여행해야만 했다. 내 머리에 겹겹이 자리잡고 있는 마법들을 풀어버려야만 했다. 마치 그것이 나의 때자국을 씻어주어야 하기라도 하듯 좋아했던 바다 위에서 난 위안의 십자가가 떠오르는 것을 보았다."

그런데 존재의 그 시초적 유년기로의 복귀는 또한 인간 언어 출현 이전의 어떤 상태로의 복귀 즉, "캄 cham"의 원형적 시대를 암시한다. 실제로 인간의 전락은, 인간으로 하여금 "…자 이제… 난 알고 있다.[259] 그러니 이제 두 눈 감고 두 귀 막고 가라"고 말하도록 만드

'바다의 점액은 무엇인가? 일반적으로 물이 나타내는 끈끈한 점액인가? 그것은 생명의 보편적인 요소가 아닌가?'
'바다는 아주 순수한 요소이며… 끊임없이 새로운 아이디어가 미지근한 우유 속에서처럼 헤엄치러 오는 내밀한 모태이다. (Ⅱ, 2)
바다는, 세상이 하나가 되는 위대한 영혼의 조화이다' (Ⅱ, 7)
이것은 일반적으로 랭보의 〈le Bateau Ivre 취한 배〉에서 나오는 바다와 물의 이미지와 같은 것이다.

[258] Une Saison en enfer. "Délires Ⅱ. Alchimie du verbe : Faim" 지옥에서의 한 철 '정신착란증 Ⅱ, 언어의 연금술 : 굶주림'

[259] 첫 번째 전락은 언어에 의해서 이루어진다.(…) 사회적 제도로서 언어는 강압적인 제도의 관습에 의해 획득된다. 사람들은 죽음을 내포하고 있는 고통인 관습적 의식의 고통에 의해 능변에 이르게 되며, 인

는, 과학적 지식의 조건이자 그 도구인 분절 또는 기술 언어의 출현260에 결부되어 있다.

그럼으로써 이제 "모음들의 색깔"을 재구상하고 "각 자음의 형태와 움직임"을 조정하여 사회에서의 습관적 언어 사용과 다른, 그리고 어느 정도로는 시초적 언어의 신성한 성격을 되찾았다고 할 수 있을, 새로운 "시적 언어"에 도달하고자 하는 랭보의 의지를 이해할 수 있게 된다. 그러나 "언어 이전의 언어인 이 신의 말을 존재하는, 개별 언어들 속에서 이제는 찾아볼 수 없다."261 바로 거기에서 다른 글에 엿보이는 시인의 실어증이 생겨난다. "내가 말하는 것, 그것은 아주 확실하면서도, 또 신탁의 수수께끼이다. 난 이해한다. 그러나 속세의 말 없이는 내 생각을 표현할 수 없기에, 난 차라리 입을 다물었으면 한다."262 即自의 좀 더 심층부로부터 육체적 물질의 가면과 사회 풍속의 인공 속에 묻혀 있는 가로막힌 통일성과 원시성을 표현하고 옮기고자 하는 시도 속에서 시인은 "이제 단어들을"263 찾아내지 못하는 것이니, 바로 그 상황에서 시인은 한 언어, 외침의 경계, 그 주술적 통사법이 다음에서처럼 부분부분 끊기는 열거로 화해 버리는 분절 문장의 경계에 호소한다. "아우성들, 북, 춤, 춤, 춤!… 난 공무(控無) 상태로 떨어지리니."

"Faim, soif, cris, danse, danse, danse, danse!"

간사회 속을 거치면서 개체가 되는 것이다. (Monique Jutrin 인용. op. cit. p.13)
260 A.Adam : <u>Oeuvres complètes</u>, Bibiothèque de la Pléiade, Gallimard, 1972, "Soleil et Chair 태양과 육신".
261 Merleau ponty : "<u>La prose du monde</u> 세계의 산문" (M. Jutrin 인용, op. cit. p.12)
262 "<u>Une Saison en enfer</u>, 지옥에서의 한 철"
263 Ibidem, "Mauvais sang 더러운 피"

"굶주림, 목마름, 아우성들, 춤, 춤, 춤!"

이 새로운 언어는 기술되는 말의 관습적 규범들과의 또 다른 결별, 또 다른 단절을 나타낸다. 그것은 "침묵상태들, 어둠상태들"을 기술하기 위해, "설명 불 가능한 것"을 기록하기 위해, "혼미상태들"을[264] 뚜렷이 확인하기 위해 고안된 언어체계이다. 시인이 "자신의 고안물들을 남이 느끼고 만지고 듣도록" 하는 데 수단이 되는 언어체계인 것이다. 시인이 전언하고자 하는 미지의 것의 환영들이 "형태를 지니고 있다면", 바로 그 언어가 그것들에 "형태를 부여하는" 것이요, "그것이 무형의 것"이라면, 도 바로 그 언어가 그것들에 "무형을 부여하는" 것이다. 문제는 하나의 보편언어, 그 환영들만큼이나 신비롭고 기이한 영상들을 옮겨 쓸 수 있는 유일한 것인 하나의 보편언어인 것이다.

"J'ai rêvé la nuit verte aux neiges éblouies,
Baiser montant aux yeux des mers avec lenteurs,
La circulation des rêves inouîes,
Et l'éveil jaune et bleu des phosphores chanteurs!"

"난 꿈꾸었네, 황홀한 눈 내리는 초록색 밤,
바다는 눈 닿는 데까지 서서히 거슬러 오르며,
신비로운 수액들의 순환에, 그리고 노래하는 이들의
노랗고 파란 번득임에 입맞추는 것을"

랭보의 시구는 그 작가의 야심과 균형을 이룬다. 언제나 그의 시

---

[264] Une Saison en enfer. Délires II. Alchimie du Verbe. 지옥에서의 한 철 : 정신착란증 II, 언어의 연금술.

구는 어떤 시적 행위를 재생시키거나 개시하고자 구상된다. 여기서 각운의 음악성은 리듬의 조화에 비하면 훨씬 덜 중요하다. 랭보는 드메니에게 다음과 같이 속마음을 털어놓은 바 있다. "난 말했지 : 그리스에서는 시구들과 칠현금들이 행위에 리듬을 부여한다.[265] 그리고 나면 음악과 각운들이 놀이요 오락이 된다". 그리고 분명한 것은 다음 대목에서 추구되고 있는 것이 무엇보다도 특정 리듬의 놀라운 효과라는 점이다.

"Ma faim, Anne, Anne
Fuis sur ton âne.
(…)
Dinn! dinn! dinn! dinn! je pais l'air
Le roc, les Terres, le fer"[266]

"나의 굶주림, 안느, 안느
그대 안느(당나귀) 타고 달아나거라
(…)
딘! 딘! 딘! 딘! 난 쳐먹는다 공기,
바위, 땅들, 쇠를"

그렇지만 이러한 주술적 리듬의 배치는 정당성을 지니기도 한다. 여기서 중요한 것은 그리스도교 신비론자들이 법열에 도달하고자 사용했던, 인도 요가 수행자들의 실행사상들에 유사한 금욕주의적이고 변술적인 실행사상들이므로, 이 점에 관련하여 롤랑 드 르네빌은

---

[265] '시는 행위다'라는 생각은 진보주의 작가들에게는 중요한 사실이었다. Gaston Bergerat는 〈시에 관하여〉라는 기사에서 '시는 단순히 행위의 서곡이 아니다'라고 쓰고 있다. (A.Adam. 작가 랭보, 전집, Gallimard, Paris, 1972, coll. Pléiade, p.1076)
[266] Ibid. "Fêtes de la faim" '굶주림의 축제'

다음과 같이 지적한 바 있다. "기도 중에 단어들 몇 개를 반복하고 경배 중에 동일 대상물에 시선을 고정하는 일이 일종의 최면상태를 자아냈으니, 그 상태에서는 금욕으로 말미암아 육체가 쇠약해 진 그만큼 더욱 더 정신이 의식으로부터 해방되는 것이다."

모든 시기, 모든 신앙에 있어서 신비론자들이, 본능적으로 또는 체계적인 방법으로, 목적을 이루기 위한 동일 수단을 사용한다.[267] 실제로 일부 사람들이 토막토막의 기도문에 힘입어 그들에게 삶의 지고한 실재들에 접하고 종교적 환상가들로서 말을 행하도록 해 주는 특이한 감수성의 상태에 도달하는 것이 가능해 진다. 시적 환상이 과연 신비주의적 환상과 동일한 것일까? 견술 상태와 법열 상태 간에 어떠한 공통점이 있는 것일까? 여기서도 롤랑 드 르네빌은 다음과 같이 뚜렷한 입장을 밝힌다. "교리들과 개성들이 다르다고 해서 얻어진 결과들이 항상 동일하지 않은 것은 아니다. 대립된 관점에서 출발했을지라도 불교신자, 기독교신자, 시인이 모두 동일 실재 앞에서 서로 마주치는 것이다."[268] 그리고 나서 그는 간격을 두고 다음과 같이 유효한 지적을 덧붙이고 있다. "신비론자들의 영감과 시인들의 영감 사이에서 자신들이 주목했던 유사성에 큰 인상을 받은 나머지, 고대인들은 그들 간에 아무런 차이도 설정하지 않았으며, 마법사들의 주문들과 뮤즈들의 뒷받침을 받는 자들의 말들을 가리키는 데 동일한 단어들을 사용했다."[269]

다른 한편, 「Chanson de Mahamudra」 안의 "초월적 명상"에 관한

---

[267] Rolland de Renévill. Rimbaud le Voyant 견자 랭보, la Colombe, édit. du Vieux Colombier, Paris, 1947, p.59.
[268] Ibid, p.57.
[269] Ibid, p.59.

장에서 Maharishi Manesh Yogi는 명상과 관조에서 탄트라라고 불리우는 몇 가지 단음절 단어들을 길게 반복하고 경우에 따라서는 "옴, 옴, 옴, 옴" 또는 "람, 람, 람, 람" 같은 성스러운 음절들을 마음 속으로 계속 반복하는 것이 얼마나 중요한 것인가를 일깨워 주고 있다. 네 차례에 걸친 이러한 반복의 효과는 동일 리듬이 자기 최면상태를 유발하면서 마침내는 뚜렷이 각인되는 마음 심층에서의 반향이다. 그렇게 되면 운율적 노래의 주술적 작용 또는 만다라를 통해 개체에서 일종의 도취 상태가 발생된다. 우리가 볼 때는, 「지옥에서의 한 철」 바로 앞부분과 <굶주림의 축제들> 안에서 랭보가 원용하고 있는 것이 바로 그러한 유형의 도취, 그러한 자아 절단, 공무로의 그러한 전락으로 보인다.[270]

> "······plus de mots··· Cris, tambour, danse, danse,
> danse, danse!··· Je tomberai au néant.
> Faim, soif, cris, danse, danse, danse!"

---

[270] O(zéro)의 수학적 상징은 o bleu의 모음으로써, 태양의 눈으로써의 o이다. o에서의 전락은 신성 속으로의 존재의 붕괴에 해당하며, 시인의 고향인 태양의 중심으로의 복귀에 해당한다. 따라서 '나는 공무상태로 떨어지리라'라는 말은, 내가 보편적 혼란상태에 그리고 우주에 대한 인지 상태에 도달하리라는 의미이다. 실험심리학은 다음 문장에 설명하고 있는 것처럼 그것을 가능하다고 판단하고 있다. '이미 오래 전부터 알려져 있는 소위 의식적이라고 하는 사고의 양상들과 최근에 밝혀진 소위 사고의 잠재적 의식의 양상들 이외에도, 인간 존재는 '초월적 양상'을 지니고 있는데 그것에 관한 조사방법과 초월적 양상의 인식과정 그리고 그것의 지식의 넓이와 같은 것들이 이제부터 탐구해 가야 할 일이다. 그 반면에 이 초월적 양상은, 그것 자체가 불러일으키는 점복주체의 중재에 의해 자신에 대한 개인적 생명의 일반적인 방향을 알고 있으며 또한 개인적 생명의 임기응변적인 진전을 미리 알 수 있다는 것을 표명하고 있다.
예외적으로 그리고 우발적으로 인식들은 사고의 초월적 양상에서 잠재의식의 양상으로 그리고 의식적인 양태로 넘어가며, 자신에 관한 초규범적 인식(어렴풋하거나 혹은 뚜렷한 예감, 생명에 대한 강렬한 반향을 일으키는 어떤 사건에 대한 뜻밖의 정보 등등)의 우연한 현상들 중의 하나를 밝힌다. 수많은 그와 같은 것들이 많은 증언에 의해서 수집되고 입증되어 있다'
(Dr. Fugene Osty : la connaissance supranormale 초규범적 지식, Alcan, 1923, Renévill 인용, pp.60~61)
〈Bateau ivre 취한 배〉와 〈Une saison en enfer, 지옥에서의 한 철〉에서 다루어지는 거의 전 줄거리는 전체가 자아의 초규범적 인식에 관한 것으로 이루어져 있다. 랭보의 전기는 그러한 수많은 양상들에 의해 입증되어 만들어질 것이다.

"Ma faim, Anne, Anne
fuis sur ton âne
Si j'ai du goût, ce n'est guère
Que pour la terre et les pierres.
Dinn! dinn! dinn! dinn…"

"……이제는 단어들을… 아우성들, 북, 춤, 춤, 춤, 춤!… 난 공무상태로 떨어지리. 굶주림, 목마름, 아우성들, 춤, 춤, 춤, 춤, 춤!"

"나의 굶주림, 안느, 안느
그대 안느(당나귀) 타고 달아나거라
내 입맛 돋구는 것 있다면 그것은 오로지
땅 그리고 돌들 뿐.
딘! 딘! 딘! 딘!…"

이 대목들에서 다음 사항을 강조해 지적하는 것은 아마 사족이 아니리라. 즉 시인이 굶주림과 목마름이라는 자양분상의 욕구들에 굴종하는 모습을 보이고 있다는 점이다. 그러한 욕구들이 랭보 작품에서 라이트모티프로서 되살아난다. 그 욕구들이 역적 자양분에 대한 커다란 식욕을 입증해 주는 것이다.

이 시인은 "오로지 흙과 돌들"에 대해서만 입맛을 지닌다고 확신한다. 그런데 흙은 연금술사들에게 있어 작품의 일차적 재료를, 즉 통속적이고 공통적이면서도 자양이 담기고 비옥하게 하며 유연한 요소를 나타낸다. 흙은 랭보의 탐색에 있어 알파를 구축하며 돌은 그 오메가를 구축한다. 첫 요소는 혼돈스럽고 어두운 반면, 흙의 연금술적 진화의 결과이기는 하지만 돌은 "붉은 숨결 심령의 형태"를 부여 받고, "빛과 행복의 둥지"인, 원형의 세계로 들어가는 것이다.

Theatrum Chemicum은 말한다. "죽은 돌들이여, 살아 있는 선단(仙丹)들로 변모하라"고.271

<취한 배>의 기획은 거기에서 보석을 추출해 내고자 일련의 비교적(祕敎的) 실험들을 통해 재료를 정화시키는 연금술사들의 기획에 흡사하다. 요컨대, 랭보에게 있어 중요한 것은 자신의 영혼, 자신의 인격에, 백지상태라는 원칙을 적용하는 일이요 그럼으로써 잃어버린 원시성을 되찾고 세계와의 영성일치를 회복하는 일이다. 들라에에게 행한 고백을 담은 다음 텍스트가 확인해 주는 것이 바로 그 점이다.

"Quel travail! Tout à démolir272, tout à effacer dans ma tête! Ah! il est heureux, l'enfant abandonné au coin d'une borne, élevé au hazard, parvenant à l'âge d'homme sans aucune idée inculquée par des maîtres ou par une famille, neuf, net, sans principes, sans notions, —puisque tout ce qu'on nous enseigne est farce! —et libre! libre de tout!"273

"이 무슨 작업인고! 내 머리 속 모든 것 허물고 모든 것 지우는 일! 아! 그런 아이는 행복하여라. 담 모퉁이 돌 귀퉁이에 내버려진, 아무렇게나 키워진, 선생들이나 가정을 통해 주입된 관념이라곤 전혀 없이 성년에 도달하는, 새로우며, 명료하고, 원칙들도 개념들도

---

271 David Guerdon, op. cit. p.170.
272 자기파괴의 주제, 이런 종류의 개인적 묵시의 주제는 아메리카 인디언들에 의해 선원들이 살육되는 장면에 해당한다. 폭풍우에 배가 부서지는 순간에 '배는 행복하게 외친다.
'초록색 물은 시큼한 사과 속살처럼 어린애들에게보다 더 부드럽게 네 전나무 선체에 스며들도다'
사람들은 불교사상이 '무자아' 교리에 부여하는 중요성을 안다. 랭보의 태도는 이 Anatta교리와 관계되는 의미를 지니고 있다. 사회적 경험적인 자아와 관능적 자아는 제거되어야만 하는 순수한 상상의 생산물이며 단순한 허구라고 불교신자들에 의해 간주되었다. 개체는 자신과 동일시되는 SOI라 불리는 것이 존재한다는 지적 확신과 싸우도록 조장되어지며 MOI와 최후의 현실에 부적합한 모든 유사한 사상들을 내던지도록 조장되어진다.
273 A.Adam. Oeuvres complètes de Rimbaud, Bibliothèque de la Pléiade, 1972, page 655. "Rimbaud à sa mère 랭보의 어머니."

없는, —사람들이 우리에게 가르치는 것 모두 우스개감이니까! —그리고 자유로운! 모든 것으로부터 자유로운 아이는 행복하여라!"

그 몇 달 후(1871년 5월 13일) 랭보는 죠르쥬 이장바르에게 편지 한 통을 보내는데 거기에서 다음과 같은 글이 써 있다.

"Maintenant, je m'encrapule le plus possible. Pourquoi? Je veux être poète, et je travaille à me rendre voyant : vous ne comprenez pas du tout, et je saurais presque vous expliquer. Il s'agit d'arriver à l'inconnu par le dérèglement de tous les sens."[274]

"이제 난 가능한 한 방탕해지고자 한다. 왜냐고? 시인이 되고자 원하기에 그래서 내 자신 견자가 되고자 힘쓰고 있기 때문이다. 당신은 전혀 이해가 안되겠지만 나로서는 당신에게 거의 설명할 수 있을 것이다. 문제는 모든 감각을 뒤섞어 버림으로써 미지에 도달하는 일이다."

<취한 배>는 시인이 자신의 영혼의 수양을 통해 도달한 그 "미지"의 "전대미문의 무수한"[275] 환영들을 부분적으로 전해 준다. 이 시는 '모음들' 안에서 'A검정'에서 'U초록'으로 확장될 수 있을 진화 과정을 기술하고 있는 것이다. <취한 배>에서 우러나오는 진정한 경험, 그것은 상상력의 도움을 받아 이루어진 정신 해방 운동의 경험, 태초의 하나, 우주적 하나로의 열렬한 복귀운동의 경험이다.

"Je sais les cieux crevant en éclairs, et les trombes

---

[274] Ibid. p.268
[275] Ibid. p.268 "Lettre du voyant à Demeny 드메니에게 보낸 견자의 편지"

Et les ressacs et les courants : je sais le soir,
L'Aube exaltée ainsi qu'un peuple de colombes,
Et j'ai vu quelquefois ce que l'homme a cru voir!
J'ai vu le soleil bas…
J'ai heurté… d'incroyables Florides
Mêlant aux fleurs des yeux de panthères à peaux
 … Des arcs—en—ciel tendus comme des brides
Sous l'horizon des mers, à de glauques troupeaux!
J'ai vu fermenter les marais énormes…"

"난 알고 있다네 섬광으로 찢어지는 하늘들, 물기둥들,
격랑들 그리고 해류들을 : 난 알고 있다네, 저녁,
붉게 닳아 오른 여명 그리고 비둘기떼를,
또 난 가끔 보았다네 인간이 본다고 믿었던 것을!
난 보았다네 나지막한 해를…
난 부딪혔네… 믿기지 않는 플로리다(주)에
…바다 수평선 아래로 청록색 짐승 무리들에까지!
난 보았네, 어마어마한 수면들이 술렁이는 것을…"

우주의 모든 광경들을 "나는 보고", "나는 보았다." 바로 그 사실이 우주개벽의 환영들에 도취된 "배"가 전하고자 하는 믿기지 않는 메시지이다.

랭보라는 이름의 배가 창조의 일주를 행한 것이요 가능하고 상상할 수 있는 모든 장면들을 재검토했던 것이다.

"Glaciers, soleils d'argent, flots nacreux, cieux de braises!
Echouages hideux au fond des golfes bruns
Où les serpents géants dévorés des punaises
Choient, des arbres tordus, avec de noirs parfums!"

"빙하들, 은빛 태양들, 진주모빛 물결들, 잉걸불처럼 바알간 하늘들,
갈색 만들 복판에 꼴사나운 좌초물들,
거기엔 빈대들이 할퀴버린 거대한 배암들
시커먼 냄새 풍기며 비틀린 나무들처럼 스러져 가고!"

뒤이어 랭보는, "황금 물고기들", "노래하는 물고기들", "꽃모양 물거품들", "노란 통풍창 뚫린 그늘의 꽃들", "금빛 눈에 조아려대는 새들의 똥", "황홀한 눈 내리는 초록색 밤" 등등 한결같이 보통 사람들의 상식으로는 접할 수 없는 것들, 그 모든 환상적 실재들을 "난 아이들에게 보여주고 싶었으리"276 하고 계속한다. 왜 보통사람들의 상식으로는 접할 수 없는 것들인가? 그것은 실제에 있어 그러한 환영들 총채가 시인에 의해 관조되는, 빛과 물 간의, 태양(남성 원리)과 바다(여성 원리) 간의 용해, 결합에 속하는 것이기 때문이다. 여기에서 관건이 되는 것은 "난 보았네 항성들의 군도들을!"에서처럼 이제 견자가 된 시인에 의해 행해지는, "독법"의 일종이요 세계 해독의 한 형태이다. 그리고 실제로 랭보(號), "물에 취한" 랭보라는 이름의 배는 지체 없이, 창공 한 복판에서 항해하며 그 신비로운 화

---

276 어째서 랭보는 이 이미지들을 아이들에게만 보이고 어른들에게는 보여주지 않으려 했는가? 이 점에 관해 2 가지 가능한 접근방법이 있다. 《Soleil et chair》 태양과 육신이라는 작품 속에서, 젊은 시인이 성인 즉 어른을 '슬프고 추한 존재로' 여기고 있음을 상기하자. 왜냐하면 어른은 이제는 더 순결하지 않기 때문이며, 신의 자랑스런 흉상을 더럽혔고 불 속에 던져진 우상처럼 더러운 노예상태에 빠진 올림프스산의 신들의 육체를 으스러뜨렸기 때문이다. 또 어른은 사후에 조차도 창백한 몰골을 하고서 "최초의 아름다움을 경멸하면서 살고자 했기 때문이다. 이 "최초의 아름다움은 바로 《Bateau ivre》 취한 배》라는" 작품 속에서 랭보가 탐색하는 목적을 구축하고 있다. 이" 상황에서 랭보의 임의적 상대자는 그가 친교를 나누는 이 7살의 시인인 아이일 수밖에 없음을 우리는 이해할 수 있다. 7살의 시인은 정확하게 이러하다.
'무거운 황토색 하늘과 침수된 숲
별이 총총한 숲에서 활짝 핀 육체의 꽃으로 가득 찬,
그가 끊임없이 명상했던 소설을 읽는다.
현기증, 붕괴, 혼란, 연민이여!
- 아래에서, 거리의 소음이 나는 동안- 홀로, 생마포 천 위에 누운 채 격렬하게, 배의 출항을 예감하노라.'

물창이 시인들의 영적 자양분으로 충만한 태양계의 배로 변모될 것이다.

"Or moi, bateau perdu…
Jeté par l'ouragan dans l'éther sans oiseau,
Libre, fumant, monté de brumes violettes,
Moi qui trouais le ciel rougeoyant comme un mur
Qui porte, confiture exquise aux bons poètes,
Des lichens de soleil et des morves d'azur."

"그러다가 난, 실종된 배…
돌풍에 밀려 새 없는 창공 속에 내동댕이쳐진 나,
자유롭게, 연기 내뿜으며, 보라빛 물거품에 묻힌 채,
어느 벽처럼 불그레 물드는 하늘을 돌파하는 나
훌륭한 시인들에 바치는 별미는 과일쨈처럼,
태양의 땅옷들이며 창공의 넝마를 걸친 나"

이러한 여정, 바다로부터 태양을 향하는 배의 상승은 어두운 알파로부터 빛나는 오메가로 향하는 시인의 진화적 노정에 해당한다. 실제로 랭보에게 있어 완벽한 행복, 법열의 상태를 상징하는 것은 다름 아닌 태양과 물 간의 내밀한 관계로서, 그 관계야말로 인간 고뇌와 각종 두려움을 공무화시킬 수 있는 유일한 조건이다.

"Le ciel est joli comme un ange
l'azur et l'onde communient"[277]

---

[277] A.Adam : Oeuvres complètes de Rimbaud. Bibliothèque de la Pléiade, 1972. "Fêtes de la patience 인내의 축제" "Bannière de Mai 5월의 깃발"

"하늘은 천사마냥 아름답고
창공과 물결 어우러진다"

"Craintes et souffrances
Aux Cieux sont parties"[278]

"각종 공포와 고뇌
하늘들로 떠났다"

"Elle est retrouvée
Quoi? — l'Eternité
C'est la mer allée
Avec le soleil

Ame sentinelle
Murmurons l'aveu
De la nuit si nulle
Et du Jour en feu.

Des humains suffrages,
Des communs élans
Là tu te dégages
Et voles selon…"[279]

"그것이 되찾아졌네
무어냐고? — 영겁이라네
그건 태양과 혼융된
바다

---

[278] Ibid, "Chanson de la plus haute tour 가장 높은 탑에서의 노래"
[279] Ibid, "L'Eternité 영원"

> 파수꾼의 영혼이여
> 그토록 무가치한 밤과
> 타오르는 낮(태양)의
> 祈願을 드리이세.
>
> 인간의 기도로부터
> 평범한 충돌들로부터
> 그대 이제 벗어나
> 어디론가 사라지리니……"

인용한 마지막 두 4행시절에서 랭보는 "영겁"에 도달할 수 있기 위해 자신의 입장에서 물질적이고 사회적인 삶으로부터 "벗어나야" 한다는 필요성은 이미 마주쳤던 생각을 다시 표현하고 있다. 달리 말해서, 위에서 명백히 밝혔던 아나타라는 동양 교리의 논제를 다시 표현하고 있는 것이다. 바로 그런 점에서 한 가지 질문이 제기된다. 즉, 취한 랭보호가 과연 자신의 금욕 및 세계로부터의 일탈에 완벽하게 성공할 것인가? 미지에 도달한다는 것이 단순히 "항성의 군도들"을 보는 것인가? 젊은 시인이 다음과 같이 제기하는 바로 그러한 질문들이다.

> "─Est─ce en ces sans fonds que tu dors et t'exiles
> Millions d'oiseaux d'or, O future vigueur?"
>
> "─바로 이 끝없이 깊은 밤들 사이에 그대 잠들어 달아나는 건가,
> 백만의 황금새들, 오 미래의 活力이여?"

이 질문에 대해 그가 하는 답변은 다음과 같다.

> "Mais, vrai, j'ai trop pleuré! Les Aubes sont navrantes.
> Toute lune est atroce et tout soleil amer."

> "하지만, 정말이지, 난 너무나도 흐느껴 울었네! 여명들은 비통하고 달은 온통 잔혹하고 해는 온통 가혹하고"

사실 시인은 자신의 신비적 여행 과정에서 그 순간까지는 시각적이고 촉각적이고 청각적인 느낌들, 요컨대 감각적 느낌들만 얻어낼 수 있었을 뿐이라는 것을 깨우치고 있다. 이중의 장벽이 아직 그를 우주로부터 분리시켜 놓고 있는 것이다. 그의 체험의 종국에 다다르기 위해서는 또 다른 희생들과 도 다른 극복들이 필요한 것이니, 그 이유는 랭보가 바라는 것이 단순히 우주의 위대한 환영이 아니라 창조와의 융합, 물질과의 용해, 모든 존재들 모든 요소들과의 결합이기 때문이다. 다음과 같은 감탄의 의미가 바로 그런 것이다. "오 나의 용골을 터뜨리라! 오 날 바다로 가도록 하라!" 이제 문제되는 것은 절대적 일원론, 세계와의 완벽한 통일에 도달하기 위해 새로운 "형극들"을 스스로 짊어지는 것이다. <취기의 아침나절>[280](도취 개념이 다시 나타나는 또 다른 제목) 안에는 랭보는 그 마지막 단계가 <정령>에서 나타날 그 극복의 기간을 기술하고 있다. 뒤이어 랭보는 다음과 같이 계속한다.

---

[280] (앞 페이지의 주에 다라)
'오 나의 선이여, 오 나의 미여'… 그것은 아이들의 웃음으로 시작되었다. 그리고 그것은 아이들의 웃음으로 끝나리라… 이제 이런 고통을 받아 마땅한 우리들! 창조된 우리의 신체와 우리의 영혼에 행해진 이 초인간적인 약속을, 열의를 다해 다시 찾아. 이 약속, 이 발광! 우아함, 학문, 격렬성! 선과 악의 나무를 암흑 속에 매장하겠다고 우리에게 약속을 해 주었네… 우리는 진실로 순수한 사랑을 돌려받기 위해. 그것은 어떤 불쾌감-이 영원한 영역에 우리를 사로잡을 수 없는-으로 시작되었고 그것으로 끝났다. 그것은 향기가 흩어지면서 끝났다.

"Si je désire une eau d'Europe, c'est la flache
Noire et froide où vers le crépuscule embaumé
Un enfant accroupi plein de tristesse, lâche
Un bateau frêle comme un papillon de mai."

"내가 유럽의 물을 갈구한다면 그것은 바로
검고 차가운 웅덩이, 거기엔 향긋한 황혼을 향해
슬픔에 겨워 쇠진한 한 아이 쪼그리고
가벼운 배 한 척 오월의 나비처럼 떠 있는 곳"

결국 다시 반복되는 지적이지만, 랭보호는 오로지 상상적 삶만을 누렸던 것이요, 그 배의 전 노정은 시인의 상상 속에서 전개되었던 것이다. 그것은 미래를 보고자 "새 없는 창공 속에 돌풍에 밀려 내동댕이쳐질" 수 있는, 또는 유년기, 시인의 과거, 다음 글에서 나타나는 그 놀이의 시기로 되돌려질 수 있는, 유동적이고 비물질적인 배인 것이다. 그 놀이의 시기에는 "검고 차가운 웅덩이 위에서"

"un enfant accroupi plein de tristesse, lâche
Un bateau frêle comme un papillon de mai."

"슬픔에 겨워 쇠진한 한 아이 쪼그리고
가벼운 배 한 척 오월의 나비처럼 떠 있었던" 것이다.

<취한 배> 당시 랭보 사상의 매개체인 "취한 배"는 자유자재로 스스로를 키울 수도 다시 작게 할 수도 있었던 것이다. 그 배는 일종의 신앙 선언을 입증하고 있는 바, 그것은, 정신과 물질, 상상된 것과 생체험된 것, 본질과 존재 간에 상호작용이 깃들어 있다는 점

이다.

  시 말미에서 균형의 현존을 신비주의적이고 연금술적인 확신에 재결합시켜 파악해야 하려니와, 그 확인에 의하면, 세계는 남성 원리와 여성 원리, 태양과 바다, 생과 사, 빛과 어둠 간의 조화를 통해서만이 존속 가능하다. 「라 카발」이라는 제목의 자신의 저서에서 H.Serouya는 우리에게 일러 준다. "…글자들이 막 나타나기 시작했을 적에 세계가 창조되었으며, 그것들이 세계 내부에서 조합되자 세계는 확립되었다. 평형을 상정하는 그러한 세계의 국면이 저울을 통해 표상된다"라고.[281]

---

[281] H.Serouya : La Kabbale, 1964, p.78.

III. 동양의 정신적 아들

A. 상징주의와 예언적 경력

  이 마지막 장에서 우리는 강조해서 다루어 마땅한, 랭보의 시작품의 두 국면에(그토록 많은 다른 것들 중에서) 관심을 둘 것이다. 그것은 곧 상징들의 성격과 그 상징들이 예증하는 이마쥬들의 특질이다.
  상징이란 무엇인가? 이마쥬란 무엇인가? 랭보가 사용하는 상징과 이마쥬는 어떤 점에서 그녀들의 독창성을 발현하며 우리를 동양으로 이끄는가? 우리가 여기에서 답을 제시하고자 시도할 것은 바로 그러한 질문들이며, 그렇다고 해서 이러한 관점에서 볼 때 너무나 다양하고 다기해서 체계화 작업을 시도해도 무용할 정도인 랭보의 상징체계의 풍부성 전체를 완벽히 밝히고자 자처하는 것은 아니며, 그 원천 전부를 조목조목 드러내 보자는 것도 아니다.

1. 랭보의 상징주의

　랭보의 Métaphore 사용에 대해, 별첨 논문 「A.랭보의 시. *存在*와 언어—미학적 조망과 존재론적 성취」*에서 언급이 있을 것이지만, 랭보의 언어 마술에 있어서 음, 의미, 통사법, 리듬을 용해하는 일이 큰 비중으로 근간을 이루고 있으며, 그리하여 독자가 흔히 별자리, 태양들, 다이아몬드들, 보석들, 황금 등등과 "별들을 담고 있는" 시인에 의해 사로잡히고 포로 상태가 되며, 그러한 것들이 텍스트의 배경에 다기한 의미들을 부여하여 지극히 풍요롭게 함으로써 많은 사항이 아마도 영원히 베일에 덮인 상태, 나아가서는 이해 불가능한 상태로 남아 있을 정도라는 점을 이미 살펴보았다. 나머지 사항은 그 반대로, 끈질긴 탐문과 노력을 기울이면 끝내는 그 모습을 드러낸다. 그렇지만 랭보의 시편들에서는 "모든 것이 끊임없이 그리고 여러 번에 걸쳐 의미를 형성한다."[282] 그리고 롤랑 바르트가 말했듯이, "전체적으로 파악된 텍스트는 일종의 하늘, 편편하면서 동시에 깊은, 반들반들하고 가두리가 없이 무한하게 열린 하늘에 비교될 만하다. 그것은 곧 점복관(占卜官)이 특정 원칙들에 따라 새들의 비상을, (흉조인가 길조인가) 확인하고자 지팡이 끝을 놀려 거기에서 가공의 사각형을 내리 자르기에 생긴 것과 같은 식의 하늘이다. 논평가는 텍스트를 따라 읽으면서, 거기에서 의미들의 이주, 코드들의 노출, 인용문들의 이행을 관찰하고자 독법의 지대들에 밑줄을 그어 나간다."

---

[282] Roland Barthes : S/Z, édit. du Seuil, Paris 1970, p.18.

"거기에서 의미들의 이주"와 "코드들의 노출을 관찰하고자" 이 연구 도중에 우리가 밑줄을 긋고자 바랐던 그 "독법의 지대들 zone de lectures"이야말로, 지리학적 철학적 국면에서 동양 그 전체에 해당한다.

그야말로 집요한 관념 한 가지가 우리의 각별한 관심을 끄는 랭보 작품의 부분을 거의 전적으로 지배하고 있으니, 그것은 바다와 태양, 물과 빛의 관계로서, 첫 요소는 여성 원리를 표상하며 둘째 요소는 남성 원리를 상징한다. 그것들의 결합은 곧 천지창조 시초의 원초적 결합쌍이요 영적 존재의 종국의 영역이다. 언어 국면에서는 그러한 결합이 <기억>, <취한 배>, <여명>, <영겁> 그리고 「일류미나시옹」안의 그토록 많은 제목들에서 재발견되는 성스러운 OM 음절을 구성하는 O와 M이라는 상징글자들의 결합쌍으로 나타난다. 랭보의 영감과 사상은 이제 그러한 이원주의를 극복하기에 이르면서 절대적 일원론의 궁극적 해소, "태양의 아들이라는 원초적 상태"로의 복귀라는 매서운 의지를 이끌어낸다. 이 시인을 두고 보들레르는 다음과 같이 말하지 않았던가. "(그는) 최고도로 이지적이다⋯ 그는 더할 나위 없이 탁월한 예지이며, (⋯) 상상력이야말로 가장 과학적인 능력인 바, 그 이유는 오로지 상상력만이 보편적 유추, 또는 한 신비 종교가 조응이라고 부르는 것을 이해하기 때문이다.[283] 랭보는 그러한 "보편적 유추"를 전개하여 결국 스스로 태양의 햇살, "태양의 아들," 모든 전재가 거기에서 발원하며 모든 존재가 그 미세한 부분을 형성하는 보편적 영혼이라는 바라문교 이론에서 말하

---

[283] Lettre de Baudelaire 보들레르의 편지, <u>Correspondance générale de Baudelaire</u> 보들레르의 일반적 조응 (J.Crepet가 발췌하여 분류하고 주석 담) Paris, Conard.

는 신성한 불의 한 불티와 동일시한다. 그리고 그가 찾아내는 그 "조응"은 한 대상, 한 형태와 한 관념 또는 한 개념 간의 관계에 국한되는 것이 아니고 그 자체의 시적 본질과 그것이 참여하는 보편적 삶 간에 확립된다. 그것은 말라르메가 다음과 같이 쓰면서 랭보와의 수많은 일치점들을 드러낼 때[284] 말라르메가 표현하고 있었던 것과 동일한 태도이다. "난 이제 스테판이 아닐세… 영적 우주에서 보이며(과거에) 나였던 것을 통해 발전하는 한 재능이라네."[285]

그렇지만 우리의 구체적 설명을 더욱 전개시키기에 앞서, 주지하다시피 그 독창성을 통해 초현실주의 운동 전반에 영향을 미치게 되는 랭보 시와 결부시킬 수 있을, 문학 조류로서의 상징주의라는 용어에 관해 간략히 검토하고 넘어가고자 한다.

상징이란 무엇인가? 에밀 카이에는 다음과 같은 정의를 제안하고 있다.[286]

> "Le symbole procède du sens d'une parenté mystique avec les êtres qui va jusqu'à devenir une sorte de symbiose entre le group social et le milieu où il vit lorsque l'horizon retient le groupe prisonnier pendant des

---

[284] 랭보처럼 Mallarmé는 시를 종교로서 실행하였고, 향기, 소리, 색, 사상 등 모든 것을 축소해 절대적 언어, 보편적 언어를 만들어 내고자 하였다. 이것에 관해 Valéry의 증언을 들어보자.
'Mallarmé의 186행과 랭보의 69-70행은 거의 유사하다고 나는 확신한다. 단지 한순간의 엇갈림만이 있을 뿐이다. 그리고 더 모호한 것도 있다. 사람들은 그것을 시대의 차이로 이해할 수 있다. 랭보의 시는 열광적이며, Mallarmé도 때때로 그러한 시를 썼다. 소네의 전형이라 할 수 있는 Jean Richepin의 유명한 〈신성 모독의 소네〉는 Mallarmé를 (비록 Mallarmé가 그것을 인정했다 할지라도) 랭보와 Richepin 사이에 놓을 것이다. 그리고 또한 그 둘에게서 '의외의 반향'을 느낄 수 있다.

[285] Mallarmé의 이 문장은 이상하게도 '견자의 편지' 속에서 진술되고 있는 랭보의 이 생각을 떠오르게 한다.
'… 나는 하나의 타자이다. 구리쇠가 나팔로 잠 깨어난다 해도 전혀 구리쇠 잘못은 아니다. 그것은 명백하다. 나는 나의 사고의 개화를 목도한다. 나는 그것을 바라보며 또한 그 소리를 듣는다. 나는 악궁 한 곡을 켠다. 교향악이 그 깊은 곳에서 꿈틀거린다. 혹은 단번에 장내로 튀어 나온다."

[286] Emile Caillet : Symbolisme et âmes primitives 상징주의와 원초적 영혼, Paris, Boivin 1936

siècles et des millénaires. Tranchons le mot : le symbole garde un caractère analogique pour être apparu d'abord comme le signe sensible d'une participation éprouvée... J'appelle symbole, la représentation d'une participation étrouvée ou suggérée."

"상징은, 사회 집단과 그 집단이 거주하는 환경 간에 수평선이 그 집단을 수 세기 수십 세기 동안 감금하고 있을 때 일종의 공생관계로 변하기까지에 이르게 되는, 존재들 간의 신비주의적 친족관계의 의미에서 발원한다. 딱 잘라서 말하자면, 상징은 유추적 특성을 지니고 있어서 결국 우선은 체험된 유대의 지각 가능한 기호로 나타난다. 나는 체험되거나 암시된 어떤 참여의 표상을 상징이라고 부른다."

운율 위주의 고전주의 시 그리고 서정적이고 개성적인 낭만주의 시와는 달리, 상징주의 시는 "우주적 유추"를 나타낸다는 임무를 띤 상징을 강조한다. 발레리는 "우주의 감각"에 대해 언급하면서 다음과 같이 뚜렷한 생각을 밝힌 바 있다.

"Le poésie, m'apparaît comme une explication du Monde, délicate et belle, contenue dans une musique singulière et continuelle. Tandis que l'art métaphysique voit l'Univers construit d'idées pures et absolues, la peinture, de couleurs, l'art poétique sera de la considérer vêtu de syllabes, organisé en phrases"[287]

"나에게는 시가 세계에 대한 설명, 기묘하고 지속적인 음악에 담긴 미묘하고 아름다운 설명으로 보인다. 형이상학적 예술이 우주를 순수하고 절대적인 관념들로 형성되었다고 보고, 회화는 우주를 색채로 형성되었다고 보는 반면에, 시예술은 우주를 음절들로 덮여 있

---

[287] Paul Valéry, Variété p.623

고 문장들로 구성되어 있다고 간주할 것이다."

<모음들>에서 관건이 되는 것은 세계를 음절들과 주술적 문장들로 그렇게 재구성하는 일 바로 그것이다. 전체적인 우주를 총체성으로서, 통일체로서 지각하는 일, "그 안에서 존재들과 사물들과 사태들과 사건들이 감각세계 즉 그것들이 거기에서 차용된 직접세계에 창궐하며 그것을 구성하고 있는 것들에 하나하나 유사하다면, 다른 한편으로 그것들은 우리의 일반적 감수성의 세계들과 법칙들과 규정할 수 없으면서도 놀랍게도 정확한 관계에 놓여 있는, 하나의 완벽한 관계들의 체계"[288]로서 지각하는 일, 그것은 모든 상징주의 작가들이 합류하는 공통점이다. 창조의 비밀을 간파하려는, 모든 것을 신을 통해 보고 설명하며 모든 것에서 신을 보고 설명하려는 신비론자의 야심, 이 상징주의 시인은 바로 그러한 야심을 자신의 시 안에 옮겨 놓고 있는 것이다. 그리하여 이 시인은 그 언어적 소우주 안에서 모든 존재 모든 사물과 공감한다. 그는 상징을 수단으로 삼아 커뮤니케이션, 즉 물질세계와 형이상학의 우주, 모든 형태들과 모든 존재들 간의 내밀한 관계를 확립한다. 이 시인은 "형태, 운동, 색채, 수, 냄새 등등 모든 것이 자연적인 것에서처럼 영적인 것 안에서도 의미를 지니며 상호적이고 교신하며 조응한다"[289]는 것을 발견해 내는 것이다.

이리하여 시가 우주적 수수께끼의 해독, 존재에 대한 신비주의적 설명의 한 시도와 동일시된다. 왜냐하면 항상 더욱 커다란 신비들에 마주치면서 이제 시의 대상이 랭보가 쓰는 의미에 있어서의 "미지"

---

[288] Ibid, op. cit. p.623
[289] Charles Baudelaire. Oeuvres complètes : Gallimard. Bibliothèque de la Pléiade. Tome II, p.133. 1964.

가²⁹⁰ 될 것이기 때문이다. 따라서 본질적으로 시는 랭보에 있어서처럼 형이상학적이고 모호하며 비교주의적인 것이 될 것이다.

우주 전체를 "음절들"로 재생시키고자 하는, "언어 연금술"을 통해, 주술적이고 운율적인 언어 마술을 통해 태양계의 색깔의 맥박을 체험하고자 하는 의지가 상징주의 거장들 사이에서 그야말로 만장일치로 유포된 결과, 정확한 수학적 적용에 속하지 않는 은유, 비유, 또는 수식어가 없을 정도인 바(…), 그 이유는 그러한 비유들, 은유들, 그리고 수식어들이 보편적 유추의 무궁무진한 토대에 길어 올린 것들이기 때문이다."²⁹¹ 랭보의 상징주의의 위대한 독창성은 한 가지 사실에 바탕을 두고 있는 바, 그것은, "보편적 유추의 무궁무진한 토대에서 길어 올린" "은유들"을 소리 높여 외치고 "수식어들"을 끌어내기보다는 그 시인이 스스로 "은유"로 변모되고 시인 자신이 보편적 우주의 "수식어"가 된다는 점이다. 랭보는 "태양의 아들"이며, 그의 시는 "태양의 아들이라는 원초적 상태"로 복귀하고자 하는 그의 야심을 표현한다. 그것은 태양의 심장, "우주적 영혼의 적소와 공식"을 찾아내고자 조급해 하는 글쓰기인 것이다.

레미 드 구르몽이 말하듯이 "상징주의 예술"이 탈인칭적 성격

---

290 Maeterlink(랭보처럼, 보편적 예지는 항상 자연스럽게 그의 사상을 내던졌다고 생각하는)는 말한다. '고귀한 시는 다음의 중요한 세 가지 원칙으로 구성된다. 첫째는 아름다운 언어, 둘째는 명상, 셋째는 우리 주위와 우리 자신 속에 실재로 존재하는 것에 대한 정열적 묘사이다. 다시 말해서 정열적 묘사는 감정의 본성이다. 결국 이 정열적 묘사가 전 작품을 전개하는 것이며, 시인이 환기하고 있는 존재와 사물들이 동요하는 미지의 세계와 그들의 운명을 지배하고 심판하여 주관하는 신비로운 것에서 만들어낸 시인 자신의 고유한 분위기를 만드는 것이다. 나에게 있어 이 세 번째 요소가 가장 중요하다는 것은 의심할 여지가 없다… 시의 열 개 중 아홉 개는 인간 운명의 신비로운 암시와 세속적인 것에서 영원한 것까지, 가시적인 것과 비가시적인 것의 어떤 연결에 기인하고 있다…(시인은…) 일상적인 삶 즉 현실적인 삶 속에서 미지의 것으로 이루어진 사상을 없앨 의무를 띠고 있다. 시인으로서 '우주가 충만되어 있다'고 확신하는 지고의 힘과 이해할 수 없을 정도의 영향, 그리고 무한한 원칙들이 어떤 방식, 어떤 형태로, 어떤 상태에서 어떤 법칙에 따라 어떻게 끝나는지 그리고 우리의 운명에 어떤 영향을 미치는지 시인은 보여주어야만 한다. (J.Gengoux. op. cit. p.625)

291 Charles Baudelaire : <u>Oeuvres Complètes</u> ; Gallimard. Bibliothèque de la Pléiade. Tome II, p.133. 1964

을²⁹² 지니고 있으며 "덧없는 사항들의 영속적 의미작용을" 추구해야만 한다는 것은 확실하다. 그것은 곧 형태들의 순간적 다양성 속에 담긴 항구적인 것, 덧없이 지나가는 거짓 속에 담긴 진리, 찰나적인 비논리성 속의 영속적²⁹³ 논리이다." 그런데 우리로서는 이렇게 주장하고 싶은 바, 랭보에 있어서의 그러한 탐색은 문학이기를 그치고 어떤 예술이기를 그친다. 그것은 일종의 마술적 기획이 되는 바, 거기에서는 시인의 야심이 단순히 "보편적 유추"를 옮겨 나타내는 것이 아니라 존재가 태양의 화로로 화한 불티 하나로 변모되는 것을 보장할 수 있는 신비로운 어떤 앎과 어떤 힘을 획득하는 일이다.

상징주의 운동이 각종 유추와 조응의 용어들로 시적으로 표현 가능한 한 체계, 시인이 그 코드들과 결합 또는 동일성 법칙들을 추출해 내야 하는 임무를 띤 한 체계로서 구축된 우주라는 인식 아래 형성되었다고 하지만, 랭보의 시는 그러한 한계들 너머까지 진화해 나아갔다. 그리하여 각종 표상과 그것들이 의존하는 각종 이마쥬들의 형태가 상징 개념을 폭넓게 넘어서고 있는 것이다. 우리가 곧 살펴보게 되듯이 시제에 있어 궁극적으로 상징주의의 근간이 되는 것은 다양한 요소들, 다기한 양상들, 근본적으로 인간 경험에 속하는 다수의 사태들과 현상들 간의 친화성에 관한 직관, 오로지 그것밖에

---

292 상징주의 작품의 본의 아닌 이 '탈인격적' 측면을 강조하기 위해 보들레르는 1864년에 쓴 〈Salon〉이라는 작품에서부터 Kreisleriana de Hoffmann의 텍스트를 인용하였다.
'그것은 꿈 속에서 뿐만 아니라 졸음이 오기 전의 가벼운 정신착란 속에서이다. 내가 음악소리를 듣고, 색채와 소리와 향기 사이에서 은근한 일치와 유사성을 발견하는 때는 깨어 있을 때이다. 나에게 있어, 이 모든 사물들은 같은 빛광선에 의해서 생겨나며, 아주 훌륭한 화합 속에서 일치되어야만 하는 것 같다. 적갈색 금잔화의 향기는 특히 내 자신에게 마술적 효과를 만들어 낸다. 그 향기는 나를 심오한 몽상 속에 빠지게 한다. 그리고 그 때 나는 먼 곳에서 들려오는 것 같은 오보에의 장엄하고 심오한 소리를 듣는다' (전집, Pléiade 총서, 2권, p.425-426)
293 Rémy de Gourmond : Le chemin de velours 부드러운 잔디길(op. cit. p.624)

없다.

거기에서 추구되는 것, 그것은 상징적이고 조직화된 한 세계에 관한 조화로운 관점들이다. 그것은 창조의 통일성을 옮겨 나타내고 해독하는 과업을 지닌 시인 자아의 존재를 전제하는 한 방식인 것이다. 그런데 랭보에게 있어서는 우리가 이미 살펴 본 것처럼 시적인 '나'가 인정되지 않고 부인된다. 그것은 부재하는 바 그 이유는 랭보에게 있어 관건이 되는 것은 "하나의 타자(他者)"이기 때문이다.

그리고 고전주의와 낭만주의 작가들, "그 모든 어리석은 영감네들이 자아로부터 오로지 그릇된 의미만 찾아내지 않았더라면," 이미 오래 전에 그 시인은 "실제로 불의 도둑"이 되었을 것이요 "진실로 진보의 증배자가 될 것이리라 il serait vraiment un multiplicateur de Progrès'" 따라서 견술이 이미 오래 전부터 시의 황금률(律)이 되지 않았더라면 그 이유는 시적 자아에 대한 그릇된 개념작용 때문이기 십상이다. 흔히 개인적 방식으로 시인의 인격 오로지 거기에만 우월권을 부여해 왔던 시적 정령이 실제에 있어서는 탈인격적인 바, 그 이유는 "보편적 예지가 항상 그의 관념들을 자연스럽게 내던졌기"[294] 때문이다.

---

[294] 1871년 5월 15일 Paul Demeny에게 보낸 '견자의 편지'
 J-Gengoux는 〈랭보의 시사상〉이라는 작품에서 우의적 용어와 상징적 용어 그리고 상징주의파의 용어에 대해 흥미로운 명확한 구분을 하고 있다. 그는 상징주의와 거의 유사한 정의를 내리고 있다. '모든 예술작품은 상징된 형용어를 받을 자격이 있다. 다시 말해 다양한 행위의 규율을 초월하고 어떤 방식으로든 일반 개념과 접촉할 수 있는 것이다. Racine에 의해 표현된 Phèdre의 경험이 현대인과 이해관계를 같이 하고 감동시킨다면, 그것은 Phèdre가 그녀 자체 밖에는 더 이상 아무것도 아니기 때문이며, 자신의 개인적 경우는 철저히 규명하지 않으면서 그녀는 표명하고 전달하고 있는 현실 즉 비가시의 현실을 옮겨 주고 있기 때문이다. 이런 의미에서 Phèdre는 상징적이고 시적이다. 그녀는 상징주의자인가? 전혀 아니다. 그녀의 행동과 그녀의 말은 완전히 그녀가 자라온 환경에 의해 설명되고 있기 때문이다… 고전적 관점에서 2 가지 가시적 구성 요소는 최초의 현실에서처럼 고려되어진 현상적이며 개체적인 외양이다. 반대로 상징주의파의 시와 연극에서의 2 가지 구성요소는 기호(signe)와 기의(signifié)이다. 그것은 가장 현실적인 것으로 간주되는 기호나 사상이다. 그것은 한 개인이나 상황의 중개를 통해 표현되는 사상이며, 이 시간을 초월한 사상은 아주 멀리 떨어진 시대와

그러한 점은 우리로 하여금 다음과 같이 생각하는 것을 허용한다. 즉 "항상 앞질러 가는" 랭보의 시가 아직 상징주의라는 용어로 세인들이 그 특성을 규정하고 있던 그 시기에마저도 이미 미래를 향해 돌아섰던 것이며 초 현실주의 문학을 예고하고 있었다는 사실이다.[295] 그리하여 타인들이 "보편적 유추"를 정확하게 옮길 수 있는 상징들을 찾아내고자 부심하고 있을 때 랭보는 보편적 삶 전반을 하나의 시편이라는 공간 속에서 재생하고 체험하며, 하나의 모음 형태 너머로 응축시키고, 하나의 음절의 주술 속에 새겨 넣고자 노력하고 있었던 것이다.

환경에서 생겨나는 특수성을 그의 하나의 표현 속에 차용하고 집중시킨다. 따라서 상징주의는 살도 피도 없는 대변자의 입을 통해 대부분 표현되는 우화와는 아무런 공통점도 지니지 않는다…
  따라서 다음과 같이 말할 수 있을 것이다. '한 존재의 2 가지 측면 즉 존재의 내재성이나 사상 그리고 그의 외양이나 내재성이 고려되는 순간부터 상징주의는 존재하게 된다. 그것은 외양이 그들 고유의 실체와 시간—공간의 관계를 상실할 만큼 가장 현실적인 것으로 여겨지는 내재성이다.'
[295] 랭보처럼 초현실주의 작가들은 폭넓게 동양의 철학과 종교 교리에 감화를 받았다. Breton은 〈월간노트 cahiers du mois〉에서 '현재 우리에게 빛이 오는 곳은 동양이다'라고 밝히고 있다. 반면에 Desnos는 다음과 같이 서양인들에게 말하고 있다.
  '20C 이래로 자네는 다리에 역사적인 류마티스가 걸리도록 방관했네. 이제는 자네가 상실한 균형을 동양인에게 요구할 때이네. 지구가 둥글다는 사실에도 불구하고 자네는 석양 밖에는 아무것도 볼 수 없네. 되돌아오게'
  Artaud, 그는 재생의 순환에 종지부를 찍는 해탈과 니르바나(nirvana)의 불교 교리에 특히 더 흥미를 가지고 있다. 그가 위대한 라마(Lama)에게 어떻게 말을 거는지 보자.
  '당신은 육신 속에는 존재하지 않으며, 지각 없는 되풀이를 하는 육체적 궤도가 어떠한지 알고 있습니다. 영혼은 절대어와 새로운 말을 그리고 내면의 세계를 찾아냅니다. (…) 영혼 속에서 진실로 냉담한 영혼을, 관습 없는 한 영혼을 우리에게 만들어 주오…'
  '내가 당신을 닮는 것은, 그리고 바람 밖에는 더 희망하지 않는 곳은 모든 형태 사이의 돌연한 사상에 대한 포기의 외침, 꿈, 영매의 힘, 입술, 사상, 발작 그 안에서입니다.'
  큰 어려움 없이 중요하게 확장시킬 수 있는 이 예들을 끝맺기 위해 Aragon의 이 텍스트를 인용해 보자.
  '우리는 유럽의 패배주의자들이다… 당신의 땅 동양이 마침내 우리 목소리에 대답을 하도다. 도처에서 우리는 재앙과 혼란의 불씨를 소생시킬 것이다. 우리는 영혼의 선동자들이다. 모든 장애물들이며 당신의 행복을 저주하는 쇠사슬이다. 유태인들이여! 유태인 지역에서 나오라! 분노의 빵맛을 맛보기 위해 국민들을 굶주리게 하는구나! 수많은 팔을 가진 누추한 집 인도여, 전설의 위대한 Brahma여!"
  (Marguerite Bonnet의 〈초현실주의 속의 동양〉, Revue de littérature comparée N. 40 ct-dec. 1980, Didier, Paris)

2. 불교적 방법

랭보가 사용하는, 흔히 거의 이해 불가능한 언어와 각종 이마쥬가 바로 거기에서 발원한다. 그의 글쓰기는 자발적인 영감이라기보다는 차라리 힘든 출산의 산물인 것처럼 보인다. 그의 글쓰기는 내밀하고 금욕주의적이며 각고면려의 작업의 결과, "모든 감각의 장기간의 엄청난 합리적 혼돈을 통해" 육체에서뿐만 아니라 "기괴하게" 만드는 것이 관건인 영혼에서도 마찬가지로 실현된 작업의 결과이다. 각 시행, 각 문장의 생산과정이 이미 "형언할 수 없는 형극"을 전제하고 있는 것이다.

Eliphas Levi에 의하면,

> "Dieu est la mélodie suprême dont l'homme n'est qu'une note, mais l'homme peut par sa nature s'accorder parfaitement avec la divine mélodie. La connaissance de toute chose est en l'homme de la manière qu'en Dieu ; seulement le voile épais des ténèbres l'aveugle. En se conformant aux règles de la force éternelle, l'homme peut s'assimiler à la puissance créatrice et devenir créateur et conservateur comme elle. Dieu n'a pas limité à un nombre restreint d'échelons la montée lumineuse de Jacob. Tout ce que la Nature a fait inférieur à l'homme, elle le soumet à l'homme ; c'est à lui d'agrandir son domaine en montant toujours!"[296]

> "신은 인간이 그 한 음정에 불과한 지고의 멜로디이지만, 인간은 자신의 본성을 통해 그 신성한 멜로디와 온전히 합체될 수 있다. 모든 것에 대한 지식이 신에 있어서와 같은 식으로 인간에게 또한 있다. 다만 두터운 암흑의 베일이 인간의 눈을 멀게 만들고 있을 뿐이

---

[296] Marc Eigeldinger : La voyance avant Rimaud, 랭보 이전의 투시력 'Lettre du Voyant, 견자의 편지'에서, Genève, Droz, 1975.

다. 영속적 힘의 규칙들에 스스로 일체가 됨으로써 인간은 창조적 권능과 동일시될 수 있으며 창조적 권능처럼 창조자와 관리자가 될 수 있다. 신은, 야곱의 빛나는 상승을 한정된 수의 계단으로 국한하지 않았다. 자연이 만들었던 인간보다 열등한 모든 것, 자연은 그것을 인간에게 예속시킨다. 항상 상승하면서 자신의 영역을 넓히는 것은 바로 인간 자신에게 달려 있다!"

그렇지만 그러한 상승은 신이 세계를 창조하는 데 쓰였던 언어 없이는 생각해볼 수 없다. 언어는 단순히 구체적 관념들의 매개체, 타인들과의 대화 또는 커뮤니케이션의 수단이 아니다. 그 기원에 있어 언어는 일종의 성스러운 재료로서 인간에게 부여되었으며, 오르페우스 시절에는 언어가 사물들의 실질 그 자체를 표상했다. 그리고 시의 목적은 세계 통일성의 재구축에 동등한 보편언어를 재구성하는 일이었다. 따라서 하나의 시편은 언어를 두고 실행된 힘들고 고통스러운 작업에서 우러나온다. 시인은 시를 창조해 내고자 그 대가를 치러야 하며 과중한 고뇌들을 견뎌내지 않으면 안 되는 것이다.

"Heureux, ceux qui souffrent ; les souffrances éprouvent et créent les sentiments généraux ; (⋯)⋯

C'est la douleur qui conçoit et qui enfante. Malheur à l'homme qui ne sait et que ne veut pas souffrir!"[297]

"고뇌하는 자들이여, 행복할지니 : 고뇌는 보편적 감정들을 체험하고 창조하는 것 : (⋯)⋯ 무엇인가를 인식하고 잉태하는 것은 곧 고통이라. 고뇌할 줄 모르고 고뇌하기를 원하지 않는 자, 그대에겐 불행이 있을 뿐!"

---

[297] <u>Essai de palingénésie sociale</u>, 사회재생론 Tome Ⅱ ; Orphée. Didot 1829, p.172.

레비는 위와 같이 가르쳤으며, 한편 랭보는 이장바르에게 보내는 서한에서 다음과 같이 말하게 된다.

> "Maintenant, je m'encrapule le plus possible, pourquoi? je veux être poète, et je travaille à me rendre voyant ; (…) il s'agit d'arriver à l'inconnu… Les souffrances sont énormes, mais il faut être fort."[298]

> "이제 난 가능한 한 방탕해지고자 한다. 왜냐고? 시인이 되고자 원하기에 그래서 내 자신 견자가 되고자 힘쓰고 있기 때문이다. (…) 문제는 미지에 도달하는 일이다(…) 각종 고뇌는 엄청난 것이지만, 강해지지 않으면 안 된다."

시인은 자신의 내면 그 어디선가 예견력의 시초를 나타내는 시각의 괘종이 울리고 있음을 느꼈던 것이다.[299] 그리고 그러한 소명의 부름에 응답하는 것이 무엇보다도 중요한 일이다. 실제로 랭보는

---

[298] 이 격심한 고통의 상태는 Demeny에게 보낸 편지 속에 묘사되어 있다. 고통은 항상 많은 시인들에게 시에 필수적으로 나타나야 하는 조건으로 여겨졌다. 랭보 이전에 보들레르는 이 기도를 신에게 한다.
'찬양할지니, 나의 신이여! 고뇌를 주시어
불순에 대한 영약으로 삼으시고, 또한 강자를
성스런 쾌락에 대비하는 지상지순의
정수로 삼으셨으니…
(…)
나는 아노라, 고통이 가장 고귀한 것임을,
그 속에선 지상도 지옥도 사멸하지 않으며,
또한 내 신비의 화관을 엮기 위해
모든 시간과 온 우주를 위압해야 함을'(Bénédiction 축복)

[299] 〈Illuminations 착색 판화집〉의 대부분의 시 속에서 랭보는 새로운 형태의 예견자로 나타난다. 예를 들어 〈"Enfance" Ⅳ 유년기 4〉에서 시인은 이렇게 정의된다.
'나는 테라스 위에서 기도하는 성자다.
팔레스티나 바다에까지 가서 풀을 뜯는 평화로운 짐승들처럼
나는 그늘 진 의자에 앉아 있는 현자이다…
나는 수목이 우거진 대로를 걷는 보행자이다.
수문의 물소리가 내 발소리를 묻히게 한다.
나는 오랫동안 황금빛 석양의 우수를 바라본다.'

"강해진다"는 것이 곧 "시인으로 태어나는 것이요, 난 스스로 시인임을 인식했다"고 뚜렷이 밝히고 있다. 바로 그때 한 가지 최우선적 과업이 그에게 되돌아왔음에 틀림이 없으니, 그것은 기독교의 사태 이후 창궐하던 개인주의 철학들을 극복하는 새로운 자아 개념을 채택하는 것이었다. 그러한 새로운 개념을 젊은 시인은 동양의 철학들 및 동양 종교 교리들에게 차용해 들이게 되는 것이다. 그리하여 금욕, 정신 수양, 잠 깬 상태의 공상, 자신의 영혼의 공부라는 실천을 통해 스스로 브라만, 요가 수행자 또는 불교 승려를 본따 일종의 인격을 실현하고자 작정한다.300

> "Les gens de bons sens peuvent qualifier de folle l'ambition qui le saisit : fils de l'orient par l'esprit, cet enfant pris de vision décide d'être véritablement le nouveau prophète qui se lèvera sur notre race, pour tenter encore une fois de lui expliquer l'Unité du Monde et le sens de l'Amour.
>
> Avant d'avoir la possibilité d'accomplir la tâche qu'il s'assigne, il lui est essentiel de se livrer à l'entraînement qu'exige le développement de ses facultés supranormales."301

"양식을 지닌 사람들은 랭보를 사로잡는 야심을 두고서 미친 생각이라고 말할 수도 있을 것이다. 정신상으로 동양의 자손인, 환영

---

300 〈Fêtes de la faim 굶주림의 축제〉와 〈Comédie de la soif 갈증의 희곡〉이라 제목 붙여진 이 시들은 랭보가 금욕과 명상을 포기한 시기에 해당한다. '갈증의 희곡'은 모든 갈증의 유혹을 물리치고자 애쓰고 있는 시인을 우리는 보게 된다. 시인은 갈증을 진정시킴으로써 절대인식을 획득하고 모든 갈증을 소멸하게 한다.
Rabelais는 〈신성병 Dive Bouteille〉을 논할 때, 아시아의 신비적 사랑을 담고 있는 모든 시들 속에서 발견되어지는 것과 같은 상징을 사용하고 있다. 그와는 반대로 '굶주림의 축제'는 '땅과 돌… 공기, 바위, 목탄, 철에 대해서 밖에는 더 이상 관심을 두지 않는' 랭보를 표현해 주고 있다. 우주의 욕망은 모든 음식물에 대한 욕구로 자리잡고 있다. 고통스런 시련으로 만들어진 양식은 쾌락과 활력의 양상과 대치된다. 개인적 희생과 초월에 의해 성숙의 의지가 문제시된다.
301 Rolland de Renéville : op. cit. p.70.

에 사로잡힌 그 어린아이는 진실로, 우리 인종에게 세계의 통일성과 사랑의 의미를 다시 한 번 일깨우고자 하는 시도 아래, 우리 인종을 딛고 일어서는 새로운 예견자가 되고자 작정한다.

스스로 부여한 그 과업을 성취할 능력을 갖추기에 앞서 그에게 중대한 일은 자신의 정상을 넘어선 재질을 발전시키는 데 요청되는 단련에 몰두하는 것이다."

그러한 "단련"의 방법은 견자가 드메니에게 보낸 편지 속[302]에 명백히 진술되었다. 마찬가지로, 거기에는 "정상을 넘어선 자질들"의 개발의 목표 또한 설명되어 있다. 문제는 "미지에 도달하는" 것이다. 즉 우주적 영혼이 존재하고 있다는 사실, 그러한 세계 영혼이 다음과 같은 에너지라는 사실을 밝혀내고자 기도하는 것이 관건이다. 그러한 에너지는

"à l'union tout ce qui existe, depuis les atomes jusqu'aux esprits. Cette force est en elle-même, l'Amour pur, s'identifier aux objets qu'elle anime. C'est subjectivement qu'on peut la gagner puisqu'elle rayonne en nous."[303]

"미미한 티끌에서 정신에 이르기까지의 존재하는 모든 것을 통합되도록 만든다. 그 자체로서 순수한 사랑인 그러한 힘은 그것이 활력을 불어넣는 대상들과 동일시된다. 우리가 그 힘을 획득할 수 있느냐 하는 것은 주관적인 문제인 바, 그것은 그 힘이 우리 내부에서 빛을 발하고 있기 때문이다."

달리 말해서, 무사무욕, 자기희생, 사랑 속의 보편적 공감을 추구

---

[302] 랭보는, Verlaine가 불행히도 상실한 〈Chasse spirituelle 영의 추구〉라는 시 속에서 꼭 필요한 세부적인 것으로 그의 탐색방법을 정확히 밝혔다.
[303] Ibid, p.74

하는 그 젊은 예언가가 자신의 입장에서, 그렇지만 독창적인 방식으로, 개별적 영혼과 우주적 영혼의 궁극적인 동일화라는 동양의 전통적 사상을 발전시키고 있는 것이다. 우리가 좀 더 나중에 살펴보게 되듯이, 「일류미나시옹」의 마지막 시편인 <정령 Génie> 속에 표현되어 있는 것이 바로 그러한 신념이다.

그런데 서양이 결국 견자가 서양에 드러내 주는 그러한 삶의 궁극성을 이해하게 될까? 아니면 결코

"…éclairer sa pauvre âme et monter lentement dans un immense amour, De la prison terrestre à la beauté du jour."[304]

"…자신의 빈약한 영혼을 깨우치지 (못하고)
무한한 사랑 아래 지상의 감옥에서 태양의 아름다움으로
서서히 거슬러 올라가지 (못한 채)"

물질주의적이고 개인주의적인 사회 철학들로 말미암아 영원히 "그 육신의 점토"의 지배 아래 놓여 있어야 하는 운명에 처하게 될 것인가?

"과학에 도취된 도원경에서 벌어지는 사태들과 사회적 우애의 운동들이 태초의 자유의 점진적 회복으로서 귀중히 받아들여지는 것인가?" 바로 그러한 질문이 "고뇌"라는 제목의 시 안에서 브라만교 사상의 그 예언자가 서양 사회의 미래와 지고한 운명을 두고 스스로 제기하는 고뇌 어린 질문이다. 각별히 문제가 되는 것은 그 자신이 그러한 속죄의 기획이 자발적인 체험들, 어마어마한 형극들을 내

---

[304] "Soleil et chair 태양과 육신"

포하고 있음을 알고 있다는 것이다. 그러한 기획 아래서는 어쩔 수 없이

"Rouler aux blessures, par l'air lassant et la mer ; aux supplices, par le silence des eaux et de l'air meurtriers ; aux tortures qui rient, dans leur silence atrocement houleux."305

"진력나는 공기와 바다를 누비며 상처 투성이로, 물의 정적과 치명적인 바람을 안고 자기희생을 치르며, 잔학하게 아우성치는 그것들의 정적 속에서, 웃음 짓는 갖은 형극들을 치르며 굴러다니지 않으면 (안 된다)."

그에 대한 대답은 불확실하다. 물론, 빛을 향한 상승 운동, "태초의 자유", 우주적 모국과 본생의 태양 왕국을 향한 상승을 그 아무것도 막지 못할 뿐더러 심지어 단순히 훼방을 놓지도 못하는 시인 그 자신에게 관련해서는 예외이다.

"O palmes! diamant!—Amour, force!—plus haut que toutes joies et gloires!—de toutes façons, partout, —démon, dieu, —Jeunesse de cet être —ci : moi!"306

"오 종려나무 가지여! 다이아몬드여! —사랑, 힘!—모든 기쁨과 영예보다 더 고귀한지고!—어쨌거나, 어디서나,—악마, 신,—이 존재, 나의 젊음!"

랭보는 자신의 과업과 자신의 능력에 신념을 지니고 있다. "정상

---

305 "Angoisse 번민".
306 "Angoisse 번민".

을 넘어선 자질들"의 개발이, 결코 출생 시에 당장 천부적 소질들을 특권으로 부여 받은 특정 정신에가 아니라, 성, 연령, 또는 사회적 지위의 구분 없이 인간 개개인 모두에게 주어져 있다는 확신을 갖는다. 랭보가 당대 사람들 측에서의 어떤 몰이해를 시초에 예견했다고 할지라도, 그는 그러한 몰이해가 일시적인 것이라는 느낌을 견지하고 있었던 것이다. "사랑의 열쇠 같은 그 무엇인가를 발견해낸 어떤 음악(vies Ⅲ)가 그 자신처럼, 그에 앞선 모든 사람들보다 "훨씬 더 가치있는 발명가"[307]가 존재한다는 것을 그는 알고 있다. 그리고 모든 존재, 모든 인간, 모든 생이 연속적 환생의 주기를 폐쇄시키게 되는 "행복에의 숙명"을 드러내고 있는 이상, 랭보는 자신의 신비주의적 사상의 궁극적 승리에 하등의 의혹도 끌어들이지 않는다. 그러는 사이 그가 자신의 사명의 특수성, 자신이 처한 경우의 단일성 자체를 온전히 인식하게 된다. 그래서 그는 아무런 회한 없이 "나는 실제로 무덤 저편에 있는 것이지 전갈하는 것이 아니다"[308]라고 스스로 시인하고 있다.

확실히 랭보 이전 또는 이후의 많은 시인들이 인간 무리 속에서의 그러한 동양의 예지와 이방의 감정을 체험했으며, 그 중에서도 특히 보들레르("l'Albatros"), 베를렌느("Grotesque"), 말라르메("le Cygne") 등을 들 수 있겠다. 그 대부분의 경우에 있어 기본이 되는 문제는, 일상적 단조로움에의 부적응, 사회적 통속성의 부인, 또는 애정적, 심리적, 경제적 또는 윤리적 동기들을 이유로 한 사회의 배척이라는 문제이다. 예술가는 Vigny처럼, 죽을 운명의 일반 사람들로

---

307 Illuminations 「착색판화집」: "Vies 생명 Ⅱ"
308 Ibid.

부터 단절되고 분리되어 끊임없이 자신의 천재성의 탑 속에 은둔한다. 그렇지만 자주 심각한 우울증이 그러한 내면적 추방상태의 조건 그 자체가 되는 것으로 보인다.

하지만 랭보에 있어서는 그러한 움직임이 동일한 진화과정을 겪지 않는다. "지옥으로의 하강"이 각종 계시로 인도하며, 자기 내면으로의 폐쇄가 일종의 자아, 각성, 창조의 모든 요소들 모든 존재들과의 일종의 화해, 혈족관계로 귀착된다. 간략히 말하자면, 시적, 천재성이 글쓰기 국면에서의 신비주의적 의지와 환상적 기교를 자아내주었던 것이다.

3. 환상가의 예술

"…De la Grèce au mouvement romantique, moyen âge, il y a des lettres, des versificateurs. D'ennuis à Théroldus, de Théroldus à Casimir Delavigne, tout est prose rimée, un jeu, avachissement et gloire d'innombrables générations idiotes : Racine est le pur, le fort, le grand. On eût soufflé sur ses rimes, brouillé ses hémistiches, que le Divin Sot serait aujourd'hui aussi ignoré que le premier venu, auteur des Origines. Après Racine, le jeu moisit. Il a duré deux mille ans!"[309]

"…희랍에서 중세 낭만주의 운동에 이르기까지 편지들, 작시가들이 있다. 권태에서 Théroldus에 이르기까지, Théroldus에서 Gasimir Delabghne에 이르기까지, 모든 것이 운율화된 산문, 일종의 놀이, 수없이 많은 우둔한 세대들의 무기력화와 영광이다. 라신느가 순수하고 강하고 위대한 자라는 식이다. 사람들은 그의 각운들 위에서 헐떡거리고 그의 반구들을 뒤섞었을 것이며, 그랬다면 그 성스러운 바보는 오늘날 세계의 첫 출현자, 창세기의 주인공만큼이나 알려져 있

---

[309] "Lettre du voyant à Demeny 드메니에게 보낸 견자의 편지" p.250

지 않을 텐데. 라신느 이후에는 그 놀이가 곰팡이를 피운다. 그것이 2천 년이나 지속했다니!"

랭보를 두고서도 같은 말을 할 수 있을 것이니, 기독교의 도래 이후 서양 세계는 진정한 시를 만들어내지 않았다. 모든 고전주의 작가들, 그 "어리석은 영감네들"은 "단순히 작가들, 저자들이라는 관리들에 다름 없었을 뿐, 창작자니 시인이니 하는 사람은 결코 존재하지 않았다!"[310] 그러한 극단적 판단이 경박하다고 생각하기 쉬울 사람들에 대비하여 랭보는 즉각적으로 다음과 같은 경고의 일설을 가한다. "그건 농담도 역설도 아니다. 합리적인 생각이 나에게 프랑스 젊은이라면 결코 화를 내지 않으리라는 점에 대해 확신 이상의 것을 불어넣어 준다."[311] 그러한 엄혹한 태도는 그 젊은 시인이 시예술이 어떤 재질, 어떤 천부적 소질, 숙련되고 매혹스러운 시법에 속하는 것이 아니라 신비주의적이고 환상적인 어떤 능력에 속한다고 생각하고 있다는 사실을 통해 설명된다. 왜냐하면 "인류 나아가서는 동물들까지도" 책임을 떠맡은 그 시인에 있어서는 시가 스스로 단순히 미학과 운율법의 문제가 아니라 "한 보편 언어"의 표현이 되어야만 하기 때문이다.

그런데 "사람들은 오랫동안 프랑스시를 만끽하게 된다. 단 프랑스에서."[312] 프랑스사에는 본질적인 것이 결여되어 있으니 그것은 우주적 차원이다. 시집들에서도, 저서들 그리고 소설들에서도 "모든 것이 프랑스적이다. 즉 지고한 경지에서 보면 가증스러운 것이다

---

[310] Ibid.
[311] Ibid.
[312] Ibid.

."313 달리 말하자면, "애꾸눈 지식들"의 산물인 그 모든 작품들이 각 시대들을 통한 프랑스 사회의 취향과 양상의 반영에 불과한 것이다. 그런데 랭보에게 있어 시인의 작업은 사회 풍속들과 신념들의 언어적 국면을 그리는 화가가 되는 작업이 아니다. 사회는 시인에게 그가 최대한의 정확성을 지니고 복사하고 실행하는 데 작업을 한정해야 할 각종 모델, 성격, 차원을 강요할 수 있어서는 안 된다. 진정한 시인, 그는 "자신의 사상의 공식적 표현, 자신의 진보 단계의 예고 그 이상의 것을 제시할 것이니!… 그는 진실로 진보의 중배자가 될 것이다."314 시인의 역할에 대한 그런 식의 규정은 당연히 특히 시편에 대한 그리고 일반적인 시에 대한 다른 개념인식을 초래한다. "항상 수와 조화로 충만하여 시들은 남기기 위해 쓰여질 것이다. 요컨대는 그것이 다시 희랍 시의 성격을 다소 띠게 될 것이니… 이제 시는 행위에 리듬을 부여하지 않으며 더욱 앞으로 나아갈 것이다."315

랭보에 의하면, 프랑스 문학의 모든 텍스트들을 관찰해 보면 그러한 관찰로부터 오로지 서너 작가들만이 시인이라고 불리울 자격이 있으며 어떻게 보면 그보다 더 落望적이라는 사실이 드러난다는 것이다. 왜냐하면 그 언어 연금술사에게 있어서는 견술이 없는 곳에 시가 없기 때문이다. 따라서 사전에 그 사람을 두고 그가 견자라고 말할 수 없다면 그를 두고 시인이라고 말할 수 없다는 것이다. 다음 대목에서 랭보가 우리에게 설명하고 있는 것이 바로 그런 확신이다.

---

313 Ibid.
314 Ibid.
315 Ibid.

"Les premiers romantiques ont été voyants sans trop bien s'en rendre compte : la culture de leurs âmes s'est commencée aux accidents : locomotives abandonnées, mais brûlantes, que prennent quelque temps les rails. Lamartine est quelquefois voyant. Mais étranglé par la forme vieille. Hugo, trop cabochard, a bien vu dans les derniers volumes… Stella donne à peu près la mesure de la vue d'Hogo…316

---

316 랭보처럼 Hugo는 진보의 방법에 있어, 인류를 이끌 의무를 띠고 있는 선지자와 시인을 동일시하였다. 그러나 Hugo에게 있어 이 진보는 무엇보다도 구체적인 것이다. 예술은 인간을 자유롭게 한다. 형이상학적 신비적 관점에서가 아니라 정치적 민주적 형이하학적 관점에서 그러하다. 그것은 보편적 성질의 공동의 선이다.
'예술은 영광이며 기쁨이다.
폭풍우 속에서도 예술은 타오르며
푸른 하늘을 환히 밝힌다.

예술은 우주의 광채이다.
신 앞에 있는 별처럼
국민들 앞을 비추는 광채이다.
…
예술은 인간의 사상이다. 누가 쇠사슬을 끊을 것인가
…
예속된 국민이 너를 자유롭게 한다.
자유로운 국민은 너를 위대하게 만들도다' (징벌시집 '예술과 국민')
랭보가 인용하는 〈Stella〉라는 시에서도 마찬가지로, Hugo의 시각은 신비적이기보다는 정치적이며, 영적이기보다는 이지적이며, 우주적이기보다는 경제적이다. 그는 이러한 용어로 말을 하는 별과 시를 동일시한다.
'나는 첫 번째로 떠오르는 별이다.
나는 Sina와 Taygète 위에 있다.
나는 신이 어두운 밤을 향해 돌처럼 내던진 불과 황금으로 된 조약돌이다.
나는 세상이 파괴될 때 다시 태어난다.
오 국민들이여! 나는 열렬한 시이다.
나는 모세와 단테보다도 더 빛났다.
…
내가 도착했으니, 덕성이여 용기여, 신념이여!
사상가여! 영혼의 소유자여!
보초들이여! 탑 위로 올라가시오
눈을 뜨고 눈에 불을 켜시오
대지여 고랑을 움직여라! 삶이 소리를 내도다!

자고 있는 그대들이여 일어나라— 나를 따르는 자,
나를 앞장세우고 떠나보내는 자, 그는 자유의 천사이며 빛의 천사이기 때문이다.'
따라서 Hugo에게 있어 시인은 특히 안내자로 점성사로, 메시아로 나타난다. 그리고 시의 임무는 정신을 각성시키는 것이며, 보편적인 의식을 포착하는 것이다. Hugo가 추구한 것 그것은 원칙적으로 개인의 사회적 진보이며 지성의 해방이며, 문맹과 억압 빈곤에 대해 극복하는 것이다. 그의 시는

"초기 낭만주의자들은 그 점에 대해 제대로 이해하지는 못했지만 어쨌든 견자들이었다. 그들의 영혼의 수양은 한 동안 철로가 지탱하는, 버려졌지만 불타고 있는 기관차들 같은 우연한 일들에서 시작되었다. 라마르틴느는 이따금 견자이다. 그렇지만 구태의연한 형식에 목을 졸리우고 있다. 지나치게 고집 센 위고는 마지막 책들에서 (제법 견술을 발휘했다) <스텔라>가 위고의 시력의 역량을 대략 제시하고 있다⋯.

Musset est quatorze fois exécrable pour nous, générations douloureuses et prises de visions⋯

Les seconds romantiques sont très voyants : Théophile Gautier, Leconte de Lisle, Théodore de Banville. Mais inspecter l'invisible et entendre l'inouï étant autre chose que reprendre l'esprit des choses mortes, Baudelaire est le premier voyant, roi des poètes, un vrai Dieu. Encore a—t—il vécu dans un milieu trop artiste, et la forme si vantée en lui est mesquine. Les inventions d'inconnu réclament des formes nouvelles.

⋯La nouvelle école, dite parnassienne, a deux voyants. Albert Mérat et Paul Verlaine, un vrai poète. Voilà.

Ainsi je travaille à me rendre voyant!"

뮈세는 우리에게 열 네 번도 가증스러운 것이니, 비통한 세대들과 환영의 포로들인지고⋯ 제 2기 낭만주의자들은 상당한 경지의 견술에 다다랐으니, 떼오필 고띠에, 르콩트 드릴, 떼오도르 드 방빌이 그렇다. 그렇지만 비가시적인 것을 검사하는 것과 별개의 일이므로, 보들레르야말로 최초의 견자, 시인들 중의 왕, 진정한 신이다. 그런데 보들레르 또한 지나치게 예술적인 환경에서 살았으며 그의 내면에서 그토록 찬양 받는 형식은 치졸할 뿐이다. 미지의 발명품들

랭보의 것보다 더 일상사에 참가하고 있다. 반대로 랭보의 시는 신으로의 복귀·관능적 재료의 밖으로의 탈출을 시도하고 있다. 랭보는 욕망과 욕구, 육체의 이 감옥 속에 숨어 살았던 태양의 아들이었다.

은 새로운 형식들을 요구한다. … 소위 고답파라는 새로운 유파는 두 명의 견자들을 배출했으니, 알베트 메라와 진정한 시인 베를렌느이다. 그 정도인 것이다. 그래서 난 스스로 견자가 되고자 노력한다!"

"견자" 이 단어는 그것의 심오한 의미를 두고 관심을 쏟는 것이 무엇보다 중요한 일이 될 정도로 여러 차례 반복되고 여러 차례 부각되었다. 견자란 무엇인가? 어떤 사람들이 견자이며 어떤 사람들은 견자가 아닌가? 견자는 다른 사람들이 보지 못한 그 무엇을 보는 것인가?

만약 드메니에게 보낸 편지 텍스트만 두고 본다면, 한 사람이 자신의 영혼 수양을 통해 미지에 도달하면 바로 그때 그 사람을 두고 견자라고 말할 수 있다.

"들을 수 없고 이름 붙일 수 없는 것들을 통해 그가 자신의 도약 중에 죽는다고 해도" 그것은 하등의 중요성도 지니지 않는다. "미치광이가 되어 그가 마침내 자신의 환영들에 대한 예지를 상실하기에 이를 것이니, 그가 그것들을 보았던 것이다!" 바로 거기에 본질이 있다. "그가 저 이승으로부터 가져오는 것이 형태가 있다면 그것이 형태를 부여하는 것이요, 그것이 무형이라면 또 그것이 무형을 부여하는 것이다." 바로 거기에서 "모든 것을, 냄새들, 음들, 색깔들을 압축하는 사변(思辨)을 걸고 당기는 사변의" "보편 언어"인 하나의 "언어체계를 찾아내야" 할 필요성이 대두된다. 그리고 "언어 연금술"의 텍스트가 언어적 국면과 정신적 국면에서 동시에 그러한 기획의 이중 성공을 천명하고 있노라고, 그릇 판단할 큰 위험 없이 주장할 수 있는 것이니, 그 이유는 미지에 도달한 사람, 오로지 그 사람만이 다음과 같이 말할 권리가 있을 것이기 때문이다.

"J'inventai la couleur des voyelles!… Je réglai la forme et le mouvement de chaque consonne, et, avec des rythmes instinctifs, je me flattai d'inventer un verbe poétique accessible… à tous les sens…
…J'écrivais des silences, des nuits, je notais l'inexplicable, Je fixais des vertiges."317

"난 모음들의 색깔을 고안해냈다!… 난 각 자음의 형태와 운동을 조정했다. 그리고 본능적 리듬들과 더불어, 모든 감각들에 도달할 수 있는 시적 언어 하나를 고안해 냈다고 우쭐댔다.
…난 침묵들, 어둠들을 기술했고 설명 불가능한 것을 뚜렷이 기입했다. 난 혼미상태들을 분명히 밝혔다."

따라서 그 정의상 견술이란 창조의 각종 신비와 비밀 깊은 곳에서 실행된, 공간과 시간의 경계선들 너머의 신비주의적 여행일 것이다. 우리가 인도되는 곳, 그곳은 물질 세계와 형이상학적 우주의 단일하고 우주적인 환영이다. 물질과 태양빛 중심에서 벌어지는, 감각 가능한 실체들 너머의 그 여행 속의 여행자, 그는 무엇보다도 우선 눈 l'oeil이다. 그것은 계시 받은 눈, 내면으로부터 각성한, 가시적인 것에처럼 비가시적인 것에도 눈을 부릅뜬 한 l'oeil인 것이다. 그렇지만 그 눈은 얼굴에 박힌 눈이 아니다. "그것은 존재 심층부 마음 속에 자리잡고 있다." 바로 거기에서 신과 인간이 용해되며 유일한 한 시선의 통일성 속에서 서로 마주친다. 내면의 눈, 신성한 태양의 빛나는 한 부분, 그것은 또한 한 태양 O, Soleil이다. 안팎으로 온전히

---

317 A.Adam : <u>Oeuvres complètes</u>, Bibliothèque de la Pléiade Gallimard, 1972, p.106. "Délires II 정신착란증 II", "Alchimie du verbe 언어의 연금술".

눈이 된, 태양계의 인간은 이제 베일을 삭여 버리고 보호 피막들을 태워 버려 배아를 담고 있는 핵에까지 도달할 수 있는 불의 시선을 소지한다. 사물들의 신비에 침투해 들어감으로써 빛나는 눈이 대부분의 사람들이 모르는 것을 해독하게 되는 바, 이제 눈이 보이면서 또 보는 것이다 .그 눈은 돌(石)들과 나무들과 짐승들 그리고 알려져 있지 않는 한 익명의 것으로 남아 있는 모든 것의 비밀을 간파한다."318 그 눈은 곧 랭보의 모음 "O 파랑"이요, "그대의 두 눈의 보랏빛 빛줄기 오메가"라는 상징이다. 여기서 중요한 것은 "미지"를 향해 열린 틈이요, 또는 미쉘 랑동이 말하듯 "완벽성 내부에서의 방황"이다.319 "각성한 눈에 있어서는 아무런 한계도 없으며, 통일성의 환영 그것이 곧 삶 자체의 원천이요 경탄한 눈이 발하는 경탄이다." 모든 것이 빛이요 모든 것이 빛을 발하는 발광체이며, 도처에 조응이 일어난다. 모든 것이 언어이며 모든 것이 화답하고 모든 것이 서로 스며들고 모든 것이 상호 침투한다. 우리는 결별의 세계에 놓여 있는 것이다.

즉 상이물들의 양립성의 세계에 놓여 있으며 그 너머로 환영의 세계, 궁극적 용해에 앞서고 있는 그대로의 현실의 전적인 수용에 앞서고 있는 하나의 다른 세계가 존재하는 바, 그것은 인간이 광휘의 외투를 걸치도록, 자신의 모든 욕구를 그 정상에서 항상 좀 더 위대한 정오를 발견하도록 인도되었기 때문이다."320

---

318 Marie-Madeleine Davy : "La Vision et les clefs d'un Grand voyage 위대한 여행의 환상과 비결" dans <u>Nouvelle Acropole</u>. n° 54, nov. 1979, p.18.
319 Michel Random, M.Madelaine Devy 인용, Ibid.
320 M.Madelaine Devy, op. cit. p.18.

4. 시적 견술과 작품의 문제

바로 이 시점에서 작품 창조의 문제가 제기된다. 누가 시를 쓰는가? 어디에서 영감이 나오는 것인가? 시인에게서 드러나는 것, 그리하여 시인에게 자체의 위대한 알파벳 코드를 드러내 주는 단순한 성실성, 신비롭고, 신성하며, 보편적이고, 무한히 광대한 한 가지 말에 대한 예리한 귀기울임인가? 아니면 넋 나간 시인의 독백, 또는 미지와의 어떤 대화가 문제되는 것인가? 우리가 이미 보았듯이 말라르메는 그러한 순간들이 도래할 때면,

"Je ne suis plus Stéphane… mais une aptitude qu'à l'Univers—spirituel à se voir et à se développer à travers ce qui fut moi."

"난 이제 스테판이 아니라… 영적 우주가 지니고 있는, 자체 내에서 보아야 하고 예전에 나였던 것을 통해 스스로 개발해야 할 한 능력이다"라고

대답한다.

그래서 우리는 아마 <취한 배>의 다음과 같은 기이한 시구를 아직도 기억하고 있는 것이다. "그리하여 난 이따금 보았네, 사람이 본다고 믿었던 것을" 그리고 <언어 연금술>에서 랭보는 견자의 지위에 대한 다음과 같은 기술을 제시한다.

"…Je voyais très franchement une mosquée à la place d'une usine, une école de tambours, faite par des anges, des calèches sur les routes du ciel, un salon au fon d'un lac ; les monstres, les mystères… puis j'expliquai mes sophismes magiques avec l'hallucination des mots!

Je finis par trouver sacré le désordre de mon esprit.

J'étais oisif, en proie à une lourde fièvre : J'enviais la félicité des bêtes — les chenilles, qui représentent l'innocence des limbes, les taupes, le sommeil de la virginité!

…Je disais adieu au monde dans d'espèces de romances."

"…난 아주 적나라하게 보았다. 어떤 공장 광장에 선 한 회교 사원을, 천사들이 만든 북치기 학교를, 하늘의 길을 구르는 사륜마차들을, 어느 호수 속의 한 살롱을 : 그야말로 괴이한 것들, 신비로운 것들… 그러다가 난 단어들의 환각을 통해 나의 마술적 궤변들을 설명했다!

나는 마침내 무질서가 성스러운 것이라는 생각을 하기에 이르렀다. 나는 심한 열에 포로가 되어, 기진맥진한 상태에 있었다 : 난 짐승들의 충실성을 부러워했다—꽃잎 가장자리의 무구성을 표상하는 애벌레들, 동정의 졸음을 표상하는 두더지들 등등!

…난 로망스와 같은 유형으로 세상에 작별을 고했다."

따라서 시적 글쓰기는 시인이 "단어들의 환각"을 통해 "궤변들"에 대해 벌이는 설명이다. 자신의 원초적 무구성으로 되돌아가 시인은 게으르고, 수동적이며 자신의 정신의 성스러운 무질서 같은 것 안에 살고 있다. 실제로 그의 게으름, 그의 수동성은 중심으로의 복귀, 정신적이든 육체적이든 그 어떤 활동도 벌일 필요가 없는 원초적 평형상태로의 복귀에 해당한다. 그것은 평온의 순수한 관조의 적소인 것이다. 위에서 우리가 강조했듯이, 불교 사상이 일부 중요한 국면들을 차용해 들였던 삼키야 원리에 있어서는 이상적인 상태가 모든 활동, 모든 행위를 배척하며 랭보가 완벽한 평형상태라는 말을 통해 암시하듯 일종의 "동정의 졸음"으로 정의된다는 점을 이 대목에서 상기하게 된다.

각 이마쥬가 그 주변에 창조의 영적 차원들 모두를 집중시키는 한 세계에의 통로를 제공하는 영혼의 그 내면적 창구가 열리게 되는 바로 그 순간 작품이 태동한다. 그러한 지고한 실체들에 관한 시적 표현은 랭보 시의 궁극적 귀착인 것이다.

견자가 되고자 노력하는 일, 그것은 종국적으로 영혼이 우주의 모든 전경들을 단번에 포착할 수 있게 할 정도로 영혼의 시력을 개발하는 일이다. 거기에서 우러나오는 환영은 종합적이고 통합지향적이며, 비가시적 세계의 요소들과 마찬가지로 가시적 세계의 요소들 또한 내포한다. 「일류미나시옹」 안의 마지막 시인 <정령 Génie>이 절대를 향한 그러한 탐색의 성공을 가장 웅장한 방식으로 이야기하고 있다. 그리고 미쉘 랑동은 우리와 같은 입장에서 다음과 같은 결론을 내리고 있다.

> "Qu'est-ce donc que la quête de l'homme sinon celle de l'unité cachée en toutes ces choses, dans la vie, l'amour, le monde, la métaphysique et les religions. Quel bon paysan, regardant les étoiles, ne sais pas que le ciel est un champ de signes, de lectures et de significations? Où est-elle cette vision sinon dans l'appel des dimensions sans dimension, de l'illimité? Il faut écouter Milosz décrire dans Ars Magna la sensation de cette totalité : "Là-bas, je ne sais où, l'immobile illimité ; ni mouvement, ni lieu, un je-ne-sais-quoi qui est un total de tout ce que je ne sais et de tout ce qui me reste à apprendre ; un contenant mon situé ; cela même vers quoi je vais, vers quoi se hâte tout le mouvement de l'infinité des descriptibles.""[321]

---

[321] Michel Random : "pour une définition de l'art visionnaire 시각 예술 정의론 : Le funambule ou l'homme alchimique de la vision 시각의 연금술적 인간 혹은 곡예사" dans Nouvelle Acropole, n° 54, novembre 1979, pp.19~20.

"그 사나이의 탐색의 삶, 사랑, 세계, 형이상학과 각종 종교 등등 모든 것에 숨겨진 통일성의 탐색이 아니라면 과연 무엇이겠는가? 별들을 바라보며 하늘이, 기호들 독법들 그리고 각종 의미의 장이라는 것을 알지 못하는 선량한 농민이 어디 있겠는가? 무한한 각종 차원, 무한성에의 호소만이 아니라면 과연 어디에 그러한 환영이 있겠는가? 'Ars Magna'에서 밀로즈가 다음과 같이 그러한 총체성의 감각을 두고 기술하는 내용을 귀담아 들을 필요가 있다 : "내가 어딘지 알 수 없는 그곳에는 부동의 무한성이 있다. 움직임도 없고, 장소도 없고, 내가 알지 못하는 모든 것과 내가 알아내야 할 모든 것의 총합인 무언지 모를 어떤 것이 있다. 자리 잡혀 있지 않은 어떤 용기(容器)가 있다. 내가 향해 가는 것, 무한한 기술 가능한 것들의 모든 움직임이 서둘러 향해 가는 것도 바로 그것이다.""

B. "정령"과 브라마의 환영

<정령 Génie>, 이 시가 갖는 비중은 지대한 것이다. 「일류미나시옹」에서 마지막 자리에 실려 있다는 그 위치가 이 시야말로 랭보의 작품에 일종의 결론을 나타낸다는 생각을 갖게 한다. 그것은 시적 원숙에 다다라 랭보의 신비 사상 전체를 압축하는 텍스트이다. 그 사상은 서구에서 가장 널리 유포된 철학과 종교상의 모든 교리들 외곽에서 파악해야 할 성질의 것이다.[322] 쟝 리쉐는 말하기를, <정

---

[322] Rolland de Renéville은 유물론적 사회제도와 데카르트 철학에 관한 만큼 랭보의 가톨릭교에 대한 간격을 잘 주목하여 설명하였다. '나는 또 하나의 타자이다'라는 공식은 Renéville이 다음의 베다의 주장을 불어로 번역한 것이다. 'Brahma는 진실하며 세상은 거짓이다. 인간의 영혼은 Brahma이며 그 외의 다른 아무것도 아니다' 다른 한편으로 Pierre-Jean Jouve는 다음과 같이 쓰고 있다.
'내가 생각하기에 랭보의 마음 깊숙한 곳에는 본질적인 신비적 경향이 있는 것 같다. 이 신비적 경향은 비카톨릭적이며 때때로 비기독교적이다… 랭보는 비기독교인 기독교도였다.' (P.J.Jouve, Défense et Illustration 옹호와 해설, Paris, Charlot, 1946, p.174)

령>이 시인이 열망하는 초-개인적 상태, 즉 전통적으로 보편적 인간이라고 지칭되는 상태를 기술하고 있다고 한다. 그 시인은 인류 전체, 나아가서는 우주 전체까지 자기 내면에 떠맡고 있다.[323] 그렇다면 그 "초-개인적 상태"라는 것은 니르바나 상태, 이브 본느푸아 Yve Bonnefoy 입장에서 다음과 같이 기술하는 보편적 영혼의 관조 상태가 아니라면 다른 무엇이겠는가 :

"Génie, avec l'ardeur heureuse et discontinue de l'extase, évoque dans son passage rapide, au moment où il existe vraiment, un être qui ne connaît plus de limites, plus de lieu, plus d'infirmité temporelle, puisqu'il est à la fois le présent, l'avenir et l'infini voyage à travers l'espace réel, qui est l'éternité pourvu que ce mot désigne, non plus la condition séparée, l'état pour nous à jamais virtuel des divinités révocables, mais une faculté parfaitement immanente…"[324]

"'정령'은 법열상태의 행복하고 불연속적인 열정과 더불어, 그 빠른 이행 속에서, 그 존재가 엿보이는 순간, 그 존재가 또 사라질 수 있는 순간, 그 존재가 진실로 존재하는 순간에, 그 존재가 동시에 현재요, 미래요, 실제적 공간을 가로지르는 무한한 여행이기에 이제 한계를 모르고 장소를 모르고 시간상의 결함을 모르는 한 존재, 영겁이라는 말이 이제 분리된 여건, 우리가 볼 때 최소 가능한 신성들의 영원히 잠재적인 상태가 아니라 완벽히 내재적인 어떤 능력이라는 조건 아래서라면 바로 영겁이 한 존재를 환기시킨다."

이 시는 <꽁트>와 함께 랭보의 영적 모험의 완성을 표상한다. 거기에서 <취한 배>에 있어서보다 훨씬 더 조밀하고 확장된, 우주

---

[323] J.Richer, op. cit. p.225.
[324] J.Richer 인용, Ibid.

의 환영 한 가지가 도출된다. 이제 우리의 구체적 설명 대상이 되는 것은 바로 그러한 우주적 환영을 특징짓는 이마쥬 -또는 이마쥬의 집합-이다.

1. 우주에 대한 현상과 서구적 접근들

서구의 과학적 접근은 우주의 신비주의적 의미를 인정하지 않는다. 그 접근에 따르자면, "물리-화학적 정황들이 그것들이 불균형한 분자들이 생겨나도록 했던 바로 그 상태에 놓여 있었을 때 천지창조가 우연히 이루어졌다. 그러한 분자들의 진화는 아무런 기획도 의식적 예지도 없이 이룩되었고… 그래서 인간은 그러한 일련의 정황과 법칙의 한 요소에 불과하다…"[325] 기술의 출발점은 "가시적인 것, 명백한 것, 측정 가능한 것, 이렇게 말할 수 있다면 또 수량화 가능한 것"[326]이다.

---

[325] Jean Dierkens : "La voie symbolique, seule approche rationnelle des principes créateurs de l'univers et de ses objets 우주의 주요 창조자와 창조 대상에 대한 하나의 합리적 접근인 상징의 길" dans cahiers internationaux de symbolisme. n° 40-41, 1980.

[326] Jean Dierkens은 애석한 이 한계에 대해 이렇게 설명하고 있다.

'손의 성질은 우선 손 나름이며, 그 다음은 물질의 버팀목(진흙, 모래, 석고, 인쇄잉크로 더럽혀진 종이)에 달려 있다. 사용된 물질에 따른 특징들 사이의 차이에 집중함으로써 사람들은 손에 대한 가치로운 연구에서 멀어지게 된다. 될 수 있는 대로 잘 사람들은 저항물질을 명시하기에 이른다. 재료를 초월해, 손이 근본적으로 지닌 특징을 연구함으로써 사람들은 특징 분석시에는 존재하지 않는 손에 대한 의식을 포착하기에 이를 수 있다. 어떤 방법으로든 -종종 엄격한 목적 속에서- 손에 대해 알지 못한 채 특징의 세부적인 것을 연구하는 모든 접근방법은 진실에서 벗어난 것이다.

다채롭게 서양 학문은, 미지의 해변에서 발자국만을 남긴 채 걷는 고독한 아침 산책자의 명상의 결과인 것이다. 서양학문은 눈에 보이는 전 발가락의 엄격하고 방법론적인 분석을 통해 각 발가락의 특징을 주의해 연구할 것이며, 방금 분석한 것을 통해 옆 발가락의 특징도 예측할 수 있을 것이다. 그러나 서양학문은 산책자나 산책자의 보행의 목적들은 고려하지 않는다. 즉 발자국의 흔적들 사이에서 의미 있는 상호관계를 발견한다 할지라도, 그 특징의 이류를 상상할 필요성을 느끼지 못하는 것이다…

사람들이 언젠가 산책의 목적을 포착하게 되는 것은 발자국, 가죽 신발, 구두끈 매듭 등을 연구함으로써, 소풍에서 돌아온 사람이 방문한 장소를 아주 정확하게 결론지을 수 있는 것이다. 그러나 누군가를 그의 집으로부터 나오게 하여 특정한 방향으로 걷게 부추긴 내밀한 의도(의미)는 추론할 수 없다.

관찰자는 철저히 중립을 취하고 모든 주관을 배제해야만 한다. 현상의 외부, 경험의 장 밖에 자리잡아야 하는 것이다. 그리고 그가 추구하는 유형의 진리가 각종 법칙과 공식과 방정식 등등의 형태로 수학적으로 표현 가능해야 한다. 그것은 엄격하면서도 개량과 완벽화를 받아들일 수 있는 어떤 진리여야 하는 것이다. 여기서의 모든 기술은 최대한으로 세분해야 하는 실재의 경험적이고 분석적인 근사치적 계산이다. 과학적 기술은 유추보다도 동어 반복을, 상징체계보다도 알레고리를 선호한다. 과학적 기술은 영적인 것을 경멸하듯 미학적인 것을, 심리적인 것을 경멸하듯 정의적(情誼的)인 것을 경멸한다. 그 기술은 형이상학적인 모든 것, 수학적 입증과 명료성이 미치지 못하는 모든 것을 부정한다. 과학의 그러한 태도는 제한을 가하게 되는데, 그 당연한 이유는, 지식의 유일한 대상이 불행하게도 선험적 실재들의 한 환상(마야), 단순한 한 반영에 불과한 물리적 재료이기 때문이다.

그와 반대로 유태-그리스도교 절충적 접근을 위시한 종교적 접근은 창조의 기원을 설정하고 그 문제에 궁극적 목적을 부여한다. 세계는 편재하고 전능한 한 신성한 존재의 지고의 작품이라는 것이다. 한 가지 근본적 이원주의가 모든 관계, 모든 관점을 좌우한다. 모든 것이 하느님, 인간, 선과 악, 생과 사, 하늘과 땅 등등 두 요소 사이에서 작용한다. 내생을 설득함으로써 종교들은 개인에게, 인격에게, 나아가서는 -부활 현상을 통해- 육신에게, 일종의 궁극적 생존을 부여한다. 이리하여 모든 인간이 각기 자신의 특수성과 자신의 존재의 단일성 속에 궁극적으로 유지된다는 것이다.

그 종교들은 나아가서 인간을 필연적으로 그의 지상에서의 행위가 영원한 구원이 아니면 영원한 형벌로 나아가게 되는 타락한 존재로 규정한다.

<정령>이 내보여 주는 우주의 환영은 세계에 대한 그 두 가지 개념 인식과 대립된다. 그런데도 아주 극소수이고 희미하나마 서로 일치하는 점들도 있는데 그것을 이제 규명해 보고자 한다. 우선 어디에서나 그 목표는 지식이라는 점이다. 그렇지만 그 지식이 신비주의적인 것이냐, 과학적인 것이냐, 아니면 형이상학적인 것이냐에 따라, 탐색의 노정과 방법은 다르다. 그 모든 방침들이 그네들끼리 양립 가능한 것은 아니다. 그 방침들은 상호 배척하는 것이다. 그리고 연금술사들이 말하듯 축축한 길과 메마른 길, 두 길을 동시에 따라 갈 수는 없는 법이다. 그런데 그 세 경우에 있어 일반적 경향은 존재들과 현상들 간의 상호 의존성, 창조적 원리들의 통일성, 포괄적 총체성의 포착에 다다르고자 하는 데 있다.

동양 철학들은 항상 뇌의 기능작용과 수논리에 결부된 수단들을 통해 창조에 관한 완벽한 지식 수준에 도달하는 일이 인간에게 불가능하다고 보아왔다. 우주의 진리는 경험적이고, 정의적이거나, 지적인 지식 그 너머에 있다는 것이다. 그 진리는 인간의 물질적 특성들을 극복한 연후에야 비로소 인간이 접할 수 있는 것이다. 진리를 불투명하게 만드는 육신의 허울 밖으로 일탈하며 인위적인 어떤 앎을 얻어낼 수 있을 뿐이라는 것이다. 그러한 관점은 진실로 불교 사상의 정수를 나타낸다.[327] 그것은 또 랭보 사상이 동양 철학들과 결

---

[327] 부처에 의해 표명되고, 동양 학자들과 종교에 일치한 작가들에 의해 끊임없이 되풀이되고 언급된 4제는 실제로 결정지워진 육체에 맞서는 영혼의 해방 밖에는 다른 아무 의도도 지니지 않고 있다. 이 4개의 묵시에 대한 체계적 명상은 불교적 삶의 본질적 의무를 구축하고 있다.
  '오 수도승들이여 苦諦는 이러하다,
  생로병사는 고통이다.

합하는 데 동원되는 가장 중요한 국면이기도 한 바, 그 당연한 이유는, 모든 물질적 기층 밖으로의 시적 정신의 분출이야말로 그에게 있어 진정한 시가 이루어지는 데 필수적인 율(律)이요 조건이기 때문이다.

따라서 지고의 앎에의 노정은 신비주의적이다. 상징주의 시인들처럼 감각상의 종합, 형식상의 유추, 모든 사상 속에 창조 원리들에 해당하는 원형들이 존재한다는 점을 통해 설명되는 각종 총괄작용을 실행하는 데 국한하는 것이 문제가 아니다. 랭보의 방식은 신성한 것과의 우애 어린 동일시에까지 나아가는 것이다. <꽁트> 안에서의 왕자와 그의 정령과의 마주침의 경우가 바로 그렇고, 「일류미나시옹」328 마지막 시편에서의 경우도 그렇다.

    사랑하지 않는 사람과의 결합은 고통이며, 사랑하는 사람과의 이별도 고통이다. 자신이 욕망하는 것을 지닐 수 없는 것 또한 고통이다. 요컨대 5가지 집착의 대상(다시 말해 자아를 구성하는 5가지 요소)은 고통이니라'
    '…그것은 재생에서 재생으로 이끄는 생존에 대한 열망이다. 이 열망은 여기저기서 그의 쾌락을 찾는 탐욕과 쾌락 즉 기쁨과 생존 그리고 비영속성에 대한 열망을 수반하고 있다.'
    '…그것은 욕망을 완전히 없앰으로써 이 갈증을 소멸시키는 것이다. 즉 욕망을 추방하고 포기하며 그 욕망으로부터 해방되어 욕망이 들어올 틈을 주지 않는 것이다.'
    '…그것은 올바른 견해, 올바른 결심, 올바른 말, 올바른 행위, 올바른 생활, 올바른 노력, 올바른 생각, 올바른 명상이라고 불리는 8가지의 올바른 길이니라'
    (H.Arvon, op. cit. p.36)
    육체적 탐욕의 소멸과 모든 욕망의 거부에서 생기는 대평온과 내면의 평화를 부처는 이렇게 표현하고 있다.
    '이승에서의 쾌락의 기쁨과 하늘의 커다란 기쁨은,
    욕망의 파괴에서 느끼는 기쁨에 비유된다.
    그리고 이 기쁨들은 열여섯 번째의 기쁨에 상당하지는 않는다.
    짐이 무거운 자는 슬픈 자이며, 짐을 버린 자는 행복한 자이다.
    인간이 짐으로부터 면하게 되자마자
    두 번 다시 짐을 지고자 하지 않을 것이다.
328 '왕자는 …진실을 보고자 했다…
    …
    어느 날 저녁, 그는 힘차게 말을 달렸다. 형언할 수 없는 고백할 수조차 없는 아름다운 정령이 나타났다.
    무수하고 복잡한 사랑의 약속이 그의 용모와 풍채에서 풍겨졌나니!
    말할 수 없는, 견딜 수조차 없는 행복의 약속이!
    왕자와 정령은 아마도 본질적 건강 속으로 사라져 버릴 것이다.

2. "정령"의 상징체계

<정령>, 이 단어의 선택 그것만으로도 현재의 문맥에서 그것을 가지고 한 가지 신비주의적 상징을 형성한다. 자체에 "서구의 과학 사상이 으레 상징들의 사용을 -그리고 신비주의적 개념들의 사용을- 지적 미숙 또는 신경증적 성향을 드러내는 증거로 판단하고 있다는"[329] 점을 지적하고 넘어가기로 하자.

그와 반대로 동양 교리들은 상징에 우월한 자리를 부여하며, 특히 그것이 여기에서처럼 세계의 통일성과 한 보편 영혼의 존재를 표상하는 데 쓰일 때는 더욱 그러하다. 그리고 실제로, 그 회화적인 국면에서 볼 때 <정령>의 텍스트는 티벳의 만다라 또는 힌두교의 아트라의 표상을 환기시킨다. 그러한 유형의 이마쥬들의 주요한 특수성은 그것들이, 공간과 시간을 용해시키는 관점 아래, 창조의 계속적 행위를 기술하고 그 결과 관조하도록 허용한다는 사실에 달려

그러한 상태에서 어찌 죽지 않을 수 있겠는가?
그래서 그들은 함께 죽을 것이다.
…왕자는 정령이며, 정령은 왕자였다.'

[329] 이러한 주장을 하는 작가 J. Dierkens은 그의 견해를 이렇게 밝힌다.
'서양학문에 있어 상징은, 사실 두 개의 심리학적 방향 중의 하나 속에서 이해되어진다. 피아제의 인지이론에서, 언어의 출현시에 아이는 대상으로부터 자유로워지는데 그것은 점차적으로 이루어질 뿐이다. 대상의 사소한 부분을 통해 그 대상을 알아볼 수 있게 된 후에야(징후-표시), 실제 언어에 도달하기 전에 대상과 유사한 양상과 형태의 매개체(상징)를 사용함으로써 대상을 만들어내게 된다. 다시 말해서 형식적으로 최초의 대상으로부터 완전히 떨어진 표시의 대상을 만들어내는 것이다. 구성과 제시할 수 없는 개념, 원형에 의지하면서 논리적이고 추상적인 사고를 가능케 하는 것은 이 마지막 단계이다. 프로이드에게 있어, 상징은 매우 불안한(금지된 것이나 혹은 자기 색정적 위협과 관계 있는) 것으로 경험된 최초의 대상(기억, 불안 등등) 앞에서 항상 숨겨진 가면인 것이다. 균형 잡히고 성숙한 주체는 더 이상 최초의 대상을 객관적으로 바라볼 필요가 없게 되므로 점점 무용하게 되는 이 보호책들을 버리게 된다.
이 견해는 단순하고 잘못된 것이다. 어째서인가? 학문적 견지에서, 수학적 상징(가설의)과 융의 상징 -시적 혹은 신비적 계시를 가지고 아이에 대해 모색한다-다채로운 신경증적 성향만큼 대조적인 요소들을 포함하고 있기 때문이다.'
(J.Dierkens, op. cit. pp.30~31)

있다. 블라펠드(Blafeld)는 "만다라를 펼치면 우주를 내포하고 수축되면 각 개별 존재의 정신을 채우는 교착된 형태들의 도해"[330]와 동일시한다.

우리는 이미 그러한 대조를 <모음들>이라는 소네트에 관련하여 실행해야만 했다. <정령>은 우리의 관점과 제휴하고 있는데, 그 당연한 이유인즉, 이 시가 그에 대한 기술이 보편 영혼에 관한 동양적 인식에 일치하는 한 정령 내부에서의 시인의 용해를 밝혀주고 있기 때문이다.

시 영역에서 <정령>이라는 말은 항상 어떤 초자연적, 숭고한, 신성한 성격의 존재를 환기시켜 왔다. 말라르메는 "다수이면서 하나인, 신비롭고 오로지 순수할 뿐인 한 인격"이라는 말을 하고 있으며 "시작도 끝도 없는, 동시적인, 즉자의 반향인, 정령과도 같은 그 무엇인가가 그 우월한 직관으로 그를 혼미상태에 빠뜨린다"[331]라고 말한다. 한편 보들레르는 "광대하고, 무한하며, 복합적이지만, 조화로운 한 존재… 정령으로 충만한 한 동물"[332]에 대한 암시를 하고 있다. 랭보가 「일류미나시옹」의 <理性에게>에서 새로운 화음인 사랑의 시적 정령에 우주적이고 우월한 어떤 힘이 있음을 인정하고 있는 반면에

"Un coup de ton doigt sur la tambour décharge tous les sons et commence la nouvelle harmonie.
Un pas de toi c'est la levée des nouveaux hommes et leur en marche.
Ta tête se détourne : le nouvel amour!
Ta tête se retourne — le nouvel amour."

---

[330] D.Guerdon, op. cit, pp.153~154
[331] S.Mallarmé "de même 마찬가지로"
[332] Ch. Baudelaire. "Fusées, XXII"

Ⅲ. 동양의 정신적 아들　283

"북에 닿는 그대 손가락질 한 번에 모든 음을 발생시키고 그리하여 새로운 화음이 시작된다.
그대의 발자국 한 번이 새로운 사람들의 치켜섬이요 그리하여 그들을 걷게 만드나.
그대 고개 한 번 돌리면 : 새로운 사랑이라!
그대 고개 다시 한 번 돌리면 : 또 새로운 사랑이라."

정령, 브라마의 상징적인 다른 형태인 이 정령은 랭보의 계시 받은 사상에서 기독교의 하느님의 위치를 온전히 차지하고 있었다. 랭보가 그 정령에게 열렬히 간구하는 다음 기도문을 들어보자.

"Change nos lots, crible les fléaux, à commencer par le temps"…
"Elève n'importe où la substance de nos fortunes et de nos voeux", on t'en prie.
Arrivée de toujours, qui t'en iras partout."

"우리의 운명을 바꾸소서, 재앙을 골라내소서, 특히 시간을…"
"어디건 우리의 운명, 우리의 소원의 본질을 제거하소서," 그대에게 기도하나니,
영원으로부터 도착하여, 도처로 갈 그대"

시인이 정령과 다른 것일까? 그리고 바로 이 순간부터 시인과 정령 간의 이원성을 거론할 수 있는 것일까? 아니다, 그건 전혀 문제 밖이다.
여기서 <꽁트> 안에서의 왕자와[333] 정령 간의 만남, "왕자와 정

---

[333] 왕자와 시인 사이의 유사성은 아주 명백하게 우리에게 나타난다. 랭보 스스로 자신을 '태양의 아들'이라고 밝히고 있기 때문에 태양의 피를 지닌 왕자는 랭보 자신이 아니겠는가? 다른 한편으로, 왕자처럼, 랭보는 그의 자아의 파괴 속에서 희열을 느끼고자 애쓰며 무자비한 고행에 의해 다시 젊어지고자

령이 본질적 건강상태에서 공무화되어 버릴 정도로…" "형언할 수 없고 견딜 수마저 없는 행복"을 불러일으켰던 그 만남을 회상하도록 하자. 한 사람 안에서의 다른 사람의 용해, 그 둘 간의 공감이 어찌나 완벽한 것인지 텍스트 <꽁트 conte>가 다음 질문을 던지고 있을 정도이다. "그들이 그로 말미암아 어찌 죽지 않을 수 있었으리? 그러니 그들 함께 죽었어라." 그 당연한 이유는 "왕자가 곧 정령이요, 정령이 곧 왕자였기" 때문인 것이다.

 그러한 결말은 사실 일종의 승화이다. 그것은 랭보가 <인내의 축제들> 안에서 이미 이야기했던 되찾은 영겁인 것이다. 거기에서도 또한 "형언할 수 없는, 견딜 수마저 없는 행복"이 바다와 태양의 만남과 같이 공감의 결실이었다. 여기에서 나타나는 죽음의 개념인식이 곧 바라문교 또는 불교의 성격을 지니고 있다는 점에 랭보는 일말의 의혹도 남기지 않고 있는데, 그 당연한 이유는 그 죽음이 통일성과 단일성 간의 지고의 만남으로서 규정되어 있기 때문이다. 특정적인 것의 보편적인 것 내부로의 복귀요, 물질적 존재의 시초적 비물질적 정수와의 공감에 이르기까지의 진화인 것이다. 사실 그 죽음은, 아무런 고뇌 없이, 그 어떤 고통도 지니지 않고 있는 것으로서, 오히려 그 반대로 개체를 일종의 표현 불가능한 법열상태, 지복의 상태로 이끌고 가는 것으로 규정되어 있다. 그 자체의 정령, 우주적 차원의 그리고 "형언할 수 없고 고백할 수마저 없는 아름다움을 지닌" 그 존재에 관한 신비적 환영에 도달하는 순간 곧장, 그 죽음은 물리적이거나 유기적으로가 아니라 영적으로 불현듯 되살아난다.[334]

 애쓴다. '견자의 편지'의 진술 방식과 원칙은 명백명료하게 이러한 그의 야망을 나타내고 있다.
334 사실 랭보 자신은 〈꽁트 Conte〉라는 시 속에서, 왕자는 그의 정령을 만난 후에 즉시 숨진 것이 아니라고 정확히 밝히고 있다.

달리 말하자면 "미지"에 도달하게 되는 순간 곧장 말이다.

"미지"란 도대체 무엇인가? 랭보의 시의 정점인 이 "미지"는 단순히 성경에 나오는 낙원을, 말을 바꿔 지칭한 것에 불과한 것일까?

이미 「악의 꽃」에서 그 시집 마지막 시행에 이 단어가, 하지만 자신의 "임무"를 수행한 시인의 삶의 종국적 해소로서, "완벽한 화학자와 성스러운 영혼으로서" 나타난 바 있다. 그것이 "모든 것으로부터 진수를 끌어냈기"[335] 때문에 말이다. 그렇다면 여기서 관건이 되는 것이 <축복 Bénédiction> 모두에서 곧장 거론되는, 시인에게 약속된 그 궁극적 보상일까?

"……… de pure lumière,
Puisée au foyer saint des rayons primitifs, Et dont les yeux mortels, dans leur splendeur entière,
Ne sont que des miroirs obscurcis et plaintifs."

"……… 성스러운 화로 원초적 빛줄기들로부터 길어낸,
그리고 그 비등한 눈들이, 그것들의 온전한 광휘 속에서,
어둑해지고 애처로운 거울들에 불과한, 그 순수한 빛으로…"

이루어진 보상인 것일까?

그렇지만 이 문제는 그 시인에게 있어 별달리 중요한 것 같지가 않다.

'그러나 이 왕자는 한창의 나이에 자신의 궁전에서 죽었다.' 왕자의 죽음, 그의 '본질적 건강 속에서의 사라짐'은 따라서 육체의 현실적 억압으로부터 영혼이 해방되는 것에 해당하며 니르바나의 세계로 들어가는 무상보리 菩提(Illumination)에 해당한다.

335 보들레르 : "Fleurs du Mal 악의 꽃" 2판을 위한 '에필로그 초안'

"········ Enfer ou ciel, qu'importe?
Au fond de l'Inconnu pour trouver du Nouveau!"[336]

"········ 지옥이든 하늘이든, 무슨 상관이랴?
미지의 심연에서 **새로움**을 찾는 데 있어!"

보들레르의 미지는 일상적 단조로움 밖으로의 일탈 의지로부터 비롯된다. '<우울 Spleen>'의 작가에게 있어서는 그것이 단지 도주의 길, 육체적 죽음을 통한 세계 밖으로의 도피 l'évasion일 뿐인 것이다.

랭보의 미지는 전혀 다른 의미를 지닌다. 전자의 경우 문제되는 것이 여혼으로 하여금 "새로움"을 향한 이국 취미의 여행을 실행하도록 하는 것이라면, 후자의 경우에는 시초적 빛을 향한, 창조의 단일 원리, 태초의 하나를 향한, 선의 세계를 향한 신비주의적이고 비교적인 상승이 관건이 된다. 랭보의 그러한 목표는 유태그리스도교의 낙원 또는 이 단어의 종교적 의미에서의 하느님마저도 아니다. 그의 꿈, 사후의 그의 희망, 그것은 성인이 되는 것도 천사가 되는 것도 아니고, 태양 에너지 심장부의 완벽한 용해 상태에 도달[337]하는 Empedoclès의 기도인 것이다. 거기에는 이제 정신과 물질 간의, 주체와 대상 간의 구분이 존재하지 않는다. 모든 이원주의, 모든 표리부동, 모든 대립관계, 모든 분열, 모든 상충이 거기에서는 해소되고, 극복되며, 초월된다. 이곳을 지배하는 유일한 것은 절대적 일원론, 세계의 광대하고 조화로운 통일성, 모든 존재 모든 요소들의 사

---

336 Ch. Baudelaire : <u>les Fleurs du mal</u> "Le voyage 여행"
337 많은 계시를 통해서 빛 속에 용해된 정신의 완벽한 '무(zéro)'와 존재의 완벽한 공(vide)을 실현하는 것이 관건이다.

랑의 무한한 축제 안에서의 공생인 것이다. 상상력과 모든 두뇌 기능이 미치지 못하는, 언어상의 표현들과 개념들마저도 미치지 못하는 그러한 장소의 명칭부여가 문제로 부각된다. 그래서 랭보로서는 "미지"라는 용어의 사용을 결심할 수밖에 없었던 것이다. 그것은 곧 사람들이 알고 있지 않은 것, 그 결과 내면에서 견자의 자질들과 능력들을 획득하여 수양하지 않고서는 사람들이 거론할 권리가 없는 것이다.

'미지', 이 단어는 사실 명칭의 부재, 명칭부여의 불가능성을 의미한다. 왜냐하면 노자가 말하듯 '도(道)가 본원적이고 근원적이었으니, 도가 어떤 명칭으로 고착되었다가는 모든 명칭부여에 앞서 있었다는 그 특질을 떠나게 되기에 도는 어떤 명칭으로 고착될 수 없기" 때문이다. "우주가 그러한 본원적이고 특유한 국면이면서 동시에 각종 발현의 복합적 집합이라는 것은 신비로운 현실이다. 그 아무도 그 점에 관해 말할 수 없을 것이다. 그것을 모르는 자만이 그것을 가르친다."338

3. 랭보와 "정령"

"정령"은 무한에까지 성장한 시인의 존재를 표상한다. 그것은 자신의 태양의 인격을 되찾은339 시인이다. "꽁트" 안에 이미 나타난

---

338 Lao Tseu : Tao Te King(I) 도덕경 : '우주의 주요 창조자와 창조 대상에 대한 하나의 합리적 접근인 상징방법', Cahiers Internationaux de Symbolisme, M° 40~41, Ciephum, Mons, 1980, p.32.
339 이 되찾음은 〈matinée d'ivresse 취중의 아침나절〉이라는 시에서 환영받고 있다.
　　'오 나의 선이여! 오 나의 미여! 잔인한 나팔소리여!
　　내 결코 다시는 그곳에 발을 들여놓지 않으리라. 몽환의 목마여!
　　전대미문의 작품을 위해, 훌륭한 육체를 위해 처음으로 만세!...'

동일시 과정이 －왕자가 곧 정령이요, 정령이 곧 왕자였다－ 한 가지 새로운 관계를 규정하는 데 여기에서 다시 사용될 수 있다. 즉 랭보가 곧 정령이요, 정령이 곧 랭보인 것이다. 여기에서 그러한 공감이 어떻게 기술되고 찬양되는지 보기로 하자.

"Il est l'affection et le présent puisqu'il a fait la maison ouverte à l'hiver écumeux et à la rumeur de l'été, lui qui a purifié les boissons et les aliments, lui qui est le charme des lieux fuyants et le délice surhumain des stations. Il est l'affection et l'avenir, la force et l'amour que nous, debout dans les rages et les ennuis, nous voyons passer dans le ciel de tempête et les drapeaux d'extase."

"그는 애정이요 현시이니, 그가 거품 이는 겨울과 여름의 소동으로 열린 집을 지었기 때문이다. 음료들과 양식들을 정화시킨 그, 그는 도피하는 장소들의 매력이요 잠깐 머무르는 곳들의 초인적 지복이어라. 그는, 격노와 권태 속에 치켜선 채 폭풍우의 하늘과 법열의 깃발들 속을 지나가는 우릴 보는, 애정이요, 미래요, 힘이요 사랑이어라."

이 첫 단락이 정령의 이중의 모습으로 제시하고 있는데 한 모습이 다른 모습을 보완하는 관계에 있다. 즉 정령이 어떤 특질인 동시에 어떤 힘이어서 "그는 애정이요" 또 "활력"인 것이다. 그와 동시에 그는 "현시"요 "미래이며", 나아가서 "거품 이는 겨울"로부터 "여름의 소동"에서와 마찬가지로 보호해 주는 것 또한 다름 아닌 그이다. 또한 시인이 <굶주림의 축제들>과 <목마름의 희극> 안에서 "어두운 공기", "바위", "석탄", "철", "교회의 낡은 돌들" 등등으로 이루어졌노라고 말했던 "음료들과 양식들을 정화시킨" 것 또한 다름 아닌 그이다.

시인의 종국적 피난처인 정령은 그가 "애정"이기에 모성적 측면을 지니며, 또 그가 "활력"이기에 부성적 측면을 지니며, 나아가서 그가 정화시키기에 신의 측면을 지닌다. 이 숭고하고 양성동체적(兩性同體的)인 존재가 이리하여 시인의 우주적 혈족, 아니 차라리 그 곁에서는 "거품 이는 겨울"과 "여름의 소동"의 비통한 이원성들이 승복하고 마는 시인의 우주적 자아가 되는 것이다. 그와 마찬가지로, 일상생활의 통속성에 처한 시인인 "그"가 "폭풍우의 하늘", "법열의 깃발들" 속에서 요동하는 반항자들을 보고 있는 혁명의 붉은 나날 동안의 시인을 사로잡는 "격노와 권태" 또한 완화되고 망각되며 초월된다. 이 사랑의 시인에게 있어서는 혁명 중의 도살의 이마쥬들보다 더 잔혹한 이마쥬들은 존재할 수 없으리라.340 바로 그 때문에 "정령"이 포악하고 피비린내 나는 행위와 완전히 대립된 관점 속에서 정의되는 것이다.

> "Il est l'amour, mesure parfaite et réinventée, raison merveilleuse et imprévue, et l'éternité : machine aimée des qualités fatales, nous avons tous eu épouvante de sa concession et de la nôtre : O jouissance de notre santé, élan de nos facultés, affection égoïste et passion pour lui qui aime

---

340 예를 들어, 작가가 불쾌하게 표명하고 있는 '악'의 이미지나 '거짓' 앞에서 고통을 느끼지 않는 신이며 찬탈자로 등장하는 군대의 포악함에 대한 공포이미지 등등
'산탄으로 인한 붉은 가래침이, 날마다 무한한 푸른 하늘을 야유하는 동안 전투를 비웃는 왕 가까이에서
진홍빛과 초록색으로 무장한 전투부대가
일제히 화염 속에서 흩어지도다.
무시무시한 광기가, 수많은 인간들을 한 묶음의 연기로 만들고
부수는 동안에,
여름날 우거진 숲 속에, 그대의 기쁨 속에 쓰러진 가련한 죽음이여!
자연이여! 오 이 인간들을 성스럽게 만든 것은 당신이었소!'

pour sa vie infinie…"[341]

"그는 완벽하고 재발명된 척도, 경이롭고 의외의 이성인 사랑이어라, 그리고 치명적 특질들의 사랑 받는 기계인 영겁이어라. 우린 모두 그의 양도와 우리의 양도에 공포를 지녔지 : 오 우리의 건강의 향유, 우리의 능력들의 비약, 이기적 애정과 그를 향한 열정, 자신의 무한한 삶을 삼아 우릴 사랑하는 그…"

정령은 사랑이요 영겁이다.
그렇다면 영겁이란 무엇인가.[342] 우린 그것을 다음과 같이 알고 있다.

"C'est la mer allée
Avec le soleil."

"그것은 태양과
혼융된 바다"

이제 사랑이란 무엇인가? 역시 우리는 그것 또한 알고 있으니 :

"le Soleil, le foyer de tendresse et de vie.
Verse l'amour brûlant à la terre ravie
………
Et tout croit, et tout monte!
—O Vénus, Ô Déesse!
………
—Splendide, radieuse, au sein des grandes mers

---

[341] "Génie 정령"
[342] "Génie 정령"

Tu surgiras, jetant sur le vaste Univers
L'Amour infinie dans un infini sourire!
Le monde vibrera comme une immense lyre
dans le frémissement d'un immense baiser!
―Le monde a soif d'amour : tu viendras l'apaiser
………

O l'Homme a relevé sa tête libre et fière!
Et le rayon soudain de la beauté première
Fait palpiter le dieu dans l'autel de la chair!
………

Le grand ciel est ouvert! Les mystères sont morts
Devant l'Homme, debout, qui croise ses bras forts
Dans l'immense splendeur de la riche nature!
Il chante… et le bois chante, et le fleuve murmure
un chant plein de bonheur qui monte vers le jour!…
―C'est la Rédemption! C'est l'amour, c'est l'amour!"[343]

"자애와 생명의 화로인 태양이
황홀해 하는 땅에 타오르는 사랑을 붓는다
………

그러자 모든 것이 자라고, 모든 것이 솟아오른다!
―오 비너스여, 오 여신이여!
………

―거대한 바다들 심부에, 찬란하고 희색만면한 모습으로
그대 저 광대한 우주 너머로 무한한 미소 띠운
무한한 사랑 쏘아 올리며 불현듯 솟구치리!
세계는 거대한 칠현금마냥
거대한 입맞춤의 전율을 일으키며 진동할지니!
―세계는 사랑에 목말라 한다. 그대 어서 와 세계를 애무하라
……

---

[343] "Soleil et chair 태양과 육신"

오 인간이 자유롭고 거만한 고개 쳐들었네!
그러자 태초의 아름다움 지닌 갑작스런 빛줄기가
육신의 제단 안에서 신을 고동치게 만드네!
………
거대한 하늘이 열렸노라! 신비들은 사멸했노라
풍요한 자연의 어마어마한 광휘 그 안에서!
그가 노래 부른다… 더불어 숲이 노래 부르고 강이 웅얼거린다.
태양을 향해 솟구치는 행복에 가득 찬 노래를!…
—그것이야말로 구원이어라! 사랑이어라, 사랑이어라!
……"

<태양과 육신> 전 텍스트가 랭보가 쓰는 의미로의 사랑이 무엇인지를 간파하고자 하는 본질적인 질문에 대한 기나긴 답변이다. 우리가 이제 막 살펴보았듯이, 사랑이, 태양과 비너스, 그리고 구원과 동의어인 것이다. 우리가 그러한 사랑의 이마쥬들 모두를 종합해 보면, 나아가서 그것들이 자발적으로 그네들끼리 중첩되어 용해되고 있거니와, 거기에서 브라마 또는 크리스나에 동일한 한 보편적 영혼의 특유한 환영이 도출된다. 그것은 우리가 「바가밧 지타」 안에서 "나는 모든 존재들 육신 속에 거주하는 영혼이라"고 하는 것을 들었던 바로 그것이다. 랭보 또한 자신의 입장에서 다음과 같이 주장하고 있지 않는가.

"…quand on est couché sur la vallée, on sent
Que la terre est nubile et déborde de sang ;
Que son immense sein, soulevé par une âme,
Est d'amour…
Et qu'il renferme, gros de sève et de rayons,
Le grand fourmillement de tous les embryons."[344]

"…계곡 위에 누워 있자면, 우린 느낀다
땅이 나이가 차 피로 넘쳐나는 것을
한 영혼으로 부풀어오른 그의 거대한 가슴이
사랑에 들떠 있음을…
그리고 수액과 빛줄기들로 부푼 가슴이
온갖 배아들 욱실거리는 커다란 요동 담고 있음을"

정령은 지구의 가슴에 활력을 불어넣고, "온갖 배아들 욱실거리는 커다란 요동"을 통해 창조를 풍요롭게 하는 바로 그 영혼이다. 따라서 그것은 근본적으로, 빛과 다산성의 존재, 지식과 생존, 힘과 생식, 태양(연금술상의 의미로)345과 비너스를 단일한 차원으로 통합하는 존재, <도시> 안에서 "영속적 탄생"이라는 이중 기호, 즉 절대 지속과 무궁무진한 생의 이중 기호로 나타나며, 동양에 자리잡은 본원적 지혜의 총합으로서346 나타나는, 한 존재인 것이다. 랭보는 이 지

---

344 "Soleil et chair 태양과 육신"
345 연금술사들의 태양론에 대해, Serge Hutine은 다음과 같이 말한다.
 '우주에서, 에너지의 중심은 Telesma, Archée, Ame du monde(세계의 영혼) (…) 등의 다양한 이름으로 불리는 태양 밖에는 다른 아무것도 아니다. 이 태양이 우주의 힘을 끊임없이 생산하고 있다. 태양이 식어 응고됨으로써 이 빛은 항성의 우주를 구성하는 물질과 물체를 형성하였다. 생존하는 존재들을 유지시키는 것은 태양이며, 인간세계에 활기를 띠게 하는 것은 태양에너지다. 거기에서 태양에 부여된 모든 생명의 근원인, 신성(caractère divin)이 생긴다. 즉 태양에서 발산된 에너지는 끊임없이 우주의 존재들을 활기 띠게 한다. 태양 신봉자들은 고대 태양숭배의식을 이렇게 재발견하고 있다.'
 '태양은 신의 장막이며, 신의 말씀의 가시적 표현이다.'
 (J.Richer, op. cit. p.190)
346 '심연의 가교와 여인숙 지붕 위로, 하늘의 열기가 돛대들을 깃발로 장식한다. 예찬의 소리가, 눈 속을 선회하고 있는 반신반마의 여인들이 있는 이 고지까지 들려온다. 가장 높은 물결의 마루 위에, 비너스의 영원불멸의 탄생으로 바다는 혼란스럽게 되고 값비싼 조개와 진주의 소리와 남성합창으로 바다는 가득 찬다. 다갈색과 유백색의 옷을 입은 Mab의 행렬이 산간의 급류를 올라온다… 대장장이와 은자의 동굴 속으로 비너스가 들어온다. 종각의 종들이 인간의 사상을 노래한다… 한 시간 동안 나는 바그다드의 큰 길로 내려왔다. 거기서 동료들은 강한 산들바람을 맞으며, 되돌아가야만 하는 산의 전설적 환상을 피하지 못하고 순회하면서 새로운 작업의 기쁨을 노래한다.
 얼마나 아름다운 팔과 시간을 나에게 돌려줄 것인가 ?
 나의 잠과 나의 미미한 움직임마저도 발원한 그 지방을 ?'

역을 꿈꾸는 순간 곧장 향수에 젖어 소리지른다 :

"Qules bons bras, quelle belle heure me rendront cette région d'où viennent mes sommeils et mes moindres mouvements?"[347]

"그 어떤 훌륭한 팔들, 그 어떤 아름다운 시각이 나에게 되돌려 줄 것인가. 거기에서 나의 잠과 나의 미미한 움직임까지도 발원한 그 지방을?"

정령이라는 인격이 동양적 영감에서 비롯되었다는 것은 의심의 여지가 없다. 그것은 그 모습을 통해 융이 "통합지향적 상징"[348]이라고 불렀던 것에 해당한다. 다음 글에서 랭보가 정령을 직관적으로 어떻게 느끼고 있는지를 실제로 볼 수 있다 :

"Ses souffles, ses têtes, ses courses, la terrible célérité de la perfection des formes et de l'action!

시 전체는 영적인 여행, 동양의 신비적 성지순례를 표현하고 있다.
'돛대를 치장하는 하늘의 열기'는 빛을 통해 운반된 것이다. 훌륭한 영혼의 수레는 랭보에게 있어 '돛대'를 통해 환기되는 배임을 우리는 안다. 〈취한 배〉를 연구하면서 이미지들 사이에서 전체 배의 이미지를 연결시키는 부분을 강조했다. 랭보의 작품 속에서 나오는 배의 거의 전체는 동쪽, 동양, 태양을 항해하고 있는 것이다.'

347 "Villes 도시들" dans Illuminations 착색판화집.
348 고차원의 종합 속에서 사라지는 3번째 용어로 된 이 대립된 것들의 통일 과정과 원형 이미지는 통일지향적 상징에 의해 표현되어지고 상층의 자아(Soi) 속에서 합쳐지는 프시케(Psyché)의 부분적 체계들을 표현하고 있다. 이 과정의 모든 상징과 원형은 탁월한 기능을 옮겨주고 있다. 다시 말해 상부 종합으로 된 프시케의 대립된 여러 쌍의 통일 기능을 옮겨주고 있다. 그들에 의해 옮겨지고 안내된 사람은 이런 특이한 상징의 출현에 의해 특정지어지는 수준에 도달하게 된다. 통일지향적 상징은 사람들이 개체화의 최종목적지에 도달할 때만 나타날 뿐이다. 이때 이 상징은 다양한 형태를 지닐 수 있으며 장면들 사이에서 균형을 이루게 된다. 이 상징들은 총체적인 심리의 최초의 이미지를 재 생산해 내면서 다소간은 여전히 추상적으로 표현되어진다. 왜냐하면 그것은 정확하게 그들의 법칙을 구성하고 그들의 본질을 설명하는 중점과 이 부분들의 관계와 그들 부분의 체계적 질서이기 때문이다. 동양은 항상 이러한 상징적인 묘사들을 알고 있었다. 사람들은 그것을 "마술적 순환"이라고 번역되는 Mandala라 명하고 있다.
(Jolande Jacobi : La psychologie de C.G.Yung, 융의 심리학, du Mont Blanc Genève(Suisse), 1964, pp.204~205)

O fécondité de l'esprit et immensité de l'univers!

Son corps! le dégagement, rêvé, le brisement de la grâce croisée de violence nouvelle!

Sa vue, sa vue! Tous les agenouillements anciens et les peines relevées à sa suite.

Son jour! l'abolition de toutes les souffrances sonores et mouvantes dans la musique plus intense,

Son pas! migrations plus énormes que les anciennes évasions"[349]

"그의 숨결, 그의 머리들, 그의 뜀박질들, 형태들과 행위의 완벽의 그 무시무시한 신속성!
오 정신의 비옥함과 우주의 무한함!
그의 육신! 새로운 폭력 담고 있는 십자형 은총이랑 파괴하고 거기에서 철두철미 일탈하노라!
그의 눈길, 그의 눈길! 그의 눈길 한 번 지나가면, 무릎 꿇고 조아린 예전의 꿇어앉기와 형벌들 모두 고개 들고 일어서노라.
그의 빛! 더욱 강렬한 음악 속에서, 울리고 요동하는 모든 고뇌들 소멸하노라.
그의 발자국! 그가 한 번 발 디디면, 고대의 도주들보다 더욱 어마어마한 이주가 일어나노라."

그보다 더 광대하고 더 동질적인 어떤 총체성을 상상해볼 수 있을까? 그보다 더 완벽한 어떤 신성을 상상할 수 있을까? 그 이상의 힘들과 특질들을 지닌 어떤 신성을? 아마 아닐 것이다. 이 관점에서 볼 때 정령은 신의 최상급처럼 보인다. 그것은 하느님보다도 더욱 신성[350] 하고 더욱 숭고한 존재인 것이다.

---

[349] "Génie (정령)" dans <u>Illuminations</u> (착색판화집)
[350] "Soleil et chair" 태양과 육신', "les pauvres à l'Eglise" 교회를 믿는 가난뱅이들', "Le mal" 악' 등의 작품 속에서 유태기독교 신은 그의 힘과 권력을 빼앗은 호사스러우며 무기력하고 위선적이며 속된 존재로 표현되어 있다. 사실 랭보는 빈곤과 학살, 전쟁 그리고 인간을 괴롭히는 모든 재앙들 앞에서 그것을 확인하고 있다.

후자가 절대 권위, 모든 존재들이 자의적으로 그리고 보상 또는 형벌의 정의라는 궁극성을 전제하여 거기에 굴종하는 익명의 인물이라면, "정령"은 창조를 재생시키며 창조와 동일시된다. 그리하여 각 개체가 자기 내면에 그 우주적 존재의 극소량을 확실히 지니고 있는 것이다. 그리고 자신의 신비주의적 노정 말미에서 시인이 정령과의 공감 상태에 돌입하기에 이르게 되므로, 그 경험이 "모든 존재들이 행복의 숙명을 지니고 있음"351을 잘 입증하고 있는 것이다.

4. 언어적 만다라

우리가 이 시를 만다라의 언어적 이마쥬와 동일시하는 것은 바로 그러한 연유에서이다. 사실, "그 수학적 구조로 말미암아 만다라들은 말하자면 총체적 프시케의 원초적 질서의 이마쥬들이다."352 왜냐하면 그것들의 소명이 혼돈을 우주로 변모시키는 일이기 때문이다. 그러한 형상들이 질서를 표현할 뿐만 아니라 나아가서 질서를 창출해 낸다는 점을 잊지 말기로 하자. 동양에서 관습적으로 실행하는 그대로의 얀트라 이마쥬들 (관례적으로 만다라들 형태를 띠는)을 놓고 하는 명상이야말로, 다름 아닌, 명상하는 자 내면에 어떤 내성

'그는 제단의 무늬진 보와
분향에 커다란 황금 술잔을 보고 웃고,
또한 찬송가의 울림 속에 잠이 들며,

고뇌를 갖고 모인 여인들이 낡은 검은색 본네
모자 아래서 눈물을 흘리며,
그에게 손수건에 싸여 몇닢 동전을 줄 때
잠에서 깨어나는 어떤 신이다.'
시 제목이 말해주고 있듯이, 랭보에게 있어 신은 이렇게 진짜 '악'으로 표현 묘사되고 있다.
351 Une saison en enfer : "Délires II. Alchimie du verbe. Faim." 지옥에서의 한 철 : "정신착란증, 언어의 연금술, 굶주림."
352 Jolande Jacobi, op. cit. p.210.

적 질서를 창출해 낸다는 것을 그 목표로 갖는다. 모든 것이 그 "중도"의 이마쥬, 동양이 도(道)라고 불렀으며 서구인에게 있어서는 자연의 원초적 힘들에 대한 지식 속에서 그리고 구조적 총체성이라는 의미에서의, 내적 현실들과 외적 현실들이라는 상반물들의 통합을 실현하는 일에 다름 아닌 그 "노정"의 이마쥬인 것이다.

"혼돈을 우주"로 실현하고 세계의 다양성을 통일성으로 실현하는 정령의 인격은 <모음들>의 노정과 다음과 같은 역설적 발언의 선험적 신비에 해당한다.

"Je suis l'Alpha et l'Oméga, le commencement et la fin."

"나는 알파요 오메가라, 시작이요 끝이라."

다른 한편으로, 이 시는 네 가지 행실 규칙을 토대로 완성된다. 즉 "…그의 눈길들, 그의 숨결들, 그의 육신, 그의 빛을 따르는" 것이다. 이 점에 관련하여 알베르 피는 다음과 같은 지적을 하고 있다. "정령은 굴곡 없이 네 단락을 토대로 유지되며(그는 …이다… 그는 가버리지 않으리… 그는 우릴 알았다…), "그의 눈길, 그의 숨결들, 그의 육신, 그의 빛"이라는 4 요소를 통해 미래를 향해 서둘러 진행되는 한 운동의 활기와 아름다움을 지니고 있다."[353]

우리는 이미 4라는 수의 본원적 잠재성들을 기술해야 했었다. 그 내용을 여기서 다시 한 번 요약해 보는 것은 헛된 일이 아닐 것이다. "4는 창조의 숫자이다. 그 수는 따라서 발현된 세계의 －현상 4

---

[353] Arthur Rimbaud : Illuminations(착색판화집), Albert Py에 의해 확립되고 주석 붙여진 텍스트. Librairie Droz, Génèse, 1967, pp.227~228

요소로 된 -모든 만다라들의 기본이 되고, -그 세계의 네 가지 자연 계열들(광물계, 식물계, 동물계, 인간계)을 암시하고(나아가서 배열하고), -고대의 전통이 바랐던 그대로의 사물들의 특질들(온, 냉, 건, 습)을 네 가지로 구분하며, -테르락티스 tétraktys를 천지창조의 신비로서 부과하는가 하면, -4개의 석탄을 생체들의 기본 원소로 (창출해 내고) (활용하며), -전통적으로 공간의 기본 4방위로 구분하는 등등."354

5. 우주적 영혼

'정령', 이 단어는 의심의 여지없이 그 내용물이 우주인 하나의 용기(容器)이다. 그것은 아주 놀랍게도 우주 영혼, 절대 실재, 완벽한 진리에 관한 베다교의 개념인식을 암시하고 있다. 그것은 바로 "형태들과 행위의 완벽한", "정신의 비옥함과 우주의 무한성", "더욱 강렬한 음악 속에서의 울리고 요동하는 온갖 고뇌의 소멸"이 아니던가? 달리 말해서, 그것이 바로 니르바나에 도달했으며 선의 세계를 발견해 낸 시인의 존재를 표상하는 것이 아닌가?

많은 랭보 논평가들이 이 질문에 대해 긍정적인 대답을 했다. 가령 알벨 피는 다음과 같이 말한다. '정령'은 "경이로운 것이 만발하는 한 질서계의, 나아가서 질서계가 된 경이로운 것의 시적 기적이다. 그것은 수호신도 아니요 선하거나 악한 조언자도 아니라, 우리 자신들보다는 우리 내면에 우리가 담고 있는 내면적 신, 인류 전체의 꿈들과 야심들과 잠재성들의 총합(바로 여기에서 그 서사시적인

---
354 Jean Dierkens, op. cit. p.28.

문투가 비롯되었다), 그와 동시에 그것들의 실현, 그리고 시간과 공간 그 어디에나 현존하는…"355

한편 R.르네빌은 이 시의 정신상태를 십자가를 두고 세례요한이 말하는 그 신비주의적 결혼과 대조시키면서, 종규(宗規)를 따르는 이 작가가 하느님과 피조물 간의 인위적 분열을 관찰하고자 하는 확고한 의지에도 불구하고 베다교의 가르침에 동일한 自我 인식을 진술하고 있는 것이라고 주장한다.

"l'âme arrive à être toute remplie des rayons de la divinité et toute transformée en son créateur. Car Dieu lui communique surnaturellement son être, de telle sorte qu'elle semble être Dieu même qu'elle a ce que Dieu a, et que tout ce qui est à chacun semble être une même chose par

---

355 연금술사에게 있어 이 계시 단계는 '붉은색 유황'의 단계에 해당한다. 위 견해의 추종자는 우주진화론의 과정을 전제로 하고 있다.
'한 존재의 완전한 실현 가능성은 반드시 우주의 존재와 같은 변천을 거치면서 실행된다.'
(J.Richer, op. cit, p.190)
왜 '붉은색 유황'인가 ? 연금에 있어 완성을 수행하는 색은 붉은색이기 때문이다. '흰색은 정수(제5원소)의 색깔이다. 음극 쪽에서 이 색깔은 푸른색으로 압축되어 검은색으로 고정된다. 그러나 양극 쪽에서 이 색깔은 노란색으로 압축되고 붉은색으로 고정된다. 따라서 빛의 생명은 항상 흰색을 거쳐 검은색에서 붉은색으로 간다. 힘이 탕진된 생명은 흰색을 가로질러 붉은색에서 검은색으로 다시 내려온다.'
(Lévi : Histoire de la magie 마술의 역사 - J.Gengoux 인용, p.103)
브라만 교리에 비춰볼 때, 연금술의 과정은 영혼의 발전 과정과 동일하기 때문에 결국 이렇게 최종 목적지에 도달한 것이다. 어떤 길이건 계속 따라간다면, 사람들은, 랭보가 설명하고 있는 것처럼 반드시 언젠가는 천재의 시각에 이르게 될 것이다. 그 과정들은 천차만별이지만, 절대적 진리와 최고의 인식, 우주의 통일에 이르고자 하는 목표는 실제로 같은 것이다.
사실, 연금술사는 두 개의 원칙을 결합하여 납을 금으로 변화시킨다. 두 개의 원칙 중 하나는 남성에너지인 정신·태양에 해당하는 것이며, 다른 하나는 여성에너지인 영혼, 달에 해당하는 것이다. 연금술사는 신비로운 작업에 의해 '태양에 뒤섞인 바다'와 같은 두 개의 원칙들을 합치게 한다. 최초의 한 쌍의 상징적 결합에서 정액의 힘이 부여된 실체(묘약, 화금석)가 생긴다. 이 실체는 가장 일반적인 금속체와 접촉하여 그 금속체가 어떤 순간에 금이 될 때까지 고결하게 만드는 힘을 지닌 실체이다.
'연금술사들은 때때로, 이 금은, 신의 은총이 개입하지 않은 상태에서는 만들어질 수 없으며 신은 고귀한 금속체 속에 스스로 나타난다고 생각하였다. 신비철학에서, 빛의 인간은 암흑의 물질 속에 빠져 구원되어야만 하는 영원한 빛으로 번뜩인다. 따라서 사람들은 '통일지향적 상징'이란 의미를 그 과정의 결과에 부여할 수 있는 것이다. 그리고 이 '통일지향적 상징'은 거의 항상 빛의 성질을 지니고 있다.'
(J.Jacobi, op. cit. p.213)

cette transformation. On pourrait même dire que par cette participation l'âme paraît être plus Dieu qu'elle n'est âme…" (Montée, II, ch. V)

"영혼이 신성의 빛줄기들로 온통 가득 차는 상태, 그 창조자로 온통 변모되는 상태에 도달한다. 왜냐하면 신이 그에게 초자연적으로 그의 존재를 전달하여, 결과적으로 영혼이 신 그 자체가 되는 것처럼 보이고, 신이 지닌 것을 영혼이 지니며, 각자에게 소속된 모든 것이 그러한 변모를 통하여 한결같이 동일한 어떤 것인 것처럼 보이게 되기 때문이다. 그러한 협력을 통해 영혼이 이제 영혼이라기보다 더욱 신처럼 보인다고 말할 수 있을 것이다…" (Montée, II, ch. V)

의식적 사고로서는 우주적 원리와 더불어 그러한 상징적 통일에 이를 수 없음이 확실하다. 이 시점에서 성공을 거둘 수 있는 유일한 것, 그것은 감정적이고 지적인 각종 혼잡으로부터 일탈한 내면적 신이다. 이리하여 존재가 어떤 조화, 행복감, 동질성과 통일성, 융(Jung)이 "선험적 국면에서의 인간의 부활"[356]이라는 매우 적절한 표현을 써서 지칭했던, 통일성을 되찾는다. 사실 그는 베다교 교리들과 견자의 방법에 기묘하게 반향하는 방식으로 설명하고 있다.

"plus on prend conscience de soi, en se reconnaissant soi—même et en se comportant en conséquence et plus disparaît cette couche de l'inconscient personnel qui se superpose à l'inconscient collectif. Il en résulte un conscient qui n'est plus enfermé dans un monde du Moi mesquin et d'une totalité personnelle, mais qui participe d'un monde plus vaste… ce conscient élargi n'est plus un noeud sensible et égoïste d'ambitions, de désirs, de craintes, d'espérances personnels qui doivent être compensés ou corrigés par des contre—tendances personnelles inconscientes

---

[356] Jolande Jacobi 인용, op. cit. p.213.

; c'est une fonction de relation, en cantact avec l'objet, avec le monde extérieur ; cette fonction établit une communauté absolue… entre l'individu et son entourage"[357]

"우리가 스스로 자기 자신을 인식하고 그 결과에 따라 처신함으로써 자아를 의식하면 할수록, 집단 무의식에 중첩된 개인의 무의식의 그 층이 그만큼 더 사라진다. 바로 그 결과, 이제는 초라한 자아의 세계, 개인적 총체성의 세계에 갇힌 것이 아니라, 좀 더 광대한 한 세계의 성질을 띠는 한 의식이 우러나온다… 이 확장된 의식은 이제 무의식적인 개인의 반-성향들을 통해 보상되거나 수정되어야 하는 각종 개인의 야심, 욕구, 공포, 희망의 감각적이고 이기주의적인 핵이 아니다. 이제 그것은 대상, 외부 세계와의 접촉 상태에 놓인 관계의 기능인 것이다. 그 기능이 개체와 그 주변 간에… 절대적 공동체를 형성해 준다."

나아가서 그러한 공동체는, 인간과 우주 간에, 개별적 영혼과 우주적 영혼 간에, 존재와 그 시공적이고 영적인 총체성으로 파악된 창조 간에 또한 형성된다.

그 결과 중국의 도(道)에 유사하고 선 정신 또는 심지어 불교의 니르바나에 유사한, 중도에서의 상반물들의 결합을 통해 융이 정당화하고 있는 대규모의 충만상태가 생긴다. 랭보에게 있어서의 그러한 결합의 이마쥬는 "영겁"을 자아내는, "태양에 혼융된 바다"의 이마쥬이다. 동양에서는 그것이 대립하는 성의 두 존재들 간의 공감, 또

---

[357] Ibid, pp.197~198
    융의 이 텍스트는 실질적으로 다음의 랭보의 사상과 같은 것이다.
    '시인이 되고자 하는 사람의 첫 번째 해야 할 일은 완전한 자기인식을 하는 것이다. 시인은 자기 자신의 영혼을 추구하며 그것을 검토하며 시련을 가하고 가르친다. 시인이 자신의 영혼을 알게 되는 순간부터 그는 자신이 '미지의 세계'에 도달할 때까지 영혼을 연마하여야만 한다. 그런데 우리는 랭보의 '미지'라는 것이 정신수양·명상·고행·요가를 통해 동양철학과 교리가 한 점으로 모이는 Brahma의 시각임을 방금 보았다.'

는 단순히 랭보의 "정령" 같은 양성동체의 형상에 해당한다.358

'Génie', 이 단어는 그 철자법에 있어 벌써 이중 형태소의 표식(標識)을 지니고 있다. 문법적으로 남성 관사가 부여되기에 남성 형태소이면서, 철자상으로 여성을 특징짓는 묵음 'e'로 끝나기에 여성 형태소인 것이다. 나아가서 의미론적 관점에서 보면 이 단어는 선악의 결합쌍을 표상하는데 그 당연한 이유는, 각자의 운명을 주도하는 이 존재가 때로는 너그러운 정령으로서 때로는 사악한 정령으로서 환기될 수 있기 때문이다. 모든 상반물들의 쌍과 동시에 융해되고 용해된 이 이중 양상이 더군다나 이 시 말미에 암시되어 있지 않는가? 랭보는 다음과 같이 쓰고 있다.

> "O lui et nous! L'orgueil plus bienveillant que les charités perdues.
> O monde! et le chant clair des malheurs nouveaux!
> Il nous a connus tous et nous a tous aimés.
> Sachons cette nuit d'hiver, de cap en cap, du pôle tumultueux au chateau de la foule à la plage, de regards en regards, forces et sentiments las, le héler et le voir et le renvoyer, et sous les marées et au haut des déserts de neige…"359

---

358 융의 이론에서, 내적인 경험을 상징화할 수 있는 것은 원이다. ―다시 말해서 모음 O, 완전한 영(zéro)이다. '따라서 정신적 측면에서, 원운동은 또한 인간존재의 모든 명료한 힘과 모호한 모든 힘 특히 그들이 지니고 있는 성질이 어떠하든지 간에 상반된 심리상태에 활기를 띠게 하는 것과 같은 것에 해당한다. 완만하고 강도 있는 명상을 통해 자아를 인식하는 것이 문제시된다. 완벽한 존재와 유사된 개념은 또한 플라톤의 인간존재의 개념인 구형 sphéique 개념이다. 이 구형 개념 속에는 모든 상반된 것들과 상반된 성수들이 결합되어 있는 것이다. Cira와 Cakti의 결합, 땅과 Luna의 결합은 플라톤과 융의 원형개념인 완벽한 존재를 표시하는 것이다. 랭보 작품 속에서, 이 완벽한 존재는 '정령'이라 불린다. 융에게 있어서도 마찬가지로 완벽한 존재를 묘사하는 원운동은 결코 일어나지 않으며 갑작스런 것이다. 다시 말해서 심리적으로 발생하게 내버려 두는 것이다' '보편적 예지는 항상 자연스럽게 그의 사상은 내던졌다… 지적인 두뇌 속에서 자연스런 발전이 이루어지는 것이다. 많은 이기주의자들은 스스로를 작가로 칭하고 있으며 그들의 지적 진보가 그들 자신의 덕분에 이루어졌노라고 자처하는 사람 또한 부지기수다.' 랭보는 이렇게 쓰고 있다. (Lettre du voyant 견자의 편지) (C.G.Jung. J.Jacobi 인용, op. cit. pp.212~213)
359 "Génie", dans Illuminations. 착색판화집 : '정령'

"오 그와 우리! 잃어버린 자비보다도 더욱 너그러운 자만이어라.
오 세계! 그리고 새로운 불행들의 투명한 노래여!
그는 우리 모두를 알았고 우리 모두를 사랑했네, 알도록 합시다. 이 겨울 밤, 곶(岬)마다. 소용돌이치는 극지에서 성에 이르기까지, 군중에서 해변까지, 눈길에서 눈길로, 활력과 권태스런 감정 그 어느 때라도, 그를 소리쳐 부르고, 그를 보고, 그에게 반향하는 것을, 그리고 늪지들 아래에서도 눈 쌓인 광야들 꼭대기에서도…" 등등.

이 대목에서 역설적이고 상반되면서도 동일 문장 분절체 속에서 병치되어 있는 몇 가지 이마쥬들과 용어들을 지적해낼 수 있다. 가령 '오만'과 '자비'의 경우가 그렇고, '노래'와 '불행', '사랑받는'과 '겨울 밤', '그를 소리쳐 부르고 그를 보고 그에게 반향하는 것을', '늪지 아래서도 눈 쌓인 광야들 꼭대기에서도' 등등의 경우가 그렇다.

'정령'은 바로 그 완벽한 존재, 상반물들과 대립쌍들로부터 해방된 존재, 해탈된 의식의 연속성을 보장하는 그 미묘한 심리적 육신, 절대 지식의 획득에 해당하며, 지고의 계시, 그리고 이상적 존재의 영속적이고 보편적인 생존의 상징으로서의 부처의 탄생에 해당하는 그 육신이다.

"그리스도교의 작품이 구원받을 필요가 있었던 자들이 구원자 하느님을 찬양하는 오페라였다면", 랭보의 '정령'은 "연금술상의 작품과" 마찬가지로, 베다교, 바라문교 또는 불교의 "작품"과 마찬가지로, "물질 속에 잠들어 있으면서 구원을 기다리는 신성한 우주적 영혼에 작용되는, 구제자로서의 인간의 노력"[360]인 것이다.

---

[360] C.G.Jung, J.Jacobi 인용, op. cit. p.217

"Dans une magnifique demeure cernée par l'Orient entier, j'ai accompli mon immense oeuvre et passé mon illustre retraite." (". Ⅲ")

"동양 전체로 둘러싸인
어느 장엄한 거처에서, 나는 이루었네
나는 거대한 작품을, 그리고 난 보냈네
나의 유명한 은퇴기를."

Ⅳ. 結論

 「일류미나시옹」 속의 첫 시에서 마지막 시에 이르기까지, "지옥에서의 한 철"이라는 중간 단계를 거치면서, 랭보의 시작품은 이데올로기적 국면과 표현의 국면에서 동시에 하강하는 움직임의 진화를 따르고 있다. 운율이 자유 시행에 그 자리를 양보하고, 소네트는 시적 산문에 자리를 양보한다. 시집 그 자체가 거기에서는 견술이 뮤즈를 대신하고 혼미상태가 되는 영감을 대신하는 소실화된 운문이 되는 것이다.
 그것은 사회적이고 윤리적인 밤에서 신비주의적 낮으로, 육신의 어둠에서 영적 태양으로, 태초의 반항에서 궁극적 법열상태로 나아가는 거리, 주행, 여행을 기술하는 한 작품이다. 그것은 알파에서 오메가에 이르는, 'A검정'에서 "지고"의 정점인 'O파랑'에 이르는 노정을 실현하고 있다. 랭보는, 그 신비주의적이고 시적인 날개들이 그로 하여금 그렇게 하도록 허용해 주었던 그만큼, 우주적이고 본원적이며 단일하고 영속적인 원리 내부에서의 완벽한 용해 상태에 이르기까지 "세계들과 천사들"을 가로지르는 여행을 실행한 비둘기인 것이다.

그의 성공, 나아가서는 그의 목적의 실체까지도 문제로 삼아 검토 가능하다는 것은 분명하다. 그렇지만 다시 그 너머까지 이행할 수 있는 것일까? 만약 그렇다면 그 '그 너머'는 과연 어디일까?

이러한 관점에서 볼 때 랭보가 적어도 한 가지 공로를 이루었으니, 그것은 그 이전의 그 어떤 프랑스 시인도 아마 개발하지 않았던 한 우월한 영역의 문들을 시에 개발해 주었다는 공로이다. 그는 실제적으로 "그에 앞선 모든 사람들보다도 훨씬 더 가치 있는 발명가"[361]이다. 예수 그리스도 너머의 그리고 유태그리스도교의 형이상학 너머의 다른 하늘의 "열쇠와도[362] 같은 그 무엇을 발견해 낸" 한 사람인 것이다. 그것은 한편으로는 천벌을 받은 사람들 간의 구분이 존재하지 않으며, 다른 한편으로는 성인들, 성자들 간의 구분이 존재하지 않는 어떤 하늘이다. 하느님과 피조물 간의, 물질과 정신 간의, 피조물과 창조 간의 그리고 존재와 원리 간의 구분이 존재하지 않는 하늘이다.

1. 서구의 판단

그런데도 불구하고 랭보가 거론되는 기회가 있으면 곧장 일부 비평가들은 서슴지 않고 엄혹한 비난을 늘어놓으며 다음과 같은 식의 고백들을 근거 삼아 일단 유죄를 전제한다.

---

[361] Illuminations : ". II"
착색판화집 : '생명 II'
[362] Ibid.

"J'ai cru acquérir des pouvoirs surnaturels. Eh bien! Je dois enterrer mon imagination et mes souvenirs. Une belle gloire d'artiste et de conteur emportée!

Moi! Moi qui me suis dit mage ou ange, dispensé de toute morale, je suis rendu au sol avec un devoir à chercher, et la réalité rugueuse et étreindre! paysan! Suis-je trompé?⋯

Enfin, je demanderai pardon pour m'être nourri de mensonge. Et allons."363

"난 초자연적 힘들을 얻어낸다고 믿었네. 글쎄! 나로서는 나의 상상력과 추억들일랑 땅에 묻어야만 한다네, 예술가와 이야기꾼이라는 그 성마른 허울좋은 영광이여!

난! 모든 윤리 면제 받은, 마법사 또는 천사로 자칭했던 나, 찾아 나서야 한다는 임무와 더불어, 그리고 험난한 현실과 더불어, 껴안아야 한다는! 농민을 난 땅으로 되돌려 보내진다네. 이 내 생각 그릇된 것일까? ⋯ 종국에는, 거짓을 먹고 산 데 대해 나 용서를 구하리. 그러니 자 계속하세 그려."

그러나 이 부분에서 착각해서는 안 된다. 랭보에게 있어서는 종국적으로 자신의 이상에서 이탈하여 가톨릭교로 개종한다는 것은 아예 문제도 되지 않는 일이었다. 이 대목은 어떤 고백이라기보다는 더욱 더 일종의 아이러니, 궤변인 것이다. 바로 그 동일한 텍스트 안에서 서구 군중들을 끌어들이면서 랭보가 다음과 같이 그들에게 통명스럽게 소리 지르고 있지 않는가. "그렇소, 난 당신네 빛엘랑 아예 눈멀었소"라고 말이다. 그리고 랭보는 말한다.

---

363 <u>Une saison en enfer</u> : "Adieu"
　지옥에서의 한 철 : '고별' p.116

"Prêtres, professeurs, maître, vous vous trompez en me livrant à la justice. Je n'ai jamais été de ce peuple-ci : je n'ai jamais été chrétien… Vous vous trompez…"364

"사제들이여, 교수들이여, 선생들이여, 당신네들 날 재판에 넘기는 것은 그릇된 생각이오. 난 결코 여기 이 민족이 아니었기에, 결코 기독교 신자가 아니었기에 말이오… 당신네들 그릇된 생각이오…"

영적인 측면에서 랭보는 결코 서구의 한 사람이기를 바라지 않았다. "사탄이 만들어 낸 것인 과세되지 않은 액체를 마셨노라고" 자신이 비난하는 그 "광적이고 잔학하고 인색한" 서구인이라는 그 인물로부터 랭보는 의도적으로 벗어나고 있다. 그에게 있어서는, 서구의 정령이 신성한 빛에 의해서가 아니라 "열병과 암"을 통해 고취된다. 그는 덧붙이기를, 유럽에서는 "불구자들과 노약자들이 어찌나 존경을 받든지 그들이 물에 삶아 주기를 요청할 정도이다―가장 사악한 것은 그 가련한 자들에게 볼모들을 공급하고자 광기가 횡행하는 그 대륙을 떠나는 일이다." 서구가 온통, 기독교와 과학이 근원이 된 물질주의적 개인주의적 철학들의 영향을 몰아내야 할 대상인 것이다.

"…N'y a-t-il pas supplice réel en ce que, depuis cette déclaration de la science, le christianisme, l'homme se joue, se prouve les évidences, se gonfle du plaisir de répéter des preuves, et ne vit que comme cela! Torture subtile, niaise : source de mes divagations spirituelles…"365

---
364 Ibid. : "Mauvais sang" '더러운 피'(뒤에 나오는 인용들 모두 같은 텍스트에서 발췌한 것임)
365 Une saison en enfer, "L'impossible"
　지옥에서의 한 철 : '불가능'

"…그놈의 과학 천명, 기독교 사상 이후, 인간이 자신을 즐기고 자신에서 자명한 것들을 입증하고, 증거들을 되뇌는 기쁨에 한껏 자만하고 오로지 그런 식으로밖에 살지 않고 있는 현실에는 실제적 형벌이 깃들어 있는 것 아닌가! 미묘한, 어리석은 형극인지고. 그것은 곧 내 靈的 공상의 원천…"

이렇게 볼 때, 랭보의 시적, 신비주의적 반항적 사상이 확립된 주된 토대는, 이익과 이득 그리고 재산의 열띤 축적으로 인간을 얼빠지게 함으로써, 여기서는 인간을 우둔한 바보로 만드는가 하면 저기서는 인간을 로보트화 하는 등 인간을 그러한 두 상황에 처하게 만드는 종교적 과학적 사상에 대한 반항인 것이다. 랭보는 그러한 모든 가치들이 헛되고 빈약하며 우둔한 것이라고 다음과 같이 설명한다.

"N'est—ce pas parce que nous cultivons la brume! Nous mangeons la fièvre avec nos légumes aqueux.
Et l'ivrognerie! Le tabac! Et l'ignorance! et les d'evouements!"[366]

"그것은 우리가 안개(어둠, 불안)를 경작하고 있기 때문이 아닌가!
우리는 우리의 수질 채소와 더불어 열병을 먹는다.
그리고 음주벽! 담배! 무지!
그리고 헌신!"

---

[366] Ibid.

2. 태양의 아들은 곧 동양의 영적 자손

그러한 혼란의 해결책이 '동양'이라는 단 하나의 이름의 환기 속에서 나타나니, 동양은 순수에의 그러한 향수를 위무해줄 수 있고, 인간을 육신의 향락에 빠뜨리는 그 굶주림과 목마름과 욕구들을 삭여줄 수 있는 유일한 것이다. 바로 거기에서 마치 기도문과 같은 다음의 비장한 하소연이 비롯된다. "그 모든 것이 태초의 조국인 동양의 지혜에 담긴 사상과 아주 동떨어진 것일까요? 도대체 왜 현대의 한 세계가 이토록 엄청난 독기들로 꾸며지는 것일까요?"

위의 둘째 문제에 있어서 랭보의 생각이 정확하다. 랭보가 꿈꾸는 것, 랭보가 서구인이 깨닫도록 희망하는 것, 그것은 호사를 누리는 행복, 극락의 의미로서의 행복이 아니다. 랭보의 사상에 담긴 동양은 또 다른 에덴동산이 아닌 것이다.

그리고 그가 동양 혈통으로 태어나지 않았다는 점, 그것은 아무런 중요성도 지니지 않는다. 그 당연한 이유인즉, 그의 영혼이 동양 인종의 것이고 그의 사상 전반이 동양적 영감을 부여 받고 있기 때문이다. 다음에 소개하는 대목에서, 철학자들과 교회 종사자들에게, 그들의 거만스럽고 추론적이고 부자주의적(父子主義的)이고 동정적인 태도에 관련하여 다소의 비웃음기를 감추지 않은 채 랭보가 설명해 주고자 하는 것이 바로 그 점이다.

"Les gens d'Eglise diront : c'est compris. Mais vous voulez parler de l'Eden. Rien pour vous dans l'histoire des peuples orientaux. —C'est vrai…

qu'est-ce que c'est pour mon rêve, cette pureté des races antiques!

Les philosophes : le monde n'a pas d'âge. L'humanité se déplace, simplement. Vous êtes en Occident, mais libre d'habiter votre Orient ; quelque ancien qu'il vous le faille, —et d'y habiter bien. Ne soyez pas vaincu."[367]

"기독교인들은 말하리라 : 그래 알겠다. 그렇지만 그대는 에덴동산을 이야기하고 싶은 거겠지. 동양 민족들의 역사에는 그대가 넘볼 만한 아무것도 없거든. －그건 사실이다… 나의 꿈에 있어 고대 인종들의 그 순수성이 과연 무슨 의미가 있는가!

철학가들은 또 말하리라 : 세계는 나이를 먹지 않는 법. 인류는 이동하는 법. 단순히 그것 뿐이다. 그대는 서구에 있다. 하지만 소위 그대의 동양에 거주할 자유는 있다. 그 어떤 고대인이 그대에게 그걸 저버리든. －그럼 거기에서 잘 거주할 자유가 있고말고. 패자는 되지 말라"

그러나 랭보에게 있어 신비주의적이고 영적인 관점에서의 동양은 어떤 허구도, 모호한 이상도, 덧없는 매혹도 아니다. 서구 문화와 문명의 이름으로 사제들과 철학가들이 동양에 대해 지니고 있는 위안적 논법을 랭보는 비난한다. 그리고 그 거부는 전적인 것이어서 "철학가들이여, 당신네들은 이미 당신네들 서양식이다"[368]라고 못박아 버린다. 그러고 나서 랭보는 언제나 아첨하는 이런저런 궤변들이 이르는 대로 깊은 잠에 빠져 있었음을 스스로 비난하는 자신의 정신으로 화제를 바꾸는 바, 그 이유는 랭보가 다음과 같이 확신하기 때

---

[367] Ibid.
[368] Ibid.

문이다.

"…mon esprit dort.

S'il était bien éveillé toujours à partir de ce moment, nous serions à la vérité, qui peut-être nous entoure avec ses anges pleurant!… S'il avait été éveillé, jusqu'à ce moment—ci, c'est que je n'aurais pas cédé aux instincts délétères, à une époque immémoriale! s'il, avait toujours été bien éveillé, je voguerais en pleine sagesse!…

—O pureté! O pureté!

C'est cette minute d'éveil qui m'a donné la vision de la pureté!"[369]

"…나의 정신은 잠잔다.

바로 그 순간부터 그 정신이 언제나 제대로 깨어 있었더라면 우린 진리에 도달해 있을 것을, 아마 그 울먹이는 천사들과 더불어 우릴 둘러싸고 있는 진리에!… 지금 이 순간까지 그 정신이 깨어 있었다면, 그것은 나 해로운 본능들, 태고의 시대에 굴복하지 않았기 때문이었을 걸세!… 그 정신 언제나 제대로 깨어 있었더라면 난 지금 충만한 지혜 속 항해하고 있으리!…

—오 순수여! 오 순수여!

나에게 순수의 환영 건네 주었던 것은 바로 그 각성의 순간이었네!"

여기에 나타난 입장이 바로 랭보의 입장이다. 이 태양의 아들은 실제에 있어 동양의 영적인 아들인 것이다.

랭보의 사상의 진화과정이 그를 우주에 대한 바라문교의 인식과 불교적 시각으로 인도했다. '이성'과 아치(雅致)와 데카르트 정신에 사로잡힌 당대 사람들 모두에게 랭보가 이해되지 않으리라는 것은

---

[369] Ibid.

자명한 일이었다. 따라서 랭보가 자꾸만 치닫고 있는 서구의 가슴 아픈 운명을 예방하고자 헛되이 훈계하는 일일랑 단념하고 침묵하기로 작정한 데는 어느 정도 조소가 깃들어 있는 것이다.

> "C'est très certain, c'est oracle, ce que, je dis je comprends, et ne sachant m'expliquer sans paroles païennes, je voudrais me taire."370

> "그건 지극히 확실해, 그건 신작의 전갈이라네, 내가 말하는 것 난 그걸 이해하고 있네, 하지만 속세의 말을 빌지 않고서는 내 생각 표현할 수 없는지라, 난 입을 다물고자 하네."

하지만 랭보는 절망하지 않는다. "궁극적 승리"가 그에게 "확보되어 있음"을, 그리고 지금으로서 가장 중요한 것은 "우위를 확보하는 것"임을 랭보는 알고 있다. 영적인 투쟁 또한 인간들 전쟁만큼이나 격렬한 것임을 랭보는 알고 있다. 그렇지만 영적 투쟁에 관한 한 이제 알력이 존재하지 않는다. 랭보는 자신의 육체와 자신의 이성으로 승리를 거뒀던 것이다.

> "Je ne suis pas prisonnier de ma raison… Je veux la liberté dans ce salut : comment le poursuivre? Les goûts frivoles m'ont quitté…"371

> "Les rages, les débauches, la folie, dont je sais tous les élans et les désastres, —tout mon fardeau est déposé. Apprécions sans vertige l'étendue de mon innocence."372

---

370 Ibid.
371 <u>Une saison en enfer</u> : "Mauvais sang"
　 지옥에서의 한 철 : '더러운 피'
372 Ibid.

"난 내 이성의 포로가 아니라네… 난 이 구원 속의 자유를 원한다네 ; 그 구원을 어떻게 추구한담? 하찮은 취미들 이미 날 떠났네…"

"그 모든 충동과 재앙들 내가 알고 있는 각종 격노, 방탕, 광기, －나의 모든 짐 다 버려졌네. 혼미상태 없이 나의 무구함의 폭을 가늠해 보세나"

이렇게 말하고 있는 자는 "각성한" 랭보, 이기주의와 개인주의와 소유 관념들을 감싸고 있는 자아의 허망한 성격을 이해하고 난 뒤의 랭보인 것이다. 차후 랭보는 "풍요로움 속에서의 잠이 불가능한 것"이라는 점을 이해하게 되었다. "부라는 것은 항상 그야말로 세속적인 것이었다. 신성한 사랑, 오로지 그것만이 과학의 열쇠들을 부여한다."[373]

그리고 자신의 금욕적 생활, 명상적 생활, 자신의 견자로서의 경험에 대해 랭보는 아무런 회한도 느끼지 않는다. 하긴 각종 부로 이루어진 "육신의 영원한 태양", 목마름으로 타오르는 물질적 태양 그리고 결코 빛을 발하지 못한 채 굶주림으로 소진해 버리는 물질적 태양을 애석해할 이유가 어디 있겠는가, "우리가 계절 따라 죽어가는 사람들과는 멀리 떨어져 신성한 빛의 발견에 나섰다면",[374] 그런 태양을 애석해할 이유가 어디 있겠는가?

따라서 "초자연적으로 적나라한 모습에, 거지들 중에서도 상거지보다도 더 무사무욕한 상태에서, 나라도 친구도 없다는 우쭐하는 기

---

[373] Ibid.
[374] Ibid.

분으로",375 랭보가 불교 승려의 그 엄격한 생활, "사시사철 큰 길"을 편력하는 "방랑자"의 그 생활을 이끌어 갔던 때에, 거기에는 평온함과 뚜렷한 확신이 뒤따랐던 것이다.

그러한 힘든 탐색의 결과는 혁혁한 성공을 이루었으니, 그 당연한 이유는, 그 노정이 추구 대상인 목표로 인도해 주었기 때문이다.

> "Mes deux sous de raison sont finis!⋯
> J'envoyais au diable les palmes des martyrs, les rayons de l'art, l'orgueil des inventeurs, l'ardeur des pillards ; je retournais à l'Orient et à la sagesse première et éternelle."376

> "두 푼어치도 안 되는 내 이성 이제 끝났네!⋯
> 난 악마에게 보내버렸네, 순교자들의 종려가지들, 예술의 빛줄기(선반)들, 발명가들의 오만함, 해적들의 열정을. 난 되돌아가리, 동양으로 그리고 태초의 영구적인 지혜로."

"이토록 명료한 텍스트들을 두고서도 랭보가 동양 교리들의 영향을 받지 않았나 하는 점에 관해 아직도 의구심을 품는다는 것은(또는 품는 척 한다는 것은) 그야말로 언어도단이다!"377라고 쟝 리쉐르는 결론짓고 있다.

3. 문제 제기

그렇지만 그러한 교리들 안에 내포된 유형의 진리의 가치와 진실

---

375 Une saison en enfer, "L'impossible"
   지옥에서의 한 철 : '불가능한 것'
376 Ibid.
377 J.Richer, op. cit. p.228.

성에 대해 다시 문제삼고 반문해 볼 권리는 있다. 어떤 사람들은 성급히 "근원적 염세주의"378 또는 랭보가 말하듯 "치졸한 나태의 공상"379을 거론하게 만들었다. 여기에서 그들을 반박하고자 형식적 증거들을 끌어들이는 일은 우리가 의도하는 바가 아니다. 우리로서는 단순히 우주를 두고서 일부 저명한 과학자들이 취한 태도, 우리가 보기에 동양의 가장 오랜 전통과 기묘하게 접근하는 것으로 보이는 태도를 실례로 인용해 보고자 한다.

가령 아인슈타인이 우주의 완벽한 통일성을 관조하는 데 이르려 했다는 점과 과학에 대한 그의 개념인식이 "우주적 종교" 하나에 도달하는 것이었음은 주지의 사실이다. 나아가서 아인슈타인은 계시의 순간에 불현듯 나타나는 일종의 천계로서 상대성 이론을 이야기하고 있다. 자신이 추구했던 "우주의 형식적 원리"를 도출해 내고자 각종 계산이며 이론적 성찰들을 헛되이 전개하고 나서, 어느 날엔가 아인슈타인은 "끝장이다, 만사가 헛된 일이다"라고 중얼거린다. 그런

---

378 비영속적이며 조건지어진 이 세상에서의 삶은, 지고한 목적 즉 Zen의 세계 지고한 덕의 세계 니르바나의 세계 속으로의 몰입이라는 목적을 위해서는 명확하게 큰 이기심 없는 어떤 것으로 존중되고 있다. 그러나 동양 철학의 특징으로 여겨졌던 '근원적 염세주의'라는 말은 조금도 세상에 대한 이러한 개념을 만들지 않고 있다.

동양사상가들의 지상의 삶에 대한 부정적 태도는 근본적으로 인간존재의 의미 자체의 문제와 연결되어 있을 것이다. 불확실하게 인간은 자신 속에서 생존해 있는 것이다. 그러니까 인간의 의무는 자신의 생존조건을 개선하면서 자신을 유지하는 것이다. 서양사상가들에게 있어 인간은 타락한 영혼을 지니고 있으며 회개하는 정신을 지닌 존재이다. 따라서 인간의 임무는 자신의 본래의 완성된 상태를 되찾는 것이다. 자아의 부정과 육체적 감옥 밖으로의 탈출노력은 여기서 나오는 것이다.

서양은 위의 첫 번째 관점을 격찬하고 동양은 반대로 두 번째 관점을 격찬하고 있다. 많은 논증을 통해서, 다른 것과 비교하여 하나의 견해에 가치를 부여하고자 하는 것은 당연히 헛된 일일 것이다. '근본적 염세주의'와 같은 용어의 사용은 어떠한 객관성에서 나온 것이 아니기 때문이다. 동양의 이러한 사상은, 랭보처럼 현존의 세상에 대한 환멸에 빠진 사람들만을 만족시킬 것이다. 즉, 완전한 만족과 행복의 추구에 참가하고 있는 그리고 사랑과 위대한 포기능력을 지닌 사람들 그 자체만을 만족시킬 것이다.

379 <u>Une saison en enfer</u>, "L'impossible"
지옥에서의 한 철 : '불가능한 것'

데 바로 그 때 그에게 다음과 같은 계시가 내렸던 것이다.

"Claire, soudain, comme reproduite par un imprimeur géant, la carte immense de l'Univers s'était déployée devant moi avec son unité secrète de mesure, de structure de distance, de temps, d'espace. Ce fut une vision éblouissante"380

"투명하게, 불현듯, 마치 거대한 인쇄공에 의해 다시 제작된 것처럼, 어마어마한 우주 지도가 치수와 구조와 거리와 시간과 공간의 은밀한 통일성을 지니고서 내 목전에 펼쳐졌다. 그것은 그야말로 휘황찬란한 환영이었다."

우주의 통일성의 그 "휘황찬란한 환영", 물리학자 프리쏘프 카프라 또한 그 환영을 경험했다. 다른 대목에서 그가 설명하고 있는 것이 바로 그것이다 : 그는 다음과 같이 말한다.

"Il y a cinq ans, je connus une expérience manifique qui me conduisit par la suite à écrire ce livre. J'étais assis près de l'océan, à la fin d'un jour d'été. Je contemplais le roulement des vagues et je sentais le rythme de ma propre respiration. Soudain je pris conscience que tout ce qui m'entourait participait d'une gigantesque danse cosmique. En tant que physicien je savais que le sable, les rochers, l'air et l'eau autour de moi étaient faits d'atomes et de molécules en vibration et constituées à leur tour de particules qui interagissaient en créant et en détruisant d'autres particules. Je savais aussi que l'atmosphère terrestre était bombardée en permanence par des averses de subissent d'innombrables collisions en pénétrant dans l'atmosphère. Tout cela m'était familier du fait de mes

---

380 Nouvelle Acropole 잡지에서 Joël André 인용 : "l'autre Einstein- l'univers, le champ, la conscience" '제2의 아인슈타인- 우주, 시계, 의식'. N 3-4 Nov. p.79.

recherches en physique des hautes énergies.

Mais jusque là, je n'en avais connaissance que par les graphiques, les diagrammes et les théories mathématiques.

Alors que j'étais assis sur cette plage, l'acquis du passé devint une expérience vivante. Je voyais les atomes de chaque élément et ceux de mon propre corps prendre part à cette danse cosmique d'énergie. J'en sentais le rythme et j'en entendais le son. Et à cet instant, je savais que c'était la danse de Shiva, le seigneur de la danse que révèrent les Hindous."[381]

"5년 전 난 한 가지 장엄한 경험을 한 바 있는데, 바로 그 경험이 뒤이어 이 책을 저술하도록 만들었다. 난 여름 어느 날 해저물녘에 대양 가까운 곳에 앉아 있었다. 난 파도들이 내리오르는 것을 무심코 바라보다가 내 자신의 숨결의 리듬을 느꼈다. 그러다가 갑자기 나는 나를 둘러싸고 있는 모든 것이 우주의 거대한 춤에 따라 움직인다는 것을 의식했다. 물리학자로서 나는 모래며 바위들이며 공기와 물, 내 주위의 그것들이 진동하는 원자들과 분자들로 이루어졌으

---

[381] Ibid.
미국 캘리포니아의 Berkelly대학의 물리학자 Fridjof Cappra는 〈The Tao of physics〉이라는 제목의 책을 출판했다. 이 책은 Vincent Bardett에 의해 영어로 번역되어진 것인데, 이 책에 Cappra는 현대물리학의 주요 학설과 동양교리의 교훈들(힌두교, 불교, 도교) 사이의 관계를 분석하고 있다. 현대물리학은 다양한 정신을 전승해 주는 명상가들로부터 우주적 시각과 유사한 세계의 개념을 끌어올리고 있다고 그는 결론짓고 있다. 그것을 납득하기 위해 J.Andre에게 반향을 불러일으킨 명백한 몇 가지 예가 제시되고 있다.
Louis de Broglie는 다음과 같이 쓰고 있다. '공간-시간 속에서 우리들 각각에게 있어 과거, 현재, 그리고 미래를 구성하는 모든 것은 전체로써 부여된 것이다. 그 자신의 시간적 흐름을 관찰하는 각자는, 말하자면, 물질세계의 연속적 양상으로써 그에게 나타나는 공간-시간의 새로운 부분들을 발견하는 것이다. 그러나 실제로 공간-시간을 구성하는 사건들 총체는 우리들이 그것을 인식하기 이전에 조차도 존재한다.'
그리고 라마 Anagarka Govinda는 이렇게 쓰고 있다.
'명상 중에 접하게 되는 공간의 경험은 하나의 다른 차원의 세계의 도움을 청하는 것이다. 시간의 연속은 동시의 공존상태로 변화된다. 사물들은 서로서로의 곁에 존재하게 되며, 모든 것은 정지상태로 있는 것이 아니라 시간과 공간의 합일되는 '활발히 움직이는 연속체'가 되는 것이다.' Vivekananda의 이 글을 또 비교해 보자.
'만약 내가 오랫동안 준비해 기다렸던 총을 내 앞으로 발사한다면, 그 총탄은 우주를 한 바퀴 돈 후에 내가 그것을 발사한 장소로 다시 되돌아 올 것이다' 아인슈타인은 이렇게 말하고 있다. '무한한 우주적 시각을 지닌다면 사람들은 자신의 목덜미도 알아볼 수 있을 것이다'

며, 또 이 원자들과 분자들은 또 다른 미립자들을 생성하고 파괴하면서 상호작용하는 미립자들로 형성되어 있다는 것을 알고 있었다. 그리고 지구 대기가 우주에서 쏟아지는 빛줄기들을 통해, 그리고 대기 속에 침투해 들어가면서 수없이 많은 충돌을 겪는 높은 에너지의 미립자들을 통해 끊임없이 충격을 받고 있다는 점 또한 난 알고 있었다. 고열량 물리학 분야의 내 연구들로 말미암아 그 모든 것이 나에게는 익숙한 현상이었지만, 그 당시까지는 난 오로지 각종 도표, 도해 그리고 수학 이론들을 통해서만 그에 대한 지식을 갖고 있을 뿐이었다. 그런데 이제 난 그 해변에 앉아 있었고, 과거의 지식이 생체험이 되었다. 난 각 요소의 그리고 내 자신의 육신의 원자들이 그 우주의 에너지 품에 참여하고 있음을 보았다. 난 그 리듬을 감지했고 그 음을 듣고 있었다. 그리고 바로 그 순간, 그것이 힌두족들이 숭배했던 춤의 왕자, 시바의 춤이라는 것을 알았다."[382]

또 다른 물리학자 닐즈 보어는 우주에 관한 도교적 개념인식을 하고 있는 바, 그 유명한 음/양 도해가 새겨져 있으며 아래에는 "상반물들이 상호보완적이다"[332]라는 그의 문장이 그 점을 입증하고 있다. 아인슈타인의 표현을 그대로 빌자면, 그러한 관점은 진정한 의미에서의 "우주적 텔레파시"를 전제하고 있었다. "그렇지만 보어의 주장은 아주 세심한 경험들을 통해 입증되었으며 결코 의표를 찌를 수 있었던 것은 아니었다."[383]

다른 한편, 동양의 모든 전통과 철학이 창조의 통일성과 우주적 상호의존성을 주장하고 있음은 잘 알려져 있다. 그것은 과학적 지위를 얻고 있는 중이기도 하다. 나아가서 다음 진술들 간의 사상적 유사성에 주목해볼 만하다.

---

[382] Ibid.
[383] Joël André, Ibid.

—"L'interdépendance et l'inséparabilité quantique de l'univers entier est la réalité fondamentale."

(Conception de la physique quantique)

—"L'Univers tout entier n'est pas différent de vous même."

(Conception védantique)

—"Au sens supramental, rien n'est vraiment délimité. Fondamentalement, c'est l'expérience de chaque chose dans le tout et du tout présent en chaque chose."[384]

(Conception supramentale de Sriaurobindo)

—"우주 전체의 상호의존성과 수량적 불가분성은 기본 현실이다."

(수량 물리학의 개념인식)

—"우주 전체는 당신 자신과 다르지 않다."

(베다교 개념인식)

—"초정신적 의미에서 보면 그 아무것도 진실로 한정되어 있지 않다. 근본적으로, 그것은 전체 속에서의 각 사물의 경험이요, 각 사물 속에 현존하는 전체의 경험이다."

(스리아우로빈도의 초정신적 개념인식)

자신의 입장에서 또 아인슈타인은, 물질, 빛 에너지, 공간, 질량, 시간, 그리고 생존의 다른 모든 현상들에 관련하여, "모든 것이 빈 공간의 응축에서 비롯된다"[385]고 쓴 바 있다. 죠엘 앙드레는 그러한

---
[384] Joël André 인용, op. cit. p.15.
[385] Ibid.

관점이 "존재하는 모든 것이 아카샤, 즉 기본장의 응축이라고 하는 인도의 주요 형이상학 교리인 삼키야의 관점에 다름 아니다"[386]라고 주장한다.

모든 동양 철학과 전통에 깃든 공통점 한 가지는, 육체적 결정론으로부터의 존재의 해방, 각종 욕구와 신체적 규율로부터의 영혼의 해방이다. 이 점은 기본적으로 중요한 것인 바, 그 이유는 신체가 감각 현상계 즉 허망한 현실계에 속한 것으로 규정되기 때문이다. 물질에 효율적 생존이 깃들어 있다는 것이 부인되는 것이다. 유일하게 존재하는 것은 절대이니, 절대 그 안에서는 공간도 시간도 인과율도 없으며 모든 존재들의 총체적 용해와 완벽한 통일이 있다. 그런데 수량 물리학은 "원자 하위 수준에서는 물질이 확실한 양상으로 존재하지 않는다… 오히려 존속하려는 경향들을 내보인다"라고 전제한다. 어느 물리학자가 기술한 바에 의하면 "원자 미립자들은 존재와 비-존재 간의 아주 기묘한 유형의 물리적 실재를 발현한다."[387] 그러한 개념인식은 신비주의적 국면에서의 물질계의 정의와 극도로 유사한데, 그러한 정의는 동양 종교 교리들 속에 명백히 드러나고 비베카난다가 다른 문장을 통해 압축하고 있다.

"…La matière n'existe pas. Ce n'est qu'un certain champ d'énergie …"[388]

"…물질은 존재하지 않는다. 그것은 특정 에너지장일 뿐이다."

---

[386] Ibid.
[387] Ibid.
[388] Ibid.

여러 해 후에는 이번에는 아인슈타인이 다음과 같이 기술하게 된다.

"On peut considérer la matière comme constituée par les régions de l'espace où le champ est extrèmement intense!⋯ Dans la nouvelle physique il n'y a pas de place⋯ pour la matière, car le champ est la seule réalité."[389]

"물질은 거기에서 장이 극도로 강렬한 공간 영역들을 통해 구성되는 것으로 간주될 수 있다!⋯ 새로운 물리학에서는 물질에 부여되는 자리가 존재하지 않는 바, 그 이유는 그 장이 유일한 실재이기 때문이다."

랭보의 모든 시는 우주의 "유일한 실재"이며 동양사상에서 세계에 관한 완벽한 진리의 인식에 해당하는 그 장을 신비주의적 방법들을 통해 탐색하는 작업이다. 바가밧 지타는 다음과 같이 말했다.

"Comprend—Moi comme le connaissance du champ en tous les champs. C'est la connaissance du champ et de son connaissant à la fois qui est la véritable illumination a dit Bhagavad Gita."[390]

"나를 모든 장들에서의 그 장의 정체를 알고 있는 자로 이해하라. 그것은 그 장에 관한, 그리고 동시에, 진정한 계시인 그 알고 있는 자에 관한 인식인 것이다."

랭보, 이 눈길의 여행자, 신비에 이끌린 견자, 사물들의 보지자,

---

[389] Ibid.
[390] Ibid.

존재들의 심층, 그리고 외관들 그 너머에 이끌린 견자는 우주의 궁극적 실재 즉 그 통일성을 찾아낼 수 있었던 것이다. 그는 또한 인간이 그 우주에 결합하는 데 동원되는 궁극적 특질, 즉 그가 본원적이고 동양 철학 기본 사상들로 완벽해진 방식으로 정의하는 '사랑'을 찾아낼 수도 있었던 것이다.

그 누구에겐들 더욱 나은 그 어떤 것을 기대할 수 있을 것인가? 자기 나름대로 랭보의 체험을 실현하는 일, 우주 전체가 경이롭고 조화로운 통일성에 의해 지배된다는 점과 인간 영혼이 우주적 공감을 확인하는 그러한 진동의 증인이요 중심이라는 점을 지각하는 일이 아니라면 말이다.

4. 해결

그러한 근본 진리에 관해 랭보는 자신의 죽음을 맞을 때까지 철저한 확신을 지니게 된다. 생전에 견자였듯이[391] 그는 임종 순간에도 여전히 견자의 상태를 유지하게 된다. 임종을 지켜보았던 누이 이자벨의 다음 증언이 그 점을 입증해 준다.

---

[391] 랭보는 시 분야에 있어서만의 견자는 아니었다. 그가 시 쓰기를 멈추었을 때조차도, 수많은 추종자들이 그의 주위로 몰려들 정도로 일종의 새 메시아 그리고 여전히 신비적이고 환영에 사로잡힌 사람으로 그는 있었다. Oblock의 옛 지사였던 M.Legard가 Paul Claudel에게 보낸 편지에는 이렇게 써져 있다.
'내가 홍해에 도착했을 때 랭보는 Harar에 있어야만 했다. 그는 거기서 한편으로 삶(얼마나 거친 삶이던가)을 위해 투쟁했고, 그 당시 Emir 주변의 회교지도자들과 주민들이 전혀 이해하지 못하는 것을 꿈꾸고 있었다…
그러나 사람들은 그를 하늘의 계시를 받은 자로 간주할 것이다. 그래서 수많은 추종자들이 그의 주위로 몰려들었던 것이며, 새로운 선지자의 출현으로 자신의 일에 위협을 느낀 회교승려와 재판관들이 그를 곧 죽이려 할 정도로 그들의 질투와 증오를 야기시켰다.'
(R.de Renéville, op. cit. p.150)

"Sans perdre un instant connaissance (j'en suis certaine), il a de merveilleuses visions. Il voit des colonnes d'améthystes, des anges de marbre et de boism des végétations et des paysages d'une beauté inconnue, et pour dépeindre ses impressions, il trouve des expressions d'un charme pénétrant et bizarre."[392]

"단 한 순간도 의식을 잃지 않은 채(난 이 점에 대해 확신한다), 그는 경이로운 시력을 지니고 있다. 그는 자수정(침대)기둥들, 대리석과 목재 천사들, 전대미문의 아름다움을 띤 식물들과 광경들을 보며 자신이 거기에서 받은 느낌들을 묘사하고자 가슴 뭉클하고 기이한 매력을 지닌 표현들을 찾아낸다."

그러한 그의 임종은 부처 자신의 죽음과 지고의 완벽성에 도달한 영혼들만이 누릴 수 있는 니르바나의 경지를 환기시키지 않는가?

랭보의 시는 동양에서 가장 오래된 지식들과 가장 널리 유포된 철학들을 실질로 재생시킨다. 롤랑 드 르네빌이 그를 특징짓고 있듯이, 랭보는 모든 프랑스 시인들 중에서 가장 동양적인 시인이다. 모든 이국 취향적 관심사들과는 거리를 취한 채, 랭보는 동양이 지닌 더욱 내밀한 것, 더욱 근본적인 것, 더욱 진실한 것을 추구하여, 찾아내고, 그리하여 거기에 흠뻑 젖어들 줄 알았던 것이다. 랭보의 시는, 동양문명이 거론되면 곧장 "근원적 회의주의"와 활동과 과학적 지식을 희생시키고 행하는 관조라는 주제를 금방 앞세우는 사람들이 저지르는 피상적 관찰사항들을 토대로 한 성급한 판단들의 함정을 피할 줄 알았다. 그런데 "서구의 영성을 규정하고자 하면서, 교회 안에서 그리고 평정과 기도의 태도 안에서 파악된 한 사제의 이마

---

[392] Ibid. p.150

쥬에서 그쳐 버릴 한 동양인이 있다면 그를 두고는 무슨 말을 할 것인가? 또는 조상들을 위시한 종교 예술의 이마쥬에 국한할 동양인이 있다면 그를 두고 무슨 말을 할 것인가? 유럽은 생트 테레즈, 생 쟝드라 크르와의 조국이요 또 생 프랑스와 크자비에의 조국이기도 하다. 인도가 각별히 관조가들의 땅이라면, 또한 비록 성인들은 아닐지라도 현인들일 수 있었던 활동가들의 땅이기도 하다. 악과 고뇌로부터 벗어나고자 하는 데 자신들의 일생을 바치지는 않았으되, 그들은 인간들을 더욱 행복하고 더욱 결합시키기 위한 목적으로 일했다— 그리고 기여했다. 이렇게 하여 그들은 바로 인간의 삶에 다름 아닌 드라마, (…) 투쟁에 참여했던 것이다."[393]

---

[393] Bernard Hue : <u>Littérature et arts de l'Orient dans l'oeuvre de Claude,</u> 클로델 작품 속에 나타난 동양문학과 예술, Librairie Klincksieck, Paris 1978, p.379.

부록

- 헌사와 대담 Bernard Hue 박사의 헌사 / 이브 본느프와와의 대담
- 영혼의 언어와 춤

□ 헌사와 대담

Bernard Hue 박사의 헌사
― 이준오 교수의 60번째 생일을 맞이하여 그에 대한 경의의 표시로

수는 별의 방법이었다.
말라르메, 주사위 던지기.

벌써 가을이군요![1] 랭보를 떠올리지 않고 어떻게 이 선생님을 말할 수 있겠습니까? 한국에 랭보를 소개한 이가, 중국 십이 간지가 완전히 한 바퀴 도는 때와 일치하는 그의 특별한 생일을 축하하려는 즈음에, 11월 어느 날 밤, 샤를빌의 시인이 색채를 만든 모음들의 추억에 영감을 받은, 아르모르크의 부케로 묶여진, 이 짧은 글을 우정의 표시로 그에게 소개하는 것이 나로서는 무척 기쁩니다:

― A 검은색, E 하얀색, I 적색, O 파란색, U 초록색[2]

과학, 진보에 대해서 말하는(세상은 움직인다 ! 왜 세상은 돌지 않을까?[3]) 시인―예언자는 이렇게 선언한다:

수들의 비전이다. 우리는 성령으로 간다.

---

[1] Rimbaud, "Adieu", in Claude Edmonde Magny, Arthur Rimbaud, "Poètes d'aujourd'hui", P. Seghers éditeur, 1949, p.172.
[2] *Une saison en enfer, Délires(II)*, "Alchimie du verbe", ibid., p.163.
[3] Ibid., *Mauvais sang*, p.157.

다섯 개가 한 묶음으로 모여진 모음들에 대해 그는 어떠한 수적·연금술사적 비전을 가졌었는가? 그가 각 모음에 하나의 색깔을 부여했다면, 정해지거나 비밀스러운 수의 단순한 문자를 넘어, 각 철자가 하나의 수, 기호, 상징에 연결된 오래된 전통과 일반적 비전을 부인하지 않았을 것이다.

M. Lee와 동양, 우리의 전통과는 다른 전통으로 다시 돌아와서, 내 인생의 황혼에 중학교 벤치에서 랭보를 발견하면서 열려진 예전의 주기를 끝맺으려는 이 황당무계한 생각을, 잠시나마, 이 성대한 기회에, 그에게 바치는 것을 허용하면서, 나는 그에게 나의 무모함에 대해 용서를 구한다.

색채들의 숫자.

다양한 알파벳에서 각 철자에 부여된 자리는 이를테면 그것의 신분을 구성하는 하나의 수에 의해 재현된 수와 일치한다. 랭보에 의해서 사용된 알파벳에서, 첫 번째 자리를 차지하는 것은 모음 A이다. 이 알파가 어떤 논평들을 야기시켰는지를 안다.

문명에 따라 극단적으로 다양한 상징인, 검은색인 이 색을 위해 그 수를 남겨놓은, 랭보는 수와 색채사이의 관계, 나아가 유추를 연결하고, 세우려고 한다.

이렇듯 이 일련의 등호에 이른다.

   A = 1 = 검은색
   E = 5 = 하얀색
   I = 9 = 적색
   O = 15 = 파란색

U = 21 = 초록색

  이 다섯 개의 철자를 합하면 51이다. 9를 중심으로 대칭적으로 배치된 일자리 단위들(1, 5, 9, 5, 1)의 합은 21이다. 매직 정사각형에서 5에 일치하는 자리, 즉 가운데 자리는 로마 기수법에서 일자리 단위를 나타내는 철자 I에 의해 차지된다는 것을 깨닫는다. 그런 이유로, 철자 I의 내재적 가치가 9일 때, 철자 A가 동일한 역할을 하게 되었다면, 철자 I는 철자 A와 혼동될 것이다. A와 I, 즉 1과 9는 일자리 단위들의 목록에서 이렇게 9개 일자리 단위들의 이론을 열고 닫는 검정과 빨강인, 양극의 수들을 나타낸다.

  의미 있는 또 다른 확실한 사실 : 하얀색, E는 특히 이 이론의 중앙에 위치한 수, 열쇠의 수, 5와 연결된다. 매직 정사각형(수직으로, 수평으로, 대각선으로, 3개의 연속적인 수는 항상 합이 15이다.)의 두 개의 모형의 하나에서 이 주목할만한 A E I 세 개의 한 쌍은 토대가 큰 수 9, 중앙이 기본 수 5, 정상이 절대 단위인 1인 하나의 기둥처럼 세워진다.

4	9	2
3	5	7
8	1	6

6	1	8
7	5	3
2	9	4

6	A	8
7	E	3
2	I	4

	▓	
	▓	

연금술 비법의 학문에서 숫자들은 세 개의 카테고리로 나누어진다. 수학, 논리학, 물리학. 물리학적 수는 특히 색채와 관련된다(하나의 구조를 엄폐하는 데 사용하는 색채의 언어들). Pierre A. Riffard는 이 점에 대해 이렇게 상기시킨다.

고대 바빌로니아 정사각형 신전들의 7단계는 각각 하나의 특별한 색채를 가졌다. 기초 단계인 첫 번째 단계는 검은색이였고, 토성에 일치했다. 두 번째는 하얀색이였고, 목성에 부합했고, 세 번째는 적색이였고, 수성에 일치했고, 그 다음은 파란색으로 금성에 일치했고, 다섯 번째는 노란색으로 화성에 일치했고, 그 다음에 은색이였고, 달에 일치했고 마지막 단계인 꼭대기 단계는 금색이였고 태양에 일치했다.[4]

그래서 랭보에게 있어 이 매직 정사각형 모형들 중의 하나에서, 이 처음 세 개 모음의 연속은 고대 바빌로니아 정사각형 신전의 처음 세 단계의 색채들의 상승적 연속과 일치한다.

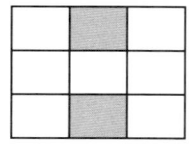

Mercure
Jupiter
Saturne

---

[4] P. A. Riffard, L'Esotérisme, Qu'est-ce que l'ésotérisme ? Anthologie de l'ésotérisme occidental, Bouquins, R. Laffont, p.294.

수적인 관점에서 마지막 두 개의 모음은 떨어져 있다. 하나는 첫 번째 10단위에, 또 다른 하나는 두 번째 10단위에 떨어져 있다 : O, 15(그것만으로도 앞선 세 개의 한 쌍과 같은 가치이다)는 이렇게 E와 유사점이 있는 첫 번째 10단위의 중앙에 놓여진다. 마침내, 위치 상으로 A와 유사점을 유지하고 있는, 두 번째 10단위의 첫 자리 U, 21은 닫는 것보다 훨씬 더 열린다(오메가에 의해, 전통적으로 마지막을 뜻하다 ; 그의 소네트(14행 시)에서, 발음상의 이유로, 모음 중복을 피하기 위해 랭보는 마지막 두 개의 모음을 뒤바꾼다). 수의 역사에서, 21은 가장 풍요로운 상징들 중의 하나로 나타낸다. 21은 많은 해석을 야기했다. 그 해석들 중의 대다수는 3×7로 분할된다는 것을 감안하고 있다(시적·신비적 관점에서 기본 소수). 성경에서는 완성, 신적인 지혜의 상징이기도 하다. 60의 문턱을 넘으려는 현자를 존경하는 것이기 때문에, 60은 9의 정사각형에서 숫자 21을 삭제하면서 얻어진다는 것을 첨가하자. 그것은 회화적으로 쓰여질 수 있다. 즉 랭보의 표현으로, I2−U, 적색 빼기 초록색이다.

이 마지막 관찰은 모음들과 연결된 다른 수들의 있을 수 있는 분할을 검토하게 한다. 첫 번째 두 모음, A와 E는 소수들, 1과 5에 일치한다. 그 다음 세 개의 모음들로 말하자면, I는 3×3(32) ; 0는 3×5. 그리고 U는 3×7이다. 5개의 모음 값 전체에서, 모두 홀수인, 1, 5, 7 그리고 3의 제곱, 즉 합이 16인, 소수들이 만난다.

또한 A+E(1+5)의 합은 U−O(21−15)의 차이 값에 일치한다는 것을 살펴볼 것이다. I(신지학 관점에서, 0으로 환원될 수, 9^5) 위치가 일련의 단위들(10진법 번호 매기기)에서 숫자 5의 위치와 유사한 대

---

5 이 덧셈에서, 수의 구성에 들어가는 숫자들은 유일한 숫자를 얻을 때까지 서로 서로에게 더해진다(9는 0로 환원된다). 예 : 2539 = 2+5+3+9 = 19 = 1+9 = 10 = 1+0 = 1, 즉 2539 = 2+5+3 = 10 = 1

칭의 중심을 이룬다.

생년월일

생년월일을 결정짓는 수를 감안하여, 생년월일의 해석을 다양하게 살펴보았다. 일반적으로 검토된 생일의 날, 달, 해를 가리키는 세 수의 합으로 얻어진 신비적 수를 기억한다.

최대한 7개의 다른 숫자를 제공하는 세 수의 전체에 나타나는 숫자를 고찰하는 것이 더 의미가 있을 것이다. 대부분의 경우에, 생일 날짜를 8자리 숫자를 넘지 않는다. 일자리 수의 전체에 비하여(0를 포함하여, 10개의 단수 기호의 총체), 하나의 생일날짜는 "빠진 수", "없는 수"를 제시할 것이다(적어도 2개). 수들의 시적이거나 상징적 해석은 한편으론 현재의 단위들의 이익, 또 한편으론 부재한 단위들의 가능한 의미를 강조하는 데 있다.

이렇듯 1854년 10월 29일 태어난 랭보는 암호문으로서
 −날짜 : 29, 10, 1854
 −그의 생일날짜에 있는 숫자들 : 0, 1, 2, 4, 5, 8, 9, 또는 3개의 짝수와 홀수로 나누어진 7자리의 숫자 ; 3개의 소수, 2개의 홀수, 1개의 짝수로 ; 3개의 수열로 : 0−1−2, 4−5, 8−9.
 −빠진 숫자들 : 3. 6. 7. 합이 16.
1854년 10월 29일 날짜의 신비적 가치 : 3
이 날짜가 구성되는 숫자들에 의해 의미를 갖은 수들의 신비적 가치 :
0+1+2+4+5+8+9=29=2
이 두 값은 하얀색의 숫자, 특히 합이 5인 수를 나타낸다.
빠진 숫자들이 암시하는 것은 :
그것들은 단절, 절단, (당연히 최종적이지 않은)중단을 의미할 수

있다. 이렇게, 3은 30대(30과 40사이)중에 일어날 변화를 예고할 수 있다. 6과 7도 역시 마찬가지인데, 그 합이 13은 서로 상반되는 해석에 적합하다. 호의적인 신호이거나 불운의 상징… 자주 불합리를 도와주는 역사는 당연히 이런 종류의 단언을 해석하는 데 많이 기여한다. 랭보는 37살의 나이로 1891년에 죽었다.

M. Lee의 경우

1938년 12월 7일 태생. 암호문 :
날짜 : 7, 12, 1938
이 날짜에 있는 숫자들 : 1, 2, 3, 7, 8, 9
이 날짜에 없는 숫자들 : 4, 5, 6
생일 날짜의 신비적 가치 : 4
이 날짜를 표현하는 데 사용하는 숫자들에 의해 암시된 수들의 가치 : 3
주목할 만한 사실 : 가치가 늘어가는 세 개의 수로 구성된 두 개의 연속의 수로 나누어진 생일 날짜를 구성하는 여섯 개의 숫자간의 완벽한 균형 :
1, 2, 3; 7, 8, 9
가능한 해석 : 이 두 개의 연속의 수의 신비적 가치에 의해 강조된 균형, 즉 젊은 시절과 노년 시절의 완벽한 균형:
1 + 2 + 3=6 ; 7 + 8 + 9 = 6

기하학적 그림

모든 생일날짜는 8개의 숫자로 구성된다. 최대한 8개의 다른 수로 일치될 수 있기 때문에, 이 모든 숫자들은, 일반적으로 매직 정사각형으로 명명하는 것과 유사한 9개의 칸으로 구성된 정사각형 내에 기입될 수 있다.

랭보에게 있어, 다음의 도형을 얻는다.

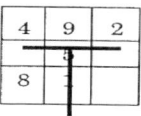

Carré de M. LEE

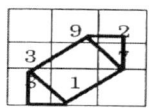

   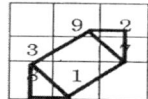

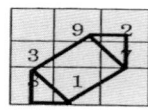

이 그림에서 두드러진 것은, 두 개의 동일한 삼각형으로 된 6개의 숫자들의 조화로운 배치이다. 중심의 빈 공간에 비하여 대칭적으로 배열된, 2와 8은 삼각형 꼭지점에 있는데, 그 중심은 역시 네 각으로, 축 4, 5, 6이 없는 큰 정사각형에 내접된 일정한 다각형을 이루는 3, 9. 7, 1을 갖는 정사각형의 중심이기도 하다.

주요 특징 : 네 개의 홀수들은(3, 9, 7, 1)은 인접한 면의 가운데에서 그 면들의 각각의 가운데가 만나서 5가 없는 중앙 칸의 면들을

구성하는 두 번째 정사각형을 만든다.

특히 전형적 의미로, 동양적 상징주의에서 도형 정사각형은 우주를 나타낸다. M. Lee의 개인적 정사각형에서 우주, 보편적 가치에 대한 그의 애착이 나온다. 그것은 우주 중심의 이미지인 중앙의 정사각형을 둘러싸는 정사각형 면들의 하나와 합류된, 두 개의 삼각형(3 -1 : 9-7)의 밑변이 강조하는 것이다.

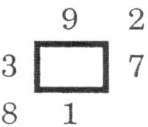

60, 특혜 받은 수

시간, 호, 각을 측정하는 데 사용하는 기준인 60은 역시 성경에 있는 씨 뿌리는 사람의 우화에 나온 세 개 수중의 하나인 데, 나머지 두 개의 수는 30(60의 반)과 네 수 1, 2, 3, 4의 증가된 이전 수들의 합인 100이다[6]. 이 중요한 세 개의 수가 올라가는 급수에서, 60은 중앙자리를 차지하고 매직 정사각형에서처럼 일련의 일자리 단위들에서 숫자 5에 해당한다.

그래서, 60번째 생일은 직업적 커리어는 단지 (5 곱하기 12에 해당하는)한 단계일 뿐인, 인생의 중앙으로서 해석될 수 있는 상징적 성격을 갖는다. 보편적 진리는 개체와 지혜보다 덜 중요한 기본 시간이 열리는 것은 진정한 해방, 즉 이 단계의 끝에서이다.

---

[6] Cf. 성서, 마태복음, 씨 뿌리는 사람에 대한 우화.

60의 신지학적 약분[7]이 M. Lee의 정사각형에 없는 숫자들 중의 하나인 6을 준다는 것을 어떻게 주목하지 않겠는가? 다른 한편으론, 그의 정사각형에서 빠진 숫자들, 4, 5, 6이 그것들 스스로 약분으로서 6을 갖는 다는 것을 어떻게 주목하지 않겠는가? 더욱 더 789에서 123을 빼서 얻은 차이 값이, 요한계시록에 따르면, "짐승"으로 정해진 수이고, 르네 게농[8]에 의하면 태양의 악마로 정해진 수인 666을 준다는 것을 어떻게 주목하지 않겠는가.

오래 전부터, 그를 짐승, 무지, 부조리에 반대하는 격렬한 비판자로 만든 예지에 도달한 학자인, M. Lee에 의해 억제되고, 거부되고, 무시된 횡축 4, 5, 6으로 구성된 빈칸에 놀라지 않을 것이다. 이 축의 저쪽에 위치하고 있는 M. Lee는, 이 매직 정사각형을 보면서, 그의 인생의 두 개의 커다란 부분, 동일한 등변의 똑같은 두 삼각형이 실체를 파악할 수 없는 숫자 5가 상징하는 균형, 조화, 평화의 이상적 장소인 그의 정사각형의 중심과, 접근과 결합에 의해(9와 3은 7과 1같이 서로 겹쳐진다), 일치한다는 것을 보면서 기뻐할 수 있다. 그는 그의 개인적 여섯 숫자들의 합이 씨 뿌리는 사람의 우화에 나온 세 개의 숫자 중의 하나인 30을 준다는 것에 대해 역시 기뻐할 것이다. 세 번째는 100이기 때문에, 그에게 "좋은 여행이 되기를" 기원하는 것만 남았다. 1999년이 다가온다 : 999는 숫자 666을 거꾸로 한 것이다.

생-말로, 1998년 2월 3일
Bernard HUE 교수

---

[7] 이 개념에 대하여, cf. Pierre A. Riffard, L'Esotérisme, Bouquins, R. Laffont, 1990, p.293.
[8] Bible, Apocalyse, XIIII, 18, Ren'e Guénon, cité par A. Riffard, op. cit., p.293.

부정의 형이상학과 A. 랭보

— 이브 본느프와와의 대담 2시간

대담자 : 이준오(파리7대학 부교수)
장　소 : 꼴레쥬 드 프랑스 이브 본느프와 연구실
일　자 : 1995. 3

이준오 베를렌느 사후 백주기를 기념하는 Amis de l'Auberge verte 특집호에 실릴 대담을 위해 시간을 할애해 주셔서 감사드립니다.
　　　교수님의 연구활동을 비춰 보아 대단히 바쁘시리라 생각됩니다. 그러나 교수님과 마주앉아 대담할 기회를 갖고 보니 수많은 질문이 두서없이 떠오르는 것을 억제할 수 없습니다. 교수님께서 허락하신다면 대담 내용을 녹음하고자 합니다. 베를렌느와 랭보와 관련한 제 첫 번째 질문은 다음과 같습니다. 선생님의 창작 활동, 집필 활동에 영향을 미친 작가들 중에서 랭보는 어떤 비중을 차지하는지 알고 싶습니다.
이브 본느프와 한 작가가 다른 작가에게 영향을 끼치는 것은 집필 방식, 다시 말해 쓰다 보면 무의식적으로 형성되는 이미지, 무의식적으로 끌리게 되는 감각적 체험, 그리고 리듬, 음악성 등의 방식을 통하게 됩니다. 그러나 이런 것과는 전혀 다른 방식으로 영향을 주기도 하는데 그건 삶에 대한 성찰, 그 문제제기, 그리고 글쓰기나 이러한 본능적 조건을 윤리적, 혹은 형이상학적 차원의 사고를 통해 그 문제를 극복하는 방식에 있어서 영향을 주기도 합니다. 나는 후자 측면에서 랭보로부터 영향을 받았습니다. 그가 세계와 맺고 있는 관계는 즉각적이며 엄격하고 노골적이었는데 이런 것은 내가 그의 작품을 읽기 시작할 무렵의 내 자신, 아마도 15살이나 16살 무렵이었던 시절의 내 자신과 그리 맞아떨어지지 않았습니다. 이 위대한 시에 감탄하긴 했지만 순간적 만족, 단순한 육체적 즐거움을 외면하고 무의식을 이용하여 자신의 행동을 밝히고 행로를 정했던 보들레르나 네르발, 혹은 주브에 비하면 랭보는 덜 내면적인 작가로 보였습니다. 랭보가 내 관심사의 전면에 부상해서 내게 영향을 준 것은 시에 대한 반성을 하고 그 위력을 가늠하며 그 기능을 보다 제대로 이해해서 랭보야말로 자기 자신에 대한 시선, 그리고 특히 세계에 대한 자신의 시선을 훨씬 뛰어넘는 방식으로 이런 문제를 이미 숙고했다는 것을 인식했을 때부터 입니다. 또한 그가 너무도 내밀한 방식으로 진리에 도달했기에 그를 빼놓고는 도무지 다른 생각은 조금도 할 수 없다는 것을 인정하게 되었습니다. 다시 말하면 나는 시에 대한 문제제기에 어느 정도 빠져들기 시작하였기 때문에 랭보를 보다 중요한 방식으로 재발견하게 되었던 겁니다. 그것은 당시 키에르케고르, 보들레르, 체스토브 같은 몇몇 시학의 사상가를 독서한 것이 큰 도움이 되었습니다. 이들을 철학자가 아니라 사상가라고 했는데 그들의 가르침은 우리에게 "개념"을 주는 것이 아니라 우리가 체험하고자 노력하는 삶 속에서 포착할 수 있는 것이기 때문입니다. 이런 점에서 이들 모두는, 예컨대 키에르케고르는 보들레르에 못지 않은 시인이었으며 40년대 말, 그리고 훗날 랭보를 전혀 이해하지 못했던 초현실주의로부터 내가 이탈한 시절에 이 사상가들은 내가 랭보에게서 의미를 찾도록 도움을 주었습니다. 아시다시피 브르통은 랭보에 있어서 오로지 젊음에 대한 오만한 권리주장, 그 젊음을 영위하는 열정, 고유한 "천재성"만을 인정했습니다. 그리고 랭보가 이 격렬한 글쓰기를 포기하고 새벽의 미명처럼 "새로운 생동감"이 나타나는 전광석화 같은 직감을 택한 것에 대해 브르통은 랭보가 스스로를 배신했다고 비난했습니다. 그러나 랭보는 자칫하면 한낱 꿈에 불과할 위험이 있는 이러한 격정의 순간을 훨씬 뛰어넘는 사람이었습니다.

이준오 당신에게 있어서 랭보를 체험한 것은 무엇을 의미합니까?

이브 본느프와 내게 랭보의 의미가 무엇이냐구요? 이미 많은 시간을 갖고 여러 차례 설명했던 것을 이렇듯 간략하게 되풀이해서 다시 거론한다면 단순화하거나 생략할 수밖에 없게 될 겁니다. 그러나 너무 명백한 문제라서 지금까지 아마 충분하게 강조하지 않았을 법한 것을 이야기할 순 있겠지요. 즉, 랭보는 적어도 한 때는 시가 모든 것이었던 삶에 철저히 참여했던 위대한 전형이었습니다. 시의 가치와 기능을 보여주었고 삶을 전체, 혹은 전체의 체험으로 파악하며 그 체험으로부터 발생하여 체험을 심화시키는 의식이 이 세계의 구성요소라는 차원에서 삶을 바라보는 것이란 의미입니다. "삶을 바꾸다," 좀더 정확히 말해 삶을 가능케 한 이 세계를 조작하면서 삶을 긍정적 방향으로 바꿨다는 것이죠. 비록 "우리들"이란 표현이 단지 초현실주의자들뿐 아니라 시를 원하는 모든 사람을 지칭하는 것이긴 하지만 앙드레 브르통의 유명한 경구에 의미를 부여한 것도 랭보입니다. 랭보는 "삶을 바꿔라"라고 했고 마르크스는 "세계를 바꾸라"고 했는데 사실 이 두 말은 한 가지 뜻입니다. 단 마르크스 이름을 들먹인 게 틀린 것이고 위험한 일이었습니다. 자칫하면 세계의 변화가 단지 경제적 요인과 정치적 결정에 의한 것으로 이해될 수 있으니까요.

랭보는 종교적 믿음이 희석되고, 그 교리가 증발됨에 따라 서구인의 삶과 자연의 위대한 단순성과 직면한 이래로 "시란 정신의 발명임"을 보여준 증거입니다. 「술 취한 배」의 작가는 아주 일찍감치 시 쓰기를 포기했는데 이것이 이 증언을 번복한 것은 결코 아닙니다. 「지옥에서 보낸 한 철」의 마지막 부분에서 이러한 포기를 하면서 고뇌했던 부분, 그리고 시를 잊기 위해 치열하게 노력한 점은 그가 최초에 지녔던 희망에 얼마나 큰 중요성을 부여했는지를 역설적으로 보여주는 겁니다. 그리고 이런 식의 메시지는 우리는 거의 받은 바가 없습니다. 그렇다고 생각하지 않습니까?

이준오 랭보와 베를렌느가 공동의 삶을 영위했던 동안 그들은 이중주단이었을까요, 아니면 커플, 혹은 팀을 구성한 걸까요?

이브 본느프와 랭보와 베를렌느 관계에 있어서 본질적 문제는 시, 그 위력, 그 엄정한 요청에 대한 공통된 관심에 있습니다. 그들 사이에 맺어진 성적 관계는 한 사람을 다른 사람에게 – 밀어붙인 매혹의 결과일 따름이었습니다. 왜냐하면 베를렌느가 보기에 랭보는 시에 대한 명상에 의해 성숙되고 이 명상에 의해 신비롭게 성장했으며 따라서 어떤 약속을 지닌 사람으로 보였기 때문입니다. –「지옥에서 보낸 한 철」에서 "미친 처녀"가 한 말을 상기해 봅시다– 랭보는 혹시 삶을 바꾸는 비밀을 지니고 있지 않았을까요? 또한 너무도 명백할 수밖에 없는, 그래서 실망과 실패로 끝날 수밖에 없는 이들 관계의 진정한 성격을 보다 직접적으로 보여주는 다른 시도 있습니다. 베를렌느의 시이자 랭보라도 그렇게 쓸 수 있는 「Crimen Amoris 사랑의 죄악」이란 시인데 여기서 성은 세계정신, 영혼과 신과의 관계를 바꾸기 위해 "젊은 악마"가 시도하는 수단으로 등장합니다.

이준오 랭보와 베를렌느에게 있어서 예수 그리스도는 누구일까요?

이브 본느프와 랭보의 신은 클로델이 믿고 싶어했던 것처럼 진정한 현존이 아니라 내면적 재현에 불과했고 랭보는 그로부터 윤리적 차원, 선악의 차원에서 영향을 받았습니다. 신은 사회 전체의 권위와 어머니의 교훈에 의해 형성된 단순한 이미지였으며 그런 연유로 그를 마비시켰고 고통과 분노, 무력감이 혼재된 감정을 불러일으켰습니다. "그리스도, 오, 그리스도, 영원한 에너지의 도적이여"라는 구절을 상기해 보십시오. 랭보가 보기에 진짜 신적인 성격을 지녔으며 진정한 존재는 기독교가 은폐하는 것, 랭보 자신이 저지른 오류에 의해 박탈된 것이었습니다. 그것은 랭보가 영원히 자유롭고 젊은 자연의 모든 생명들 속에서 솟아오르는 것을 느낀 바 있는 위대한 충동, 그 자연 속에 몸을 내던지기만 하면 오늘날 미온적이고 맹목적이며 억압당하고 있는 언어를 그 구속으로 해방시킬 수 있으며 "자연의 빛"의 "황금 불똥"처럼 단숨에 인간이 체험할 수 있는 충동이었습니다. 우리의 육체이자 우리의 심야 밤인 자연, 그리고 절대적 전쟁, 호소인 빛, 이 두 가지 위대한 체험이 일종의 단일한 단어 속에 병치된 것, 그 병치가 바로 신앙이며 이것이야말로 랭보가 느낀 직관의 핵심을 적절하게 포괄적인 간결성을 지니고 표현한 것입니다.

랭보에게 있어서 기독교적인 신, 그것은 오류의 신, 도처에서 오류를 찾아 이를 징계하는 신입니다. 따라서 우리를 오류 속에 살도록 강요하는 신, 즉 불행 그 자체입니다. 베를렌느에게는 이 똑 같은 신은 우리가 저지를 오류를 용서하는 신입니다. 랭보의 신은 단죄하고 베를렌느의 신은 죄를 사합니다. 왜 이런 차이가 있을까요? 반복해서 말하건대 랭보에게 있어서는 신은 하나의 이미지, 그의 유년기를 짓눌러서 일생 동안 그에게 외상을 남긴 모든 금기와 모든 위협, 경멸적이며 불신에 차고 속물적이며, ―미온적이지만 무서운― 판단의 결과물로서 그의 의식이 만들어낸 재현물에 불과하기 때문입니다. 반면 베를렌느는 "신이 내게 말하길…? 하는 구절에서 볼 수 있듯이 그 신을 엄격하지만 자상한 아버지처럼 타락한 어린아이에게 시선을 떼지 않는 인격화된 신으로 만드는 데 성공했습니다. 어떤 정신적 경로를 통해 베를렌느는 신앙, 혹은 신앙의 능동적 환상 속에 정립할 수 있었는가라는 문제는 심리학자, 또는 정신분석가에게 맡기도록 하겠습니다. 아마도 베를렌느와 부성적 형상과의 관계를 천착해봐야 할 겁니다. 비록 이미지에 불과했지만 신의 강박관념에서 벗어나지 못했던 랭보도 그 점을 연구할 만합니다. 아마도 랭보에게는 바로 그 이미지 이상의 무엇, 동시에 신앙의 권위를 담당할 수 있는 무엇이 결핍되었기 때문일 겁니다. 즉 그의 삶에 있어서 실제적으로 존재하는 아버지 말입니다. 이 아버지는 윤리적 당위성이 형이상학적 성격을 상실하고 변증법적으로 변환하여 모든 종류의 선을 인식하는 존재의 상대적 상황들로 윤리를 이끌었을 수도 있었을 겁니다.

이준오 결론적으로 랭보와 베를렌느는 기독교 신앙에 유익했습니까 아니면 해를 끼쳤습니까?

이브 본느프와 적어도 랭보는 분명히 기독교적 체험에 유익한 사람입니다. 엄격한 계율, 가장 자연스런 행위에 대한 오류 개념을 문제 삼는 것은 순수한 사랑, 즉 신뢰에 의해서 구원받을 수 있는 죄악의 통로를 통해 인간이 맺은 신과의 관계에 유익할 수밖에 없습니다. 그러나 그것은 나로서는 진정 숙고한 바 없는 변증법입니다.

종교적 체험과는 별개이며 굳이 관계가 있다면 종교적 체험을 전복시킬 따름인 신앙은 나로서는 전혀 무지한 사건입니다. 단지 한 사람이 행동한 사실이 −진정 존경하는 사람일지라도− 다른 사람의 신앙을 허용하거나 방해할 수 없으리라 상상하고 있습니다. 클로델이 진정한 신앙을 느꼈다 하더라도 그의 고백이 이를 증명하거나 그럴 듯하게 만들 수 없으며 −그렇다고 약화시키지도 않지요− 클로델의 내면적 혁명이 랭보의 영향을 받은 것은 아니란 것입니다.

이준오 롤랑 드 르네빌 같은 일부 서구 비평가는 랭보 사상의 신비적 원천이 동양에 있다고 합니다. 르네 에티앙블 같은 다른 사람들은 이런 관점에 전적으로 반대합니다. 이런 점에 대해 어떻게 생각하십니까?

이브 본느프와 랭보가 시에 대한 성찰에 전심전력했을 시기에 동양적 정신주의를 가까이 했으리라고는 나는 믿지 않습니다. 그가 16살에 샤를르빌에서 불교에 대한 철학서를 찾으려면 대단히 집요하고 집중적인 노력을 했어야 했을 텐데 랭보처럼 본능적, 직관적인 사람이 서적을 뒤지며 연구하는 취향을 가졌을 리 없습니다. 또한 랭보는 자신의 개인적 신의 사상에 너무도 깊이 발목 잡혀 있어서(…) 그리스도의 윤리, 적어도 샤를르빌의 윤리가 그의 육체에 강요했던 결핍 때문에 강박관념에 사로잡힌 그는 삶의 욕구, 굶주림, 갈증의 신성한 성격만을 확인할 따름이었고 이점에서 그는 이교적이었으며 따라서 그런 것 때문에 몰아가 내면적 해방에 기여할 수 있는 것을 이해할 수 없었습니다. 그러나 항상 고뇌에 찼고 불행했던 모순과 도전으로 점철된 그의 방어태세 속에서도 이러한 길이 점차 그의 눈에 보였을 거라고도 믿습니다. 그리고 금욕적 해탈이 그를 동양으로 이끌었고 결국 과거에 의해 발목이 잡혀 세계의 영역과 영혼의 영역의 중간에서 어정쩡하게 머문 것이 우연은 아닙니다. 그 중간 세계에서는 사막과 공허 속에서의 상대성, 인간이 추구하는 바의 허망성, 꿈의 허망함을 체험하는 가운데에서 개인적 신의 사상은 여전히 유효하게 남아 있게 됩니다.

이준오 선생님께서 쓰신 비평서에서 강조한 현존의 개념은 종교적, 혹은 신비주의에 뿌리를 두고 있습니까?

이브 본느프와 현존 개념 말입니까? 사실 현존과 개념이란 두 단어는 병존할 수 없는 단어이며 따라서 이를 개념적 언술 속에서 함께 공존시키려면 수많은 어려움이 발생합니다. 하지만 두 개념은 앞서 말한 체험을 요구하는 개념입니다. 당신 나라 한국의 말은 구사할 줄 모르지만 당신의 언어나 당신네들의 정신적 전통을 공유하는 나라의 언어를 사용한다면 아마도 덜 어렵고 덜 간접적으로 단지 세계의 실상 측면에 대한 단순한 암시만으로도 이 개념을 환기시킬 수 있을 겁니다. 달리 말해 나는 우리 서구 언어에 대해 만족하지 못하고 그 증거가 바로 여기 있는 셈입니다. 물론 현존, 현존 상태에서 느끼기가 유럽의 체험이 아니다라는 것은 아닙니다. 살아가며 여러 순간에 현존이 끼여들 여지가 있습니다. —랭보를 생각하면 알 수 있지요. 랭보는 "촌락의 광장에서 폭우를 맞는 아이는 팔을 휘두르며 성당 첨탑의 닭, 바람개비까지 휘둘렀다"라고 썼습니다. 시의 분야에서는 페트라르크, 위즈워스, 네르발, 에밀리 디킨슨, 횔더린 그리고 물론 랭보처럼 각양각색의 시인들의 최초의 시선과 작품 사이에 존재하는 은밀한 공범관계를 설명하는 것이 바로 이런 현존입니다. 현존과 부재는 영혼과 육체 이 모두의 낮과 밤이며 간명한 순간인데 신비주의적 접근을 한 나머지 이런 데에서 사상의 심연을 찾아서는 안 되며 차라리 돌연한 햇살 속에서, 혹은 신선한 저녁 바람 속에서 이를 포착해야 합니다. 맞아요, 우리도 그런 것을 알고 있습니다. 어디에나 초원에 선 목동의 행복, 혹은 고뇌, 아침 일찍 샤토루나 크로트와에 해가 뜰 때 해변길을 따라 길을 나서는 어린 학생의 행복감이나 고뇌가 있는 겁니다. 그러나 이를 개념으로 그 테두리를 확정 지으려고 하면, 적어도 불어를 사용하면 우리는 대번에 오로지 개념 속에 파묻히게 됩니다. 개념은 이 무(無)를 모르지만 의식과 세계 사이에서 작용하는 너무도 본질적인 것이 무(無)인지라 물에 던진 돌이 만든 동심원처럼 영혼 속에서 퍼져 나갑니다. 중심에서 벗어나 사라짐에 따라 점차 인식하지 못하게 되지만 그럴수록 더욱 현실적인 동심원처럼 말입니다.

자아와 현실의 일치인 현존은 분석하는 사상에 의해 해체되므로 그것을 정의하는 것이 아니라 지칭하기 위한 단어가 필요합니다. 되풀이해서 말하게 되는데 이 단어를 당신네 언어는 가지고 있을 텐데 저도 짐작할 순 있습니다. 언어의 과거를 통해 대단히 찰나적 순간을 환기하는 힘을 지닌 단어들일 것입니다. 예컨대 하늘이 아니라 빛의 뉘앙스, 개념이 아니라 일부 시에서 찾을 수 있는 맛 같은 겁니다. 일시적이며 동시에 지속적인 이런 종류의 감각은 기억 속에서 분석이 불가능하면서도 직감적으로 존재행위의 핵심처럼 느낄 수 있으며 이는 서양도 느낄 수 있는 것입니다. 심지어 언어로써 확정 지을 수도 있는데 바로 낭만적 감성의 언저리에 있는 "숭고"라는 범주가 이 경우에 속합니다. 낭만주의는 여러 가지 측면에서 우리의 동방입니다. 하지만 주목할 만한 것은 현존보다는 부재, 현실의 충만보다는 그 소실의 인상에 관심을 갖는다는 점이며 그것은 마치 낭만주의 직후, 진정한 의미에서 현대라는 세기 초에 에드가 알렌 포우의 "까마귀"에서 눈에 보이지 않는 새가 가볍게 창문을 긁는 소리가 불러일으키는 공포와도 같습니다. 이 위대한 시인은 "막연한 공포"라고 했지요. 아마도 이런 의식을 갖고부터 개념적 사상은 정신과 세계를 분리했고 그래서 세계는 밤, 수수께끼의 그물, 사막이 된 것이고 우리는 이를 무(無)라고 부르지요. 오래된 집의 문을 열어 텅 빈 것을 발견할 때 우리를 쉽사리 사로잡는 이런 느낌을 프로이트는 "불안스럽게 만드는 이질감"이라 했습니다. 현존을 정의하려 들지 맙시다. 그저 그것은 개념이 해체하고 시가 복구하는 것이라 해 둡시다.

이준오 동양의 문학과 사상이 불란서 문학에 영향을 준 것은 무엇입니까? 아시아의 학생이나 대중에게 어떤 불란서 작가를 특별히 권하겠습니까?

이브 본느프와 그것은 거의 책의 한 장을 써야 할 만한 문제이고 아마도 전혀 예기치 못한 방향에서 생각거리를 찾을 수 있다고 확신합니다. 영향의 문제는 우선 영향이라고 확인되진 않았지만 심오한 부분에 파고들면 딱히 그렇지도 않은 영향, 그리고 동양을 인식한 것, 심지어는 우리 문화에 있어서는 사건이라 할 만하고 우리 기억에도 생생하지만 결국 동양에 대한 오해로 귀착되어버린 동양에 대한 열광 취향으로 구별해야 합니다. 후자의 경우는 19세기 말 판화에 의해 유발되어 나비파 화가를 낳게 한 일본에 대한 관심입니다. 전자의 경우, 무슨 이유로, 어떻게 그리 되었는지는 알 수 없지만 이번에는 시 분야, 즉 낭만주의 – 예컨대 워즈워스나 게랭 – 도 회화 못지 않게 영향을 받았습니다. 그러나 다른 방식으로 문제를 제기해 봐야 합니다. 동양을 알고 감식안도 없진 않지만 이를 거부하는 경우인데 정신적으로 기독교인이자 원하면서 스스로 또 다른 성 프랑스와 그자비에가 되길 원했을 클로델이 있는가 하면 진정으로 색다른 사상에 열려 있었던 남자나 여자가 있는데 바로 그런 점 때문에 그들의 고향인 불란서에서 사라져 버린 경우입니다. 소수 측근들만이 그들 말에 귀 기울였겠지만 그렇다고 해서 그들이 우리나라, 우리 시대의 시 발전을 위해 진지하고 지속적인 기여를 하지 않았다는 것을 의미하진 않습니다.

이런 사람들로서는 누가 있을까요? 나는 우선 몇 해 전에 죽은 피에르-알베르 주르당을 꼽고 싶습니다. "짚신 Sandales de paille"-"좁은 길"(그러나 바소가 그의 위대한 시에서 그랬듯 사통팔달로 뚫린 길)을 걷는 불교 고행자들이 움직이고 존재하는 방식에 대한 암시적 단어입니다-이란 제하로 그의 몇몇 시집이 한 권으로 묶인 그의 작품 속에서 우리는 수년간의 세월에 걸쳐 무르익은 공감적이자 쾌활한 내면적 자유를 추구하는 정신 상태를 만나고, 그러한 자유를 통해 그는 시골의 손바닥만한 정원을 무한한 공간으로 삼아 땅을 일구며 살았습니다. 여기에서 그는 모든 자기중심주의의 흔적이 사라지면 영혼 속에 자리 잡는 광채가 반짝이는 언어를 통해 타인과의 만남을 추구하였습니다. 동양적 정신성을 다룬 여러 작품 중 피에르-알베르 주르당은 일본의 단시를 읽고 감상했으나 그것을 모방하고자 하지는 않았습니다. 우리 언어세계 속에서는 불가능했을 겁니다. -많은 사람들이 이 점을 인식하지 못한 것 같습니다- 그는 언제 어디에서 쓴 것인지 표시되지 않은 일기식의 명상 산문, 시간과 공간 그리고 다른 모든 환상이 소멸된 글 속에서 단지 단시의 정신을 재체험했습니다.

다른 예는 미셸 주르당입니다. -피에르 주르당과는 아무런 혈연관계도 없으며 그를 알지도 못했고 피에르 주르당도 필경 le Bonjour et l'adieu, Sandales de paille의 작가의 존재조차 몰랐을 겁니다. 미셸 주르당은 다른 동양적 작가들처럼 집필 활동을 하고

자 한 적이 없고 무일푼으로 산 속에 들어가 흘러가는 세월을 벗삼아 자갈과 가시덤불 속에서 채마밭을 갈아 그것으로 연명하는 금욕적 생활을 하면서 불교와 도교적 사상 —또한 전통적 정신주의에 입각하여— 을 지니고 "지팡이에 각인된 현실의 일"이란 책을 썼습니다. 여러 책 중에서도 이 책은 우리 언어로 쓰여진 것으로서는 새벽에 일어나 아침부터 일을 하고 오후에 낮잠을 자고 밤에는 들짐승이 스치고 지나가는 바스락거리는 소리를 듣는 삶을 영위하며 해탈을 추구하는 수도승의 고행에 가장 근접한 책입니다. 미셸 주르당은 동양적이자 동시에 서양적인 시인입니다. 아마 그렇기 때문에 오늘날 그의 작품을 아는 사람이 거의 없고 그의 작품도 찾아볼 수 없게 되었을 것입니다.

이준오 20세기의 시는 철학이나 종교의 테두리 속에서 다뤄야 하는 문제를 붙들고 있었다고 합니다. 앞으로 다가올 21세기의 시도 이 같은 야심을 가지리라 생각합니까?

이브 본느프와 21세기의 시라! 우리가 서구에서 흔히 새로운 천년대라고 간주하는 시간대에 들어가는 것은 사실입니다. 과학 혁명이나 전쟁 —세계적 규모였던—, 이데올로기 등을 통해 세계 다른 지역까지 자신의 역사를 기술하는 방식을 강요했던 서구문명의 규모와 편재성으로 인해 당신들 한국인까지도 우리처럼 세기, 천년 단위로 시간을 구분하는 데 익숙해졌다는 점도 이해합니다. 우리가 세계의 종말에 다가간다면 그것은 아마도 우리 서구인의 잘못 때문일 겁니다. 그리고 정당하다는 표현이 아직도 그 의의를 잃지 않았다면 이러한 제 생각은 정당할 수밖에 없는데 예수 그리스도와 더불어 숫자 매김을 하여 사건을 구분 짓는 것 즉, 대번에 자연은 나쁘며 따라서 오늘, 혹은 내일에 있을 환경론적 파탄을 피하게 해줄 수도 있는 자연의 가르침을 듣지 않아도 무방하다고 판명한 종교에 의해 시간 구분을 하면 세계의 종말은 당연한 것입니다. 맞습니다. 이천년대의 시작은 지구상 어디에서나 하나의 사건이 될 것입니다. 그러나 한국, 혹은 중국이나 다른 지역 −심지어 우리와 같은 달력을 지키지 않는 이스라엘−에서는 서구인에게나 의미 있는 이런 시간을 공통의 기준으로 생각하지 않을 것이며 다가올 시간과 현재와의 관계성이 아닌 차이에 대한 논란은 무의미하게 생각할 것입니다. 보편적 관점에서 보자면 우리 서구인 입장에서는 두 시기를 나누는 접점에 관심을 갖는 것이 바람직하고 굳이 역사적 관점에서 생각하자면 그 사회의 사건을 내세워서 전혀 새로운 방식으로 엄정하고 정확하고 치우침 없이 역사를 기술하려 했던 투키디드라는 사람을 제시하는 것이 바람직할 겁니다. 그러나 그의 역사기술도 전쟁은 피할 수 없다는 숙명론적 감정을 벗어나진 못했습니다.

시의 증인들에게는 이천년대가 견디기 어려운 시대가 되진 않을까 걱정됩니다. 눈 앞에 전개되고 있는 것들이 한결같이 시급한 일들인데 머지 않은 미래에 다가올 죽음의 위협을 받고 있는 지구를 구하는 의무, 폭발적으로 늘어나는 군중이 취약하기 이를 데 없는 원칙을 짓밟을 경우 민주주의를 구하는 의무, 과학의 발달, 혹은 그 사회적 여파에 의해 오늘날 놀라울 정도로 위험에 처한 이성을 구하는 의무 같은 것이 바로 이런 것들입니다. 초등학교 선생의 손자이자 아들이자 조카인 저로서는 어릴 적부터 이성은 지속적으로 돌이킬 수 없게, 그리고 보다 폭넓고 명확하게 발전하여 실험과 추론의 길을 통해 물질의 문제를 해결하고 사회적 관계를 재조직할 것이란 생각에 익숙해져 있습니다. 그런데 과거의 확신, 이것이 신기루임을 인정하지 않을 수 없습니다. 왜냐하면 물리학, 수학, 혹은 기술의 발달이 너무도 복잡해졌고 우리의 일상적 조건에 의한 물건과 상황과 거의 관계를 갖지 않게 되어 이 세계에서 방향설정을 하는 데 아무런 도움을 주지 못한 결과 결국 과학적 근거가 박탈된 신념이 활개치도록 조장하고 그런 신념은 우리의 고통을 일시적으로 잠재우고 고대 그리스 로마 시대가 끝난 뒤 가장 어두웠던 암흑의 시기에서 그랬듯 가장 원초적 본능에 호소하는 허망한 희원을 추구하는 신념일 따름입니다. 1880년대의 무신론적 국민학교 선생들은 진정한 천문학자였던 카미유 플라마리옹이 쓴 『대중적 천문학』이란 책을 읽고 단지 우주가 무한하다는 최소한 지식으로도 하찮은 듯 하지만 심연의 차원과 연관되는 인간 존재의 위대성을 이해했다고 믿었습니다. 그래서 그들은 그들의 자부심, 자신감을 어린 학생에게 전파하여 장래의 시민으로 교육시킬 수 있었습니다. 그러나 오늘날의 우주란 물리학, 화학적 모델이 뒤엉킨 복잡한 것이라 우리 인간의 눈으로는 아무 것도 파악할 수 없는 것이 되어 버렸고 오늘날 지구상의 수많은 아이들은 아무런 교육도 받지 못한 채 방치되었으며 더구나 우리의 학교에서도 정신의 가이드레일인 문학, 역사, 철학 교육은 사라져 버렸습니다. 따라서 이천년대는 적어도 미구에 전개될 상당히 긴 기간 동안은 고삐 풀린 환각 속에서 무지가 폭력을 낳지나 않을지 정말 염려되는 시대입니다. 과학적 역량을 지닌 사람들은 그 추상화, 환상—대상을 산출하는 분야에서 너무도 앞선 나머지 삶의 전래적 행동과 대적하여 수많은 다른 사람들에게는 아무런 도움도 주지 못할 것입니다.

그러나 이런 조건 하에서 시의 정신이야말로 가장 위협받고 있으며 동시에 유일한 구원이 아닐까요? 시란 대지 위에 발을 굳건히 뿌리박고 있는 존재이며 이것이 바로 시의 정의입니다. 고대 그리스 로마시대 이래 위대한 시인은 단순한 사물의 광명으로 문을 연 시를 통해 환상을 분쇄했고 이렇듯 누구나 동참할 수 있는 방향으로 나아가면서 평화의 능력을 과시했습니다. 인간과 인간이 패를 지어 싸움하도록 부추긴 것이 섹스피어나 보들레르, 심지어 브르통 같은 사람은 아니었지 않습니까? 시란 한마디로 이성입니다. 심지어, 그리고 특히 공포와 원초적 허기, 인간의 인간에 대한 관계라는 어두운 원시림 속에 글쓰기로 광명을 비출 때 그렇습니다. 시란 가장 도발적인, 그래서 당연히 매우 위험스런 형태를 지닌 이성입니다. 시가 그런 형태를 갖는 것은 시가 제시하는 것이 단지 유토피아에 불과한 것이 아니라 그 안에 가장 단출하면서도 파괴적이며 침해 불가능한 충동이 잠재된 것이기 때문입니다.

이 궁벽한 시대에 영혼이 지향해야만 하는 각성 상태 −랭보의 말이지요−가 이러한 조건 아래 이뤄지리라 생각합니다. 그 뒤에는 어떻게 될까요? 앞으로 전개될 세기에 있어서 도처를 짓누르는 엄청난 위협을 보며 저는 비관주의자가 되었습니다만 현실의 두 번째 차원인 언어가 이 같은 물질의 침묵 속에서 무력하리란 생각까지에는 이르지 않았습니다. 이러한 신념에 도움을 주는 것, 타자를 설명하고 돕는 것, 시의 생명을 지키는 모든 이성이 붕괴될지라도 마지막 가능성으로 남는 것, 이런 것을 사람들은 시라고 이름할 것입니다.

이준오 친애하는 교수님 지금 막 저에게 주신 이 모든 감동적인 말씀에 진심으로 감사드리며 또한 저는 대단히 만족스럽습니다. 독자들이 이와 같은 선생님의 견해를 함께 나누기를 기대합니다. 감사합니다.

• 논문

영혼의 언어와 춤

1. 저주받은 시인들에 있어서 神의 역활과 사탄의 역할
   ― 베를렌느, 랭보, 보들레르
2. 랭보의 詩 存在와 言語 ― 미학적 조망과 존재론적 성취
3. 존재와 부재의 형이상학
   ― 존재론적 성취에 대해(말라르메, 랭보, 이브 본느프와)

저주받은 시인들에 있어서 神의 역할과 사탄의 역할

— 베를렌느, 랭보, 보들레르

　　미적 조망을 만들어 내는 데 롱사르처럼 장미나 나비를 고려하지 않는 프랑스 작가들도 많이 있다. 진흙 속에서 금을 파내듯이 보들레르는 "악"과 "추함" 속에서 美를 찾아내는 연금술에 성공했으며, 빅토르 위고 같은 사람은, "레미제라블"의 주인공이나 등장인물을 비참하게 만드는 데 성공했다. "말도르의 노래"에서 로트레아몽은 사탄이라는 소재로서 거대한 시적 성당을 세웠던 놀라운 창조자였다.
　　베를렌느는 또한 그 자신에 대해 규정하기를 스스로를 사튀르니엥이라고 규정하고 있다. 메쯔의 중심가인 오뜨 피에르 거리 2번지에서 1844년 3월 30일 21시에 탄생의 운명이 지어진 그는, 뜻밖에도 그의 탄생 때부터 이미 저주받은 것을 느낀다. A.랭보에 있어서는 "저주받은" 시인으로서 시의 주제와 소재로 설정하고 있는 것이 「지옥에서의 한 계절」 동안의 이야기다.
　　라마르틴느가 사랑하는 부인 엘비르가 죽은 후 그의 예술에 있어서 슬픔을 시로 바꾼 것을 우리는 또한 찾아낼 수 있을 것이다. 그러나 여기서는 인생에 중복되어지는 저주와는 상관없는 생의 추의와 영속적이고 반복적인 양상의 흔적을 순간적으로 어둡게 하는 불행이나 커다란 고통이 문제인 것이다. 저주받은 시인에게 있어서 우울, 불행, 염세적 기분은 그의 운명의 한 일부분을 이루고 있다. 그러나 인간들의 이와 같은 상황은 공통적인 것으로서 우연한 것이다. 베를렌느는 아래 시 구절 속에서 이와 같은 상태를 아주 잘 설명해 주고 있다.

"Il pleure dans mon coeur
Comme il pleut sur la ville,
…
Il pleure sans raison
Dans ce coeur qui s'écoeure
Quoi! nulle trahison…?
Ce deuil est sans raison.
C'est bien la pire peine
De ne savoir pourquoi
Sans amour et sans haine
Mon coeur a tant de peine!"

"거리에 비 내리듯
내 마음에 눈물 흐른다.
…
역겨운 이 마음 속에
이유도 없이 눈물 흐른다.
어째서일까? 가슴 아픈 일도 없는데…
영문 모를 이 슬픔은
왠지 알 수 없는
아주 괴로운 내 마음
사랑도 증오도 없는
고뇌 가득한 내 마음"[1]

시인의 비애는 어떤 확실한 동기가 있는 것이 아니다. 시인은 자신의 고뇌와 자신의 눈물들에 대한 설명은 없으며 그것은 "이유 없는" 불행인 것이다. 그는 "이유 없이" 괴로워한다. 그는 책임을 져야 할 사건이 없음에도 자신의 상태를 두 번 해명하고 있다. 베를렌느는 아주 단순히 저주받은 시인이다. 눈물, 더욱이 고뇌는 신비적 저주의 최초의 요구인 것이다. 그것은 보들레르가 유명한 「악의 꽃」 첫 부분으로서 "우울"에 대한 일연의 시("우울과 이상"의 14행 시에서 4행과 끝행)의 독해를 통해서 표현한 것과 꼭 같은 감정이다. 그는 베를렌느의 병적인 비애에 "저주받은 시인의 권태"라는 중요한 테마를 첨가하고 있다.

광기・죽음・인생에 대한 싫증, 실의, 고뇌, 학대의 감정은 저주받은 시인들에게 존재하고 있는 것이다. 그들은 도취와 포도주, 하시시, 방탕과 여행을 통해서 그들의 지옥에서 빠져 나오려고 하고 있다. 우리는 파르나스 시대에 고티에가 "아편 클럽"을 만들어 운영했다는 것을 기억하며 보들레르는 인공낙원paradis artificiel을 꿈꾸었으며 그리고 또한 랭보에게 있어서도 질병과 모험과 여정, 조국 떠나기, 불구, 위험은 많은 위치를 차지하고 있는 독특한 운명의 양상 속에서 저주는 잘 나타내고 있다.

신과 사탄 그리고 그들의 이미지에 연결되어 있는 가치의 총체는 어떤 때는 구원을 청하고 어떤 때는 체념하는 인간이었다. 벨기에서의 감옥 생활을 예로 해서 비탄과 나약함의 그 같은 순간에 베를렌느는 신을 찾는다. 베를렌느는 침착해져서 평범한 생활을 영위하려고 애쓴다. 그는 기도하고 죄에서 만회하고자 한다. 그러나 랭보의 태도는 정반대이다. 자신의 앞에 펼쳐져 있는 사회적 비참함과 부정

---

1 Romance sans Paroles "Ariette oubliées" III

의는 그에게 있어서 숭배의 대상이 아니라, 반항을 불러일으키게 했던 것이다. 그는 예수를 비난하며 전쟁과 폭력과 같은 인간의 고통에 대한 神의 무관심을 고발하고 있다.

"Tandis que les crachats rouges de la mitraille
Sifflent tout le jour…
Qu'écarlates ou verts…
Croulent les bataillons en masse dans le feu ;

Tandis qu'une folie épouvantable, broie
Et fait de cent milliers d'hommes un tas fumant ;
……
……
— Il est un Dieu, qui rit aux nappes damassées
Des autels, à l'encens, aux grands calices d'or ;
Qui dans le bercement des hosannah s'endort,
Et se réveille, quand des mères, ramassées

Dans l'angoisse, et pleurant sous leur vieux bonnet noir,
Lui donnent un gros sous lié dans leur mouchoir!"[2]

"기관총의 토해내는 붉은 핏빛의 침이
종일토록 푸른 하늘을 향하여 파열음을 일으키고 있는 동안
붉은 색, 녹색으로 장식한 부대들이 잇따라
적의 대포를 맞고 쓰러지는 모습을 왕은 그들을 비웃고 있노라.

소름 끼치도록 무서운 광기로 인하여
몇 천만의 인간이 피투성이가 된 屍山으로 화해버리고 있는데도
……

---

[2] Arthur Rimbaud, oeuvres complètes, pléiades 1973, "Le mal"

......
―신께서 무늬 재단포와 향로와 황금의 성찬배에 둘러싸여
빙긋거리고 있으시다니요
찬미가의 가락에 따라 몸을 흔드시면서 낮잠을 주무시고 계시다
니요.
고뇌로 하여 기진맥진하게 된 속에서도 손수건에 싸온
염보돈을, 눈물을 흘리면서 바쳤을 때만이라구요!"

이 비난의 시들은 랭보가 '악'이라고 제목을 붙인 14행 시의 한 부분을 이루고 있다. 거기에는 예수와 사탄의 이미지를 의도적으로 혼용하고 있으며 신과 악은 동일한 메달의 안과 겉처럼 같은 현상으로서 인지되고 있는 것이 '교회에서 가난한 사람들'에서도 묘사하고 있는 것을 찾아볼 수 있다.

"Parqués entre des bancs de chêne⋯
......
......
Heureux, humiliés comme des chiens battus,
Les pauvres au bon Dieu, le patron et le sire,
Tendent leurs oremus risibles et têtus.
Aux femmes, c'est bien bon de faire des bancs lisses
Après les six jours noires où Dieu les fait souffrir
......
Et tous, bavant la foi mendiante et stupide,
Recitent la complainte infinie à Jésus
Qui rêve en haut, jauni par le vitrail livide,
Loin des maigres mauvais et des méchants pansus,"[3]

---

[3] Ibid : Les pauvres à l'Eglise

> "사람들이 토해내는 후덥지근한 숨결과 그득한 교회당
> 한쪽 구석에서 늘어서 떡갈나무 의자 사이에 꽉 들어찬
> 사람들의 눈은 소리높이 경건한 찬미가를 부르는 성가
> 합창대와 본전에서 넘쳐흐르는 노래 소리로 향한"

우리는 랭보가 '7세의 시인들' 속에서 그 자신 고유의 표현을 사용하기 위해 "신을 사랑하지 않"았음을 명료하게 알고 있다. 그러나 그가 거리를 두며 그의 비난의 대상이 되고 있는 이 신은 전적으로 기독교적 신이다. 안락과 부귀 속에 자리하고 있는 교회와 성당과 성경의 신이며, 그를 가르친 교육과 가톨릭 문화의 신이다. 「착색판화집」에서 랭보가 묘사하게 된 하느님 신과는 다른 새로운 이미지를 거기서 찾고 있는 것이다.

베를렌느처럼 보들레르는 유년시절부터 저주를 받고 있었다.

> "Ma jeunesse ne fut qu'un ténébreux orage
> ……
> Le tonnerre et la pluie ont fait tel ravage
> Qu'il reste en mon jardin bien peu de fruits vermeils."4

> "나의 청춘은 오직 천둥 치는 심한 비바람이었다.
> 천둥과 비는 내 정원에 남겨둔 아주 약간의 주홍빛 과일들을
> 이처럼 害를 입혔다."

불행은 그의 탄생 때부터 그를 따라다녔다. "저주의 괴롭힘"은 해독되어서, 신에 가까운 초인적이며 선택된 증표로서 사람들은 그를 이해하기도 했다. 그리고 육체와 모든 지상의 고통은 보들레

---

4 Baudelaire : Les fleurs du Mal "Spleen et Idéal", "L'Ennemi"

르가 「악의 꽃」의 첫 번째 시에 부여한 높은 상징적인 타이틀인 "축복"으로 변하였다.

 탄생에서 죽음까지 시인의 운명과 조건을 거기에서 전개하고 있는 것이다. 이 세상 어느 곳에서도 그는 인간들 사이에서는 행복과 사랑의 경험을 하지 못한다. 그의 어머니 곁에서도, 그의 의붓아버지 곁에서도, 그의 아내와 가까운 이웃에서도, 어디에서나 그는 반감만을 불러일으킨다. 단지 '천사'의 보이지 않는 보호만이 '불행한 어린아이'에게 자라도록 은총을 주었던 것이며 어머니와 아버지는 그가 이 세상에 올 때부터 그를 버린 최초의 사람들이다. 그녀는 출산의 과정에 대한 책임 때문에 화가 나서 신을 다음과 같이 비난한다.

   "Sa mère épouvantée et pleine de blasphèmes
   crispe ses poings vers Dieu…"5

 "무섭고 모욕적인 언사를 쓰는 어머니는 신을 향해 그의 주먹을 꽉 쥔다."

   "Ah! Que n'ai—je mis bas tout un noeud de vipères,
   Plutôt que nourrir cette dérision!
   Maudite soit la nuit aux plaisirs éphémères,

   Où mon ventre a conçu mon expiration
   Puisque tu m'as choisie entre toutes les femmes
   Pour être le dégoût de mon triste mari,
   Et que je ne puis rejeter dans les flammes,
   Comme un billet d'amour, ce monstre rabougri,

---

5 Ibid : "Bénédiction."

> je ferai rejaillir ta haine qui m'accable
> Sur l'instrument maudit de tes méchancetés
> Et je tordrai si bien cet arbre misérable,
> Qu'il ne pourra pousser ses boutons empestés!"[6]

사랑하는 여인이며, 연인인 그의 어머니는 시인에 대해서 더 이상 관대하지 않는다. 그녀는 혐오스럽고 동시에 잔인하다. 그녀를 혈육으로서 열애하기에는 너무나 황당하게 시인에게 대하고 있는 것이다. 보들레르는 지나친 낭비로 파산선고를 당하여 창피를 당하였다. 어떤 방법으로 더 이상 시인을 해칠 것인지 모르는 사탄의 얼굴을 한 그녀는 다음과 같은 태도로 모든 것을 방해할 계획을 세운다.

> "Et, quand je m'ennuierai de ces farces impies,
> Je poserai sur lui ma frêle et forte main ;
> Et mes ongles, pareils aux ongles des harpies
> Sauront jusqu'à son coeur se frayer un chemin.
> ……
> J'arracherai ce coeur tout rouge de son sein."[7]

> "그런데 내가 반종교적인 농담(방탕)에 싫증나게
> 되면 나는 연약하고 강한 내 손을 그에게서 놓으리라.
> 그리고 몸은 새, 얼굴은 여자인 괴물의 손톱과 같은
> 내 손톱은 그의 가슴까지 길을 틀 줄 알 것이리라. (…)
> 나는 그의 가슴의 붉은 가슴을 뜯어내리라."

시인은 주위 사람은 그에게 동등하며 적대감정을 다음과 같이 주

---

[6] Ibid : "Bénédiction."
[7] Ibid : "Bénédiction."

고 있다 :

> "Tous ceux qu'il veut aimer l'observent avec crainte
> ……
> Dans le pain et le vin destinés à sa bouche
> Ils mêlent de la cendre avec impurs crachats ;
> Avec hypocrisie ils jettent ce qu'il touche,
> Et s'accusent d'avoir mis leurs pieds dans ses pas."[8]

> "그가 사랑하고 싶은 모든 사람들은 두려움을 가지고 그를 관찰한다. (…) 그의 입에 할당된 빵과 포도주 속에서 그들은 불결한 가래로 재와 섞으며, 위선을 가지고 그들은 그가 닿는 것을 내던지며 그의 발자국을 남긴 것을 스스로 회개한다."

이래서 사회는 그의 시적 천재성을 포기하도록 만장일치를 이루고 있다. 어째서 모든 사람에 의해 포기되어야 할 것인가?

여기에 보들레르에게 있어서 저주의 참된 의미가 나타난다. 그것은 저주받은 시인이 갖는 것은 神(하나님)이 아니라 그것은 인간들이다. 그것은 사회이다. 왜냐하면 바로 이 사회는, "알바트로스"라는 이미지로 시인 자신의 내부 속에 있는 독특한 인물인 다른 存在를 확인했던 것이다 :

> "Le poète est semblable au prince des nuées
> …
> Exilée sur le sol…
> Ses ailes de géant l'empêchent de marcher."[9]

---

8 Ibid : "Bénédiction."
9 Ibid : "Albatros."

"시인은 지상에 유배된 구름의 왕자와도 같이 (…)
거대한 그의 날개는 걸어가는 데 그를 방해한다."

　니체적인 언어의 의미로 그 시인은 하나의 초인이다. 저주는 이와 같은 독특성에 대한 깨달음의 한 증표가 되고 있으며 그것은 베를렌느에게 있어서처럼 하나의 사회적 결함이 아니라, 굉장한 특권인 것이다. 그런데 보들레르는 불행과 고통 앞에서 자신을 불평하지도 않고 다음과 같이 놀라운 태도를 나타내고 있다.

"Soyez béni, mon dieu, qui donnez la souffrance
Comme un divin remède à nos impuretés
Et comme la meilleure et la plus pure essence
Qui prépare les forts aux saintes voluptés.
……
Je sais que la douleur est la noblesse unique"10

"축복이 있으소서. 神이여, 우리들의 비순수성에 대한 신의
구제책으로서 고통을 누가 주는 겁니까?
그리고 가장 훌륭한 가장 순수한 본질처럼 성스런 쾌락에
대한 장점을 누가 준비해주고 있습니까? (…)
나는 그 고통이 유일한 숭고함임을 압니다."

　이처럼 저주는 이 세 시인에게 있어서 각각 다르게 체험되었다. 보들레르에게 있어서 불행과 고통은 필요불가결한 체험이며, 신에 의해 요구되어진 것이었으며, 시인은 그것에 대한 승리를 끌어내야 했다. 시인은 고통 속에서 순화된다. 그는 자신의 지고의 표상으로서 고통을 수용하고 있다. 시인이 여기서 인간의 고통과 비참한 체

---
10 Ibid : "Bénédiction."

험을 수용하기 위해 모든 안락을 버리고 고대 부다의 이미지나, 동양의 금욕에 대한 실제적 이미지와 부합한다.

랭보에게 있어서 저주는 부유한 사람들에게 행복을 보장하고 있는 神에 대한 반항과 사회적 가치에 대한 반항과 동일화되고 있다. 고통은 하나의 체험이 아니라 神이 가난한 사람들에게 주는 상금이다. 비참성은 신의 불공평한 결과이다. 시인은 인간의 고통에 대해 책임이 있고 神에 대해 포괄적으로 시적 창의성에 감명을 주지 못하는 그의 권위를 거부한다.

불행은 모든 인류에게 일반화된 하나의 조건이다. 랭보는 사물들의 이와 같은 상태를 비난하는 神에 대해 완전히 등을 돌린다. 「착색판화집」에서 「지옥에서의 한 철」에까지 그를 이끌어가는 새로운 한 神을 향한 그의 탐구가 이 순간 시작된다. 이 행로, 그를 가늠하는 신비주의적 상징들은 동양의 정신적 가치들에 이상하게도 아주 가깝다. 롤랑 드 르네빌은 「견자 랭보」라는 글 속에서 이와 같은 유연 관계를 명료하게 해주고 있다. 그러나 에띠 엥블과 같은 몇몇 평판 있는 비평가들은 그의 해석에 동의를 하지 않고 있다. 어떤 비평가들은 Tarat W. 카발이나 또는 마술, 요술, 연금술 같은 모든 것은 기묘함과 랭보의 창의성을 설명하는 데 좋은 것 같다.

이 세 시인들은 神에 대한 동일한 전망을 갖고 있지 않다. 그들은 저주받은 시인에 대한 조건들을 다른 방법으로 정의를 하고 있다. 각기 그들은 고통과 고뇌에 대한 독특한 접근을 한다. 보들레르적 **우울**과 베를렌느적 **우수**와 랭보의 **반항**은, 세 사람과 인생에 있어서 많은 불행과 감정을 유발하는 고통에 대해 예민함, 모든 관점에 있어서 다른 악마적 학대에 대한 편집병이나 또는 집념의 성격들은 각기 이따금씩 다른 양상을 띠고 있는 것이다. 즉

"Verlaine prie Dieu
Rimbaud insulte le Christ
Baudelaire supplie Satan
Verlaine fuit Satan
Rimbaud fuit la Bible et l'Eglise
et Baudelaire fuit l'homme et le monde.
Rimbaud confond volontairement Jésus et le Diable."

"베를렌느는 神에 기도하고
랭보는 예수를 경멸하고
보들레르는 사탄에게 간곡히 애원하고
베를렌느는 사탄에게 도망가고
랭보는 성경과 교회에서 도망하며
보들레르는 인간과 세상에서 도망간다.
랭보는 악마와 예수를 고의적으로 혼동하고 있다."

그들의 태도와 그들의 관점은 아주 약간 공통된 점이 있으나 한 가지 사실은 확실한 것이 있는데 상호 간의 시에서 "神과 사탄"의 중요성 바로 그것이다. 보들레르의 거의 모든 작품 속에 영향을 주는 것이 "악"이다. 그것은 베를렌느 시의 본질을 규정하는 그의 악마들과의 싸움이며, 또한 랭보의 독자들에게 줄곧 호기심을 불러일으키며, 열광케 하는 가히 신비적이라 할 수 있는 것이 그의 작품들이다.

神과 惡, 그것은 그들의 작품 속에 현전한다. 명료하게 또는 상징적으로, 암시적으로, 더욱이 크고 거대하게 신과 악은 그들 작품의 동일한 원천임에 틀림없다.

세 시인의 각기 의미하는 뜻을 더 잘 알기 위해 여기 요약일람표를 보자.

구분 \ 저주받은 시인들	Verlaine 베를렌느	Rimbaud 랭보	Baudelaire 보들레르
하나님 신	신앙(믿음) 카톨릭에 대한 열정 숭배 기독교적 구원 추구 하나님=아버지(유대교적 신정론) 악의 근원 : 창세기 1:2	– 반항 – 신을 고발 – 신과 죄 – 하나님=사탄 – 하나님=큰 빛	신=최후의 목적 절대적 지시 상승 자아의 초월 시인의 초인성 하나님=이상
사탄(어둠)	인간에 대한 저주의 결과에 대한 책임 저주받은 사탄과 구원하는 신 죄에 대한 형벌로서 고통	사탄=신=빛으로 간주하는 참된 신이 숨겨져 있는 육체적인 점토 흙 어둠은 빛의 결여(결핍으로서의 악)	악과 고통은 사탄에 대한 인간의 승리를 위해 하나님이 바라는 시련 악은 선의 결여
시적 저주	불쌍한 마음이 들게 하고 눈물 나게 하는 표현 고통에 대한 여성화 시인의 천진무구함	신비적이고 우주적 자아로서 재탄생을 위해 사회적이며 개인적이고 문화적인 자아를 자동파괴와 살해	고통의 신성함 고뇌에 의한 순화 작용
시인의 수단	알코올중독 방탕 여행, 유배 기도 명상 지혜	방탕, 소외 비전통주의자 아득한 모험 신비교적 체험 유배	알코올, 아편 방탕 여행 시적 기술의 실천
시적 축복	신의 은총에 접근 모든 죄에 대한 용서와 속죄	불교의 본보기로서 "환시"에 접근하며 신성한 태양빛과 우주의 신성한 불길의 작열함이 되기	신과의 일치 우주에 대한 자신의 능력과 지배를 나눈다.
	시인은 천사가 된다.	시인은 신이 되며 신의 한 파편이다.	시인은 神의 삶을 나누어 가진다.

이상과 같이 나타난 것은 우리의 주장을 합당화 하는 데 많은 증명의 성과를 거두고 있는 것이다. 저주받은 세 시인들은 저주와 신비성에 대한 각기 다른 체험들을 묘사하고 있으며, 신이 세 개의 얼굴을 갖고 있으며 사탄도 세 개의 모습을 띠고 있다. 따라서 인간의 존재의 의미는 동시에 3개의 양상을 띠고 있는 것이다.

이 세 시인들은 인간에 대한 독특한 정의를 내리고 있으며, 그리고 자신의 지상에서의 모험과 이 모험의 목적을 말해 주고 있다.

시인은 더할 나위 없이 인간이며, 자신의 존재론적 체험을 전인간의 총체적 경험으로 축소하고자 한다. 인간들 대다수에게 내려지는 천벌의 동의어인 저주는, 성자의 머리 주위에 빛나는 후광과도 같은 독특한 신호처럼 저주받은 시인에 의해 느껴졌으며, 체험되어졌던 것이다.

베를렌느가 사탄을 몰아내려고 열망하는데, 보들레르는 모든 인간이 "하나는 신을 향하고 다른 하나는 사탄을 향하는 동시에 두 개의 청원 사이에서" 양분된 삶을 살도록 운명되어져 있다는 점을 단언하고 있다.

A.랭보의 경우는 「태양과 육체」에서 다음과 같이 기술하고 있다.

    I
L'Homme est dieu! Mais l'Amour, voilà la grande Foi!
…
    II
…… Oh! la route est amère
Depuis que l'autre Dieu nous attélle à sa croix ;
Chair, Marbre, Fleur, Vénus, c'est en toi que je crois!
    III
Si les temps revenaient, les temps qui sont venus

— Car l'Homme a fini! l'Homme a joué tous les rôles!
Au grand jour fatigué de briser des idoles
Il ressuscitera, libre de tous ses Dieux,
Et, comme il est du ciel, il scrutera les cieux!
L'Idéal, la pensée invincible, éternelle,
Tout le Dieu qui vit, sous son argile charnelle
Montera, montera, brûlera sous son front![11]

Ⅰ
인간이 神이 되었도다. 그러나 사랑, 그것만이 위대한 「眞實」이다. (…)
Ⅱ
인생행로는 어렵고 쓰구나.
육체여, 꽃이여, 대리석이여, 미의 여신이여, 내가 믿는 것은
오직 그대뿐이로다!

Ⅲ
만일 시간을 뒤로 돌이킬 수 있다고 한다면, 지금이야말로
절호의 기회이리라!
인간이 끝났다면 해야 할 역할을 일단 끝냈다.
白日 아래서 우상파괴도 지쳐버리고
인간은 신의 모든 굴레에서 자유롭게 되어
삶을 얻었던 諸天 속에서
불멸의 사상, 영원한 이상도 규명하게 되리라.
점토의 육체로 살아있었던 모든 신은
인간의 눈 앞에 나타나리라. 그리고 불타오르리라.

우리가 다음과 같은 도식으로 나타낼 수 있는 3개의 시적 이상(idéal)이 뚜렷하게 눈에 띤다 ;

---

11 Rimbaud : "Soleil et chair."

베를렌느 : (인간)-(사탄)+(신)=(인간-천사)
보들레르 : (인간)+(사탄)+(신+신+신…)=(반인간)
랭　　보 : (인간)-(사탄)-(신)+(자연)=(인간-신)

보들레르는 신비스럽고 성스러운 것 속으로의 초월에 이르기 위해 일종의 상반되는 총체를 이루고 있다.

"Je sais que la douleur est la noblesse unique
…
Et qu'il faut pour tresser ma couronne mystique
Imposer tous les temps et tous les univers."[12]

랭보에 있어서, 이장바르에게 쓴 자신의 유명한 서한 속에서 단순한 작가에서 견자의 시인으로 이행하는 완전한 정신적 변모와 조직적 변신을 권유하고 있다.

여기 우리의 관점을 더욱 명료하게 해 주는 또 하나의 다른 일람표를 보기로 하자.

개념의 감소 등급	사탄(Ⅰ)과 독자적 악마들	악+권태(2)	불행(3)	비참(4)
개념의 육체적 매체	사탄	여자	죽음, 사랑하는 사람들, 슬픔, 고뇌와 일상적 시험	궁핍과 사회적 불의
개념의 시적 표현	베를렌느의 우울	보들레르의 우울	형이상학적 의문	랭보적 반항
베를렌느의 중요한 비난	X 1		X 2	
보들레르의 중요한 비난	X 2	X 1		

---

12 Baudelaire : "Bénédiction."

랭보의 중요한 비난			X 2	X 1
시적 작품의 원천과 그 시동(개시)	베를렌느	보들레르	베를렌느 보들레르 랭보	랭보

위와 같이 저주는 사탄, 사뛰른느, 부인, 비참, 슬픔과 같은 다양한 모습으로 나타나고 있다. 베를렌느는 자신을 괴롭히는 Saturne와 불행을 연루시키고 있으며, 보들레르는 여자와 사탄을 비난하고 있다. 그리고 랭보는 사회적 불의와 빈곤을 지적하고 있는 것이다. 베를렌느는 민중의 고통에 조금도 관심을 갖지 않으며 여자를 악마화하지 않는다. 랭보가 "진짜 신"으로 규정하고 있는 보들레르는, 위고처럼 행복과 번영을 향해 인간의 무리를 인도하도록 신의 사명을 받은 목자이기를 요구하거나 갈망하지 않는다. 그는 무일푼의 상황에 현실의 중요성을 결부시키지 않으며 그들의 인기를 위해 어떠한 경쟁도 하지 않는다. 특히 그에게 있어서 죽음과 슬픔이 당연히 우울과 절망의 원천이 될 수 없는 것이다. 우울과 절망은 예기치 않는 방식으로 실제의 희망을 불러일으켜서, 이 세상에 대해 싫증이 나면 구원의 호소를 하기 위해 시인은 희망을 향해 돌아본다.

랭보는 맹목적 신앙으로서 사탄의 이름과 악에 대한 관념을 중히 여기는 것 같다. 그는 보들레르처럼 권태에 매우 민감하지 않는다. 그것은 앙드레 말로가 말한 것처럼, 불평등, 불의, 빈곤 같은 그를 방황하게 하고 사회와 그의 가치에 거부토록 하는 민중들의 고통에 의해 규정지어지는 "인간의 조건" 때문인 것이다.

어찌되었든 이와 같이 위대한 작가들의 시적 사상은 몇몇 합의점을 제시해 주고 있는 것이다.

1) "땅은 유배지다."

내가 너무 늦게 또는 일찍이 태어나지 않았는가? 라고 한 베를렌느의 질문은 그의 동시대인들과 사회적 환경과의 결별을 강조하고 있는 것이다. 또한 "알바트로스"는 보들레르에게 있어서 사회와 결별이라는 동일한 감정을 생기게 하며, 랭보에 있어서도 이와 같은 결별은 시적 언어의 탄생의 동일한 상태다. 많은 작가들에 있어서 시인의 이와 같은 유배지 "Exil"은 이따금씩 준엄하고 지겨운 인간들 사이에서 고독에 대한 표현수단으로 쓰이고 있다.

2) 타고난 시적 재능이, 인간의 구체적 표현양식인 신의 그 무엇이 인간의 내부 속에 존재하고 있다.

3) 인간과 그 사회적 삶은, 그들의 행위와 가치와 양상 속에서 인류에 의해 실추된 인간사회와 유사한 이승에 대한 참된 매력의 감정을 불러일으키지는 않는다.

랭보, 베를렌느, 보들레르는 이 세상에서의 인간의 고통을 고발하는 데 의견이 동일하다. 그러나 이들은 누구도 몇몇 문제들의 해결책으로서 정치적, 경제적 해결을 권하지는 않는다. 민중들의 물질적 조건들이 베를렌느나 보들레르의 문학적 관심에 명확한 방법에 속하지 않는 것이다. 그렇다고 Lamartine가 그랬던 것처럼 인간적 고뇌와 고독 때문에 참된 선(善)이 있을 거라고 믿는 저 너머의 이상적 세계에 대한 동경도 하지 않는다. 보들레르는 "악의 꽃"의 중요한 주제와 주인공이 유사한 방법을 부여하고 있는 것이다.

"독자"에게 쓴 보들레르의 "유죄선고를 받은 책에 대한 명언"에서 우리는 위의 주장을 더욱 명료하게 해줄 것이다.

Lecteur…
……
Lis — moi pour apprendre à m'aimer?

Ame curieuse qui souffre
Et vas cherchant ton paradis, plains — moi!
… sinon, je te mauvais!13

위 시행들은 그의 작품과 기술의 동기가 되었던 여러 가지 이유들에 대해 의심을 갖게 하지 않는다. 천재성에 대한 불멸과 감사에 대한 욕구는 좋은 위치 속에서 그려지고 있다. 우리는 그 자신에 의해 인격체에 대한 숭배와 개인주의와 이기주의에 대해 말할 권리가 있다. 그러나 "관조"라고 하는 작품의 서문에서 우리에게 환기시켜 주고 있는 것은 또한 바로 빅토르·위고인 것이다. 그것은 다음과 같다.
"한 작가가 그에 대해 말할 때, 그는 정말로 모든 사람에게 대해 말하고 있다는 것이다."

"grand je parle de moi… je parle de toi
Insensé qui croit que je ne suis pas toi!"14

"내가 나에 대해 말할 때… 나는 너에 대해 말하는 것이다.
내가 네가 아니라고 말하는 것을 믿는 어리석은 사람"

이 점에 관해서 랭보만이 독자적인 행동을 하고 있다. 그의 유명한 "나는 타자이다"라고 한 말은 순전히 자기 중심적 위치로서 거리

---

13 Baudelaire : "Epigraphie pour un livre comdamné."
14 Victor Hugo, oeuvres complètes, pléiade 1976, Gallimard.

감을 나타내고 있다. 그는 아래와 같은 방식으로 시인을 정의하면서 한술 더 뜨고 있다.

"Donc le poète est vraiment voleur de feu
Il est chargé de l'humanité, des animaux même…"15

"그래서 시인은 진실로 불의 도적이다.
그는 모든 인류와 동물에 이르기까지 책임을 진다."

프로메테우스의 사명과 예술가의 우주적 책임은, 보들레르가 그의 작품을 통해서 주장했듯이 그가 할 수 있는 것은 "Imposer tous les temps et tous les univers 모든 시간과 우주에게 명하는 것"16이라고 명료하게 나타난다.

신의 저주와 배제와는 거리가 먼 시인들은 그들의 위대해짐 때문에 결국 천재에 대한 사람들의 고의적 따돌림으로 나타나고 있는 것이다. 프로메테우스처럼 저주받은 시인들의 눈에는 이 세상사의 인간들이란 형편없는 소인들이거나, 어린아이 또는 선사시대 사람과도 같이 어리석게 보일 것이다. 인간들로부터 저주받은 시인들 1세기를 지난 이제 그들은 인간들로부터 다시금 축복받은 시인으로 남게 되는 것이다.

---

15 A.Rimbaud : "Lettre du voyant."
16 Baudelaire : "Bénédiction."

랭보의 詩 存在와 言語
— 미학적 조망과 존재론적 성취

I. 서 론

Rimbaud를 거론하기 시작하는 순간 사람들은 거의 침묵을 지켜버리기 일쑤이다. 읽는 것으로, 즉 텍스트와 그 내밀한 소통을 하는 것으로, 되도록 만족하고 싶은 이 같은 욕구가 혹시 Rimbaud 자신에 의해 우리에게 주입된 것은 아닐까? 즉 그의 작품 서두에서 말미까지 줄곧 이 같은 욕구가 도사리고 있는 것은 아닐까? 이 見者는 거의 수다가 없고, 무엇보다도 언어 활동을 멸시하며 항상 성급한 생략과 비약이 심하고, 독특한 반대어법(oxymoron)의 사용으로 은유나 상징을 가늠해 내기가 힘들며 언제나 수수께끼로 돌입할 태세를 갖추고 있다. 그렇지만 또 온갖 감각에 접근할 수 있는, 어떤 "보편적 언어"(langage universel)[1]를 꿈꾸었던 이가 바로 Rimbaud가 아닐까? "하나의 언어체계를 찾아낼 것 Trouver une langue"이라고 그가 외치

---

[1] Lettre à Demeny, Charleville, 1871. 5. 15. p.252

곧 했으니 말이다.

이처럼 시인의 노력을, 언어를 통해 "분열된 자아"의 단일성을 회복하려는 언어의 연금술적 시도로 파악하든 아니면 언어와 대상 사이의 미학적 조망 하에 이뤄지는 存在론적 성취로 파악하든, 어쨌든 「지옥에서의 한 철 Une saison en enfer」과 「착색판화집 Illuminations」의 전반에 걸친 그의 기도는 "思考가 모든 형태에, 모든 存在에 참여" 하며 무언의 말을 통해 잃어버린 행복을 다시 찾고자 노력한다. 시인의 노력은 기존의 단어들에 의존하면서도, 내면의 침묵을 기반으로 한 언어를 고안하는 일에 다름아닌 "끔찍한 작업 travail horrible"으로부터 작품이 생겨난 것이다. 그와 같은 의도와 노력은 인간 내부에 있는 神秘의 힘들을 되찾아 내어 "자아와 우주와의 이원성을 극복"함으로써 정신과 세계와의 일치된 자연의 감정을 얻고자 함"이요, "제 모습을 들여다보고 싶은 욕망"마저 잊어버린 황홀한 상태인 그저 존재하고 있다는 막연하고 감미로운 느낌 속의 존재 그 자체에로 돌입하고자 하는 노력인 것이다. 그와 같은 노력이 初期詩 「감각 Sensation」[2]에서 "난 더 이상 말하지 않으리, 생각하지도 않으리"라고 예언한 바 있는 그 침묵을 통해 우리에게 그것을 생생하게 되돌려 주고자 깊이 탐색하는 시도이며, 또한 인간에게 자연히 內在되어 있는 우주의 지혜를 발견하려는 노력인 것이다.

1. 자아분열과 존재론적 불안

D.Laing은 자신이 "존재론적 불안"이라고 부르는 것에 대해 다음과 같이 기술하고 있다.

---

[2] 「Sensation」: "Je n e parlerai pas. Je ne penserai pas."

"(…) l'insécurité qui accompagne une unit précairement établie de la personne est l'une des formes de l'insécurité ontologoque, si l'on désigne par ce terme l'insécurité inéluctable au coeur de cet être fini qu'est l'homme."

"(…) 일시적으로 구축된 인격체의 **단일성(unité)에 수반되는 불안이 존재론적 불안형태들** 중의 하나인 바, 이 말을 인간이라는 이 유한한 존재의 마음에 불가피하게 있기 마련인 불안을 가리켜 사용할 때 그렇다."[3]

이것은 자기 분열의 한 형태를 수반할 수 있는 그 불안감으로서, S.말라르메의 [牧神의 午後]에서, 운명적 목신의 눈 앞에 신기루처럼 현존하는 두 여인의 이중성이며, P.Valéry의 「젊은 빠르크의 女神」에 나오는 "불타는 누나"와 "조심하는 누나"로 분열되는 "두 개의 누나"인 것이다. D.Laing은 이것을 "분열된 자아"의 경험이라고 부른다. 그에 의하면,

"cette perte d'unité [écrit—il] fait que la personne conserve le sentiment d'avoir un soi 'intérieur', 'vrai', mais qui n'est pas réalisé, alors que le soi 'extérieur', 'réel' ou 'actuel' est faux."

"이 같은 단일성 상실이 인격체로 하여금, '외부적', '현실적' 또는 '현재의' 자아가 거짓인 반면에, **'내면적'이고 '진실'하지만 현실화되지 않는 한 자아를 지니고 있다는** 감정을 유지하도록 만든다."[4]

---

[3] R.D.Laing, Soi et les autres, Paris, Gallimard, 1971. p.61.
[4] Ibid, p.60

이같은 존재론적 불안감을 우리 각자가 그렇듯이 랭보도 느꼈던 것 같다. 그로 인해 시인은 "분열된 자아"의 경험을 절실하게 경험 했던 것으로 보이는 바, 그는 글로 옮기기에 앞서 이 경험을 명철 하게 분석했다. 그는 「見者의 서한」에서, 그 '他者'의 연구를 통하 여 존재론적 자아를 그 얼마나 잔인하게 파헤쳐 인식하려했던가 -그리하여 외부적 자아와 내면적이고 진실한 자아와의 사이에서 자아분열의 경험을 한 시인은 자아의 단일성을 마침내 회복하게 되어 "'나'는 한 사람의 他者 je est un autre"라고 외친다.

"(…) il cherche lui—même, il épuise en lui tous les poisons, pour n'en garder que les quintessences. Ineffable torture où il a besoin de toute la foi, de toute la force surhumaine, où il devient entre tous le grand malade, le grand criminel, le grand maudit, —et le suprême Savant!—Car il arrive à l'inconnu! Puisqu'il a cultivé son âme ; déjà riche, plus qu'aucun!"

"(…) 그가 그 자신을 찾으며, 그가 자기 내면에 모든 독을 고갈시 켜 그 眞髓만을 간직하고자 한다. 이 형언할 수 없는 고문, 이 고문 에서 그는 전적인 신념, 전적인 초인간적 힘을 필요로 하며 무엇보 다도 중증의 환자, 큰 죄인, 철저히 저주받은 자, -그리고 숭고한 '賢人'!-이 된다. 그렇게 하여 그가 '미지'에 도달하니까 말이다! 그 가 이미 다른 그 무엇보다도 풍부한 자기 영혼을 연마했으니까 말 이다!"[5]

그리고 「착란 Délires Ⅱ」-'내 광기 한 가지에 대한 이야기'[6]-에 서 그는 다음과 같이 분명히 밝히고 있다.

---

[5] Rimbaud à Paul Demeny (Charleville, 15 mai 1871. p.251) "Lettre du voyant."
[6] 「Délires Ⅱ Alchimie du verbe」 "L'histoire d'une de mes folies."

"Aucun des sophismes de la folie, —la folie qu'on enferme, —n'a été oublié par moi : je pourrais les redire tous, je tiens le système."

"광기에서 나온-사람들 내면에 감추어진 광기에서 나온- 궤변들 중의 그 어느 것도 나에게서 잊혀진 적이 없다. 나는 모든 것을 다시 말할 수 있을 것이니, 난 체계를 유지한다."[7]

시인에게 있어서 바로 이 같은 "마법적 궤변들"[8]을, "단어들의 환각에 힘입어"[9] 설명하는 것이 관건인 것이다. 그 일부 국면을 통해 볼 때 「지옥에서의 한 철 Une saison en enfer」은 병리학적 정신분열증 환자가 하는 이 같은 지옥에 대한 이야기 —시인이 그 같은 자아의 분열을 극복했다는 감각을 잊는 순간, 그가

"(…) Je puis dire que la victoire m'est acquise :"

"(…) 내게서 승리가 이룩되었다. 이제 말할 수 있다."[10]

고 단언하는 순간에 행해진 이야기-인 것이다.

이 兩分의 본질이 무엇인가? 대체로 보아서 그것을 자아와 육체의 분열이라고 부르기로 하자. Laing은 "존재자는, 정신과 육체로 분열되는 것을 느낀다"[11]라고 기술한 다음,

---

7 Ibid, p.111.
8 Ibid, p.108 "Sophismes magiques."
9 Ibid, p.108 avec l'hallucination des mots.
10 「A Dieu」 p.116.
11 "L'être se sent divisé en un esprit et un corps."
　네덜란드의 정신병 의사인 Ernst Verbeek가 Rimbaud를 대상으로 벌였으며, 「La Revue des lettres modernes」지에 그 보고가 발표됨(Maro Quaghebeur, "Arthur Rimbaud의 알려지지 않은 病歷", dans 「Arthur Rimbaud 2」 연구는 우리가 읽을 기회가 없었다. 이 보고서에 의하면 Ernst Verbeek가 "1870년 7월에서 1873년 7월 사이에 급격히 심해진 정신분열증"이라는 진단을

"D'ordinaire, c'est l'esprit qu'il s'identifie le plus étroitement."

"대개는 그가 '정신'에서 자기를 더욱 밀접하게 확인한다."12

라고 덧붙인다.

자아와 육체 간의 이 같은 분열 감각이 극도로 고통스럽기는 하지만, 자아가 어떤 육체에 통합되기를 '불타'게 바라고, 다른 한편으로는 육체가 수많은 위험에 노출됨으로써 상처 입을 여지가 너무 많음을 자아가, 두려워하며 '조심'하고 있다. 바로 이 같은 연유로 자아의 "피난처"가 일종의 감옥, "지옥"이 되며, 여기에서 자아가 고문을 당하고 자기자신의 환영들에 의해 박해를 당한다.13

내리고 있다. 물론 Rimbaud 사후 오래 뒤에 내려진 것이므로 이것은 추정적 진단에 불과하다. 정신분열적 사항들이 표출되었다고 해서 이것이 반드시 사람 자체의 정신병적 양상에 해당하는 것은 아니다. 여기서 정신분열증 환자라는 용어에 대해 R.D.Laing이 내리고 있는 정의를 되새겨 보기로 하자. "정신분열증 환자라는 용어는 그 총체적 경험이 二重의 파열을 겪은 개인을 가리켜 쓰이는 말이다. 즉, 한편으로는 주위 세계와의 자신이 제반 관계에 있어서의 단절, 다른 한편으로는 자기자신과의 자신이 제반 관계에 있어서의 단절이 일어난 경우다. 이 같은 개인은 자신이 타인들과 화합을 이루고 있다거나 이 세계에서 '자기만의 공간에 chez lui' 있다고 느낄 수 없으며, 오히려 그 반대로 절망적인 고독과 고립의 감정을 체험한다. 더욱 심각한 것은 자기자신을 온전한 인격체로 느끼는 것이 아니라, 분열되거나 '파열된 것으로', 즉 다소간에 불안정한 끈으로 한 육체에 연결된 어떤 정신처럼 두 존재(또는 더 심하게), 서로 다른 두 존재처럼 느낀다는 점이다."(「Le Moi divisé」), Paris, éd, Stock, 1970, p.15.)

12 Ibid.
13 R.D.Laing이 이 현상에 대해 기술한 내용을 소개하면 다음과 같다.
   a. 살아 존속하기를 희망하면서도 동시에 그 무엇이든 "흡수하는 것"을 두려워하는 나머지, 自我가 메마르고 시들어간다.
   b. 自我가 주변의 모든 것에 대한 증오심에 사로잡힌다. "존재하는 것"에 의해 자기가 파괴되지 않고 그것을 파괴할 수 있는 유일한 방법이 스스로 자기자신을 파괴하는 길로 여겨질 수 있다.
   c. "내면의" 自我 그 자체가 분열되어, 그 동일성과 통합성을 상실한다.
   d. 自我가 그 現實性(réalité) 및 외부 현실과의 모든 직접적 접촉을 상실한다.
   e. 自我의 '피신처'가 일종의 감옥이 되고 소위 그의 은신처는 일종의 지옥이 된다. 마침내는 감옥 독방의 안전성마저도 인식하지 못하게 되어, 自我가 다시 고문실에 처하게 된다. 거기에서 '내면의' 自我는 자기자신의 구체화된 요소들 또는 이제 제어 불가능하게 된 자기자신의 환영들에 의해 학대를 당한다.(「Le Moi divisé」, p.144).

"지옥으로의 하강"이라는 은유는 인간의 불안한 심리현상 심층에 잠겨 있는 원형(archétype)의 일종으로서, 연금술적 언어의 전통상 널리 유포된 이 원형이 계속해서 문학에 자양분이 되고 있다. 그것은 이 원형이 자아의 발견으로 인도하는 심리적 경험을 옮겨 주고 있으며, **자기를 파악하고 자기를 단일체로 이해하려는 존재자의 열망**까지를 표현해 주고 있는 것이다.

우리는 「지옥에서의 한 철」 안에서 분열된 자아의 이 같은 兩分상태에 대한 다기한 표현들을 인용할 수 있을 것이다.

"Il n'y a personne ici et il y a quelqu'un"

"여기 아무도 없는데 또 누군가 있네 (…)"14

"Je suis caché et je ne le suis pas"

"난 숨겨져 있는데 또 그렇지가 않네."15

"Je devins un opéra fabuleux, [⋯] A Chaque être, plusieurs autres . me semblaient dues"

"내가 기괴한 오페라가 되네 (…). 존재자마다 여러 다른 생명들이 예정되어 있는 것처럼 보였네."16

등등으로 한 *存在者*는 "기괴한 오페라"라는 사물로 변하며, 놋쇠가 나팔로 변하듯17 혹은 나무가 바이올린이 되어 버린 자신을 발견

---

14 「Nuit de l'Enfer」, p.101.
15 Ibid, p.102.
16 「Délire Ⅱ」 p.110.
17 「Lettre du voyant」, à Paul Demeny, Charleville, 1871.5.15. p.250. "Si cuivre s'éveille

하게 되듯이, 존재가 자기의미를 드러내며 상징적으로 존재를 현전화하고 있다. 따라서 시인에게 있어서 "나는 他者"가 되며 시(詩)는 마음 속에 형성된 기존의 형식을 파괴시키고 있다.

이 같은 분열된 자아의 경험이 문학적 맥락에서는 과연 어떤 의미를 띠는 것일까? 이 경험을 랭보가 어떤 이름으로 불렀으며, 그가 그 "끔찍한 일꾼 l'horrible travailleur"[18]을 어떻게 초월했을까?

그리고 우선 이야기의 주체가[19] "나의 악덕"이라고 부르는 존재인 그 기이한 거주자는 무엇인가? 모든 저주의 원인으로 여겨지는 이 "악덕"은 어떤 것인가?

> "on ne part pas,
> —Reprenons les chemins d'ici, chargé de mon vice, la vice qui a poussé ses racines de souffrance à mon côté, dès l'âge de raison —qui monte au ciel, me bat, me renverse, me traîne."

> "떠나지 않는다. 내 악덕, 철들 무렵부터 벌써 내 곁에 고통의 뿌리를 뻗친 —하늘에 올라 날 구타하고, 날 뒤집어엎고, 날 끌고 다니는— 악덕으로 점철된 이곳을 떠나 다시 길을 떠납시다."[20]

한 그루 작은 관목처럼 그에게 뻗친 이 "악덕 vice"은 「Adieu」에서 그가 배후에 남겨 놓는 "그 끔찍한 관목 l'horrible arbrisseau"이 아닐

---

clairon."
[18] Ibid, p.251.
[19] 「Mauvais Sang」 p.96.
우리가 「Une Saison en enfer」를 '이야기 récit'라고 부르는 데는 다음과 같은 이유가 있다. 즉, 여기에서 자신의 독자—청자를 증인으로 삼고, 다른 "인물들"을 개입시키며, 제반 성찰상의 자신의 관계를 차단하고, 때로는 口頭의 이야기 행위 조건들을 재설정하면서, 한 살인마의 '나'가 이야기를 들려주고 있기 때문이다. 연속적인 단계들을 나타내고 진행의 증거를 보이면서, 이 같은 내면적 路程이 계속 이어진다.
[20] 「L'Impossible」 p.113.

까? "철들 무렵부터 벌써 dès l'âge de raison" 그에게 영벌을 받게 한 그 原罪, 끝내 이름도 주어지지 않고 정확히 밝혀지지도 않는 이 악덕, 이것은 곧 言語가 아닐까? 또는 차라리 인간의 말로 자기를 표현하는 그 능력이 아닐까?

"분열된 자아" 즉 육체와 영혼, 대상 의식 간의 이원적 관점에서 보면 인간의 말이 思考의 한 형태로서 육체와 동일시되므로, 세계와 모든 사물들과 동일시될 것이다. 내면의 진정한 자아는 타인과 소통하기 위해 오히려 아무런 말도 사용하지 않기 때문이다.

다음 글에서처럼 인간의 실추가 언어의 출현에 결부되어 있다 :

"—Mais n'y a—t—il pas un supplice réel en ce que depuis cette déclaration de la science, le christianisme, l'homme se joue, se prouve les évidences, se gonfle du plaisir de répéter ces preuves, et ne vit que comme cela!"

"그렇지만 바로 그 과학의 선언과 기독교 이후로 인간이 즐기고 자명한 이치들을 증명하고 그 같은 증명을 되풀이하는 기쁨에 뿌듯해 하고, 그리고 오로지 그렇게만 살아가는 바로 그 점에 어떤 실제적 고통이 있는 것이 아닌가!"[21]

이것은 곧 '말'의 지배를 선언함으로써 그것의 언어로 우리를 영원히 중독시키는 기독교에 대한 고발이다.

"(…) même, quelle langue parlais—je? Je ne me vois jamais dans les conseils du Christ ; ni dans les conseils des Seigneurs, représentants du Christ."

---

21 「Mauvais Sang」 p.95.

> "심지어 내가 어떤 언어로 과연 말을 했던가? 그리스도가 말하는 섭리에도, ―그리스도의 대변자인― 지체 높은 자들이 말하는 섭리에도 결코 내 모습은 보이지 않는다."22

이렇게 기독교가 고발을 당하고 있거니와, 기독교가 인간을 '육체'와 '영혼'으로 분할하고 인간을 '지옥'에 가두어 타인과 소통할 수 없게 만들면서 인간을 그것의 언어, 그리고 그것의 존재 자체의 테두리 안에다가 소외시키고 있다는 고발이다.

2. 침묵과 自我同一化의 추구

「지옥에서 보낸 한 철」내내 話者(narrateur)는, 자기자신의 내면에 침잠함으로써 인간들의 담화에 물들지 않은 어떤 말을 찾고 있다. 즉,

> "C'est très-certain, c'est oracle, ce que je dis. Je comprends, et ne sachant m'expliquer sans paroles païennes, je voudrais me taire."

> "내가 말하는 것, 이것은 너무나 확실한 것이다. 이것은 信託이다. 난 이해하고 있지만, 이교도적 언사를 쓰지 않고서는 생각을 말할 수 없기에, 차라리 입을 다물고 싶다."

나아가서 "메를노 뽕띠"가 『세계의 산문 La Prose du monde』에서, 아라비아 십진법algorithme에 관하여, 주어진 언어에 대한 혁명을 나타내는 그 "보편적 언어(체계)의 기획 ce projet d'une langue universelle"에 관하여, 기술했던 내용을 생각해 보라. 그에 의하면,

---

22 Ibid, p.95.

"La Parole de Dieu, ce langage avant le langage que nous supposons toujours, on ne le trouve plus dans les langues existantes, ni mêlée à l'histoire ni au monde."

"신의 말, 즉 언어 활동 이전에 있었으리라고 우리가 항상 가정하는 그 언어, 이것은 이제 기존의 언어(체계)들 안에서 발견되지 않으며, 역사와 세계에 섞여 있지도 않다."[23]

自我의 최심층부에서 단일성을 획득하고자 하는 노력 끝에, 원형적 언어를 쓰고 있는 "진정한 흑인들 les vrais nègres"이 있는 데로 되돌아가고자 유럽 대륙을 떠나게 되면서, 그가 들어가는 곳이 "캄(그 후예가 흑인족을 이루었다는, 노아의 둘째 아들)의 진정한 어린 아이들 왕국 au vrai royaume des enfants de cham"[24]이다.

「Enfance 유년기」[25]라는 일반적인 제목이 붙은 5편의 짧은 시를 통해서도 「Après le Déluge 대홍수 이후」에 금방 우리는 언어가 없는 환상적 침묵의 세계로 이끌어진다. 이 세계에서 事物과 人間은, 정상적으로 행동하지 않으며 그들의 유일한 기능은 시에서 시적 요소가 하는 것처럼 전재하는 것이 된다. 왜냐하면 그들은 현실적 삶과의 연관관계에서 떨어져 나와 言語 이전의 세계로 회귀할 수 있기 때문이다. 그러므로 어린이에게는 부모가 없고, 바다에는 배가 뜨지 않으며, 꽃에는 이름이 없는 "캄 cham"이 살았던 원형적 상징의 세계로 들어가는 것이다. 이러한 원시적 세계는 바다의 주변에 있으며, 여기에는 홍수(카오스), 보석, 무지개에 대한 이야기만 있는 것이다. 마침내 "은총의 카오스"[26]는 사라지고 순수한 세계의 탄생을 축하하

---

[23] M.Merleau-Ponty, 「La Prose du Monde」, Paris, Gallimard, 1969, p.10.
[24] 「Mauvais sang」, p.97.
[25] 「Enfance」.

기 위해 "환상의 꽃과 바다가 결합"된 영원한 침묵이 언어를 대신하게 되는 것이다.

「유년기 Ⅲ」에서 "울리지 않는 시계 une horloge qui ne sonne pas"는 自然의 시계, 즉 "태양"일 수도 있다. 보들레르의 작품 「괘종 시계」[27]의 지나치게 수다스런 기계에 대한 문학적 비유로서 침묵의 비난일 수도 있다. 아니면, 랭보가 싫어하는 문명적 시계의 지배를 상징할 수도 있다. 그러나 시 자체에서 벗어나고자 하는 욕구는 *存在*하지 않는다. 이 시에서 "침묵"은 "노래"만큼 뜻밖의 것이며, "소리"의 不在만큼 강력하다. 「유년기」에서 우리는 "永遠이 재발견되고 L'Eternité, elle est retrouvée"[28], 「새벽 Aube」에서는 어린이가 "여름 새벽을 포옹하고", 시계의 "시간이 더 이상 존재하지 않는" 시간 밖의 세계에 들어간다. 따라서 시인은 "침묵의 주인 maître du silence"이 되는 것이다. 그럼으로써 자신의 見者의 역할에서, 새로운 세계의 어린 시절과 원시적 힘의(Future Vigueur)의 영원한 젊음의 생을, 그리고 구원을 구상했던 것이다.

Rimbaud는 「지옥의 밤 Nuit de l'Enfer」에서도 침묵과 말이라는 서로 상반된 두 가지 운동을 통해 自我同一化의 추구를 시사한다. 한 목소리, 즉 사탄의 목소리는 "입을 다물어, 입을 다물라니까! Tais-toi, mais tais-toi!" 하고 외친다. 그리고 이에 대한 저주받은 자는 다음과 같이 결심하는 것 같다 :

   "je m'en tairai : poètes et visionnaires seraient jaloux, je suis mille fois le plus riche, soyons avare comme la mer."

---

26 조화와 통일을 구하는 혼돈과 카오스를 말함.
27 「l'horloge」: (Oeuvres complètes de Baudelaire, éd. Gallimard.)
28 「l'Eternité」

"그래 입을 다물기로 하지, 그러면 시인들과 환상가들이 시기할 거야. 나야말로 천만 배 가장 부유하거든, 자 바다처럼 탐욕스러워지세나."[29]

하고 마침내 침묵의 깊은 심연 속으로 빠진다. 그러나 어떤 기이한 마법가이며, 마술 환상 大家가 결국 승리하는 것으로 보인다. 그가 예수에 대등한 신비의 顯示者로 자처하며, 다음 글에서처럼 자신의 언어로 예수를 흉내 내어 "종교적, 자연적 神秘"를 벗기고자 한다.

"Je vais dévoiler tous les mystères religieux ou naturels [⋯] écoutez! ⋯[⋯] Fiez-vous donc à moi, la foi soulage, guide, guérit. Tous, venez, —même les petits enfants, —que je vous console, qu'on répande pour vous son coeur, —le coeur merveilleux!—Pauvres hommes, travailleurs! je ne demande pas de Prières ; avec votre confiance seulement, je serai heureux."

"이제 내가 온갖 신비를 폭로하겠다.(⋯) 내 말을 들으라!
(⋯) 그러니 날 믿으라, 믿음이 (당신들을) 위무하고 인도하고 치유할지니, 모두들 —어린애들까지도— 오라, 내 당신들을 위로하고, 누군가 당신들을 위해 그의 가슴을 —경이로운 가슴을!— 흩뿌리도록. 가련한 자들이여, 일꾼들이여! 난 기도 따위는 요구하지 않네, 당신들의 신뢰만 있으면 난 행복할 테니까"[30]

"상상할 수 있는 짐짓 꾸민 표정이란 표정은 남김없이 toutes les grimaces imaginables"[31] 다 부리는 마법사이며 허풍쟁이며 어느 정도 협

---

[29] 「Nuit de l'Enfer」, p.100.
[30] Ibid, p.101.
[31] Ibid.

잡의 기미마저 보이는 이 창조주. 이 얼마나 기이한 시인이던가. 말을 하느냐 입을 다무느냐 하는 딜레마이랑 아랑곳하지 않고 그가 진기하게 강요하는 言語에 대한 反抗의 과정에서, "보편적 언어 시대"의 몽상 속에서 Rimbaud가 "모든 神秘를 폭로" 하고 "침묵을 응시"한다고 말한 하나의 형식, "하나의 언어(체계)"를 창조하고자 하는 것이다.

3. 보편적 언어의 발견

ⅰ) 存在와 言語

시적 언어 활동은 단순히 전달의 수단이 아니라 실재와 인간과의 특수한 관계의 적소로서 실존의 한 양상이다. 다시 말하면 언어는 "존재의 집"으로서 세계를 재생산하는 것이 아니고 생산하는 것이다. 사실 미학적 조망과 존재론의 상호 실현되는 것은 바로 이 새로운 실재인 것이다. 동시에 새로운 存在의 탄생인 것이다.

19세기 이전이 고전문학에 대해, 미셸 푸코는

"L'art du langage était une manière de "faire signe", —à la fois de signifier quelque chose et de disposer, autour de cette chose, des signes"

"언어의 예술은 "어떤 기호를 만들어 내는" 방법이요, 어떤 사물을 기호화하는 동시에 사물 주위에 기호들을 배치하는 방법이 된다."[32]

라고 말하고 있다. 그러나 19세기를 지나 오늘에 이르면서 "보편적 언어"와 "그 언어체계를 발견"하려 했던 A.Rimbaud와, 일찍이 말의 자율성에 대해 자각하고 세계의 모든 것을 말로 이루어지는 詩에

---

[32] Michel Foucault 「les mots et les choses」, éd, Gallimard, 1964, p.58.

의해 파악해 보려고 한 S.Mallarmé[33]를 지나, 온 생애를 광기와 투쟁하며 言語와 思考의 극한 상황에서의 갈등과 싸워 왔던 A.Artaud[34]의 "言語의 사형에 처한 詩들"에 이르기까지, 문학은 일종의 反―言說(contre—discours)을 형성했으며 언어의 표상 내지 기호화의 기능으로부터 벗어나서 16세기 이래로 잊혀 왔던 이 생생한 "存在"에로 되돌아갈 수 있는 길을 발견했던 것이다. 그것은 言語가 사물이요, 사물의 存在가 言語이기 때문이다.

랭보에게 있어서 말(verbe)이란 사물의 의미를 내포하고 있기도 한 platon적 觀念(idée)인 것이다. "태초의 말씀"과 같은 주술적 언어 활동으로 우주의 사물을, 생소한 이미지의 시어로 창조하고 있는 것은 말할 것도 없거니와 言語에 있어서도 라틴어 법과 여러 가지 文彩는 단순한 고전 애호가의 편견에서 온 것은 아니다. 언어의 신선함과 신비주의적 내용을 가진 채, 인상을 언어 속에 재생시키려고 하며 통합감각을 통해 차츰차츰 망령을 부르는 하나의 마법이 된 시적 표현을 혁신해 가는 감각적 교감의 idée를 나타내 주고 있다. 시인이 "모든 감각의 오랜 기간에 걸친 무한한 그리고 이성적인 착란"을 기도하기를 바란 시인은 바로 그것을 원하고 있었다. 그에게 있어서 "관념화된 言語"는 우주적 감각과 협력하기를 바란다.

---

[33] S.Mallarmé, 「Oeuvres complètes」, éd, Gallimard, 1945, "Crise de vers 시의 위기", p.368
[34] A.Artaud(1896~1948) : 프랑스 시인, 연극인. 5~6세에 뇌막염으로 일생 동안 광기와 투쟁. 1924년 초현실주의 참가했지만 2년 뒤 제명. 초현실주의는 병원에서 보낸 그의 생애 거의를 지배할 만큼 큰 영향을 주었다. 1926년 극단 "알프레드 자리극장"을 조직하였다. 정신질환으로 시달리면서도 그의 시나리오 "Le Théâtre et son double 1983", 평론 "Lettres Rodez, éd G.L.M. pp. 18~19, "les poèmes des suppliciés du sang qui sont en perte dans leurs écrits", 1946.", "Van Gogh ou le suicid de la société, 1947.", 희곡 "Les Cenci 1956" 등이 있다. 이 작품들은 語와 思考의 극한 상황에서 갈등으로 묘사되고 있다.

ii) 사물의 言語

우리들 눈 앞에서 점점 틀에 박힌 것이 되어 가는 세계 속에서 우리들의 감각이 사물에 대한 상투적인 습성에 의해 규제되고 저마다의 감각적 인상이 우리가 물체를 사용할 때의 사용법과 물체에 대해 품는 관념에 의해 박제되어 있다면, 본질적인 것은 그 같은 결함을 언어의 새에 찍힌 이 봉인을 깨뜨리고 물체와 우리 자신과의 깊고 진실한 접촉으로 생기는 "나"와 "사물"의 분리된 인식에서가 아니라, "나"와 "사물"이 同一化된 소리나, 음악의 작용을 통해 어떤 다른 *存在*, 즉 '他者'를 찾는 일일 것이다.

> "Je dis : une fleur! et, hors de l'oubli où ma voix relègue aucun contour, en tant que quelque chose d'autre que les calices sus, musicalement se lève, idée même et suave, l'absente de tous bouquets."

> "내가 꽃이라고 말할 때 내 목소리는 뚜렷한 윤곽을 전혀 남기지 않고 이내 잊혀 버린다. 그러나 동시에 우리가 알고 있는 꽃과는 다른 현실의 어떤 꽃다발에도 없는 향그런 꽃의 관념 자체가 언어가 가지는 음악의 작용에 의해 솟아오르는 것이다."[35]

S.Mallarmé가 그의 「시의 위기 Crise de vers」에서 위와 같이 말하고 있듯이, 이는 관념과 言語 사이에 소박한 심리학이 완전히 증명해 주는 유사성을 내보인다. 관념은 비록 소리 없는 것일지라도 항상 형태나 음향들의 결합에 의해 "색채와 소리와 향취는 서로 화답한다"는 것이다. 랭보에게 있어서도 「Adieu 고별」에서

---

[35] S.Mallarmé : Oeuvres complètes éd. Gallimard, pléiade, 1945 「Variations sur un sujet」 "Crise de vers".

"j'ai essayé d'inventer de nouvelles fleurs, de nouveaux astres, de nouvelles chairs, de nouvelles langues."

"나는 새로운 꽃들, 새로운 유성들, 새로운 육체, 새로운 언어를 창조해 보려고 했던"

것과 같이 감각기관과 사물과의 직접적 접촉으로 인한 "언어 체계의 발견"을 통하여 "미지의 세계"를 추구하기 위한 시작행위를 선택했던 것이다. 따라서 시인으로서는 詩가 그 자체이면서 또한 그것이 人間的 事象les choses humaines을 초월한 言語가 물질적 형태로 존재하는 것만으로 충분한 것이다. 이제는 사물 자체가 기호[36]가 되기 때문이다.

또한 시적 언어의 생산을 노리는 무의식의 원리에서 자생하는 마술적 언어의 여러 원리를 시인은 Porta의 「자연마술 Magie naturelle」[37]과 Swedenborg(1688~1722)의 神知學에서 차용하여, 자신의 무의식 속에서 몽상의 자동기술적 언어의 실현과 연금술적 언어 구현을 하고자 하는 것이다.

iii) 鍊金術的 言語

a) 감각적 미학과 神話

Enid Starkie는 랭보의 시에 대해 연금술적 중요성을 강조하여[38] 마술과 연금술 책에서 빌려 온 상상력을 꽃 속에서 확인하고 있다. 연금술사에게 "꽃"이라는 말은 금속과 물질의 정신 속에서 나타나는

---

[36] Jacques Derrida, 「Da la grammatologie」, p.72, "사물 자체는 기호이다."
[37] Giambattista della Porta(1540~1615) : 「Magie naturelle, 1589」, 불어판 Rouen, 1650.
[38] Enid Starkie : 「Arthur Rimbaud」, éd London 1961, p.169. Flammarion, 1982, pour la traduction française.

순수한 실체를 의미하는 것이다.

어떤 사람은 상상이란 식물학[39]이나 정원의 책에서 빌려 온 것이라고 말할 수도 있을 것이다. 예를 들면 부드러운 잔디를 벨벳트(velours)로, 레코드(disque)를 어떤 꽃의 중심으로, 양탄자(tapis)를 잔디, 즉 푸른 잔디(tapis de verdure)와 잔디(tapis de gazon)의 표현으로 이용되고 있다. 이제 연금술은 단어 그 자체 안에서 일어나고 있는 것이다. 마침내 "물의 장미 rose d'eau", "다이아몬드의 장미", "모래장미", "하늘장미", "바람장미"로 변모하는 것이다.

"물의 장미"는 「Mémoire 추억」에 나오는 조용한 꽃의 제왕이며, "물의 금잔화 souci d'eau"일 뿐만 아니라 Nirvâna의 상징적인 꽃이기도 하다. 「Fleurs 꽃」에서 "물의 장미 rose d'eau"는 시의 고요한 중심이 되며 풍부한 감각적 상상—시적인 꽃—과 색채로 둘러싸여 있다.

b) 事物과 오르페우스의 하프의 노래

우리는 여기서 사물들이 자신들의 "존재"의 표현으로서 나타내는 "언어"들인, 각양각색의 소리와 음양을 「착색판화집」의 여러 작품들을 통해 들어보기로 하자.

위와 같이 시인의 "연금술적 언어"의 실현은 순수한 상상계의 사물들인 石化, 永化 등과 같이 硬性體로 나타나, 오르페우스의 하프 악기소리에 생명을 얻은 모든 사물과 木石들도 그 "음악의 작용에 의해 솟아오르기도 하고, 또한 여명(Aurore)[40]의 아름다운 빛이, '

---

[39] Linnée : 「philosophie botanique」
[40] 「Enfance Ⅰ」: 새벽의 여신 Aurore을 말함. ① "une voiture d'Apollon" 神話的 언어를 사용. ② "Des bêtes d'une élégance fabuleuse circulat" 백마의 무리들. Néptune을 상징하기도 하고 「Fairy」: ③ "Pour l'enfance d'Hélène" 최초의 美의 女神. 탄생으로 새벽을 나타내기도 함.

새'41, '나뭇잎', '꽃' 등과 같이 유동적이며 감각적인 매력으로 사물화되어 하나의 존재들로 나타나기도 한다. 그와 같은 사물들이 스스로 소리를 내며 활기를 띠고 비상하기에 이른다. 별(星座)이 된 오르페우스의 하프는 환상의 세계에서 줄곧 사물들을 즐겁게 해줌으로써 자연은 마치 우연에 의해 함께 모이게 된 것과 같은 존재들의 혼합인 것이다.

神話적 요소를 함께 지닌 "사물과 언어" 속에 이처럼 한 존재자의 영혼의 비상과 변신envol et métamorphoses으로 혼합되어 있는 이마쥬들이 음악적으로 나타나, 가령 「Barbare」에서는

"La musique, virement des gouffres et de choc des glaçons aux astres."

"音樂, 응결체들의, 별들과의 충동과 심연들의 선회."

위와 같이 사물들의 침묵(silence)으로 진입하여 음악 춤으로 동일시되어 나타나며, 침묵 속에 침잠해 있는

"La voix féminine arrivée au fond des volcans et des grottes arctiques."

"극지의 火山과 동굴들의 밑에 다다른 女性의 목소리."

가 오르페우스 노래로서 어떤 飛翔 또는 전락의 청각적 효과를 담

---

41 「Scènes」: 시인의 몽상 속에 새벽빛을 꽃과 새들로 동식물화 된 유동적 이미지로 置換하여 나타남. "Des oiseaux mystères 신비의 새들"로 유동적인 "새벽"을 나타내고 있음.
「Bateau Ivre」: "Peuples de colombes 비둘기의 무리들"로 빛을 置換하고 있다.
「Fairy」: "Million d'oiseaux d'or 수많은 금빛 새들"
「Vie Ⅰ」: "un vol de pigeons 비둘기들의 비상"
Isodore Ducasse(1846~1870)의 「말도르의 노래 éd José Corti 195 (Lautréamont)」에서도 "살아있는 동백꽃들"이 "한 인간존재를 지옥의 동굴로" 이끈다. p.220.

고 있기도 하다.

이처럼 소리(音)는 꿈을 실존에 이르게 하는 結晶된 침묵과 어느 정도 같은 성격의 것이다. 「유년기 Enfance I」에서

"Les fleurs de rêve tintent, éclatent, éclairent…"

"몽상의 꽃들은 鐘처럼 울리며, 진동하며 빛을 낸다…"

는 것처럼 몽상적인 '꽃'은 향기를 내뿜는 것처럼 소리나 빛으로 솟아오름에 의해 실존에 이르게 된다. 형태학적 사물구조로 보면 꽃이 향기를 노래로 뿜어내고, 鐘은 빛을 노래로 발함으로써 移調(transposition)의 형상을 나타내어 사물들의 음악축제가 한층 더 열기를 울린다. 또한 「Michel et Christine」에서도, 軟性體인 구름들이 硬性體인 조약돌이 된 다음, 상상의 유목민의 나막신들 아래 "울린다 sonner".[42]

「굶주림의 祝祭 Fêtes de la faims」에서는 환상적인 광물의 大酒宴에서 "울리는 창공아래 sous l'azur sonneur"와 쇠토막들이 짤랑거리는 어느 벌판에 가상의 양식들이 자라나고, 시인은 자신의 굶주림이 포식하도록 한다.

"Paissez, faims le pré des sons."

"굶주림이여, 소리(音)들의 草原을 뜯어먹으라."

---

[42] 구름들(Nuages célestes), 조약돌(Les cailoux) "Les cailloux sonnent sous cette fière bande!"

1) 사물의 소리와 노래

「岬 Promontoire」에서는 건축술적인 방대한 증대와 음악적 모티브들과 건축술상의 모티브들이 갖는 장식적 역할과 동일한 역할을 하는 어떤 울리는 심연과 더불어, 다채롭게 재조직orchestrée되며 바로 이 때문에

"[…] aux heures du jour, à toutes les tarentelles des côtés (…) et même aux ritournelles des vallées illustres de l'art, de décorer merveilleusement les façades du Palais—Promontoire."

"낮시간에 해안들의 온갖 타란텔라 舞曲에서, —나아가서는 유명한 예술계곡들의 小樂章들에서까지 곶(岬)— 궁전의 정면들을 경이롭게 장식하는 것이"

가능해진다.

이에 비슷한 현상들이 「도시 Villes Ⅰ」 안에서 일어나, 그림의 모든 광물적 요소들이 어떤 音을 발휘하고 있는 것이다.

"Les vieux cratères(…) rugissent mélodieusement dans les feux. (…) Des fêtes amoureuses sonnent sur les canaux (…). La chasse des carillons crie dans les gorges (…). Des corporations de chanteurs géants accourent (…) comme la lumière. les Rolands sonnent leur bravoure. Les Bacchantes des banlieues sanglotent (…).

La lune brûle et hurle, (…). Des groupes de beffrois chantent les idées (…). Des châteaux bâtis en os sort la musique inconnue.

Les sauvages dansent sans cesse la fête de la nuit. Des compagnies ont chanté la joie du travail nouveau, (…)"

"오래된 분화구는 선율적으로 불길 속에서 포효한다. (…) 사랑의

축제가 운하 위에서 울린다. (…) 오케스트라의 管鍾의 추적이 협로에서 外친다. (…) 거대한 가수들의 합창단이 빛살처럼 달려온다. 롤랑의 군대들이 그들의 무공을 알린다. 교외의 바쿠스 神들이 흐느껴 운다. (…) 달(月)은 불타서 울부짖는다. (…) 무리들을 이루고 있는 종루는 理想을 노래한다. (…) 뼈로 세워진 城에서는 미지의 음악이 흐른다. 야만인들은 쉴 새 없이 밤의 축제를 춤춘다. 무리들이 새로운 일의 기쁨을 노래했던 것이다. (…)"

이처럼 랭보의 사물의 言語들은 "캄"의 언어로 원시화되어 "rugir 포효한다" "sonner 울린다" "crier 외친다" "accourir 달려온다" "sangloter 울부짖는다" "chanter 노래하"게 되며, 급기야는 "미지의 음악"에 "춤을 추며 danser", 그 동료의 무리들이 새로운 일의 기쁨을 노래했던 것이다. 이러한 풍요함에 대한 감각이 시를 통틀어서 구체적인 복수명사의 집합과 현재형 동사에 의해서 전달되고 있다. 이제는 **사물의 기호가 사물과 마찬가지로 현실성을 갖고 存在하게 되**는 것이다. 이 동사들은 각 문장에서 「Enfance 유년기」에서와 마찬가지로 우리가 실제로 랭보가 보유한 환상의 경이로움을 공유하고 있다는 느낌을 갖게 해 준다. 「Fleurs 꽃」에서의 색채의 풍요로운 시각으로부터, 이제 「Villes」에서의 청각적인 상상 속에서 환상이 뚜렷해지고 있다. 江과 바람의 소리는 "도랑의 흐름 La Rivière de cassis"를 지배하고, 그 "미지의 음악"은 "황금으로 지어진 城들"에서 새어 나온다. 상징의 숲에서 나오는 어렴풋하기도 하고 "혼잡하기도 한 confuses paroles" 각양각색의 음향들(sonorities)이 침묵의 결정에서 "분화구 cratères" "管鍾 crillons" "종루 beffrois" 또는 "뼈로 된 城 des châteaux bâtis en os" 등과 같은 단단하고 응결된 사물들에서 생기는 것이다.

「다리 Ponts」의 광물적 얽힘의 장식 안에서[43] "短篇의 和音이 교차하여 줄달음치고 현악은 제방에서 오"⁴⁴고 "위풍당당한 연주회의 휘날래"⁴⁵ "국가들의 마지막 잔음"⁴⁶과 마찬가지로 絃들이 斜面들을 기어오르며,

> "A gauche le terreau de l'arête est piétiné par tous les homicides et toutes les batailles, et tous les bruits désastreux filent leur courbe. (…) Et tandis que la bande en haut du tableau est formée de la rumeur tournante et bondissante des conques des mers et des nuits humaines."

> "왼쪽에는 능선의 부식토가 모든 전쟁들과 모든 살인들에 의해 발을 구르고, 온갖 끔찍한 소리들이 곡선을 그리며 줄달음치고 반면에 그림 윗부분의 무리는 바다의 소라고둥들과 인간의 밤들의 그 소용돌이치며, 뛰어오르는 웅성거림으로 이루어져 있다."⁴⁷

이와 같은 광물적 언어가 이야기의 진행상 표상되는 기호들의 한계를 넘어 영상의 재료가 되어 나타난다. 그것은 일상적인 지혜의 해독을 요구하는 언어가 아니라 감각적 영상을 요구한다. "순전히 감각적 건축술 une architecture purement sensorielle"을 추구하는 소리(音)와 色彩로 영상을 불러일으키고 있는 것이다.

또한 「삶·Ⅰ」에서는

---

43 「Ponts」: Des ceils gris de ciristal, un bizarre dessin de ponts, ceux-ci droits, ceux-là bombes, d'autre descendant ou obliquant en angels sur les premiers. 수정의 잿빛 하늘, 다리의 괴장상 뎃상, 이쪽 몇 개는 수직으로, 저쪽 몇 개는 둥글게 구부러져 있고, 다른 다리는 첫째 다리와 각도를 이루어 가거나 교차되어 있다.
44 Ibid, 〈Des accords mineurs se croisent, et filent, des berges〉.
45 Ibid.
46 Ibid, 〈des restants d'hymnes publics〉.
47 「Oeuvres complètes」, 「Mystique」,éd, Gallimard, p.140.

"un envol de pigeons écarlates tonne autour de ma pensée."

"진홍색 비둘기의 비상이, 내 思念 주변에서 천둥 치듯 울린다."[48]

이 "진홍빛 새벽의 솟아오름"이 "천둥 치듯"이 울려줌으로써 보들레르의 「照應 correspondances」 이상의 것이 이미지 속에 숨어 있다. 동적이며 우렁차며 가시적인 천둥질이 폭발하며, 音(소리)과 色의 움직임이 폭발하여 해체된다.

「Métropolitain」에서는 물의 요정과 江과의 대화인 그 두런거림이 동시에 솟구치는데, "江바닥에 바스락거리는 드레스의 바보 같은 물의 요정"[49]을 분비해 내는 것이 바로 이 "두런거림 le murmure"인 것이다. 마침내 오펠리아가 호수의 물결에서 토르소torse로 태어났듯이 Hélène가 수액에서 탄생하게 된다. 이와 같은 연쇄적 반응이 꿈rêve에다 현실réalité의 농도를 부여해 준다.

바로 이렇게 하여 詩의 공간 속에, 디오니소스적이자 오르페우스적인 이미지가 솟구치는데 이 詩人=창조주는 자신이 존재하도록 만드는 우주le monde에다가 모음들, 음들, 음정들에 못지 않는 무지갯빛 氣泡들, 얼어붙은 물방울들, 짤랑거리는 수정들과 더불어 다음과 같이 '사물들'이 창조된다. 이렇게 해서 "태초의 말씀"으로 우주와 세계는 창조되었던 것이다.

"que le monde était plein de fleurs cet été, les formes mourants… un choeur, pour calmer l'impuissance et l'absence! Un choeur de verres, de mélodies nocturnes."

---

[48] Ibid., 「·」 dans 「les Illuminations」, p.128.
[49] Ibid., 「Métropolitaine」, 〈L'ondine niaise à la robe bruyante, au bas de la rivière〉

"(…) 이 여름, 이 세상은 꽃으로 넘쳐 있었던가! 대기와 형상이 죽어간다. 무능과 부재를 누그러뜨리기 위한 합창대를! 유리컵들과 밤의 멜로디가 실린 합창대를!"⁵⁰

여기서 "보편적 언어"를 만들어야만 하는 詩人의 역할은 다름이 아니라 주술적 언어로서 소리(音)를 말(Verbe)에다가 轉移하는 데 보장하는 일이다. 이렇게 하여 "날개들이 소리없이 일어나설"⁵¹ 때만이 아니라, 특히 "꽃 하나가(그에게) 자기 이름을 말할 때"⁵² 도 동틀녘 시인의 발자국 아래서 自然이 실제로 잠을 깨는 것이다. 初期詩「Buffet」에서처럼 어떤 내밀한 言語를 담고 있는 사물들의 욕구가 이렇게 해서 해명되는 것이다.

"O Buffet du vieux temps, tu sais bien des histoires.
Et tu voudrais conter tes contes, et tu bruis
Quand s'ouvrent lentement tes grandes portes noires."

"오 옛날의 찬장, 넌 숱한 이야기들을 알고 있겠지.
너의 그 이야기들을 들려 주고 싶겠지.
네 시커먼 큰 문들이 서서히 열릴 때 네가 두런거리는 것은."

2) 영혼의 언어와 춤

이와 같이 집결하여 소리(音)들로 응결되는가 하면 물질의 硬度를 열망하고 소리(音)들은 말(Verbe) 또는 音樂, 요컨대 言語가 되었으면

---

50 Ibid,「Jeunesse Ⅲ vingt ans」, p.148.
51 Ibid,「Aube」,〈les ailes se levèrent sans bruit〉 p.140
52 Ibid,〈une fleur (lui) dit son nom〉

한다. 그와 아울러 이미 硬度를 지니고 있는 물질은 생명을 열망하고, 육체적 표현(parole corporelle), 즉 가장 초보적이요, 원시적인 상태가 "Marchre 발걸음"이라면, 말을 쓰지 않는 言語활동의 첫 번째 신호로 나타나는 것이 다름 아닌 '세상의 온갖 번뇌를 털어 버리려는 듯한 바라춤'인 것이다. 의미의 말에서 소리의 말로 바뀐 언어가 이제는 몸짓의 말로 바뀌기를 열망하고 마침내 활력을 내리게 하는 영혼의 언어를 불러내고 있는 것이다.

하프 악기 소리에 모든 사물이 생기를 얻어 춤을 추듯이, 그리스 고대의 調和와 美의 상징인 "Hermaphrodite" 石像도, 肉身으로 化하여 산책을 할 정도로 활기를 띠게 된다.

> "(…) Tes yeux, des boules précieuse, remuent. […] tes joues se creusent. Ta poitrine ressemble à un cithare, des tintements circulent dans tes bras blonds. Ton coeur bat dans ce ventre où dort le double sexe. Promène—toi, la nuit, en mouvant doucement cette cuisse, cette seconde cuisse et cette jambe de gauche(…)"
>
> "두 눈이 움직이고, 두 볼에 보조개가 파이고 가슴이 고대 희랍의 하프에 유사하며 몸 전체 땡그랑거리는 소리들이 감돌게 하는 데는 이 같은 유사성만으로도 충분하다."[53]

또한 美의 개념을 구체화 또는 活性化해 주고 있는 「美의 存在」에서는

> "Des sifflements de mort et des cercles de musique sourde font monter, s'élargir, et trembler comme un spectre ce corps adoré."

---

[53] Ibid,「Antique」, p.127.

> "죽음의 휘파람 소리들과 무성음악의 소용돌이가 상승시키고, 넓혀져서 환영처럼 이 숭배되는 육체를 떨리게 하는 것."[54]

처럼 육체적 言語(Parole Corporelle)는 "오한과 전율 Des sifflements et cercles"이 수반되어 있음을 볼 수 있다.

또한「오페리아」에서는 "물거품과 비너스의 탄생"이라는 신화적 전설을 말해 주고 있다. 한 사람의 여자를 태어나게 하는 데 있어서 시인에게는 호수의 흰색 레이스만으로 충분한 것이다. 시인에게 있어서 호수는 한 사람의 여자이다. 호수의 수면 위에 한층 더 반짝이는 반사의 빛에 매혹되어 순간적인 형태에 넋을 잃은 시인은 물결 사이에서 태어난 운동에서 떠오르는 토르스(Torse)이고 미쳐 날뛰는 파도의 호흡 그 자체이며 열광하는 물의 가슴을 엿보게 된다. 이 때 여자는 바로 넘실거리는 파도이며 거기서 육체적 언어가 탄생하는 것이다.

만일 이 파도의 에너지, 호수의 신비적 변신에 대한 인간적 확대에 참여하지 않는다면 시인에 의해 그려진 형태는 결국 늪 어딘가에 버려진 호수의 형태 이상의 다른 아무것도 되지 못 할 것이다. 먼 수평선과 평화를 말하는 각적소리를 듣게 된다. 여기서 우리에게 호수의 위대한 변증법은 보이지 않는다. 무한에 순응하는 사랑과 자유의 시선을 위한 고요와 폭풍 속에서 역사의 변증법을 보게 될 것이다. 호수가 어떻게 거울 같은 평면인 채로 잠잠할 수 있겠는가? 그리하여 이제는 다리가, 유방이, 그리고 목이 우리들을 향해 부풀어 올라 밀려온다.

Ophélie가 아름다운 것은 환상적인 형상과 빛 때문이 아니라 그

---

[54] Ibid,「Being Beauteous」, p.127.

형상과 색채를 넘어서서 자연과 동일시되는 순순함과 사랑이 있기 때문이며 거기서 얻어지는 "자유와 영원"이 "오훼리"의 보이지 않는 아름다움인 것이다.

시인은 이와 같이 자연적 범주에서 생명 있고 인간을 향해 이행되는 육체적 언어를 만들게 되며 자연 속에서 시인 자신을 용해함으로써 존재론적 성취를 달성하게 되는 것이다.

「Fairy 요정」에서 또한 音樂과 生存의 역학 관계인 "춤"이 어떻게 언어 활동의 품격으로까지 격상될 수 있는지를 보여주고 있다. 그것은 시인이 '춤추는 여자'를 말할 때는 춤이 암시되어 있기 때문이다. 새벽빛의 여신인 춤추는 여자 Hélène는 최초의 美人을 상징하는 것으로서 古代의 神話와 과거를 반영하고 있다. 다름아닌 고대 신화로부터 이 같은 여성의 형상이 세워지는데 이 형상은 '美의 存在'처럼 "樹液"의 형태로 솟아난다.

> "Pour Hélène se conjurent les sèves ornementales dans les ombres vierges et les clartés impossibles dans le silence astral."[55]

> "엘렌느의 (탄생을) 위해 처녀지인 그늘들 속에 있는 장식적 수액들과 유성의 침묵 속에 무감각한 빛들이 서로 공모하고 있다."

이 "탄생의 공모"야말로 아직도 혼돈상태인 우주로부터 잘못 나온 인간 생명의 징후로 나타난다. 생명 있는 存在자인 최초의 인간 Hélène가 탄생함에 따라 "생명의 고유한 색채"[56]가 짙어지고, 우주가

---

[55] Ibid, 「Fairy」.
[56] Ibid, 「Being Beouteous」〈Les couleurs propres de la vie se foncent (…) autour de la vision〉.

생기를 얻게 되는 것처럼 보인다.

"Après le moment de l'air des bûcheronnes à la rumeur du torrent sous la ruine des bois, de la sonnerie des bestiau à l'écho des vals, et des cris des steppes"[57]

"여자 나무꾼들의 곡조에 황폐한 숲 속 급류의 웅성거림까지, 가축들의 방울소리에서 계곡의 메아리와 대초원의 울음소리에 이르기까지의 그 순간이 지난 다음."

마침내 음악이 솟구치고, 흡들의 폭발적 반향으로 "나무꾼 여인네들의 곡조", "급류의 웅성거림", "가축들의 방울소리", "계곡들의 메아리"와 "대초원들의 울음소리들"과 같이 言語와의 대결의 소리인 고함으로까지 확대되어 대자연의 코러스 합주가 연주되어 더욱 생동적이다.

이와 같이 世界라는 광활한 언어의 統辭法에서는 상이한 존재들이 서로에게 적응된다. 식물은 동물과 대화하며 육지는 바다, 그리고 자연은 인간을 탄생시키며 인간은 그를 둘러싼 모든 것과 대화하게 된다. 유사성은 더 많은 인접물에로 확대됨으로써, 시인은 그의 음악을 詩的 언어로 탈바꿈시키는 것이다.

---

[57] Ibid, 「Fairy」.

III. 결론

소멸과 부활

실제로 랭보는 모든 감각과 모든 사상을 표현할 수 있는 보편언어를 포함하는 시의 작업으로 나아갔다. "하나의 언어 une langue", "모든 말이 곧 관념인 어떤 보편적 언어활동을 찾아내려는"[58] 자신의 욕구를 표명했던 것이요, "단어들의 환각"[59]을 통해 보편적 調和를 나타내는 "언젠가는 온갖 감각에 접근 가능한 하나의 시적 언어를 고안해 내겠노라"[60] 했던 망상의 실현이었던 것이다.

"그것은 음악의 樂句만큼이나 간단한 것이다."[61] 그렇지만 음악이 되고자 하는 이 言語는 그것과 동일시되었던 베를렌느의 詩歌처럼 존재하는 것만으로는 만족하지 않는다. 사실 그는 시인이 "기괴한 오페라 un opéra fabuleux"[62], 조화롭고 유유한 매혹, "달아나고 비상하는 말 Parole"[63], "그 순간 단 한 번의 숨결로 노래하는"[64] 목소리가 되는 순간에야 일어났던 것이다. 바다(Mer) 또는 눈(neige)을 말해야 하는 그 목소리[65]는 모음들의 "잠재적 탄생 Naissances latentes"[66]을 드러내기를 바라고, "침묵과 어둠을 쓰기", "표현 불가능한 것에 유의하기",

---

[58] 「Lettre du voyant」: à Paul Demeny, p.252. "un langage universel (…) tout parole étant idée".
[59] 「Alchimie du verbe」: "l'hallucination des mots".
[60] Ibid : "d'inventer un verbe poétique accéssible, un jour ou l'autre, tous les sens."
[61] 「Guerre」: "C'est aussi simple qu'une phrase musicale."
[62] 「Alchimie du verbe」.
[63] 「O Saisons, O châteaux」: "une parole qui fuit et vole."
[64] 「Age d'or」.
[65] 「Comedie de la soif」.
[66] 「voyelles」.

"현기증들을 응시하기"67 등등을 바라고 있다.

이 새로운 言語는 스스로 和聲的(harmonique)이기보다는 더욱더 "조화롭기 harmonieuse"를 바라며, 「언어의 연금술이」 조화로운 음악 속에서 노래하고자 하는 랭보의 시도를 나타내고 있다. 한편 일부 다른 텍스트들은 보편적 조화를, 재생해야 한다는 의미에서의 그 새로운 언어의 화성적 특성을 이야기하고 있다. 그것은 "예전의 부조화"68로부터 인간을 끌어내어 인간으로 하여금 영적인 형상을 지닌 "천상들의 초목"69인 유성음들의 음악을 듣게 한다고 자처하는 피타고라스적 구상(構想)인 것이다.70 그리고 바로 이 때문에 「나의 방랑 Ma bohème」이 그의 별들에 귀를 기울이고 있는 詩人 ― 어린 아이를 환기시키고 있는 것이다. 이 같은 오르페우스적 기능이 그의 "상처난 구두"들을 "칠현금의 絃들로"71 변형시킨다. "합창과 협주의 온갖 에너지들과 그 에너지들의 순간적인 실행의 우호적인 각성"72에 대한 이 같은 탐색은 사물들의 자기 통일성을 구하고자 하는 그야말로 힘든 구상인 것이다. 이렇게 하여 시인은 개인적 신화로 자처하는 무생물계에도 영혼이 있다고 하는 animisme을 구축하기에 이른다. 그리고 시인에게만이 지각되는 자연의 그 왕성하고 신비로운 생명의 실재가 초기시 「태양과 육체 soleil et chair」에서 이미 예감되더니,

---

67 「Alchimie du verbe」.
68 「Matinée d'iverêsse」: "l'ancienne inharmonie" 분열된 자아를 가리킴.
69 Crollius oswald croll(1580~1609) : 독일의 의사. 「징조론 Traité de signatures」Lyons 1624, p.18.
   Michel Foucault 「Les mots et les choses」 p.45에서 재인용.
70 Pythagorace : B.C. 582-B.C. 497. 그리이스 종교가, 철학 수학자. 그의 연구 중 만물의 근원을 〈수〉로 보아 수학적 우주론을 구상하고 음악과 수학을 중시하였는데, 음악에서는 일현금(一弦琴)에 의하여 음정이 수에 비례를 이루는 현상을 발견하고 음악을 수학의 한 분과로 보았다.
71 「Ma bohème」.
72 「Conte」, "l'eveil fraternel de toutes les énergies choroles orchestrales et leur applications instantanées."

『일류미네이션』의 여러 시에서와 더불어「도시 Villes」에서도 완연히 나타남을 우리는 알 수 있다.

　여기서 우리는 각종 사물 및 짐승의 언어활동을 이해하고, 삼라만상과 더불어 말하며 바로 그럼으로써 삼라만상에 말과 생명을 부여하고 그 결과 삼라만상을 재창조하는 오르페우스의 영상이 뚜렷이 잡히는 것을 보게 된다. 이같은 이상적인 우주의 조화 속에서 시인이 지혜롭게 "혼돈한 자신의 모든 감각"을 통해 우주와의 교감에 돌입한다. 그리고 이 교감이 同一視로 변하여 시인 자신이 창조한 우주가 되는 것이다. 우주는 이처럼 시인 창조자를 통해 풍요로워진다. 그가 하나님이 되어 자기 형상대로 세계를 만들지만 세계 또한 그를 흡수하여 그를 재창조한다. 그리하여 초기에는 人間化된 自然이 시인에 의해 길들여지고, 급기야는 그 창조주가 자신이 창조한 우주 속에 용해되어 버리는 이마쥬들이 다시금 나타나는 것이다. 이제 모든 것이 동그랗게 고리형으로 연결되어 있음을 見者는 깨닫게 된다. 見者가 바라보는 모든 사물들이 하나의 원으로 떠오른다. 그 원은 시인에게서 출발하여 다시금 시인에게로 돌아오는 것이다. 이제 깨닫는 자(見者)는 神과 하나가 되는 것이다.

　이와 같이 자신을 우주와 同一視함으로써, "자아와 우주와의 이원성을 극복함으로써", 우주를 탈취하고자 했던 한 존재자의 동일한 우주적 생존의 여러 양상들이 나타난다. 여기서 랭보가 "해체를 통한 부활"이라는 오르페우스적 개념인식에 합류하고 있거니와 이 같은 부활이, 생성의 주체이자 동시에 객체인 '자연 Nature' 안에서

　　　"[…] au fond[73]

> De l'immense Creuset d'où la **Mère—Nature**
> Le ressuscitera, vivante créature,
> Pour aimer dans la rose, et croître dans les blés."[74]

"[…] 살아 있는 피조물인 어머니-자연이
장미 속에서 살고 밀밭에서 성장하도록 그의 생기를
북돋아줄 거대한 용광로 밑바닥에서

이루어진다. 이곳이 곧 시인의 물질적 상상적 공간이요, 그 상상의 질료인 흙, 물, 공기, 불을 거치는 것이요, 그 속에서 시인은 소멸되어 다시금 부활되기를 바라는 것이다.

Etnas 火山에 몸을 던진 엠페도클레스[75]가 불길에 몸을 던져 스스로 存在의 재[76]를 흩뿌리며, 용해되는 대지(Terre)에 몸을 던지는 것과 같이 시인은 우주의 끊임없는 순환에 자신을 맡기게 되는 것이다.

이리하여 Rimbaud는 엠페도클레스와 오르페우스(Orpheus)교에 의해 그 관계가 주도되는 그의 우주발생론을 회상했을 것이다.

---

[73] au fond : 시련의 마지막 단계에서.
[74] 「Soleil et chair」.
[75] Empedoclès(B.C. 490-B.C. 430) : 고대 그리스 철학자가 자신을 神格化하기 위해 Etnas 火山에 몸을 던졌다는 전설.
그의 저서 「정화 淨化」라는 책에서는 神靈의 輪廻를 논하고, 「自然에 대하여」의 저서에서는 우주의 구조를 논하고 있다. 후자에서 만물의 근원을 흙, 공기, 물, 불로 구성되어 있으며 이 불생, 불멸, 불변의 四元素가 〈사랑〉과 〈투쟁〉의 힘에 결합 분리되어 만물이 생멸한다는 것이다.
[76] 필자 박사학위논문 「Littérature et pensée de l'orient dans l'oeuvre d'Arthur Rimbaud」 〈L'Incantation〉 (éd 프랑스 Rennes II Université) p.75. 註(2) 참조.

존재와 부재의 형이상학

― 존재론적 성취에 대해 (말라르메, 랭보, 이브 본느프와)

　　19세기부터 서양의 시에 있어서 미적 창조작업을 통한 존재론적 성취는 자아와 우주와의 관계에 대한 성찰과, 초월적 수단으로서 커다란 관계를 유지해 왔다. M.레이몽의 새로운 비평 정신에서 볼 때 르네상스 기간 동안 프랑스 시는, 의식과 대상 사이의 미적 가치의 조망 하에 있는 "존재"에서 아주 거리가 멀었는데, 가령 우리가 17-18세기의 종교시는, 보들레르의 내재적 존재의 경험과는 관계가 없으며 낭만주의 시대까지도 시적 관조의 대상을 자연과 인간과의 관계의 외적 현상에 두어 왔던 것이다. 시에 있어서 존재론적 성취는 상징주의의 시학이라 할 수 있는 공감각이론을 강조한 보들레르부터 이행 되어져서 다양한 모습으로 나타났으며 그것은 랭보와 말라르메와 더불어 이브 본느프와에 이르기까지 철학적 시로 더욱 발전하여 왔던 것이다. 왜냐하면 내재적 존재 속에는 신비스러움과 성스러운 그 무엇이 언제나 함께 하기 때문이다. 그래서 현대시는 "인간과 세계 사이의 이원성을 극복"[1]한 총체성을 획득하기 위해 존재와 환희에 대한 경험을 전하고자 노력하고 있는 것이다. 그러나 우리는 여기서 신비스러움과 성스러움을 구분하지 않으면 안 된다. 따라서 시인들의 이 같은 두 계열 사이에 차이점을 지적하고 넘어가야 할 것이다. 시인들은, 절대의 모든 특성을 지니고 있는 실재에 대한 현존 속에 성스러움을 발견하지만, 그들은 형언할 수 없는 어떤 초월성도 인식하지 못하고 오직 "자아의 부재" 속에서 스스로를 들어내 보이는 숨은 존재를 노래하고 있는 것이다.

*
* *

무엇보다 "절대적 자아"의 존재 개념이 작용하는 시와 성스러운 시를 혼동하지 말아야 할 것이며 왜냐하면 그들은 전적으로 상호 상반된 두 개의 경험들을 강조하고 있기 때문이다.

"말라르메의 운명과 삶, 그리고 그의 영광의 발전은, 정신사의 가장 미묘한 조화의 하나를 우리에게 부여해 준다"고 발레리는 기술하고 있다. 그러나 말라르메 시에서 성스러움과 종교에 대한 두 개의 개념을 자세히 살펴보면, 말라르메의 성스러움은 "절대"로부터 숨겨진 큰 존재(Grand Etre)를 나타내고, "신이 없는 신비"의 세계를 나타낸다. 우주 속에 조화로운 존재에 대한 경험 속에서 인간은 환희의 감정과 잠재적 실재를 뛰어넘는 힘에 대한 체험을 하게 된다. 그것은 주체와 대상의 감정 사이에 경계가 지워져 버린 상태를 말하는 것이다. 따라서 정신은 우주의 주인이 되어 지며[2] 따라서 사상은 모든 형체와 존재에 참여하게 된다. 이 우주적 정신은 물질이 아

---

[1] Marcel Raymond : De Baudelaire au surréalisme, Paris. Éd José corti 1963.
[2] M.Raymond : Ibid. p.13.

니므로 존재자의 정신과 원초적 동일성을 얻게 되는 것이다. 이때 시인은 무감각하며, 자신으로부터 독립된 빛 속에 충만한 존재를 느낀다. 그 존재자는 두 개의 상반된 감정을 동시에 작용하게 하는 것이다. 그 하나는 측량할 수 없는 자연의 힘 앞에서 두려움과 공포의 감각을 자극하는 "놀라운 신비 Le mysterium Tremendum"와, 또 다른 하나는 매혹적이며 끌어당기는 자연의 굉장한 힘 앞에서 도취의 감각을 불러일으키는 "황홀한 신비 Le mysterium fascinans"로 구분된다. 어떤 때는 한극을, 또 어떤 때는 다른 한극을 지배한다. 그러나 어쨌든 간에 근본적으로 극복할 수 없는 거리는 "인간과 절대"를 나누어 놓는다. 초현실적인 견자적 시인들[3]은 바로 이 황홀한 신비 그 자체를 통해 이러한 이원성을 극복하려고 노력했던 것이다. "주체적 체험과 신앙에 입몰한 견자적 시인들"이 아니고서는 존재와 비존재에 대한 식별이 전혀 불가능한 것이다.

그래서 현대 시인들은 자신들의 정신이 우주의 정신과 동일하게 되기 위해 신이 있건 없건 종교적 차원에서 시를 쓰는 것이다. 말라르메의 시는 이처럼 신의 존재와는 상관없는 독특한 시를 보여주고 있다. 이를테면 신이 없는 종교적 시라고 할까?

"헤로디아드"의 시인은 전생을 걸쳐, 정신과 세계 사이의 간극을 비통하게 의식하기 이전의 "원초적 시기에 대한 향수"에 사로잡혀 자신의 내부에 존재하는 한 인물을 찾아내고자 꿈꾸게 된다. 이 이상적인 존재가 여러 가지 형태의 얼굴로 나타난다. 어떤 때는 그 내면에서 시가 변형시키는 그대로의 시인이 되고 어떤 때는 얼음처럼 차가운 "헤로디아드"가 되어 존재하기도 하고 또 어떤 때는 "희미한 정신 속에서 예감하고 영원히 존재해야 할 責苦에 시달리는" "이지

---

[3] A.Rimbaud : 『『Lettre du voyant』

뛰르"가 되어 부재하기도 하고 이처럼 존재와 부재 사이에 서로 상반관계가 나타나지만 존재와 부재 앞에 열려 있는 무한한 공간과 빛이 전 우주를 비추고 있는 태양의 공간 이 두 개의 공간에 대한 개념으로 각각 나누어진다. 마치 인도의 신비 철학에서처럼 말라르메에게 있어서도 빛이 단일화하여 눈부시게 하기 때문에 존재가 비존재의 절대성에 융합하는 것 같이 보이는 관조의 실질적 예들이 우리에게 수없이 제시되고 있는 것이다. 이처럼 말라르메는 충만한 빛의 공간을 추구하고 있다. 이 공간은 "다른 곳 ailleurs"에 대한 욕구를 탄생시키는 결함을 지니고 있으나 모든 경계, 모든 범위가 지워져 버린다. 그저 보편적 정신 속으로 진입하여, 그 존재의 빛은 우주적 영혼 속에 남게 되는 것이다. 이처럼 말라르메의 빛은 끊임없는 윤회 속에서 미광의 무한한 밀물 속으로 밀려가는 존재의 불길과, 존재자들을 묘사하고 있는 것이다. 견자적 시인에게는 평소에 구분되어 있는 존재와 부재의 공간이 구별되지 않는 것이다.

G.E.끌랑시에는 다음과 같이 단언하고 있다.

"""나는 존재하는가? 존재하지 않는가?" 말라르메에게 있어서 이 질문은 존재하고 있기 때문에 더욱 위험하게 되며 그것은 존재의 혼란스런 박동에 자신을 포기하지 않는 것이다. 그것은 우주의 정신과 같거나 상반된 정신의 총체적인 자율성을 획득하는 것이며, 무한한 충만으로부터 스스로 배제된 것을 느끼는 거기서 무한한 충만을 조화시킬 수 있는 하나의 시를 자신 속에 간직할 줄 아는, 무한한 공간으로부터 끌어내는 이와 같은 무모한 계획 위에 기초를 두고 있다. 최악의 경우에 시인은 할 말이 아무 것도 없지만 발언된 말투가 하나의 절대적 가치를 갖도록 하기 위해 이와 같은 "무 rien"를 말할 절대적 욕구를 갖고 있는 것이다. 'Don du poème'에서 시의 탄생은 고뇌가 되어서 투쟁을 한다."

> "나는 에둠 지방 어느 밤의 아이를 그대에게 데려다 준다.
> 피 흘리는 창백한 깃털 뽑힌 날개와 흑인 딸아이
> 향로와 황금으로 불타는 유리 사이로 아! 아직도 음울한 격자무늬로
> 새벽은 천사의 승불 위에 자신을 던진다.
> 월계수여! 새벽이 불길한 미소를 짓는 아버지께서
> 이 성유골을 보여줄 때, 푸르고 메마른 고독이 전율한다.
> 오, 요람이여! 그대 소녀와 천진무구함과 더불어."

이처럼 시인에게 있어서 '존재하는 것'은 "빛으로 나타나며, '존재하지 않는 것'은" 어두운 밤으로 나타나고 있다. 랭보의 작품, 특히 『착색판화집』에서 수없이 나타나는 것처럼 말라르메의 밤의 아이 "새벽"은 바로 존재의 미광인 것이다.

그렇지만 우리는 거기서 역사의 주인이며 세상의 창조자인 어떠한 인격적 신도 발견하지 못한다. 시인은 초월적 어떤 힘도 빌리지 않는다. 그는 또한 신에 대한 어떤 향수도 느끼지 못한다. 그에게는 오직 세계로 만족하지만 어떤 "순간"도 어떤 "장소"도 그의 욕구를 채워 주지는 못한다. 끊임없이 불만스런 시인은 한계 밖으로 스스로 이끌려감을 느끼며, 그가 존재하고 있는 장소를 떠날 욕구를 느낀다. 정신의 경계와 끝을 넘어 더 멀리 가고자 한다. 우리가 그 본성을 밝힐 수는 없으되 그 자신의 존재를 확인할 수 있는 그 힘은 영혼에게 깊은 기쁨을 얻게 해주고, 그 기쁨을 영혼 밖으로 불러일으킨다. 존재는 그 때 정의를 내릴 수 없는 "저 너머 au-delà"를 향해 진입한다. 그리하여 그 존재는 자신의 내부 속에서 충만을 주게 될 절대에 대한 욕구가 증가함을 느끼게 된다. 그러나 그 飛翔은 무(rien)에 이르지 못하고 그 자체에서 만족하고 만다. 말라르메의 시의

규칙은 이처럼 "정신의 정신으로 à l'esprit de l'esprit" 오직 세계와 언어를 찬양할 뿐이다.

*
* *

랭보 역시 "영혼을 위한 영혼 L'âme pour l'âme"에 도달하기 위해 존재론적 성취 속에서 유추적 경험을 살아 왔던 것이다. 그가 "견자의 편지"에서 기술했던 "절대적 자아"는 하나님과의 어떤 종속의 끈도 없이 존재하며, 초월과는 어떤 상관도 없는 곳에 도달하려는 원초적 실재인 것이다.

"그것은 재발견되었네
무엇이 －영원 말이야
그것은 태양과 더불어 가는 바다."[4]

"영원"은 역시 시인 자신의 깊은 본질 속에서 깨달은 실재를 가리키고 있다. 이와 같은 경험은, "견자"가 지니고 있는 신비적 체험이며 또한 시적 언어의 신선함 속에 존재론적 형이상학을 재생시키려 하고 있는 것이다. "시인이 모든 감각의 오랜 기간에 걸친 무한한 제어된 착란"과 같은 금욕적 수련을 통해 바로 원초적 상태로의 회복을 랭보는 꿈꾸고 있는 것이다. "랭보는 "참 삶은 없는 것이다"라고 주장하였으며, 빌리에르 릴라당은, 산다는 것, 그것은 하인들이 우리 대신 해줄 것이다. 라고 단언하였으며, 말라르메는 퇴색한 삶 "부재"와 "무"를 끊임없이 노래하며, 거기서 시의 정수를 탐색하고 있는 것이다"[5] 따라서 그의 시는 견자적 방법을 통하여 존재와 부재

---

4 A.Rimbaud : "L'Eternité".
5 G.Emmanuel Clancier : 『de Rimbaud au surréalisme』.

에 대한 수수께끼를 지속하게 되는 것이다.

*

* *

이제 우리는 랭보의 체험을 경험했다고 간접적으로 시인[6]하고 있는 이브 본느프와의 존재론에 대한 방식은 어떠한가? 또한 하이덱커의 존재론에서 출발하는 "현존"에 대한 형이상학적 부정적 개념은 어떤 것일까? 이점을 탐색해 보는 것이 관건이 될 것이다. 이브 본느프와의 시에 있어서, 현존은 하이데거의 "존재와 시간"에서 언급한 "현존적 존재"[7]에서 기인한 것이라고 한다. 현존(présence)은, 세계 내부에서 일어난 사물의 존재방식으로서 자기를 인간으로서 이해하는 단 하나의 존재자를 현존이라고 하고 있는 것이다. 그것은 "자아와 현실의 일치"[8]이며 그 일치는 현존을 구성하고 있는 모든 사물들과 느낌의 통일성이다.

랭보가 그랬듯이 시인들의 최초의 시선과 작품 사이에 존재하는 은밀한 공범관계를 설명하는 것이 "현존présence"인 것이다." 현존과 부재는 영혼과 육체 이 모두 낮과 밤이며 간명한 순간인 것이다. 이러한 의미에서 현존에 대한 분석론을 이브 본느프와는 시간성 이전의 파악으로서, 원인이나 사유를 알 길 없는 "하나의 사실성"에서 언제나 이미 세계 안에 들어 있음이며, 현 존재의 "자기 안에서 있음" 즉 "세계 안에 몰입하고 있음"을 의미하고 있다. 그래서 그는 현실세계를 사랑하며 땅과 물과 빛의 유희와 짙은 전경과 인간에 의해 세워진 기념물을 사랑한다. 유명한 그의 시 「두우브」에서처럼

---

[6] 『Amis d'Auberge Verte』: "Deux heures d'Entretiens avec Yves Bonnefoy Numéro 4" éd. soongsil 1994.
[7] 이하 현존적 존재를 "현존"으로 표기한다.
[8] Ibid.

그의 현존의 본질적 구성요소인 들, 바람, 흙, 물건 등 이 모든 사물들에 있는 참다운 장소는 우연에 의해서 주어지므로 현실 앞에서 체험하게 될 환멸이나 절망이 있다 해도 '다른 곳 un ailleurs' 또는 '저 너머 au-delà'의 세계를 몽상하지 않는다. 그곳을 지향하고자 하는 욕구도 없다. 그에게는 실재 저 너머에 정복할 낙원도, 되찾아야 할 낙원도 존재치 않는 것이다. 이것이 시인의 "부재"의 변증법인 것이다. 그러나 현존하고 있는 현실 속에서 절대적 확신을 단정하는 순간에, "후배지 l'arrière-pays"에 대한 생각이 그를 사로잡고 있는 것이다. 지각변동의 한 현상은 그가 느끼는 행복 속에서 솟아오르고 그는 '장소'와 '순간'을 통해 실망한 자신을 발견하며, 그가 완전한 조화를 느끼게 될 한 참된 장소에 대한 욕구를 체험한다.

이와 같은 존재의 욕구가 그를 현실 세계로부터 도피하게 한다. "원위치의 지금 '이곳'에서 '저쪽'에 참된 삶이 있다는 것은 사막의 경치를 상상하는 것으로 족한 것이다."[9] 존재하고자 하는 현실은 이렇게 해서 시인에게 부재(Absence)를 나타내 보여주고 있으며 그는 소멸해 가는 뚜렷한 증거로서 "어제의 사물들에 그 의미작용을 부여"하고 있다. 또한 오늘 여기에서 존재하는 사물들의 "참된 장소"인 "현존의 빛"으로 남는 것이다. 그러나 어떤 행운의 순간에 이 '곳'은, 여기의 이면을 비쳐 보여서 그것을 변모시킨다. 무엇보다 세계는 자신에게 사랑을 받는다. 그리고 그 세계는 용해되어 "어떤 곳"에 대한 욕망을 부여함으로써 우리 내부 속에서 살아진다. 마침내 그 세계는 제 2의 부재로 다시금 되돌아온다.[10] 주어진 세계는 상실된 세계가 되어 조화로운 세계로 변모한다. 초월도 아니고, 몽

---

[9] Yves Bonnefoy : 『L'Arrière-Pays』 Genève, Skira 1972. p.21.
[10] Ibid, p.29.

상도 아닌, 시인의 '後背地'는 또 하나의 다른 깨달음의 실재, 그 자체 속에 놓이게 되는 것이다. 참 '장소'는 의식과 우주 사이에 있는 완전한 침투가 실현되고 '시간'은 다음과 같이 정지한다.

> "참된 장소는 영원에 의해 소진된 연속의 파편이다.
> 참된 장소에서 시간은 우리 내부 속에서 무너진다."[11]

'後背地'에서 이브 본느프와는 아주 정확한 이와 같은 경험의 묘사를 하고 있다.

> "나는 땅을 사랑한다. 내가 보는 것은
> 나를 충족시켜준다. 그리고 그들이 그토록
> 강렬한 이상, 나무 꼭대기의 순수한 線
> 나무의 장엄함, 협곡의 물의 빠른
> 움직임을 믿을 수 있다.
> 때때로 근방의 물은 오직 우리의 善을
> 위해 요구되어진다."

이브 본느프와는 이렇게 해서 우주 속에 흩어진 하나의 현존을 직접적 방법으로 깨닫는다. 시인에게 있어서 존재를 허용치 않는 초월적인 神이 문제가 아니라, 그는 감수성에 대한 신비적 인식이 문제인 것이다. 즉 그는

> "절대에 대한 힘으로서 듣고 보는 것은
> 여느 때의 방법 끝에 분명히 나타난다."[12]

---

[11] Yves Bonnefoy : 『Improbable』 Paris. Éd Mercure de France. 1980. p.128.
[12] Ibid.

자신의 여러 저서에서 본느프와는 언제나 즉시 일어나는 브라만교의 존재에 대한 이 같은 경험을 더욱 잘 규정하고자 노력하고 있다. 즉 존재자의 현존이란 개념이 무엇인가? 그것을 그는 '필자와의 대담'[13] 속에서 밝히고 있다.

> "(…) 랭보를 생각하면 알 수 있지요. 랭보는 "마을의 광장에서 폭우를 맞이하는 어린아이는 첨탑 위의 수탉 모양의 바람개비처럼 팔을 휘둘렀다"라고 쓰고 있습니다. 시의 분야에 있어서 페트라르크, 위즈위즈, 네르발, 에리리디킨즈, 휠더린, 그리고 랭보처럼 **각양각색의 시인들의 최초의 시선과 작품 사이에 존재하는 은밀한 공범관계**를 설명하는 것이 바로 현존입니다."

　"현존"이란 마치 예술작품처럼 마음을 사로잡고, 바람이나 땅처럼 자연 그대로이다. 그것은 심연처럼 어둡지만 마음을 가라앉힌다. 현존은 타자들 사이에 있는 공간의 파편이지만, 우리를 오라고 손짓하며 우리를 내포하고 있다. 그리고 천 번 만 번 사라져버린 한 순간이지만, 그것은 신과 같은 영광을 갖는다. 절대(absolu)는 감성의 내부 속에 거한다. 거기서 "해빙의 우물물처럼 아주 격렬히 부글거리는 비가시적인 절대(absolu)"[14] 그것이 그에겐 현존인 것이다. 언어로서 포착하기 힘들기 때문에 현존은 느끼는 찰나 동시에 사라져 버린다.
　본느프와는 자연 속에 있는 우주의 하잘것없는 실재 속에 단순하며 흩어져 있는 한 존재인 내재적 존재를 발견한다. 설사 아무 것도 없다

---

[13] La Revue
　『Amis d'Auberge Verte』: Numéro 4. A.Rimbaud et, P.Verlaine chez les poètes maudits "Deux heures d'Entretiens avec Yves Bonnefoy".
[14] Yves Bonnefoy : 『Là ou retombe la flèche』 Paris. Mercure de France 1998. 9. 30.

할지라도 그들의 밑바닥에는 총체성[15]이 있기 때문에 '장소'와 현존을 느끼는 '순간'에 헌신하는 그런 내재적 존재를 말하고 있는 것이다. 존재에 대한 현존을 지각하기 위하여 인간의 감성과 정신을 축적하는 모든 침전물의 현실을 정화해야 하며, 그리고 최초의 그 찬란함을 그로 하여금 발견하게 해야 한다[16]는 것이 지극히 랭보의 "견자의 시학"과 유사하다. 시인은 우물가에서 그 곳에 천착되어져 있는 정신적 모든 추억들이 지체하게 하는 모든 몽상들을 멀리하도록 한다.

"돌아오지 않는 너의 손을 다오
날이 날마다, 내가 떠났던
불확실한 물, 빛 속에 지체하게
했던 몽상들
그리고 무한에 대한 그릇된 욕망"[17]

시인은 최초로 순수성 속에서 그때 그 현존을 발견하고 그가 사물을 관조하고 현실을 숭배하는 참다운 헌신과 함께 하는 것이다.

"너는 몸을 기울여 한 메마른 풀의 신성함을
갖는구나. 그리고 감정을 상하게 하는
향기의 풍요 속에서 굶주림의 외침
생의 기대를 멈추게 하는구나"[18]

현존은 그의 충만과 광채 속에서, 우주는 모든 욕망의 저 너머에서 시인을 만족하게 한다. 하나의 결속이 인간과 사물 간에 묶여지

---

[15] Yves Bonnefoy : 『la Nuage rouge』 Paris Mercure de France 1975. p.50.
[16] A.Rimbaud : 『La lettre du voyant』
[17] Yves Bonnefoy : 『Dans le leurre du seuil』 paris
[18] Ibid.

고 완전한 (하나의) 침투는 의식과 세계 사이에 자리를 잡는다.

존재와 이와 같은 만남은 존재론적 성취를 불러일으킨다. 이때 자유는 절실히 요구되고 어떤 의문도 있을 수 없다. 신비적이며 수수께끼와 같이 내적 깊은 기쁨을 생기게 하는 것이다.

> "그토록 많은 불가사의를 통해
> 그토록 많은 명약관하함이여
> 그리고 그토록 많은 확신도, 그리고
> 보존한 그토록 많은 기쁨까지도"[19]

불가사의, 명약관하함, 기쁨과 같은 어휘들은, 성스러움과 자유와 더불어 인간의 현존과 대치하는 우주적 경험을 함축하고 있다. 그러나 어떤 의미로 이 불가사의란 말을 이해해야 하는 것일까? 존재는 우리를 충족시켜줄지도 모를 하나의 약속을 지니고 있는 것이다. 그러나 바로 이 존재는 가려진 채 있고, 결코 자신의 내부를 노출시키지 않는다. 그 존재는 우리에게 자신의 현존만을 단지 엿보게 내버려둔다.

> "하나의 기쁨이 불가사의 속에 흩어진다."[20]

불가사의는 하나의 강한 힘으로 자신의 현존을 강요하지만, 그것은 잠재한 채 있으며 스스로를 노현시키지 않는다. 존재는 언제나 은밀히 머물러 있는 것이다. '빛이 없이 있는 것'[21]의 시집 속에서, 시인은 존재의 현존을 표현하고 있다. 확실한 빛을 더 이상 인식하

---

[19] Ibid. p.94.
[20] Ibid. p.48.
[21] Yves Bonnefoy : 『Ce qui fut sans lumière』 Paris. Mercure de France 1987. p.22.

지 못하는 한 세계의 어두운 빛 속에서 인간은 살고 있다.

"낙원은 흩어져 있고, 나는 그것을 안다.
그것은 낙원을 인식해야 할 지상의 과업
가여운 불 속에 살포한 꽃들
그러나 천사는 사라지고
석양만이 있는 빛"

현존은 실존 철학에서 출발하였으므로, 시인은 사물 속에 신뢰를 갖고 있고, 세계에 자신의 동의를 부여한다. 그는 존재론적 성취를 위해 존재 속의 불, 우물, 나무, 자기, 길 등 더욱더 근원적 사물들을 책임지며 관조한다.

"(…) 그것은 환영 속의 초원 속에서
진동하는 절대"

그리고 그는 또

"가장 단순한 꽃 향기 속에
스스로 부여하는 영원(Eternité)"[22]

이라고 덧붙였다.

이처럼 사물에 대한 구체적인 명료성은 신성한 특성을 지닌 현존을 나타내 보인다.

"누가 거기서 말하는가? 보이지 않지만

---

[22] Ibid. p.66.

> 우리 바로 곁에서
> 누가 걸어가는가? 눈부심 속에서
> 얼굴이 없이?"[23]

1983년 남불의 한 도시 뽀(Pau)에서 있었던 한 학술회의에서 이브 본느프와는 더욱 명료하게 밝히고 있다.

> ""존재", 그것은 사물의 명료성과 사물의 요구에 따라서 각자 충족시켜주는 사물들이 하나의 총체성으로 질서를 만드는 감정인 것이다."

이렇게 해서 현대 프랑스 시는[24] 미적 창조를 통해 "시와 존재"를 결합시키는 100년 전부터의 유대를 되찾았던 것이다. 프랑스 시는 세기 초 이래 지배적이었던 이와 같은 자연의 일부로서 느끼는 통일성 추구의 경향과는 단절되었던 것이다. 따라서 시는 현실적 세계와의 접촉으로 현존을 빼앗아버린 상상적 세계의 자기 도취 속에서 갇혀 버렸거나 또는 현실 때문에 상실해버린 기표(signifiant)에 대한 하나의 작업과 언어의 조작으로 귀착하게 된 것이다. 그러나 현대 프랑스 시인들은 이처럼 다양한 방식에 따라 우주에 주의를 기울이는 자신이 되고자 하였으며, 그들은 사물의 현존과, 현존에 대한 말할 수 없는 특성을 존재 위를 떠돌아다니는 인식과 감정으로 돌리고자 노력하였으며, 또한 그들은 언어의 빈곤을 얼버무려서 사물에 대한 표현을 갈라놓는 은유의 거리를 감소시키려고도 한다.

모든 것은 현실 속에서 불가사의를 발견하고 그 관계를 그들로

---

[23] Ibid. p.95.
[24] 프랑스 시사에서 보들레르 이후를 현대시라고 보고 있다.

하여금 **"절대적 존재"**를 예감토록 해주는 것이다.

*

* *

　말라르메, 랭보, 이브 본느프와 이들은 모두 현실 속에서 이상하리만치 신비에 취한 듯한 정신에 몰두하고 있다. 랭보는 "태양의 아들"로서 자신을 원초적 본연의 상태로 되돌려 놓음으로써 "절대적 자아"를 탐색했으며, 말라르메는 "헤로디아드" "주사위 던지기"에서와 같이 정신의 사고를 위해 자의식에 대한 신비학적 시도로서 파르메니데스로부터 하이데거에 이르기까지 철학적 탐색의 터널을 지나왔다. 말라르메는 그 같은 철학적 시를 통해 존재(Être)와 무(Néant, rien)를 탐색했으며, 이브 본느프와는 현실에 참여하고 오감을 통해 느낌으로써 자신의 동일성 또는 우주와의 총체성인 현존(Présence)을 추구하고 있는 것이다. 가시적이고 감각적으로 온통 하얗고, 푸른빛과 금빛으로 작열하는 이 실재인 '존재'는 태어나지도 않고 파괴하지도 않는다. 그것은 그저 한 종류의, 하나의 전체이며, 부동이고 또 무한하다. 그것은 지금 아주 완전하고 동시에 잘린 데가 없으므로 과거도 미래도 갖지 않는다. 실재로 어떤 기원을 거기서 찾을 수 있다는 말인가. 그것이 비재(Non être)에서 온다고 말하는 것도, 생각하는 것도 용납되지 않는다. 왜냐하면 비재는 표현할 수도 이해할 수도 없는 것이기 때문이다.

생애와 발자취 / Chronologie

1854년
10월 20일, 장 니콜라 아르튀르 랭보는 벨기에 국경 근처인 북프랑스의 샤를르빌에서 태어났다. 아버지 프레데리크 랭보는 근처 소도시에 주둔한 보병 제 47연대 소속의 대위였다. 어머니 비탈리 퀴이프는 로쉬의 농가 출신으로 광신적인 가톨릭교도이고, 엄격한 성격이었다.

1860년 (6세)
그의 양친은 성격상의 불화로 마침내 별거하다. 어머니는 3명의 아이들을 데리고 샤를르빌의부르봉 거리에 있는 낡은 집으로 이사를 가서 여기서 영주하게 되다. 여기서 막내딸 이자벨이 태어나다.

1862년 (8세)
샤를르빌에 있는 로사 학원에 입학.

1864년 (10세)
숙제장에 「태양은 아직 뜨거웠다」라는 작문 등을 쓰다.

1865년
샤를르빌 고등중학 제 7급에 입학한 이후, 그리스어 라틴어 프랑스어 그 밖에서도 눈부신 재능을 발휘하고, 겨우 몇 달만에 제 6급으로 진급, 교사들을 놀라게 하다. 또 신앙심도 두터웠다고 한다.

1866년(12세)
이 무렵부터 가톨릭교에서는 이단의 책들로 되어 있는 라틴어의 시 따위를 탐독하게 되었다. 그러나 성적은 뛰어나고, 형 프레데릭이 제 6급에 머물러 있는 동안에 그는 제 4급으로 진급했을 정도이다.

1868년(14세)
5월, 황태자가 처음으로 성체배령(聖體拜領)한 것을 축하하는 라틴어의 시를 바쳐, 감사장을 받다.

1869년(15세)
그 해 아카데미의 콩쿠르에서 라틴어로 시를 지어 수상. 이 해 연말, 프랑스어로 시의 처녀작「고아들의 새해 선물」을 쓰다.

1870년(16세)
1월 2일, 전 해 연말에 쓴「고아들의 새해 선물」이「라 르뷔 풀 투스」지(誌)에 발표되다. 한편 젊고 진보적인 조르쥐 이장바르가 수사학(修辭學)의 교사로서 샤를르빌 고등중학에 부임해 오다. 이장바르는 랭보의 뛰어난 재능을 인정하고, 좋은 상담 상대가 되다. 이 젊은 교사가 랭보에게 끼친 영향은 커서, 특기할 만한 것이었다. 당시의 프랑스 문단의 대가 위고의 작품과 고답파(高踏派) 작가의 시들을 랭보에게 빌려주기도 한다.
5월 24일, 랭보는 고답파의 시인 테오도르 드 방비르에게 '감각' '오필리아' '일체를 믿다' (나중에 "태양과 육체"라고 개제되었다)의 작품과 편지를 보내고, "고답파의 시인들 틈에 조그마한 공석을 만들어 주신다면…" 하고 그 개제를 의뢰했다.
8월 29일, 이미 7월 19일에는 프랑스와 프러시아와의 사이에서 전쟁이 일어나고, 승리를 거듭하는 독일군은 국경을 돌파하고, 파리 포위 직전에 있었다. 이날, 랭보는 학업을 포기하고, 책을 팔아버리고, 파리로 첫 번째 가출을 하다. 그러나 운임부족으로 체포되고, 또 스파이 혐의로 마자스에 투옥되다. 랭보는 9월 5일자 편지에서 이 궁상을 이장바르에게 알려 도움을 청하고 있다.

9월 8일, 이장바르의 노력에 따라서 석방된 랭보는, 거기서 두에로 갔다가 이달 27일에 샤를르빌로 돌아오다. 그러나 방랑의 맛을 알게 된 그는 그로부터 10일 뒤에는 두 번째 가출을 한다. 이때는 걸어서 벨기에로 가고, 샤를르루아나 브뤼셀을 방랑하고, 다시 두에로 가다. 이 동안에 '카바레「푸르름」' '깜찍한 아가씨' '찬장' '겨울을 위한 꿈' '나의 방랑' 따위를 쓰다. 10월 말, 랭보의 어머니는 이장바르에 부탁하여 그를 샤를르빌로 데리고 돌아오게 하다.

1871년[17세]

2월 25일, 랭보는 세 번째 가출을 하다. 이 출분(出奔)은 혁명적 정열과 방랑벽에 의한 것이었으나, 3월 10일까지 파리를 방랑하고, 결국에는 걸어서 샤를르빌로 돌아왔다. 3월 18일에는 파리 코뮌의 난(亂)이 일어났다. 그 무렵의 랭보는 혁명적 정열을 작품과 언동으로 토로했다. 그리고 4번 째 파리로 가기를 결의한 것은 4월 말이었다. 이 네 번째의 방랑에서 그는 눈으로 직접 본 반란군의 실태에 환멸을 느끼고, 혁명에 대한 정열은 식었으며, 시작에 그 정열을 돌려갔다.

5월 13일, 수학과 교사 이장바르 선생께 「견자의 편지」 1편을 보내다. 그로부터 이틀 뒤인 15일, 드메니 앞으로 랭보는 편지를 보내고, 새로운 시법을 개진하고 있다.

9월 초, 첫 번째 편지와 함께 온 "깜짝 놀란 어린 아이들", "웅크린 자세", "세관원들", "도둑맞은 마음", "의자에 걸터앉아 있는 사랑", 두 번째 편지와 함께 온 "14행시", "모음들"을 보고 감동을 받은 베를렌느는 파리로 랭보를 초청한다. 랭보는 이미 서정시인으로서 명성을 얻고 있던 대선배 폴 베를렌느에게 편지와 작품을 보냈다.

9월 중순, 랭보는 파리에 도착해서 「고약한 녀석들」 문학 서클에 참석하여 Carja(까르자)에게 난동을 부리며 베를렌느와의 방탕하고 기묘한 생활을 보낸다. 랭보의 초기 운문시(韻文詩)의 태반은 이 시기에 써졌다.

1872년[18세]

팡펭 라뚜르가 그린 유명한 「테이블 구석에서」라는 작품에 어린 랭보 얼굴을 남겼다. 베를렌느와의 동거생활에 싫증나서, 3월에는 샤를르빌로 돌아왔다. 그러나 5월에는 베를렌느가 불러내는 편지가 와서, 다시 파리로 나갔다. 이 시기에 후기 운문시로서 「새로운 시와 노래」인 '눈물' '카시강(江)' '갈증의 희극' '아침의 좋은 생각' '금의시대' '새 살림' 등의 후기 운문시를 썼다. 또 운문시의 대작 '일뤼미나씨옹'은 1872년의 작품이라 추정되고 있다.
7월 아프상주(酒)와 방탕의 무질서한 생활을 버리고, 랭보와 베를렌느는 벨기에 여행에 나섰다. 그러나 무질서한 생활에서 벗어나지 못하고, 9월에는 둘이서 영국으로 건너갔다.
12월, 랭보는 혼자 있고 싶어서 고향인 샤를르빌로 돌아왔다.

1873년[19세]

1월, 랭보는 베를렌느가 런던에서 병으로 쓰러졌다는 것을 알자, 런던으로 돌아간다.
4월, 랭보는 로쉬에 있는 가정으로 돌아온다. 그 무렵 그는 산문시 「지옥의 계절」을 쓰기 시작한다. 베를렌느로부터 재삼 편지가 와서 5월에 또 한 번 영국으로 건너갔으나 두 사람의 사이는 어색해질 뿐이었다.
7월 4일, 마침내 두 사람은 심한 말다툼을 하게 되고, 베를렌느는 랭보를 런던에 남겨두고 브뤼셀로 돌아갔다. 랭보는 베를렌느에게 런던으로 돌아와 달라고 편지로 애원을 한다. 마침내 기다리다 지친 랭보는, 7월 8일 베를렌느의 뒤를 따라 브뤼셀로 간다. 결국 싸움은 되풀이되고, 랭보는 파리로 혼자 떠나려고 하고, 베를렌느는 둘이서 또 한 번 런던으로 돌아가려고 한다. 그러나 랭보의 의지는 굳어서, 베를렌느는 실망과 술기운에 권총으로 랭보를 쏘아, 왼쪽 손목에 상처를 입히는 사건이 일어났다. 베를렌느는 체포되어 2년의 금고형의 언도를 받고, 몽스의 교도소에서 징역생활을 하게 된다.
7월 하순, 랭보는 로쉬로 돌아간다. 10월, 「지옥의 계절」을 완성한다.

1874년[20세]

랭보는 이 해 연초 무렵, 새로 교제를 하게 된 시인 제르망 누보와 같이 런던에 머물렀다. 누보는 4월에 런던을 떠나고, 랭보는 12월 말에 샤를르빌로 돌아왔다.

('일뤼미나씨옹'은 1872년의 작품이 아니라 이 해에 그 대부분을 썼다고 하는 주장도 있다)

1875년[21세]

1월, 샤를르빌에서 지냈다.
1월 16일 베를렌느는 형무소에서 나온다.
2월, 랭보는 슈트트가르트로 가서 가정교사 일을 한다. 그달 말 몽스의 교도소를 나온 베를렌느가 랭보에게 면회를 청하고, 신앙을 권한다. 그러나 랭보는 받아들이지 않아, 두 사람은 완전히 헤어진다.
5월, 슈트트가르트를 떠나 걸어서 스위스 등으로 여행을 하고 이탈리아로 간다. 그리고 밀라노에서 병으로 쓰러진다. 어떤 이탈리아 여성의 간호로 회복되고, 그 달 말에 블린디시로 향했으나, 다시 도중에 일사병으로 쓰러진다. 그러나 병을 무릅쓰고 파로스 섬으로 건너간다.
6월 15일 리부른의 프랑스 영사에 의하여 랭보는 송환되었다.
그 해 겨울, 샤를르빌로 돌아온 랭보는 가족과 같이 지내며, 스페인어 아라비아어 이탈리아어 근대 그리스어 네덜란드어 따위를 배운다.

1876년[22세]

5월 19일, 네덜란드의 식민지의 용병(庸兵)이 되어 6년간의 계약으로 300프랑을 받는다. 6월 10일 일개 졸병으로 자바로 건너가고 7월 23일 바타비아로 옮겨간다.
그러나 그 해 8월에는 네덜란드군을 탈주하여 살리타가를 시발점으로 방랑을 한 끝에 12월 말에 샤를르빌로 돌아온다.

1877년[23세]

랭보는 함부르크로 가서, 거기서 파리의 곡마단의 통역이 되고, 스웨덴과 덴마크를 일단과 함께 돌아다닌다. 스톡홀름에서 프랑스 영사관으로부터 송환

명령을 받고 프랑스로 돌아간다.
9월 랭보는 마르세이유로 가고, 거기서 알렉산드리아로 떠나지만, 도중 병에 걸려 샤를르빌로 돌아온다. 그 해 겨울은 샤를르빌에서 지낸다.

1878년[24세]

이 해 봄, 랭보는 동양으로의 여행을 떠나기 위해 함부르크로 가지만, 뜻대로 안 되어 샤를르빌로 돌아온다.
10월, 랭보는 걸어서, 겨울 알프스를 넘어 제노바로 가고, 11월 19일, 알렉산드리아에서 배를 타고, 키프로스섬으로 간다. 거기서 프랑스 상사의 채석장 감독이 된다.

1879년[25세]

5월 키프로스 섬에서 노동을 하다가 장티프스에 걸려, 프랑스의 가족들에게 돌아간다. 그 해 겨울은 샤를르빌에서 지낸다.

1880년[26세]

랭보는 다시 키프로스 섬으로 돌아간다. 그러나 그 해 8월, 키프로스 섬을 뒤로 하고, 아라비아 남단에 있는 아덴으로 간다. 아덴에서는 커피 중개의 발데 회사라고 하는 상사에서 근무한다. 그 곳 상사의 대표사원 자격이 되어, 아비시니아(이디오피아)로 가라는 명령을 받는다. 그의 거래는 총기의 매매였다.
12월 중순, 랭보는 아비시니아의 하단에 있는 바르회사의 대리점으로 옮긴다.

1885년[31세]

이 해 가을, 랭보는 하단에서 부바사 사이의 미지의 오가던 지역을 탐험한다. 그 보고서를 파리의 지리학회에 제출한다. 그 무렵, 그는 약간의 재산을 모은다.
랭보는 10월 초 바르 회사를 사직한다. 그는 독립하여 회사를 경영할 만큼 성공한다. 프랑스 상인 피에르 라바튀를 만나 공동으로 무기의 수입을 할 것을 계약한다.
1887년[33세]
2월 말, 코아의 메네리크 왕과 무기를 거래한다. 그러나 랭보는 메네리크에게 물품을 건네주고도 충분한 대가를 받지 못하여 손해를 본다.

1888~1890년[34~36세]
랭보는 사브레와 손잡고, 무기의 밀수입과 상아, 코피 따위를 매매한다. 사업은 신통치 않고, 또 류마티즘에 걸린다. (이 동안에 노예매매도 한 것 같다는 주장도 있으나, 분명하지 않다)

1891년[37세]
2월, 그때까지도 류마티즘에 시달리고 있었으나, 어느 날 갑자기 바른쪽 발에 심한 고통을 느끼고, 그만 일어설 수 없게 되었다.
4월, 일기를 쓴 적이 없는 랭보는 병의 고통을 참아가면서 연필로 여행 일지를 쓴다. 들것에 실리어 제이라에 도착하고, 여기서 아덴으로 간다.
5월 22일, 마르세이유의 콩세프숑 병원에 입원한다. 이 달 26일 무릎의 악성 종양이 악화되어, 어머니의 입회 아래 오른쪽 다리를 절단한다. 어머니는 이자벨의 병과 밭일 때문에 랭보를 남겨놓고 6월 10일 로쉬로 돌아가 버린다.
7월 23일, 절단면이 치유되어 퇴원, 로쉬로 돌아간다. 그러나 보행 곤란에 괴로워한다. 얼마 안 있다가 병세가 악화되어, 8월 23일에 다시 마르세이유의 병원에 입원한다. 이 때 여동생 이자벨이 돌보아 준다. 이자벨은 랭보의 좋은 동정자였고, 그의 임종까지 곁을 지킨다.
11월 10일 랭보는 영면한다.

BIBLIOGRAPHIE

1) <u>Œuvres et textes de Rimbaud</u>
   — <u>Œuvres d'Arthur Rimbaud</u>
   Vers et prose, édition établie par Paterne Berrichon, Préface de Paul Claudel, Mercure de France, 1916.
   — <u>Rimbaud, pages choisies</u>
   Avec des notes par René Etiemble, Classiques, Larousse 1956.
   — <u>Œuvres complètes</u>
   Texte établi et annoté par J.Mauguet et Rolland de Renéville,
   Bibliothèque de la Pléiade. Gallimard, 1946, Nouvelle édition revue 1954.
   — <u>Sommaire biographique, introduction, notices</u>, relevé de variantes et notes par Suzanne Bernard, Garnier 1961.
   — <u>Œuvres complètes</u>
   Edition établie, présentée et annotée par Antoine Adam,
   Bibliothèque de la Pléiade, Gallimard 1972.

2) <u>Ouvrages biographiques</u>
   Berrichon (Paterne)
   — <u>Jean-Arthur Rimbaud</u>, le poète, Mercure de France, 1912. Bref (Suzanne).
   — <u>Rimbaud notre prochain</u>, Nouvelles Editions Latines, 1956.
   Delahaye (Ernest)

― Rimbaud, l'artiste et l'être moral, Messein 1923.

― Souvenir familier à propos de Rimbaud, Messein 1925.

― Delahaye témoin de Rimbaud, présenté par E.Eigeldinger et A.Gendre, Neuchâtel, Baconnière 1974.

Fumet (Stanislas)

― Rimbaud mystique contrarié, Plon, 1966.

Hackett (C.A)

― Rimbaud l'enfant, préface de Gaston Bachelard, José Corti 1948.

Matarasso (Henri) et petit fils (Pierre)

― Vie d'Arthur Rimbaud, Hachette, 1962.

― Album Rimbaud. Iconographie réunie et commentée, 438 illustrations, Bibliothèque de la Pléiade, Gallimard, 1967.

Peyre (Henri)

― Rimbaud vu par Verlaine, Nizet, Paris 1967.

Raymond (Marcel)

― Le carrière poétique de Rimbaud.

― Poésie et vérité, Neuchâtel, Baconnière, 1967.

Schaeffer (Gérard)

― Lettre du voyant(13 et 15 mai 1871), éditée et commentée par Gérard Schaeffer, précédée de "la voyance avant Rimbaud" par Marc Eigeldinger, Genève, Droz, 1975.

Izambard (Georges)

― Rimbaud tel que je l'ai connu, Mercure de France, 1946.

3) Etudes sur l'œuvre poétique d'Arthur Rimbaud.

Bernard (Suzanne)

― Rimbaud et la création d'une nouvelle langue poétique, Nizet, Paris 1959.

Bouilane de Lacoste (H)

― Rimbaud et le problème des Illuminations, Mercure de France, 1949.

Chaudwick (Charles)

— Etudes sur Rimbaud, Nizet, 1960

Cohn (Robert.G)

— The poetry of Rimbaud, Princeton University press, 1973.

Richard (J.P. —)

— Poésie et profondeur. éd. du Seuil, Paris, 1955.

Da. (Margaret)

— Une saison en Enfer, analyse du texte.

Archives des lettres modernes n°155, Minard, 1955.

Debray (P)

— Rimbaud, le magicien désabusé, post-face de Daniel-Rops, Paris, Julliard 1949.

Delahaye (E)

— Les illuminations et Une Saison en Enfer de Rimbaud.

Messein, 1927.

Etiemble (René)

— Le mythe de Rimbaud, Tome I : Genèse du Mythe, Gallimard 1954.

Tome II : Structure du mythe, Gallimard 1952.

Forestier (Louis)

— Arthur Rimbaud 1.2.3. Etudes sous la direction de Louis Forestier, Revue des lettres modernes Minard, 1972~1973. 1976.

Frankel (Margherita)

— Le Code dantesque dans l'œuvre de Rimbaud.

Nizet Paris 1975.

Gengoux (Jacques)

— La pensée poétique de Rimbaud, Nizet Paris 1950.

— Le symbolisme mystique chez Rimbaud dans la profondeur et le rythme.

Paris, Grenoble, B.Arthaud 1948.

Gilliber (Jean)

— L'eau et la mémoire.

(sur un poème de R : Mémoire)—Le nouveau commerce, cahier 39-40, printemps. 75~97.

Guisto (J.P.)

— <u>Explication de "Mémoire" dans Etudes rimbaldiennes</u>. Lettres modernes, Minard, Paris, 1972.

Mallarmé (Stéphane)

— <u>Arthur Rimbaud, Divagations</u>, Fasquelle, 1897.

Patrick Oliver

— <u>Poésie Rimbaud</u>, Hatier 1977.

Petitfils (P)

— <u>Etudes Rimbaldiennes 1.2.3.</u>

sous la direction de P.Petitfils, Lettres Modernes, Minard, 1969. 1970. 1977.

Plessen (Jacques)

— <u>Promenade et poésie, L'expérience de la marche et du mouvement dans l'œuvre de Rimbaud.</u> Mouton, 1967.

David Guerdon

— <u>L'alchimie du verbe de Rimbaud</u>, Didier, 1972.

Rolland de Renéville (André)

— <u>Rimbaud le Voyant</u>, la colombe Paris, 1947.

Thisse (André)

— <u>Rimbaud devant Dieu</u>, José Corti, 1975.

Thibaudet (Albert)

— <u>Mallarmé et Rimbaud</u>, Nouvelle Revue Française, février 1922.

Tzara (Tristan)

— <u>L'unité de Rimbaud</u>, Europe, La grive, Numéro spécial, Oct. 1954.

Whitake (M.J)

— <u>La structure du monde imaginaire de Rimbaud</u>, Nizet, Paris 1972.

4) <u>Etudes présentant un rapport avec l'Orient.</u>

André (Joël)

— <u>"L'autre Einstein. L'univers, le champ, la conscience"</u> dans la revue

Nouvelle Acropole N°54, Nov. 79 pp.10~15.

Bidez (Joseph)

— Eros, ou Platon et l'orient, Edition Brussels 1945.

Guénon (René)

— La crise du monde moderne, Paris, Gallimard, 1946.

Jacobi (Jolande)

— La Psychologie de C.G.Jung.

Edition du Mont-Blanc, Genève, 1964.

Jung (C.G.)

— The psychology of C.G.Jung, an introduction with illustrations(Yale University).

Commentaires sur le Mystère de Fleur d'or. Albin Michel, 1979.

Schwarz (Fernand)

—"L'Alchimie, de l'Egypte au Moyen Age" dans la revue Nouvelle Acropole n°S61-62. mars-août 1981.

5) Etudes sur l'Orient.

Arvon (Henri)

— Le Bouddhisme. Coll. P.U.F. Paris, Que sais-je? (neuvième edition.)

Bies (Jean)

— Littérature française et pensée Hindoue des origines à 1950.

Librairie C.Klincksieck, 1974.

Burnouf

— Introduction à l'Histoire du Bouddhisme indien. Leconte de Lisle et l'Inde, Paris 1923.

Conze (Edward)

— Le Bouddhisme, Payot, Paris, 1971.

Erich From, Sujuki D.T et Richard de Martino.

— Zen Bouddhisme and Psychoanalysis, Copyright, 1960.

David (Jean)

― Orient et Intelligence dans les lettres françaises de la première après-guerre. Revue de littérature Comparée 1956.

Hue (Bernard)

― Littérature et Arts de l'Orient dans l'Œuvre de Claudel
(Thèse présentée devant l'Université de Haute Bretagne) 1978, Librairie Klincksieck.

Levi (Sylvain)

― La doctrine du sacrifice dans les Brahmanes. Paris, Payot, 1965.

― Origine et développement de la religion étudiés à la lumière des religions de l'Inde, Paris 1879.

Massis (H)

― A propos de Robindranath Tagore, dans Défense de l'Occident.

Ogbenin (B.L.)

― Structure d'un mythe Védique : Le mythe Cosmogonique dans le Rigvéda, traduction, Catherine Bridsdy Campbelle, The Magne, Paris, Mouton, 1973.

Ott (Rudolph)

― La Mystique Orientale et Occidentale, Paris, Payot 1951.

Parraud (J.P.)

― La Bhagavad Gita, (traduite sur la version anglaise de VILKINS) Paris, 1787.

Renou (Louis)

― Hymnes spéculatifs du Véda, (traduits du sanskrit et annotés par Louis Renou). Paris, Gallimard. 1956.

― La poésie religieuse de l'Inde antique, Paris, P.U.F., 1942.

― Le yoga, immortalité et liberté, Paris 1954.

― L'Hindouisme, P.U.F., Paris 7ème édition 1979.

Roland (Romain)

― Dans sa préface à la Danse de Civa, d'Ananda. Coomaraswâmy. Rieder 1922.

Schwab (Raymond)

— Le Renaissance Orientale. Paris, Payot, 1950.

Shunryu Suzzudi

— Esprit Zen, esprit neuf. édition du Seuil 1970.

Tilopa (Saint)

— La chanson de Mahamudra (traduite et commenté par M. SUKJI— Hyun et Mlle. HONG ShinJa,) édition IL JI SA, Séoul, Novembre 1981.

Varenne (Jean)

— Sept Upanishads. édition du Seuil 1981.

Walpola Rahula

— L'enseignement du Bouddha. édition du Seuil. 1961.

Zimmer (H)

— Mythes et symboles dans l'art et la civilisation de l'Inde. (traduction française) Paris, Payot 1951.

6) <u>Ouvrages utilisés à des titres divers.</u>

(1) <u>Sur l'Occident</u>(littérature et civilisation mêlées)

Albouy pierre

— Mythes et mythologies dans la littérature française, Armand Colin, 1969.

Barthes (Roland)

— Michelet, éd. du Seuil, Paris, 1954. S/Z, édition du Seuil, Paris 1970.

Bataille (Georges)

— "Le surréalisme et sa différence avec l'existentialisme" Critique, n°2, juillet 1946.

Breton (André)

— Manifeste du surréalisme, poison−soluble, Kra, 1924.

— Second manifeste du surréalisme, Kra, 1930.

— Flagrant délit(Thèsée 1949)

Cattaui (G)

— Orphisme et prophétie chez les poètes français, 1950. Paris Editions Plon

1965.

éditions Olivet.

Fabre d'Olivet.

— Les vers dorés de Pythagore, Treuttel et Wartz.

La Musique expliquée… édition de l'Initiation 1896.

Fourier (Charles)

— L'Harmonie uninverselle et le phalanstère, Librairie Phalanstérienne, 1849.

— Vers la liberté en amour, textes choisis et présentés par Daniel Guérin, Collection Idées, Gallimard, 1975.

Gaudthier (Michel)

— Système euphonique et rythmique du vers Français. Librairie Klincksieck, 1974.

Hugo (Victor)

— Œuvres complètes de poésie 1.2.3. édition du Seuil, 1972.

Johnson (M.E.)

— Michelet et christianisme, Nizet, 1955.

Kallos (Paul), Milner (Max)

— Les Fleurs du Mal de Baudelaire, imprimerie, Nationale, Paris 1978.

Leconte de Lisle

— Œuvres de Leconte de Lisle, Poèmes antiques. éditions les Belles-Lettres. Paris 1977.

Mallarmé (Stéphane)

— Œuvres complètes, Bibliothèque de la Pléiade, Gallimard, 1970.

Poe (Edgar.A)

— Nouvelles histoires extraordinaires, (traduction de Ch. Baudelaire,) Librairie Joseph Gibert, 1947.

Raymond (Marcel)

— De Baudelaire au surréalisme, Librairie José Corti, 1940.

Robin (Léon)

— Le pensée grecque. (Introduction et commentaires par Jacques Robichez),

Garnier, 1969.

Verlaine (Paul)

— Œuvres complètes de poésies, "Art poétique" Bibliothèque de la Pléiade, Gallimard, Paris, 1972.

Souriau (Maurice)

— Histoire de Parnasse, Paris, 1929.

(2) Sur les sciences secrètes

Bodin (J)

— De la démonomancie des sorciers, Paris 1581.

Dancy (M)

— Traité sur la magie, le sortilège, les possessions, etc. Paris 1732.

Frank

— Histoire de Kabbale 1843. Paris.

Levi (Eliphas)

— Le rituel de la Haute magie. Paris, 1856.

— Histoire de la Magie, édition de la Maisnie, 1976.

— Clefs des grands mystères, édition de la Maisnie, 1976.

— Les Mystères de la Kabbale, édition de la Maisnie, 1977(4ème trimestre).

Marie-Madeleine Davy : "L'Art visionnaire" dans la revue Nouvelle Acropole n°54, nov.79, pp.17~18.

Mercier (Alain)

— Les sources ésotériques et occultes de la poésie symboliste.

Tome I : Le Symbolisme français, Nizet 1969.

Michel Random : "Pour une définition de l'art visionnaire : Le funambule, ou l'homme alchimique de la vision." Dans la revue Nouvelle Acropole. N°54, nov.79, pp.19~20.

Montfaucon de Villars (abbé de)

— Le Comte de Gablis, ou entretiens sur les sciences secrètes, Cologne. S.D.

Naudé (G)
― Apologie pour les grands hommes soupçonés de magie, Paris, 1712.

(3) A titre d'information
Bachelard (Gaston)
― La psychanalyse du feu, Gallimard, 1964.
― L'eau et les rêves, Librairie José-Corti, 1942(18ème réimpression 1980.)
― L'air et les songes, L.José-forti 1943(12ème réimpression 1980)
― La terre et rêveries du repos, L.J.Corti 1984 (Ilème réimpression 1980)
― La terre et les rêveries de la volonté. J.Corti, 1947, (10ème réimpression).
― La poétique de la rêverie, P.U.F., 1960.
Eliade (Mircea)
― Images et symbole, Paris, 1957.
― Mythes, rêves et mystères, Paris, 1957.
Lacuria (L'Abbé P.F.)
― Les Harmonies de l'Etre exprimé par les nombres 1847, Ⅱ, chapitre XXV. pp.348~351.
Paneth (Ludwig)
― Le symbolisme des nombres dans l'inconscient (Zahlenoymbolikim Unbewusstein, Roscher Verlage Zurich)
(traduit de l'Allemand par Henriette de Roquin,) Payot, Paris 1976.

찾아보기

□ 인명

Ⓐ

A.Adam 86, 88, 90, 95, 97, 180, 187, 197
A propos de Robindranath Tagore 62
Abbé de Montfaucon de Villara 140
Albert Py 299
Anagarka Govinda 319
Aphrodite 163, 165
Artaud 256
Astarté 163

Ⓑ

Bernard 63
Breton 256
Burnouf 105

Ⓒ

Catherine Cuif 166
C.G.Jung 305
Charles Baudelaire 252, 253
Christian Pitois 139
Conception supramentale de Sriaurobindo 321
Court de Grebelin 139

Ⓓ

David Guerdon 141, 188, 189, 196, 198, 205, 237
Demeny 74, 180
D.Guerdon 202
Dina Sanmuel 182
D.Laing 221, 222
Dr. Fugene Osty 235

Ⓔ

E.C.Endres 162, 163

E.Conze	135, 136
Eliphas Levi	139, 257
Emile Caillet	250
Empedoclès	227, 288

F

Fabre d'Olivat	139, 175
Felicien Champan	182
Fernand Schwarz	147
Frank	140
Frédéric Portal	176
Fridjof Cappra	319
F.Schwarz	149

G

G.Nodé	140
G.Pauthier	176

H

Henri-Corneille Agrippa	189
Henri Arvon	67, 110, 225
Hocher	147
Hugo	268
H.Serouya	246
H.T.Colebrooke	176

I

Ibidem	24, 29, 33, 36, 50, 61, 68, 71, 73, 84, 99, 100, 101, 102, 143
Ishtar	163

J

Jakob Boheme	149
Jean Dierkens	278, 282, 299
Jean Lapp	156
Jean Pierre Guisto	156
Jean Richepin	250
Jean Richer	23, 151, 176
Joël André	318, 321
Jolande Jacobi	296, 298
J.Bodin	140
J.Gengoux	300
J.Jacobi	300, 303, 305
J.Richer	171, 189, 277

K

Kandinsky	197

L

L.Peneth	161
L.Sausy	205
Lévi	199

Louis de Broglie	319
Louis Lavelle	181
Ludwig Paneth	158

Ⓜ

M.Dancy	140
M.Legard	324
M.Madelaine Devy	272
Maeterlink	253
Mallarmé	250
Marc Eigeldinger	257
Marie-Madeleine Davy	272
Massé	139
Massis	62
Michel Random	272
Miller	124

Ⓟ

P.C.A Dacuria	179
P.J.Jouve	277
P.Nodé	139
Patrick Olivier	123, 125
Patrick Thévenon	166
Paul Claudel	324
Paul Demeny	255
Paul Kallos	124
Paul Valéry	251
Pierre Richard	100

Platon	151

Ⓡ

Rajneesh	79
Raymond Schwab	60
Rémy de Gourmond	254
René Guénon	65
Richard Wagner	99
Robert Faurison	205
Roland Barthes	168, 248
R.Rolland de Renéville	29, 37, 73, 92, 93, 191, 226, 234, 260, 276, 300, 324, 325
R.D.Laing	221

Ⓢ

Saint-Tilopa	91
Saint Dilopa	79
Suzanne Briet	166

Ⓥ

V.Hugo	128
Verlaine	132, 133
Vigny	265

Ⓨ

Yve Bonnefoy	276

ㄷ

떼오도르 드 방빌	270
떼오필 고띠에	270

ㄹ

라블레	143
랭보 A.Rimbaud	24, 32, 34, 38, 44, 49, 63, 71, 86, 92, 102, 112, 134, 284, 289, 307, 325, 402, 407
레미 드 구르몽	253
로맹 롤랑	71
르콩트 드 릴 Leconte de lisle	47, 63, 71, 77, 225, 248,

ㅁ

말라르메	264
미쉘 랑동	275

ㅂ

바가밧 지타 Bagabatle Gita	293, 323
발레리 Valérg	85
베다교 Věda	86
베를렌느 P.Verlaine	63, 114, 131, 264
보들레르 Baudelair	84, 128, 142, 254, 264

ㅂ(Breton)

브르통 Breton	138
블라펠드(Blafeld)	283
비르질리우스 Virgil	61

ㅅ

생 쟝드라 크르와 Crois	326
생 프랑스 S.Frans	326
쌩트 테레즈 Térege	326
쇼펜하우어 Shopenhauer	71, 98
쉬리프트 Shrift	143
씨라노 드 베르쥐락	143

ㅇ

아인슈타인	317, 322
에밀 카이	250
오르페우스 Orphéus	28, 73, 140, 394, 395
우파니샤드 Upanishad	66, 226
위고 Huge	114, 225
융 Jung	301, 302

ㅈ

쟝 라오르	63
쟝 리쉐르	138, 316
죠르쥬 이장바르	238

ㅋ

크자비 326

ㅍ

펠아넬리 143
플라톤 47, 85
피타고라스 73
필로라우스 157

□작품

ㄱ

가르침 L'Enseignement du Bouddha d'après les texts les plus anciens 96, 203, 205
가장 높은 탑에서의 노래 242
갈증의 희극 la Comédie de la soif 28
견자 랭보 Rimbaud le Voyant 29, 37, 73, 93, 234
계시들 Illuminations 51
고대시 Poèmes Antiques 47
고별 Adieu 86, 90, 308
교회의 가련한 자들 187
굶주림의 축제 les Fêtes de la Faim 28, 203, 235, 280, 290
기억 Mémoire 151, 155, 158, 160, 161, 166, 168, 172, 173, 174, 178, 179, 249
꽁트 278, 281, 285, 286
그 옛날 Jadis 44, 122

ㄴ

노아의 홍수 그 다음 Après le Déluge 122

찾아보기 447

노자 288

ㄷ

더러운 피 Mauvais Sang
    44, 49, 114, 231, 309, 314
도시들 Villes 295
도(道)덕경 288, 298, 303, 320
드메니에게 보낸 견자의
  편지 88, 129, 145, 201, 250, 255, 265

ㄹ

랭보의 동양적 형이상학 78
랭보의 어머니 Rimbaud à
  sa mère 237
랭보, 연금술의 거장 Rimbaud, la chef alchimique 141, 188

ㅁ

마지막 시들 Dernière Verbe
  120, 127, 128
마하무드라의 노래 Chanson de Mahamudra 79, 91, 234
모음들 37, 51, 182, 183, 185, 195, 200, 205, 228, 252, 283, 298

목마름의 희극 290
명상 Contemplations 128

ㅂ

방랑자들 Vagabonds 39
베다(바라문고 성전) 70
베다교 개념인식 321
보들레르의 편지 Lettre de Baudelaire 249
번민 Angoisse 263
부드러운 잔디길 Le chemin de velours 254
분열된 자아 Le Cygne 264
불교 Le Bouddhisme 30, 43, 67, 110, 135, 225

ㅅ

사물의 言語와 침묵 221
삶 Vies 106, 217, 220
삶 Vies Ⅱ 307
삶 Vies Ⅲ 102, 302, 264
相應 Correspondances 84, 182, 249
생명들 123
성서 La Bible 193
수량 물리학의 개념인식 321
스리아우로빈도의 초정신적

개념인식 321
스텔라 269
시와 깊이 Poésie et profondeur 100, 114
시에 관하여 233
시적 예술(기법)Art poétique 132, 133
신곡 196
신성 모독의 소녀 250
신성병 Dive Bouteille 260

ㅇ

악의 꽃 Fleurs du Mal 286
알바트로스 142
앙드레지드와의 서한문 138
야만인 Barbare 121
언어 연금술 119, 133, 171, 182, 183, 271, 273, 297
여명 101, 249
영겁 249
영원 L'Eternité 40, 43, 112, 120, 242
영의 추구 Chasse spirituelle 261
예술에 있어서의 정신론 Du spiritual dans l'art 197
우울 Spleen 287

우주, 시계, 의식 318
움직임 Mouvement 106
위대한 여행의 환상과 비결 La Vision et les clefs d'un Grand voyage 272
융의 심리학 La psychologie de C.G.Yung 296
오월의 깃발 Bannière de Mai 241
옹호와 해설 Défense et llustration 277
理性에게 283
인내의 축제 241, 285
일곱 살배기 시인들 186
일류미나시옹 281, 283, 306

ㅈ

자아와 타인들 Soi et les autres 221
정령 Génie 51, 276, 280, 291, 296, 304
정신착란증 Ⅱ Délires Ⅱ 230, 232, 271, 297
지옥에서의 한 철 Une Saison en enfer 49, 65, 86, 115, 119, 133, 162, 226, 228, 230, 231, 306

지옥의 밤 Nuit de l'enfer.
　　　　　　　　226
징벌시집　　　　　268

ㅊ

착색판화집 Illuminations　101, 106, 201, 259, 286, 295, 299
첫 성체 배령들 Les premières communions　194
축복 Bénédiction　124, 286
취한 배 Le Bateau Ivre　123, 151, 218, 222, 228, 229, 238, 245, 249, 273, 278, 295
초규범적 지식
　La connaissance supranormale 235

ㅌ

태양과 육신　Soleil et Chair 33, 34, 40, 84, 94, 95, 103, 104, 146, 171, 172, 187, 196, 231, 240, 262, 292, 293, 297
태양과 육신 Ⅱ
Soleil et Chair Ⅱ　108, 114, 187

태양과 육신 Ⅲ
　Soleil et Chair Ⅲ　110, 116

ㅍ

파리의 大酒宴
　L'orgie arisienne　　98

ㅎ

海景 Marine　　　　106

a

Au sujet d'Euréka　　85

b

Bateau ivre　　　　240
Bhagavad Gita　　　74

c

Comédie de la soif　260
Conception de la physique
　quantique　　　321
Conception védantique　321
Conte　　　　　　112

d

David(Jean)　　　　62
Défense de l'occident　62

Des couleurs symboliques 176
Déserts de l'amour 111
Dogme de Haute Magie 199

e

Endres 160
Essai de palingénésie sociale 258
Essais sur la philosophie des Hindous 176

F

Faim 162

G

Gaston Bergerat 233
Grotesque 264

H

Histoire de la magie 300

l

L'Albatros 264
L'Alchimie de l'Egypte au Moyen Age 147
L'Alchimie du Verbe de imbaud 167
L'élaboration d'une méthode 29, 73
L'Impossible 65, 72, 309, 316
La cabale 148
La crise du monde moderne 65
La Danse de Civa 72
La Kabbale 246
La Parole et l'Ecriture 181
La prose du monde 231
La Renaissance Orientale 60
La voyance avant Rimband 257
Le Moi divisé 222
Leconte de Lisle et l'Inde 105
Les Fleurs du mal de Baudelaire 124
Les Harmonies de l'Etre exprimé par les nombres 179
Les Illuminations 191
Les pauvres à l'Eglise 297
Les poètes de sept ans 194
Lettre du Voyant 97, 185, 303
Littératures et Arts de L'Orient dans l'oeuvre de Claudel 64

m

Maharishi Manesh Yogi 235

Marine	217, 219
Montée II	301
Mouvement	107, 217
Mundaka Upanishad	191
Mystik und Magie der Zahlen	63
Mystique	217

O

Oblock	324
Oeuvres complètes de Rimbaud	80, 114, 129, 164, 172, 180, 197, 237
Ophélie	170
Orient et intelligence dans les letters françaises de la première après—guerre	62

P

Parole et silence	228
Poésies Rimbaud	123, 125
Premières communions	194

R

Rabelais	260
Racines hébralques	175
Rimbaud le voyant	158

S

S/Z, édit. du Seuil	168, 248
Saint-Bhagwan Shree Rajneesh	91
Salon	254
Stella	268
Sûtra de Diamant	137

T

The Tao of physics	319
Theatrum Chemicum	237
Variété	251
Veillées	112
Verbe	23
Vivekananda	319
Voyelles	38
Walpola Rahula	96, 203, 205
Zozime	149

李準五 敎授 저서·역서 출판목록

■ 저서 및 편저

1. 『프랑스 文學의 상상적 깊이』(저), 문학예술사, 1985.11, 422쪽, 4×6판, 값 5,500
2. 『A. Rimbaud et S. Mallarmé』(프랑스어), 한국 A.랭보연구회, 1988.1, 246쪽, 4×6, 값 10,000
3. 『아르뛰르 랭보의 시』(저), 숭실대 출판부, 1990.9, 309쪽, 4×6판, 값 7,500
4. 『Amis d' Auberge Verte』(불어판 편저), press de SOONG-SiL, 1991.11, 322쪽, 신국판, 값 140FRS(17,000원)
5. 『랭보의 시세계』(편저) - 시연구집, 숭실대 출판부, 1993.1. 초판, 1995.8재판
6. 『A. Rimbaud et P. Verlaine』(편저), press de SOONG-SiL, 1996.5, 200쪽, 4×6판, 값 9,500원
7. 『저주받은 시인들』, 한국랭보연회, 1997.9, 268쪽, 4×6판, 값 5,000
8. 『랭보와 베를렌느 비교론』(편저)-저주받은 시인들, 예림기획, 1999.7, 275쪽, 4×6, 값 12,000원
9. 『A. 랭보와 S.말라르메』(한글판), 한국 랭보연구회, 1999.11, 328쪽, 4×6판
10. 『L'Autre de Rinbaud』(저), préface: Ynhui Park Présentation: Michel Butor, Librairie Galerie Racine, 2002 Mars, Paris. France

11. 『Du Symbolisme au réalisme』(프랑스어판), 한학출판사, 랭보연구소, 2003.7, 135쪽, 4×6, 값 100FRS(15,000원)
12. 『A. Rimbaud et des Poétes』, modernistes conèens(한국랭보연구회), 4×16, 2003.8 (프랑스어판)
13. 시집 『두물머리 새』, 다사랑, 2003.10 초판, 2005. 3 재판, 118쪽, 4×6판, 값 6,000원
14. 『La Poésie et la recherche du Moi absolu』(프랑스어판), L'InsTitut ed Rimbaud 편저, 글벗들(출판사), 2004.12, 194쪽, 4×6, 값 15,000원(FRS Euro 25€)

■ 역서

15. 『見者 랭보』, 문학세계사, 1983.8, 275쪽, 4×6판, 값 3,000원
16. 『권력과 지성 – 레이몽 아롱』, 어문각, 1984.3, 482쪽, 신국판, 값 4,000원
17. 『연인 戀人』, 문학예술사, 1984. 12, 151쪽, 신국판, 값 2,000원
18. 『조르지크. 농경시』, 문학예술사, 1985.11, 344쪽, 신국판, 값 3,500원
19. 『A. 랭보 전집』, 한불문화재단(범한사), 1990.10, 653쪽, 신국판, 값 20,000원
20. 『랭보시선』, 책세상, 1990.3~1995.12, 16쇄, 346쪽, 신국판, 값 6,000원
21. 『정신분석학과 문학비평』, 숭실출판, 1998.8, 227쪽, 4×6판, 값 7,000원
22. 『발레리와 존재론』, 예림기획, 1999.7, 213쪽, 4×6판, 값 12,000원
23. 『말라르메 시집』, 숭실대 출판부, 2000.12, 296쪽, 4×6판, 값 9,500원
24. 『Un Soleil infini』-cho ByungHwa, Autres temps, 2003 Fev, 106쪽, 4×6판, 값 12€ Paris. france

아르튀르 랭보 타자성

2008년 4월 5일 1판 1쇄 인쇄
2008년 4월 10일 1판 1쇄 발행

지은이 • 이 준 오
펴낸이 • 한 봉 숙
펴낸곳 • 푸른사상사

저자협의
인지생략

등록 제2-2876호
서울시 중구 을지로3가 296-10 장양B/D 701호
대표전화 02) 2268-8706(7) 팩시밀리 02) 2268-8708
메일 prun21c@yahoo.co.kr / prun21c@hanmail.net
홈페이지 //www.prun21c.com

ⓒ 2008, 이준오
  ISBN 978-89-5640-611-4-93860
  값 28,000원

☞ 21세기 출판문화를 창조하는 푸른사상에서 좋은 책 만들기에 노력하고 있습니다.